大数据时代的统计与人工智能系列教材

统计学——Python实现

贾俊平　编著

高等教育出版社·北京

内容简介

本书是一本基于 Python（3.9.1 版本）实现全部例题计算和分析的统计学教材，书中例题解答均给出了详细的实现代码和结果。全书共 10 章，第 1 章介绍数据、Python 的下载与安装、Python 的数据类型和基本操作、Python 绘图基础等。第 2 章和第 3 章介绍数据的描述性分析方法，包括数据可视化和描述统计量。第 4—6 章介绍数据的推断性分析，包括概率分布、参数估计和假设检验。第 7—10 章介绍实际中常用的一些统计方法，包括类别变量分析、方差分析、回归分析等。

本书可作为高等院校各专业开设统计学课程的教材，也可作为数据分析工作者、Python 数据分析和可视化爱好者的参考书。

图书在版编目（C I P）数据

统计学：Python 实现 / 贾俊平编著 . -- 北京：高等教育出版社，2021.12（2025.1 重印）
ISBN 978-7-04-056626-0

Ⅰ. ①统… Ⅱ. ①贾… Ⅲ. ①软件工具—程序设计—应用—统计学 Ⅳ. ①C819

中国版本图书馆 CIP 数据核字（2021）第159733 号

Tongjixue

策划编辑 施春花　责任编辑 吴淑丽 李斐琳　封面设计 王凌波　版式设计 杨 树
插图绘制 于 博　责任校对 胡美萍　责任印制 耿 轩

出版发行	高等教育出版社	网　址	http://www.hep.edu.cn
社　址	北京市西城区德外大街 4 号		http://www.hep.com.cn
邮政编码	100120	网上订购	http://www.hepmall.com.cn
印　刷	山东临沂新华印刷物流集团有限责任公司		http://www.hepmall.com
开　本	787mm×1092mm 1/16		http://www.hepmall.cn
印　张	18.5		
字　数	460 千字	版　次	2021 年 12 月第 1 版
购书热线	010-58581118	印　次	2025 年 1 月第 4 次印刷
咨询电话	400-810-0598	定　价	40.00 元

物 料 号 56626-00

前　言

统计学是一门数据分析学科，它是数据科学的一个组成部分。统计学提供一套完整的、适用于所有学科领域的通用数据分析方法。要做数据分析必然要与某款统计软件相关联，否则就是纸上谈兵。统计分析软件有多种，包括一些优秀的商业统计软件，如 SAS，SPSS 等。这些软件价格不菲，多数人难以接受。幸运的是，R 和 Python 的出现使价格问题不复存在，这就为多数人学习统计和数据分析提供了良好的条件。使用商业软件做数据分析已经不是未来的方向，使用语言分析数据不再是趋势，而是已经成为现实。

R 和 Python 都是免费且开源的编程语言，二者的侧重点有所不同。R 更像是数据分析的专业户，它提供了几乎所有的数据分析解决方案，其函数和语法更符合统计人员的思维和逻辑，并具有强大的帮助功能，可以说，R 本身就是一本优秀的统计教科书。Python 则是一种面向对象的解释型高级编程语言，因其简单易学、拥有丰富而强大的开源第三方库等诸多优点，被广泛应用于系统和网络编程、数据处理、云计算、人工智能等多个领域，已成为目前广泛使用的编程语言之一。数据分析仅仅是 Python 的一部分，而且并不是它的最主要功能。尽管如此，Python 仍然提供了数据处理、数据分析、科学计算、可视化等多个模块，如 pandas、numpy、statsmodels、matplotlib、seaborn 等，即便这些模块不能完全满足需要，使用者仍然可以通过编程来解决数据分析问题。

本书是一本基于 Python（3.9.1 版本）实现全部例题计算的统计学教材，书中例题解答均给出了详细的实现代码和结果。全书共 10 章，第 1 章介绍数据、Python 的下载与安装、Python 的数据类型和基本操作、Python 绘图基础等。第 2 章和第 3 章介绍数据的描述性分析方法，包括数据可视化和描述统计量。第 4—6 章介绍数据的推断性分析，包括概率分布、参数估计和假设检验。第 7—10 章介绍实际中常用的一些统计方法，包括类别变量分析、方差分析、回归分析等。本书代码的编写和运行使用的是 Anaconda 平台的 Jupyter Notebook 界面，代码文件也均保存成其专属格式，读者需要在 Jupyter Notebook 中打开代码文件。另外，本书为双色印刷，为方便读者阅读学习，书中四色图片以二维码形式放在各章章末。

感谢杨睿同学提供了除第 2 章和示意图之外的大部分实现代码，是她的辛勤付出才使得本书快速完成。感谢高等教育出版社的施春花编辑，是她策划了本书的编写和出版。

本书可作为高等院校各专业开设统计学课程的教材，也可作为数据分析工作者、Python 数据分析和可视化爱好者的参考书。Python 是一个储量丰富的资源矿，其中的更多资源还需要读者自己挖掘。使用 Python 或 R 语言讲授或学习统计和数据科学是必然趋势，希望本书能起到抛砖引玉的作用。因作者水平所限，书中难免有错误或不当之处，希望广大读者多提宝贵意见，以便进一步修改和完善。

贾俊平

2021 年 3 月

目　录

第1章　数据与Python语言

在日常工作和生活中，经常会接触到各类数据，比如，空气质量（如PM2.5）数据、全国的GDP（国内生产总值）数据、CPI（居民消费价格指数）数据、股票交易数据、电商的经营数据等。这些数据如果不去分析，那它也仅仅是数据，提供的信息十分有限。如何分析这些数据，用什么方法分析这些数据，这就是统计学要解决的问题。

1.1　数据与统计学

数据只有经过分析才会有更大的价值。数据分析涉及3个问题：一是如何获得所需的数据；二是用什么方法分析这些数据；三是用何种工具（软件）来实现分析。本节首先介绍统计学的含义，然后介绍数据及其分类和来源。

1.1.1　什么是统计学

统计学（statistics）是一门分析数据的科学，它所提供的是收集数据、处理数据和分析数据的一套方法和技术，通过对数据的分析得出结论。

收集数据就是获得所需的数据。处理数据是对所获得的数据进行加工和处理，以符合进一步分析的需要。数据分析是选择适当的统计方法对数据进行分析。数据分析所用的方法大致可分为**描述统计**（descriptive statistics）和**推断统计**（inferential statistics）两大类。描述统计主要是利用图表对数据进行汇总和展示，计算一些简单的统计量（诸如比例、比率、平均数、标准差等）并进行分析。推断统计主要是根据样本信息来推断总体的特征，内容包括参数估计和假设检验两大类。参数估计是利用样本信息推断所关心的总体特征，假设检验则是利用样本信息判断对总体的某个假设是否成立。比如，从一批电池中随机抽取少数几块电池作为样本，测出它们的使用寿命，然后根据样本电池的平均使用寿命估计这批电池的平均使用寿命，或者检验这批电池的使用寿命是否等于某个假定值，这就是推断统计要解决的问题。

简言之，统计学是一门关于数据的科学，它研究的是来自各领域的数据，提供的是一套通用于所有学科领域的获取数据、分析数据并从数据中得出结论的原则和方法。这些方法是通用于所有学科领域的，而不是为某个特定的问题领域构造的。当然，统计方法不是一成不变的，使用者在特定情况下需要根据所掌握的专业知识选择性地使用这些方法，可能还要进行必要的修正。

1.1.2　变量和数据

观察某家电商的销售额会发现这个月和上个月有所不同；观察股票市场某只股票的收盘价

格，今天与昨天不一样；观察一个班学生的月生活费支出，一个人和另一个人不一样；投掷一枚骰子观察其出现的点数，这次投掷的结果和下一次也不一样。这里的“电商销售额”“某只股票的收盘价”“月生活费支出”“投掷一枚骰子出现的点数”等就是变量。简言之，**变量**（variable）是描述所观察对象某种特征的概念，其特点是从一次观察到下一次观察可能会出现不同结果。变量的观测结果就是**数据**（data）。

根据观测结果的不同，变量可以分为类别变量和数值变量两类。

类别变量（categorical variable）是取值为对象属性或类别以及区间值（interval value）的变量，也称**分类变量**（classified variable）或**定性变量**（qualitative variable）。比如，观察人的性别、上市公司所属的行业、顾客对商品的评价，得到的结果就不是数字而是对象的属性。例如，观测性别的结果是“男”或“女”；上市公司所属的行业为“制造业”“金融业”“旅游业”等；顾客对商品的评价为“很好”“好”“一般”“差”“很差”。人的性别、上市公司所属的行业、顾客对商品的评价等取值不是数值而是对象的属性或类别。此外，学生的月生活费支出可能分为1 000元以下、1 000～1 500元、1 500～2 000元、2 000元以上4个层级，“月生活费支出的层级”这4个取值也不是普通的数值而是数值区间，因而也属于类别变量。人的性别、上市公司所属的行业、顾客对商品的评价、学生月生活费支出的层级等都是类别变量。

类别变量根据取值是否有序可分为**无序类别变量**和**有序类别变量**两种。无序类别变量也称**名义**（nominal）**值变量**，其取值的各类别间是不可以排序的。比如，“上市公司所属的行业”这一变量取值为“制造业”“金融业”“旅游业”等，这些取值之间不存在顺序关系。再比如，“商品的产地”这一变量的取值为甲、乙、丙、丁，这些取值之间也不存在顺序关系。有序类别变量也称顺序（ordinal）**值变量**，其取值的各类别间可以排序。比如，“对商品的评价”这一变量的取值为“很好”“好”“一般”“差”“很差”，这5个值之间是有序的。取区间值的变量当然是有序的类别变量。

类别变量的观测结果称为**类别数据**（categorical data）。类别数据也称“分类数据”或“定性数据”。与类别变量相对应，类别数据分为无序类别数据（名义值）和有序类别数据（顺序值）两种。

数值变量（metric variable）是取值为数字的变量，也称为**定量变量**（quantitative variable）。例如“电商销售额”“某只股票的收盘价”“生活费支出”“投掷一枚骰子出现的点数”等这些变量的取值可以用数字来表示，都属于数值变量。数值变量的观察结果称为**数值数据**（metric data）或**定量数据**（quantitative data）。

数值变量根据取值的不同，可以分为**离散变量**（discrete variable）和**连续变量**（continuous variable）。离散变量是只能取有限个值的变量，而且其取值可以列举，如“企业数”“产品数量”等就是离散变量。连续变量是可以在一个或多个区间中取任何值的变量，它的取值是连续不断的，不能列举，如“年龄”“温度”“零件尺寸的误差”等都是连续变量。

图1-1展示了变量的基本分类。

上面介绍的是变量的基本分类。当然，变量也可以从其他角度进行分类，比如，随机变量、经验变量和理论变量等。数据也可以从其他角度进行分类。比如，按照数据的收集方法分为**观测数据**（observational data）和**实验数据**（experimental data）。观测数据是通过调查或观测收集到的数据，这类数据是在没有对事物进行人为控制的条件下得到的，有关社会经济现象的

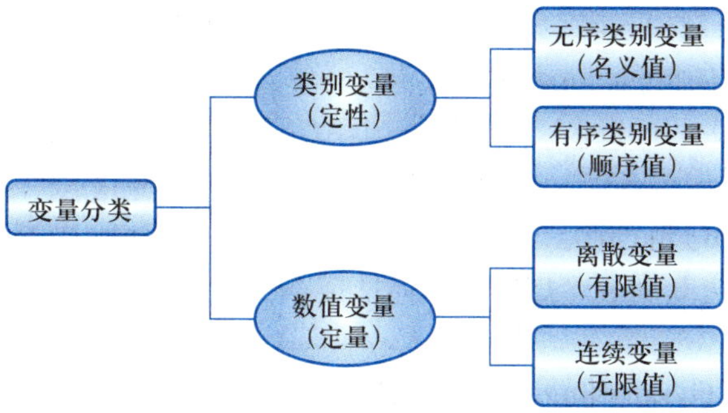

图 1-1 变量的基本分类

数据几乎都是观测数据。实验数据则是在实验中控制实验对象收集到的数据，比如，一种新药疗效的实验数据，一种新的农作物品种的实验数据。自然科学领域的大多数数据都为实验数据。按照被描述的现象与时间的关系，可以将数据分为**截面数据**（cross-sectional data）和**时间序列数据**（time series data）。截面数据是在相同或近似相同的时间点上收集的数据，这类数据通常是在不同的空间上获得的，比如，2020 年我国各地区的 GDP 数据就是截面数据。时间序列数据是在不同时间上收集的数据，这类数据是按照时间顺序收集的，用于描述现象随时间变化的情形，比如 2001—2020 年我国的 GDP 数据就是时间序列数据。

1.1.3 数据的来源

从哪里取得所需的数据呢？大多数使用者使用的是别人调查或实验的数据，这样的数据称为二手数据。二手数据主要是公开出版或公开报道的数据，这类数据主要来自各研究机构、国家和地方的统计部门、其他管理部门、专业的调查机构以及各种报纸、杂志、图书、广播、电视、网络等传播媒体。使用二手数据时应注意统计数据的含义、计量单位和计算方法，以避免误用或滥用。同时，在引用二手数据时，一定要注明数据的来源，以示尊重他人的劳动成果。

当已有的数据不能满足需要时，可以亲自去调查或实验。比如，想了解某地区家庭的收入状况，可以从中抽出一个由 2 000 个家庭组成的样本，通过对样本的调查获得数据。这里“该地区所有家庭”是所关心的**总体**（population），它是包含所研究的全部元素的集合。所抽取的 2 000 个家庭就是一个**样本**（sample），它是从总体中抽取的一部分元素的集合。构成样本的元素的数目称为**样本量**（sample size），抽取 2 000 个家庭组成一个样本，样本量就是 2 000。

怎样获得一个样本呢？要在某地区抽取 2 000 个家庭组成一个样本，如果该地区的每个家庭被抽中与否完全是随机的，而且每个家庭被抽中的概率是已知的，这样的抽样方法称为**概率抽样**（probability sampling）。概率抽样方法有简单随机抽样、分层抽样、系统抽样、整群抽样等。

简单随机抽样（simple random sampling）是从含有 N 个元素的总体中抽取 n 个元素组成一个样本，使得总体中的每一个元素都有相同的概率被抽中。采用简单随机抽样时，如果抽取一个个体记录下数据后，再把这个个体放回到原来的总体中参加下一次抽选，这样的抽样方法叫做**有放回抽样**（sampling with replacement）；如果抽中的个体不再放回，再从所剩下的个体中抽取第二个元素，直到抽取 n 个个体为止，这样的抽样方法叫做**无放回抽样**（sampling without replacement)。当总体数量很大时，无放回抽样可以视为有放回抽样。由简单随机抽样得到的样本称为**简单随机样本**（simple random sample）。多数统计推断都是以简单随机样本为基础的。

分层抽样（stratified sampling）也称分类抽样，它是在抽样之前先将总体的元素划分为若干层（类），然后从各个层中抽取一定数量的元素组成一个样本。比如，要研究学生的生活费支出，可先将学生按地区进行分类，然后从各类中抽取一定数量的学生组成一个样本。分层抽样的优点是可以使样本分布在各个层内，从而使样本在总体中的分布比较均匀，可以降低抽样误差。

系统抽样（systematic sampling）也称等距抽样，它是先将总体各元素按某种顺序排列，并按某种规则确定一个随机起点，然后每隔一定的间隔抽取一个元素，直至抽取 n 个元素组成一个样本。比如，要从全校学生中抽取一个样本，可以找到全校学生的名册，按名册中的学生顺序，用随机数找到一个随机起点，然后依次抽取就得到一个样本。

整群抽样（cluster sampling）是先将总体划分成若干群，然后以群作为抽样单元从中抽取部分群组成一个样本，再对抽中的每个群中包含的所有元素进行调查。比如，可以把每一个学生宿舍看作一个群，在全校学生宿舍中抽取一定数量的宿舍，然后对抽中宿舍中的每一个学生都进行调查。整群抽样的误差相对要大一些。

1.2 Python 的初步使用

Python 是一种面向对象的解释型高级编程语言。因其具有简单易学、免费、拥有丰富而强大的开源第三方库等诸多优点，被广泛应用于系统和网络编程、数据处理、云计算、人工智能等多个领域，成为目前广泛使用的编程语言之一。在 Python 的 Lib 目录中 this.py 隐藏了一首诗，在 Python 的 IDLE 中输入“ import this”可以显示出来，这首诗是 Python 之禅（The Zen of Python），表达了 Python 的思想：简单，明确，优美。

1.2.1 Python 的下载与安装

Python 目前主要有两个版本，即 Python2.X 与 Python3.X，两个版本存在较大差异。Python3 的使用者越来越多，也是未来的趋势，建议大家使用 Python3。截至 2021 年 2 月 5 日，Python 的最新版本是 3.9.1。Python 的版本更新较快，每年有数十次的版本更新。但并不建议使用时盲目更新到最新版本。因为 Python 已搭建的环境或者安装的模块对版本有依赖，升级后可能出现原环境或模块无法使用的情况。在有多个版本需求时，建议同时安装多个版本。

使用前，需要在你使用的计算机系统中安装 Python 软件。Python 有不同的开发环境或平台。使用者可根据个人偏好选择不同的平台下载和安装 Python。

1. Python 的下载与安装

使用者可以根据自己的计算机系统和位数（32 位或 64 位）选择相应的版本。在 Python 官方网站（https://www.python.org）下载所需版本，包括 Windows 版本，Linux 版本和 Mac OX 版本。

如果使用的是 Windows 系统，下载完成后会在桌面出现带有 Python 版本信息的图标，双击该图标即可完成安装。注意安装时需要将 Python 加入系统环境变量即 PATH 中，如图 1-2 所示。

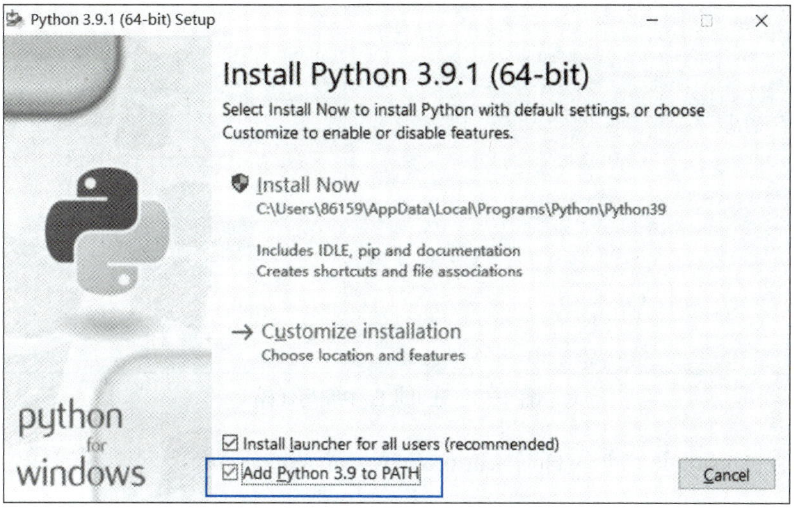

图 1-2 Python 的安装界面

安装 Python 后，系统会自动安装一个自带的编辑器 IDLE。点击 Windows 的“开始”菜单，找到 Python 下的 IDLE，单击即可打开 IDLE。在提示符“>>>”后输入命令代码，每次可以输入一条命令，也可以连续输入多条命令，命令之间用分号“;”隔开。命令输入完成后，按“Enter”键，Python 软件就会运行该命令并输出相应的结果。比如，在提示符“>>>”后输入 2+3，按“Enter”键后显示结果为 5。如果要输入的数据较多，超过一行，可以在适当的地方输入反斜杠“\”后按“Enter”键，在下一行继续输入，如果代码前方有未闭合的括号，则无需输入反斜杠，直接换行也可。Python 软件会在断行的地方自动缩进。Python 对缩进要求非常严格，通常用 4 个空格表示一个缩进单位。这样写出来的 Python 代码整洁美观，易读性强。

Python 代码虽然可以在提示符后输入，但如果输入的代码较多，难免出现输入错误。如果代码输入错误或书写格式错误，运行后，Python 会出现错误提示或警告信息。这时，在 Python 界面中修改错误的代码比较麻烦，也不利于保存代码，因此，Python 代码最好是在脚本文件中编写，编写完成并保存到指定目录的文件夹后，点击工具栏的“运行”即可在 Python 中运行该代码并得到相应结果。

使用脚本文件编写代码时，先在 Python 控制台中单击“File”→“New File”，会弹出 Python 代码编辑器，在其中编写代码即可。要运行代码，可点击“Run→Run Module”，然后将代码文件保存在指定的目录中，即可运行并得到结果，如图 1-3 所示。

2. Anaconda 的下载与安装

虽然安装好 Python 后就可以进行代码编写了，但使用其他模块时需要另行安装，而 Anaconda 则不同，它是一种适合数据分析的 Python 开发环境，也是一个开源的 Python 版本。Anaconda 包含了多个基本模块，如 numpy，pandas，matplotlib，IPython 等，安装 Anaconda 时，这些模块也就一并安装好了，Anaconda 还内置了 Jupyter Notebook 开发环境，十分方便代码的编写和修改。本书代码编写和运行使用的就是 Anaconda 平台的 Jupyter Notebook 界面，推荐初学者使用。Anaconda 下载与安装步骤如下。

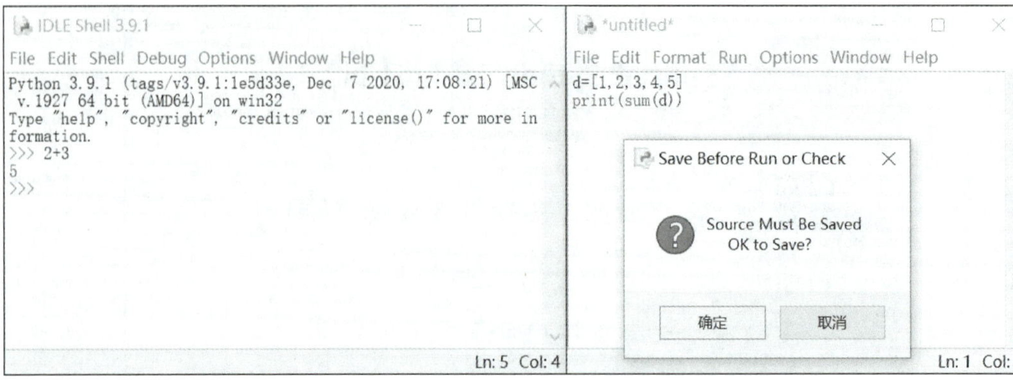

图 1-3 在 IDLE 中编写代码

首先，下载 Anaconda。进入官网（https://www.anaconda.com），点击右上角“Get Started”，如图 1-4 所示。

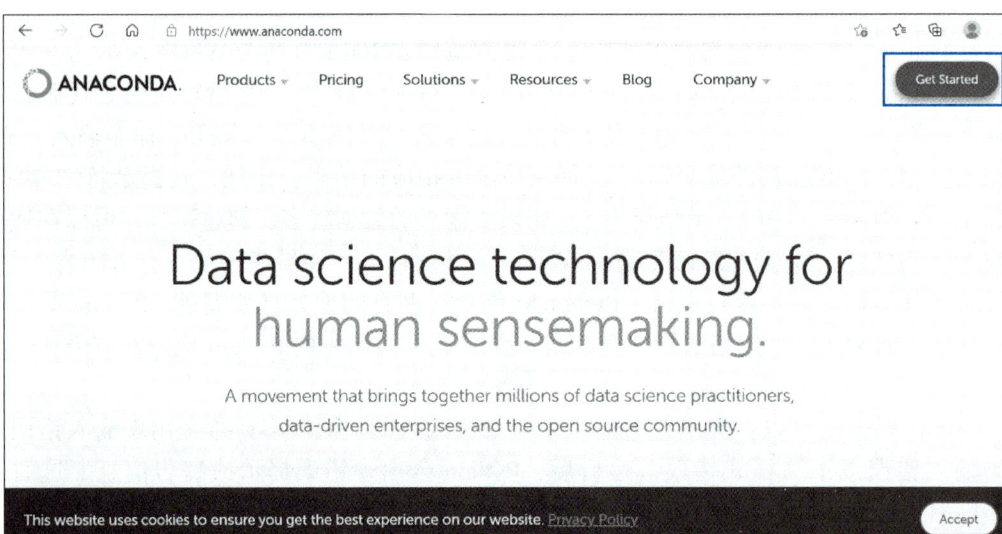

图 1-4 Anaconda 下载页面

然后选择 Anaconda 个人版选项，并单击。如图 1-5 所示。

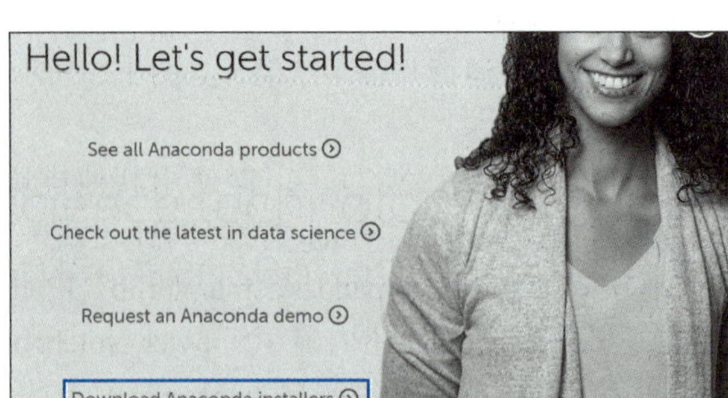

图 1-5 选择安装 Anaconda 个人版

在弹出的页面中选择自己的计算机系统，如果是 Windows 系统，需要选择计算机系统的位数，比如 64 位，即可以下载。如图 1-6 所示。

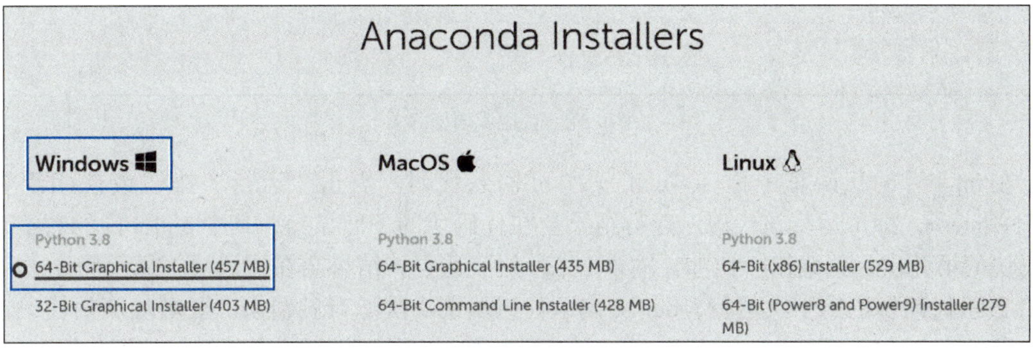

图 1-6 选择安装 Anaconda 的操作系统并下载

下载完成之后，即可根据提示完成安装。

3. Anaconda 的界面

Anaconda 有几种不同的界面可供使用，如 Jupyter Notebook，Spyder，Ipython 等，使用者可根据自身偏好选择。

Jupyter Notebook 是一个交互式编辑器，它是以网页的形式打开程序，可以在线或非在线编写代码和运行代码，代码的运行结果可以直接在代码块下显示，对使用者而言比较直观，便于代码的编写和修改。Jupyter Notebook 还可以使用 Markdown 和 HTML 来创建包含代码块、标题或注释的文档，便于代码块的区分。

（1）创建 Jupyter Notebook 文件。打开 Jupyter Notebook，点击右上角的 New 按钮，选择 Python3，即可以创建一个 Python 文件，如图 1-7 所示。

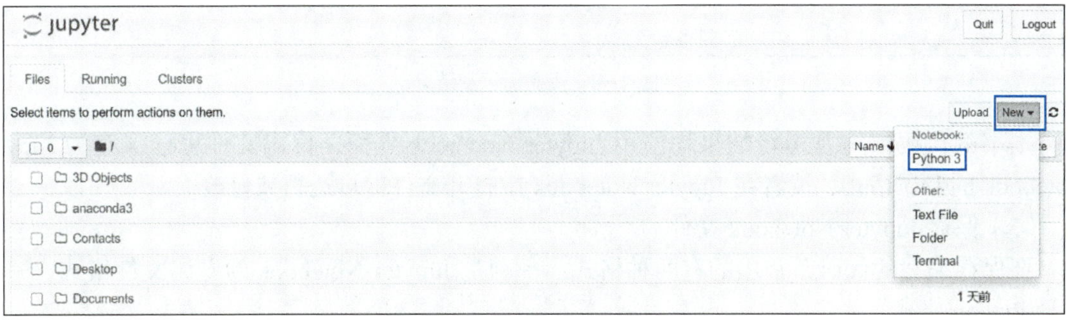

图 1-7 新建一个 Jupyter Notebook 文件

该文件以扩展名 ipynb 命名，如 Untitled.ipynb，使用者可点击 Files 下拉菜单中的 Rename 随时修改文件名。

（2）在 Jupyter Notebook 中编写代码。创建好 Jupyter Notebook 文件后，点击该文件，系统会自动弹出一个窗口，如图 1-8 所示。

图 1-8 代码编辑窗口

在 in[ ] 后的代码框（称为“cell”）中可输入代码。点击“运行”按钮或使用组合键 <Ctrl+Enter>，即可运行该代码，运行结果会在代码块的下面显示，其中 out[ ] 内的数字表示代码块的第几次运行输出。比如，输入 2+3，然后运行，结果会在代码块下显示为 5。其中，in[1] 表示代码块的第 1 次运行，out[1] 表示代码块第 1 次运行的输出。要增加新的代码编辑框，可以点击“+”或者“Insert”，在上方或下方增加代码编辑框，即可继续编写代码。比如，要编写计算（80，87，98，73，100）这 5 个数值平均数的代码，然后运行，界面如图 1-9 所示。其中，in[2] 表示代码块的第 2 次运行，out[2] 表示第 2 次运行的输出结果。

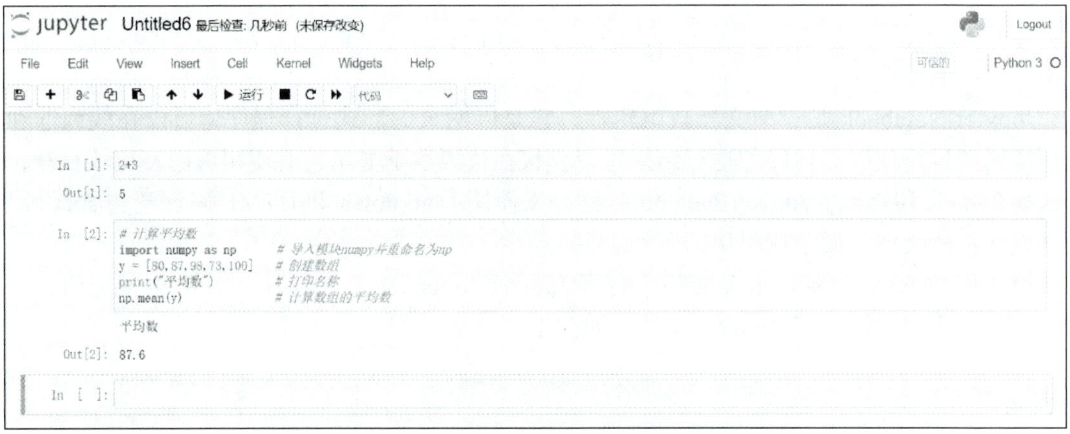

图 1-9 代码运行及结果

本书的代码编写及运行结果均使用 Jupyter Notebook 界面，代码文件也已保存为 Jupyter Notebook 的专属格式，读者在 Jupyter Notebook 中打开文件即可运行或修改。

（3）保存 Jupyter Notebook 文件。

要保存编写的代码，常用的有两种格式：一种是 Jupyter Notebook 的专属文件格式，另一种是 Python 格式。

要保存成 Jupyter Notebook 格式，在文件界面中点击 File 菜单，选择 Save and Checkpoint，文件会自动保存在默认路径下，文件的扩展名为 ipynb。如果要保存在自己的文件夹中，可以在桌面上先建立一个文件夹，比如，Python_code，进入 Jupyter Notebook 后，点击 Desktop 就能显示你的文件夹 Python_code，点击该文件夹，并点击右上角的 New 按钮，选择 Python3，即可以创建一个 Python 文件，这个文件就会自动保存至文件夹 Python_code 中，你可以建立多个不同名称的文件保存在该文件夹中。本书的代码文件均以各章的名字命名，并储存在特定的文件夹中。每个文件中均使用 Markdown 做了注释，以区分各代码块，便于读者查找和使用。

如果要保存成 Python 文件，则点击 File 菜单，选择 Download as 下的 Python（.py），文件会自动保存在默认路径下。

Anaconda 还有一个 Spyder 界面，该界面类似于 RStudio。在 Windows 开始窗口找到 Anaconda，在子目录中找到 Spyder，点击后即可打开 Spyder 界面。Spyder 界面由多个窗格组成，使用者可根据需要调整位置和大小。左侧窗格是代码编辑器，右下窗格是输入的代码及代码运行结果的交互式控制台（Console），右上窗格可以查询帮助、导入数据等。图 1-10 是作者编写的代码和运行结果。

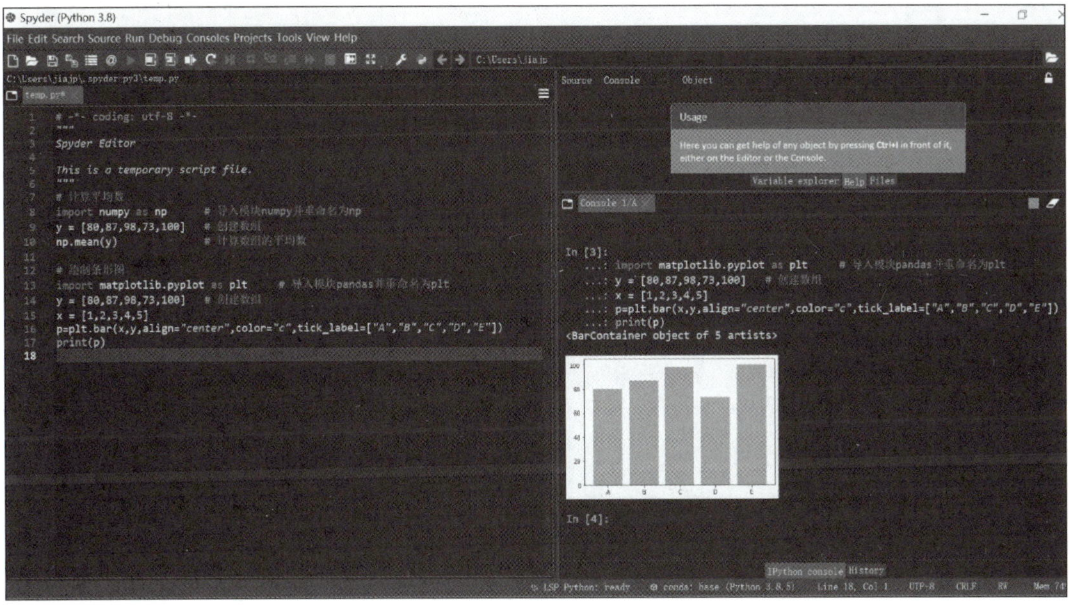

图 1-10　Spyder 运行界面

1.2.2　模块的安装与加载

Python 中的**模块**（module）也可称为**库**（package），它是指包含 Python 类、函数等信息的集合，可以看作一个工具包。大部分统计分析和绘图都可以使用已有的 Python 模块中的函数来实现。一个 Python 模块中可能包含多个函数，能做多种分析和绘图，对于同一问题的分析或绘图，也可以使用不同模块中的函数来实现，用户可以根据个人需要和偏好选择所用的模块。模块的下载与安装可以在 Python 中进行，也可以在 Anaconda 中进行，这取决于你使用的操作平台或环境。

Python 软件在最初安装时，自带了一系列内置模块，如 time，random，sys，os，json，pickle，shelve，xml，re，logging 等，Python 作为一个强大的编程语言，它的使用场景很多，因此内置模块多用来实现与操作系统的交互或用于不同数据格式的存储与读取。除内置模块外，Python 还提供了丰富的开源第三方模块，统计常用的模块有数值计算模块 numpy，数据处理模块 pandas，作图模块 matplotlib，统计计算模块 statistics，统计建模模块 statsmodels。内置模块与第三方模块提供了种类繁多的函数，使用前都需要导入这些模块才能使用其中的函数。

pip 工具是 Python 自带的第三方安装工具，在 python 安装过程中已经安装完成，无须独立安装。如果安装 Python 时成功将其加入 PATH，就可以在操作系统终端直接使用 pip install < 模块名称 > 命令安装第三方模块。Windows 系统的操作是，同时按下计算机上的 win+R 键，在左下角弹出的运行窗口输入“cmd”即可打开终端。MacOS 直接打开 Terminal 即可。

使用 Anaconda 安装模块需要在 Anaconda Prompt 中输入命令。点击 Windows 的“开始”按钮，在 Anaconda 点击 Aandonda Prompt，在打开的界面中输入安装命令即可完成安装。比如，要安装模块 pandas，输入 pip install <pandas> 或 conda install <pandas> 即可完成安装。完成安装后，要使用该模块时，需要使用 import 命令将其加载到 Python 环境中。使用 Anaconda 进行模块操作的代码如代码框 1-1 所示（使用 Python 时将 conda 更换成 pip 即可）。

代码框 1-1 Python 模块的一些操作

```
# 安装模块
pip install pandas                  # 安装模块 pandas
# 导入模块
import numpy                        # 导入模块 numpy
# 导入模块并重命名
import numpy as np                  # 导入模块 numpy 并重命名为 np
# 显示已安装模块的名称
conda list                          # 列出已经安装的所有模块
# 卸载（删除）安装在 Python 中的模块
conda uninstall pandas              # 从 Python 中彻底删除 pandas 模块
```

对于名称较长的模块，为方便使用，通常在导入后将其简化命名。比如，import pandas as pd 表示导入模块 pandas 并简化命名为 pd，import matplotlib as plt 表示导入模块 matplotlib 并简化命名为 plt，等等。因此，当你看到 pd.read_csv 时，意味着引用的是 pandas 模块中的 read_csv 函数，看到 np.average 时，意味着引用的是 numpy 模块中的 average 函数，等等。

1.2.3 查看帮助文件

Python 中的大部分计算和绘图均可由 Python 函数完成，这些函数通常来自不同的 Python 模块，每个 Python 模块和函数都有相应的帮助说明。使用中遇到疑问时，可以随时查看帮助文件。

查询 Python 内置的模块或函数时，直接使用 help（函数名）或 help（'模块名'）即可。比如，要想了解 sum 函数功能及使用方法，可以使用 help（sum）或 ?sum 来查询。要了解 random 模块的功能及使用方法，可使用 help（'random'）查询，或先使用 import 导入该模块，使用 help（random）查询。要查询从第三方平台安装的模块和其中的函数时，需要先用 import 导入模块，确保环境内有这个对象，如代码框 1-2 所示。

代码框 1-2 查看帮助

```
help(sum)                       # 查看 sum 函数的帮助信息
help('random')                  # 查看模块 random 的帮助信息
# 或
import random                   # 导入 random 模块
help(random)                    # 查看模块 random 的帮助信息
help(random.gauss)              # 查看模块 random 中 gauss 函数的帮助信息
```

help(sum)会输出 sum 函数的形式、参数设定与用法信息，有时包含示例等内容。help(random)可以输出 random 模块的简短描述以及模块中各函数与方法的名称及其用法，help(random.gauss)可以查看 random 模块中 gauss 函数的用法。

1.2.4 编写代码脚本

在 Python 中完成任何一项工作都需要编写代码。一组代码称为代码块，它可以由一行或多行代码组成。

1. 对象赋值

Python 是一门面向对象的语言，它有一个重要的概念，即一切皆对象。在 Python 中，数字、字符串、元组、列表、字典、函数、方法、类、模块，包括你写的代码都是**对象**（object）。

对象也就是给某个变量、数据集或一组代码起一个名字。比如，要对数据做多种分析，如计算平均数、标准差，绘制直方图等，每次分析都要输入数据就非常麻烦，这时，可以将多个数据组合成一个数据集，并给数据集起一个名称，然后把数据集赋值给这个名称，也就是将某个数据集或一组代码暂时储存在这个对象下，需要运行的时候直接运行这个名字即可。比如，d=example1_1 就是将数据框赋值给了对象 d，要使用该数据框，直接使用 d 就可以了。

Python 语言的标准赋值符号是"="。使用者可以给对象赋一个值、一个列表、一个矩阵或一个数据框、一个代码块等。比如，将 5 个数据组成的列表 [80，87，98，73，100] 赋值给对象 x，将数据文件 example1_1 赋值给对象 d，等等，如代码框 1-3 所示。

代码框 1-3 对象赋值与运行

```
x = [80,87,98,73,100]           # 将 5 个数据组成的列表赋值给对象 x
d = example1_1                  # 将数据框 example1_1 赋值给对象 d
s=sum(x)                        # 计算对象 x 的总和并赋值给对象 s
n=len(x)                        # 计算对象 x 的元素个数并赋值给对象 n
m=s/n                           # 计算对象 x 的平均数并赋值给对象 m
```

通过赋值可以方便数据引用和简化代码编写。比如，要分析 80，87，98，73，100 这 5 个数据，就可以直接分析对象 x。比如，计算平均数可以写成 s/n，要运行 s/n 直接运行 m 即可。尤其是在编写较复杂的代码块时，经常需要引用前面赋值的对象，从而简化代码。

代码框 1-3 中“#”是 Python 语言的注释符号，运行代码遇到注释符号时，会自动跳过 # 后的内容而不运行，未使用“#”标示的内容，Python 都会视为代码运行，没有“#”符号的注释，Python 软件会显示错误信息。

2. 变量命名

在分析数据时，通常需要写入变量或引用变量。在 Python 中，变量名是所指定的一种特定标识符（字符串）。Python 的变量命名规则如下：

（1）标识符可以由字母、数字、下划线组成，其中数字不能打头。字母并不局限于 26 个英文字母，可以包含中文字符等。

（2）Python 语言区分大小写，因此 abc 和 Abc 是两个不同的标识符。

（3）标识符不能包含空格。

另外，Python 有 33 个关键字，如表 1-1 所示。这些关键字在语法中有特定的含义和功能，不能作为变量名。使用关键字作为变量名时 Python 解释器会报错。

表 1-1 Python 的 33 个关键字

and	del	global	nonlocal	while
as	elif	if	not	with
assert	else	import	or	yield
break	expect	in	pass	FALSE
class	finally	is	raise	TRUE
continue	for	lambda	return	
def	from	None	try	

Python 有一些内置函数（Built-in Functions），不需要导入任何模块就可以使用，如代码框 1-3 中的 sum 函数和 len 函数，较常用的还有查看变量类型的 type 函数，创建整数序列的 range 函数。如果尝试使用内置函数的名字作为变量名，Python 解释器虽然不会报错，但该内置函数却被这个变量覆盖，该内置函数就不能使用了。

1.3 Python 的数据处理

分析数据时，清楚数据的结构是十分必要的。本节首先介绍 Python 内置的数据结构，然后介绍 numpy 和 pandas 中的几种数据结构。

1.3.1 Python 的基本数据结构

Python3 中有 6 种基本的数据结构或称数据类型，分别是**数字**（number）、**字符串**（string）、**元组**（tuple）、**列表**（list）、**字典**（dictionary）、**集合**（set），这 6 种数据类型通过不同的组成方式和定义可以产生更多的类型。使用内置函数 type（ ）可以查看数据的类型。

1. 数字

数字用于储存数值。Python3 支持 4 种类型的数字，即 int（整数类型）、float（浮点类型，即取小数的数字）、bool（布尔类型，是只取 True 和 False 两个值的逻辑型数字，也可以用 0 和 1 表示）、complex（复数类型）。

2. 字符串

由数值、字母、下划线组成的字符。可以使用单引号（' '）、双引号（" "）或三引号（''' '''）指定字符串，使用“+”连接两个字符串。

3. 元组

元组是一维序列，其定长是固定的、不可变的，内容不能修改，通常用“( )”标识，元素之间用“,”分隔。比如，输入（1，2，3，4，5）就生成了一个元组。

4. 列表

列表也是一维序列，与元组不同的是其长度可变，它所包含的内容也可以进行修改。列表中的元素可以是相同类型，也可以是不同类型，元素之间用逗号分隔，使用中括号“[ ]”或 list 类型函数可以创建列表，如代码框 1-4 所示。

代码框 1-4 创 建 列 表

```
a = [2, 3, 4, 5]                             # 生成同类型元素的列表
a
```

```
[2, 3, 4, 5]
```

```
b = ["甲","乙","丙","丁"]                     # 元素同为字符串的列表
b
```

```
['甲','乙','丙','丁']
```

```
c = ["甲", 23, True, [1,2,3]]                # 不同类型元素的列表
c
```

```
['甲', 23, True, [1, 2, 3]]
```

```
d = list(range(10))                          # 用 range 函数生成等差数列，起始值为 0，
                                             步长为 1
d
```

```
[0, 1, 2, 3, 4, 5, 6, 7, 8, 9]
```

```
e = list(range(100, 200, 20))                # 在 100 ~ 200 之间生成数列，步长为 20
e
```

```
[100, 120, 140, 160, 180]
```

注：range 函数是 Python 的内置函数，用于生成整数等差序列，共有三个参数，分别是起始值，终点值和步长。默认起始值为 0，可以为负值，但不能是小数，默认步长为 1，生成规则是左闭右开。

使用索引可以访问列表中的元素，索引的符号也是方括号。比如，访问代码框 1-4 中列表

b 的第一个元素，输入代码 b[0]，显示的结果为 '甲'；访问列表 c 第 3 个元素，输入代码 c[2]，得到元素 True。注意：Python 的索引从左到右是从 0 开始的，从右到左是从 -1 开始的。

根据需要可以对列表进行其他一些操作，比如，使用 append 方法将元素添加到列表的尾部；使用 insert 方法将元素插入到指定的列表位置；使用 pop 方法将列表中特定位置的元素移除并返回；使用 sort 方法对列表中的元素排序；使用“+”连接两个列表，等等。代码框 1-5 给出了列表的几种不同操作。

代码框 1-5 列表的几种不同操作

```
# 向列表追加或插入元素
a.append(6)                    # 将数字 6 追加到列表 a 的尾部
a
```

```
[2, 3, 4, 5, 6]
```

```
b.insert(2,'戊')               # 在列表 b 的第 3 个位置插入“戊”(插入位置的范围从 0
                               到列表长度)
b
```

```
['甲', '乙', '戊', '丙', '丁']
```

```
# 移除列表中特定位置的元素并返回
b.pop(2)                       # 移除列表 b 中第 3 个位置的元素并返回
b
```

```
['甲', '乙', '丙', '丁']
```

```
# 连接两个列表
ab=a+b                         # 将列表 a 和列表 b 连接成一个新列表 ab
```

```
[2, 3, 4, 5, 6, '甲', '乙', '丙', '丁']
```

```
# 列表元素的排序
f = [2, 3, 4, 5, 2, 8]         # 创建列表 f
f.sort()                       # 列表元素的排序
f
```

```
[2, 2, 3, 4, 5, 8]
```

```
g=['甲', '乙', '戊', '丙', '丁']  # 创建列表 g
g.sort()                       # 列表元素的排序
g
```

```
['丁', '丙', '乙', '戊', '甲']
```

注：使用 Python 的内置函数 sorted() 也可以对列表中的元素进行排序。sorted(g) 返回的结果与上述相同。Python 中的其他内置函数还有很多，如 len() 返回列表中元素的个数；min() 返回列表中的最小元素；max() 返回列表中的最大元素，等等。

5. 字典

字典是 Python 最重要的内置结构之一，它是大小可变的键值对集，其中键（key）和值（value）都是 Python 对象。字典中的元素用大括号 { } 括起来，用“:”分隔键和值，不同的键值组合之间用“,”分隔。用大括号“{ }”或 dict 函数可以创建字典，其形式如下：

dictionary={key1:value1,key2:value2,……}

或写成：

dictionary=dict（key1=value1,key2=value2,……）

与列表类似，字典也有很多操作方法，代码框 1-6 列出了创建字典和字典操作的几个例子。

代码框 1-6　字典的一些简单操作

```
# 用大括号 {} 创建字典
dc1={'刘文涛':68,'王宇翔':85,'田思雨':74,'徐丽娜':88,'丁文彬':63}
                                    # 5 名学生考试分数的字典
dc1
```

```
{'刘文涛': 68, '王宇翔': 85, '田思雨': 74, '徐丽娜': 88, '丁文彬': 63}
```

```
# 用 dict 函数创建字典
dc2=dict(刘文涛=68, 王宇翔=85, 田思雨=74, 徐丽娜=88, 丁文彬=63)
                                    # 5 名学生考试分数的字典
dc2
```

```
{'刘文涛': 68, '王宇翔': 85, '田思雨': 74, '徐丽娜': 88, '丁文彬': 63}
```

```
# 以列表的形式返回字典 dc1 中的键
dc1.keys()
```

```
dict_keys(['刘文涛', '王宇翔', '田思雨', '徐丽娜', '丁文彬'])
```

```
# 以列表的形式返回字典 dc1 中的值
dc1.values()
```

```
dict_values([68, 85, 74, 88, 63])
```

```
# 以列表的形式返回字典 dc1 中的键值对
dc1.items()
```

```
dict_items([('刘文涛', 68), ('王宇翔', 85), ('田思雨', 74), ('徐丽娜', 88),
('丁文彬', 63)])
```

```
# 返回（查询）字典 dc1 中键 k 上的值
dc1['徐丽娜']                        # 返回徐丽娜（键）的分数
```

```
88
```

```
# 删除字典 dc1 中的某个键值对
del dc1['田思雨']
dc1
```

```
{'刘文涛': 68, '王宇翔': 85, '徐丽娜': 88,'丁文彬': 63}
```

6. 集合

集合是由唯一元素组成的无序集，可看成是只有键没有值的字典。由于集合中的元素是无序的，不记录元素的位置，因此不支持索引、切片等类似序列的操作，只能遍历或使用 in、not in 等访问或判断集合元素。使用 set( ) 函数或大括号“{ }”的方式等可以创建集合，一个空集合必须使用 set( ) 创建。集合的创建和一些简单操作如代码框 1-7 所示。

代码框 1-7 集合的一些简单操作

```
# 使用 set 函数创建集合
set1 = set([2,2,2,1,8,3,3,5,5])
set1
```

```
{1, 2, 3, 5, 8}
```

```
# 使用大括号 {} 创建集合
set2 = {2,2,2,1,4,3,3,5,6,6}
set2
```

```
{1, 2, 3, 4, 5, 6}
```

```
# 两个集合的并集(两个集合中不同元素的集合)
set1|set2                    # 或写成 set1.union(set2)
```

```
{1, 2, 3, 4, 5, 6, 8}
```

```
# 两个集合的交集(两个集合中同时包含的元素)
set1&set2                    # 或写成 set1.intersection(set2)
```

```
{1, 2, 3, 5}
```

除了 Python 提供的基本数据结构外，实际数据分析中，经常使用的数据结构（类型）还有**数组**（array）、**序列**（serises）、**数据框**（data frame）等。数组是 numpy 模块的主要对象，序列和数据框则是 pandas 模块的主要数据结构。

1.3.2 numpy 中的数组

numpy 是 numerical python 的简称，它是 Python 中数值计算的最重要的基础模块。其他一些模块也都提供了基于 numpy 的函数功能。*n* 维数组（ndarray）是 numpy 模块中定义的对象，它可以是一维、二维和多维，数组中元素类型是数值型。*n* 维数组由实际数据和描述这些数据的元数据（数据维度，数据类型等）组成，一般要求所有元素类型相同，数组下标从 0 开始。

一维数组就是通常所说的**向量**（vector），二维数组就是通常所说的**矩阵**（matrix）。可以通过构造函数 array 创建 *n* 维数组，也可以使用 numpy 中的其他函数如 arange 函数、ones 函数以及 zeros 函数等创建 *n* 维数组。代码框 1-8 是有关数组的一些操作。

代码框 1-8 数组的一些操作

```
# 创建一维数组（向量）
import numpy as np
a1=np.array([5,4,1,2,3])          # 使用 array 函数创建数组
a2=np.arange(10)                  # 使用 arange 函数生成等差数列，起始为 0，步长为 1
a3=np.arange(2,6,0.5)             # 使用 arange 函数在 2 ~ 6 之间生成步长为 0.5 的等差
                                    序列
print('a1:',a1)                   # 输出结果
print('a2:',a2)
print('a3:',a3)
```

```
a1:[5 4 1 2 3]
a2:[0 1 2 3 4 5 6 7 8 9]
a3:[2.  2.5 3.  3.5 4.  4.5 5.  5.5]
```

```
# 创建二维数组（矩阵）
a4 = np.array([[1, 2], [3, 4], [5, 6]])     # 创建 2×3 的矩阵
a4
```

```
array([[1, 2],
       [3, 4],
       [5, 6]])
```

```
# 改变数组的形状
import numpy as np
a5 = np.arange(12)                # 创建一维数组
a6 = a5.reshape(3,4)              # 改变数组为 3×4 的二维数组（矩阵）
a6
```

```
array([[ 0,  1,  2,  3],
       [ 4,  5,  6,  7],
       [ 8,  9, 10, 11]])
```

```
# 数组的其他操作（读者自己运行代码查看结果）
a6.ndim                           # 查看数组 a6 的维度
a6.shape                          # 查看数组 a6 的形状
a6.dtype                          # 查看数组 a6 的数据类型
a6.astype(float)                  # 改变数组 a6 的数据类型为浮点值
a6[2]                             # 访问数组 a6 中的第 3 组元素（索引从 0 开始）
a3[5]                             # 访问数组 a3 中的第 6 个元素（索引从 0 开始）
a1.sort()                         # 对数组 a1 中的元素排序
```

注：int 表示整数，如 int32 表示 32 数位整数；int64 表示 64 数位整数。
float 表示浮点数，如 float32（代码：f4 或 f）表示标准单精度浮点数；float64（代码：f8 或 d）表示标准双精度浮点数；float128（代码：f16 或 g）表示拓展精度浮点数。

1.3.3 pandas 中的序列和数据框

pandas 是 Python 中的核心数据分析模块，它提供了两种数据结构，即序列（series）和数据框（data frame）。这里主要介绍序列和数据框的创建及其一些简单操作。

1. 序列

序列类似于一维数组，不同的是它由索引（index）和一维数值（values）组成。序列可以储存整数、浮点数、字符、Python 对象等多种类型的数据，但一个序列最好只存储一种类型的数据，若存在多种数据类型，该序列的类型会自动转换成对象（object）。使用构造函数 Series 可创建序列，使用前需要导入 pandas 模块。下面介绍几种比较常用的构造序列的方式。代码如代码框 1-9 所示。

代码框 1-9 用 pandas 创建序列

```
import pandas as pd
s1 = pd.Series([2, 3, 4, 5])              # 省略索引时自动生成索引
s1
```
```
0    2
1    3
2    4
3    5
dtype: int64
```
```
s2 = pd.Series([5, 8, 7, 6], index=['a', 'b', 'c', 'd'])
                                          # 自行指定索引
s2
```
```
a    5
b    8
c    7
d    6
dtype: int64
```
```
# 由标量生成序列时，不能省略索引
s3 = pd.Series([60,80,50], index=['甲', 25, True])
                                          # 索引可以是不同类型元素
s3
```
```
甲       60
25       80
True     50
dtype: int64
```
```
# 由 Python 字典生成序列
s4 = pd.Series({'a': 1, 'b': 'boy', 'c': 3})     # 索引与数据以字典形式传入
s4
```

```
a       1
b     boy
c       3
dtype: object
```

```
# 由其他函数生成序列
s5 = pd.Series(range(5))      # 使用 range 函数，类似列表
print(s5)                     # print 函数用于标准输出（这里也可以直接运行对象 s5）
```

```
0    0
1    1
2    2
3    3
4    4
dtype: int64
```

Series 函数接受多种类型的数据并将其转为序列。理解序列最重要的两点是索引和数据。序列有两套索引并存，一个是自动索引，一个是自定义索引（若未设置则不存在）。两套索引不能混用，即访问数据时只能使用一套索引。序列的访问同样使用方括号 [ ]。比如输入代码 s2[1] 得到 8，输入 s2[[1,2]] 得到一个值为 [8, 7] 的序列切片，输入 s2[['b', 'c']] 同样得到值为 [8, 7] 的序列切片。但不能输入 s2[['a', 2]]，解释器会报错。

序列与序列索引都能设置名称（name）属性，序列的类型可以转换，序列对象的索引和数据可以随时修改并即刻生效。不同序列可以根据索引进行对齐运算。具体操作代码如代码框 1-10 所示。

代码框 1-10　序列的基本操作

```
# 获取序列索引、数据、类型
import pandas as pd
s6 = pd.Series([5, 8, 7, 6], index=['a', 'b', 'c', 'd'])
print('索引：',s6.index)          # 获取序列索引
print('数据：',s6.values)         # 获取序列数据
print('类型：',s6.dtype)          # 获取序列类型
```

```
索引： Index(['a', 'b', 'c', 'd'], dtype='object')
数据： [5 8 7 6]
类型： int64
```

```
# 设置序列与索引的名称（name）属性
s6.name = '我是一个 pandas 的 Series'       # 设置序列名称
s6.index.name = '我是索引'                  # 设置序列索引名称
s6
```

```
我是索引
a    5
b    8
c    7
d    6
Name: 我是一个 pandas 的 Series, dtype: int64
```

```
# 转换序列类型
s6 = s6.astype(float)                # 将整数型改为浮点数类型
s6
```

```
我是索引
a    5.0
b    8.0
c    7.0
d    6.0
Name: 我是一个 pandas 的 Series, dtype: float64
```

```
# 修改序列中的数据
s6[[1, 3]] = [2, 8]                  # 将序列 s6 中的第 2 个值和第 4 个值修改为
                                     2 和 8
s6
```

```
我是索引
a    5.0
b    2.0
c    7.0
d    8.0
Name: 我是一个 pandas 的 Series, dtype: float64
```

```
# 序列的对齐运算
s7 = pd.Series([1, 2, 3], index=['a', 'c', 'e'], dtype=float)
s6 + s7                              # 两个序列相加
```

```
a    6.0
b    NaN
c    9.0
d    NaN
e    NaN
dtype: float64
```

注：序列的运算完全根据索引来对齐，如果两者都有自定义索引，优先使用自定义索引，如果只有一个有自定义索引，另一个是自动索引，还是会使用自定义索引，这种情况运算结果会出现大量空值(NaN)；如果两方都是自动索引，则根据自动索引进行对齐。

```
# 序列的一些简单计算
s8 = pd.Series([1, 2, 3, 4, 5], index=['a', 'b', 'c', 'd', 'e'], dtype=float)
c=s8.cumsum()  # 序列 s8 的累加
s=s8.sum()     # 序列 s8 求和
m=s8.mean()    # 求序列 s8 的平均数
print("累加:",'\n',c,'\n',"总和 =",s,'\n',"平均数 =",m)
```

```
累加:
a     1.0
b     3.0
c     6.0
d    10.0
e    15.0
dtype: float64
总和 = 15.0
平均数 = 3.0
```

2. 数据框

数据框是 pandas 中的另一个重要数据结构，它是一种表格结构的数据，类似于 Excel 中的数据表，也是较为常见的数据形式。数据框实际上是带标签的二维数组，一个数据框由行索引（index）、列索引（columns）和二维数据（values）组成。数据框的每一列和每一行都是一个序列。为了便于分析，一般要求数据框一列只存储一种类型的数据。

（1）创建数据框。使用 pandas 的构造函数 DataFrame 可创建数据框，其中的参数 data 为数组或字典。也可以直接读入数据框形式的 csv 格式或 Excel 数据作为 pandas 的框数据。假定有 5 名学生 3 门课程的考试分数数据如表 1-2 所示。

表 1-2　5 名学生 3 门课程的考试分数（table1_1）

姓名	统计学	数学	经济学
刘文涛	68	85	84
王宇翔	85	91	63
田思雨	74	74	61
徐丽娜	88	100	49
丁文彬	63	82	89

表 1-2 就是数据框形式的数据。要在 Python 中创建这样的数据框，可以向 DataFrame 函数传入列表类型的字典，或者使用 numpy 的数组。代码和结果如代码框 1-11 所示。

代码框 1-11 使用字典创建数据框

```
# 使用字典创建数据框(未输入行索引将自动生成，从 0 开始)
import pandas as pd
d = {"姓名": ["刘文涛","王宇翔","田思雨","徐丽娜","丁文彬"],
                                                  # 学生姓名列
"统计学": [68, 85, 74, 88, 63],                   # 写入统计学分数列
"数学": [85, 91, 74, 100, 82],                    # 写入数学分数列
"经济学": [84, 63, 61, 49, 89]}                   # 写入经济学分数列
table1_1 = pd.DataFrame(d)                        # 创建数据框并命名为 table1_1
table1_1
```

序号	姓名	统计学	数学	经济学
0	刘文涛	68	85	84
1	王宇翔	85	91	63
2	田思雨	74	74	61
3	徐丽娜	88	100	49
4	丁文彬	63	82	89

虽然可以在 pandas 中创建数据框，但比较麻烦，不推荐这种做法。如果关注数据分析而非编程，建议在 Excel 中录入数据框形式的数据，然后在 Python 中读取该数据。

（2）数据框的操作方法。将数据读入 Python 时会直接显示数据框，为方便后面的操作可以为其赋予一个名称来表示该数据框。要显示读入的数据框，输入数据框的名称即可。如果数据框中的行数和列数都较多，可以只显示数据框的前几行或后几行。比如，使用 table1_1.head（）默认显示数据框 table1_1 的前 5 行，如果只想显示前 3 行，则可以写成 table1_1.head（3）。使用 table1_1.tail（）默认显示数据框 table1_1 的后 5 行，如果想显示后 3 行，则可以写成 table1_1.tail（3）。使用 type 函数可以查看数据的类型；使用 table1_1.shape 可以查看数据框 table1_1 的行数和列数属性。当数据量比较大时，可以使用 info（）方法查看数据的结构。使用 describe（）方法可以对数据框的数值型变量进行简单的描述统计，读者可以自己运行查看结果。

假定数据的名称为 df，表 1-3 列出了数据框操作的一些方法及其描述。

表 1-3 数据框的操作方法及其描述

方法	描述	示例
columns	查看所有列名（列索引）	df.columns
dtypes	查看所有元素的类型	df.dtypes
head	查看前 n 行数据（默认前 5 行）	df.head（3）

续表

方法	描述	示例
index	查看所有行名（行索引）	df.index
info	查看数据结构（索引、数据类型等）	df.info
shape	查看行数和列数（行，列）	df.shape
T	数据框的行列转置	df.T
tail	查看后 *n* 行数据（默认后 5 行）	df.tail（3）
values	查看所有元素的值	df.values

在实际分析中，可能对数据框进行各种操作。比如，选择指定的列或行进行分析、增加列或行、删除列或行、修改列名称或行名称、修改数据等。代码框 1-12 列出了几种常用的数据框操作。

代码框 1-12 数据框的常用操作

```
import pandas as pd
df = pd.read_csv("C:/pydata/chap01/table1_1.csv",,encoding='gbk')
                                        # 加载数据框 table1_1 并命名为 df

# 选择指定的列
df[['数学']]                            # 选择数学 1 列
```

序号	数学
0	85
1	91
2	74
3	100
4	82

```
df[['数学','统计学']]                    # 选择统计学和数学 2 列
```

序号	数学	统计学
0	85	68
1	91	85
2	74	74
3	100	88
4	82	63

```
# 选择指定的行
df.loc[2]                         # 选择第 3 行数据，或写成 df.iloc[2]
```

```
姓名      田思雨
统计学       74
数学         74
经济学       61
Name: 2, dtype: object
```

```
df.loc[[2,4]]                     # 选择第 3 行和第 5 行数据，或写成 df.iloc[[2,4]]
```

序号	姓名	统计学	数学	经济学
2	田思雨	74	74	61
4	丁文彬	63	82	89

```
df.loc[2:4]                       # 连续选择第 3 行到第 5 行数据，或写成 df.iloc[2:4]
```

序号	姓名	统计学	数学	经济学
2	田思雨	74	74	61
3	徐丽娜	88	100	49
4	丁文彬	63	82	89

注：使用方括号“[]”或点“.”符号指定要分析的变量。比如，要分析统计学分数，可写成 df['统计学'] 或写成 df.统计学。如果要对指定行或指定行与列进行分析，可以使用 loc[] 方法或 iloc[] 方法，其中 iloc[] 的方括号中只能写自动索引，若存在自定义索引，则 loc[] 的方括号中只能写自定义索引，行和列可以使用自定义索引与自动索引，注意自动索引从 0 开始。比如，要分析第 3 行的数据，可写成 df.loc[2] 或 df.iloc[2]；要分析第 2 行和第 4 行的统计学列，可写成 df.loc[[1, 3],'统计学']。需要注意的是，数据框的每一行和每一列都可以看作一个序列 Series，上面对于序列的基本操作在这里也适用。比如需要将统计学列由数值型转换为字符串型，可写代码 df['统计学'] = df['统计学'].astype(str)。

```
# 增加列
df['会计学']=[88,75,92,67,78]
# 在数据框的最后插入 1 列会计学分数，或写成 df.loc[:,'会计学']=[88,75,92,67,78]
df
```

序号	姓名	统计学	数学	经济学	会计学
0	刘文涛	68	85	84	88
1	王宇翔	85	91	63	75
2	田思雨	74	74	61	92
3	徐丽娜	88	100	49	67
4	丁文彬	63	82	89	78

```
df.insert(2,'会计学',[88,75,92,67,78])
# 在第 2 列后面插入 1 列会计学分数，或写成 df.loc[:,'会计学']=[88,75,92,67,78]
df
```

序号	姓名	统计学	会计学	数学	经济学
0	刘文涛	68	88	85	84
1	王宇翔	85	75	91	63
2	田思雨	74	92	74	61
3	徐丽娜	88	67	100	49
4	丁文彬	63	78	82	89

```
# 删除数据
df.drop(['数学'],axis=1,inplace=True)
# 删除指定的列，或写成 df.drop(labels='数学',axis=1,inplace=True)
df
```

序号	姓名	统计学	经济学
0	刘文涛	68	84
1	王宇翔	85	63
2	田思雨	74	61
3	徐丽娜	88	49
4	丁文彬	63	89

```
df.drop(index=2,inplace=True)                # 删除第 3 行数据
df
```

序号	姓名	统计学	经济学
0	刘文涛	68	84
1	王宇翔	85	63
3	徐丽娜	88	49
4	丁文彬	63	89

```
# 修改列名称
df.rename(columns={'经济学':'管理学','数学':'计算机'})
# 将"经济学"名称修改为"管理学"，将"数学"名称修改为"计算机"
```

序号	姓名	统计学	计算机	管理学
0	刘文涛	68	85	84
1	王宇翔	85	91	63
2	田思雨	74	74	61
3	徐丽娜	88	100	49
4	丁文彬	63	82	89

```
# 修改数据
df.iloc[2,1]=85    # 修改第 3 行（索引 2）田思雨的统计学成绩为 85
df
```

序号	姓名	统计学	数学	经济学
0	刘文涛	68	85	84
1	王宇翔	85	91	63
2	田思雨	85	74	61
3	徐丽娜	88	100	49
4	丁文彬	63	82	89

```
df.loc[:,'统计学']=[73,90,79,88,68]        # 修改所有学生的统计学成绩为
                                            [73,90,79,88,68]
df
```

序号	姓名	统计学	数学	经济学
0	刘文涛	73	85	84
1	王宇翔	90	91	63
2	田思雨	79	74	61
3	徐丽娜	88	100	49
4	丁文彬	68	82	89

（3）数据框的排序与合并。有时需要对数据进行排序。使用 sort_values（ ）方法可以对数据框的某一列排序，函数默认参数 ascending=True，即升序排列，需要降序时，可设置参数 ascending=False。还可以按照索引排序，使用 sort_index（ ）方法，参数 axis 默认为 0，按照行索引对行排序，设置 axis=1 即按照列索引对列排序，默认升序。排序的例子如代码框 1-13 所示。

代码框 1-13 数据框排序

```
# 按数据排序数据框
import pandas as pd
table1_1 = pd.read_csv("C:/pydata/chap01/table1_1.csv", encoding='gbk')
table1_1.sort_values(by='统计学')              # 按统计学升序对整个数据框排序
```

序号	姓名	统计学	数学	经济学
4	丁文彬	63	82	89
0	刘文涛	68	85	84
2	田思雨	74	74	61
1	王宇翔	85	91	63
3	徐丽娜	88	100	49

```
# 按索引排序数据框
table1_1.sort_index(axis=1, ascending=False)    # 按列索引字符串降序对
                                                  整个数据框排序
```

序号	统计学	经济学	数学	姓名
0	68	84	85	刘文涛
1	85	63	91	王宇翔
2	74	61	74	田思雨
3	88	49	100	徐丽娜
4	63	89	82	丁文彬

如果需要合并不同的数据框，可使用 concat 函数。函数默认参数 axis 为 0（默认的参数设置可以省略不写），表示将不同的数据框按行合并，设置 axis=1 表示将不同的数据框按列合并。需要注意，按行合并时，数据框中的列索引必须相同，按列合并时，数据框中的行索引必须相同，否则合并是没有意义的。假如除上面的数据框 table1_1 外，还有一个数据框 table1_2，如表 1-4 所示。

表 1-4 5 名学生 3 门课程的考试分数（table1_2）

姓名	统计学	数学	经济学
李志国	78	84	51
王智强	90	78	59
宋丽媛	80	100	53
袁芳芳	58	51	79

续表

姓名	统计学	数学	经济学
张建国	63	70	91

表 1-4 是另外 5 名学生相同课程的考试分数。如果将两个数据框按行合并，代码和结果如代码框 1-14 所示。

代码框 1-14 数据框合并

```
# 按行合并数据框
import pandas as pd
table1_1 = pd.read_csv("C:/pydata/chap01/table1_1.csv", encoding='gbk')
table1_2 = pd.read_csv("C:/pydata/chap01/table1_2.csv", encoding='gbk')
mytable = pd.concat([table1_1, table1_2]).reset_index(drop=True)
mytable
```

序号	姓名	统计学	数学	经济学
0	刘文涛	68	85	84
1	王宇翔	85	91	63
2	田思雨	74	74	61
3	徐丽娜	88	100	49
4	丁文彬	63	82	89
5	李志国	78	84	51
6	王智强	90	78	59
7	宋丽媛	80	100	53
8	袁芳芳	58	51	79
9	张建国	63	70	91

reset_index() 方法将行索引重置为从 0 开始的连续整数。读者可以自行尝试比较重置前后有什么不同。假定上面的 10 名学生还有两门课程的考试分数，可以将其按列合并到 mytable 中。

（4）数据框的应用函数。对于数据框可以使用一些函数进行计算和分析，表 1-5 列出了数据框应用的一些主要函数。

表 1-5 数据框应用的一些主要函数及其描述

函数	描述	示例
describe	输出数据框的主要描述统计量	df.describe()
count	返回每一列中非空值的个数	df.count()

续表

函数	描述	示例
sum	返回每一列的和（无法计算时返回空值）	df.sum（）
max	返回每一列的最大值	df.max（）
min	返回每一列的最小值	df.min（）
argmax	返回最大值所在的自动索引位置	df.argmax（）
argmin	返回最小值所在的自动索引位置	df.argmin（）
idxmax	返回最大值所在的自定义索引位置	df.idxmax（）
idxmin	返回最小值所在的自定义索引位置	df.idxmin（）
mean	返回每一列的平均值	df.mean（）
median	返回每一列的中位数	df.median（）
var	返回每一列的方差	df.var（）
std	返回每一列的标准差	df.std（）

这些函数的引用参见以后各章，读者可以用 table1_1 代替示例中的 df，运行代码查看输出结果。

1.3.4 随机数和数据抽样

有时读者需要生成某种分布的随机数用于模拟分析，或者从已知的数据中抽取样本进行分析。

1. 生成随机数

用 Python 产生随机数需要借助其他模块。内置模块 random 的函数一次只能生成一个随机数，第三方模块 numpy 中的 random 子模块可以同时生成多个随机数，还能组成不同形状的随机数数组。由于是随机生成，每次运行会得到不同的随机数。要想每次运行都产生相同的一组随机数，可在生成随机数之前使用函数 seed（）设定随机数种子。可在括号内输入任意数字，如 numpy.random.seed（12）。使用相同的随机数种子，每次运行都会产生一组相同的随机数。代码框 1-15 是产生几种不同随机数的代码。读者可以自己运行代码查看相应的结果。

代码框 1-15 生成随机数

```
# 生成不同分布的随机数（每种分布产生 5 个）
import numpy.random as npr

npr.seed(15)                                  # 设定随机数种子
r1=npr.standard_normal(size=5)                # 标准正态分布
r2=npr.normal(loc=50,scale=5,size=5)          # 均值（loc）为 50、标准差（scale）为 5
                                                的正态分布
```

```
r3=npr.uniform(low=0, high=10, size=5) # 0 ~ 10之间的均匀分布
r4=npr.chisquare(df=15, size=5)         # 自由度为15的卡方分布
print('# 标准正态分布:','\n',r1,'\n"     # 均值为50、标准差为5的正态分布:','\n',r2,
      '\n"# 0 ~ 10之间的均匀分布:','\n',r3,'\n"# 自由度为15的卡方分布:','\n',r4)
```

```
# 标准正态分布:
 [-0.31232848  0.33928471 -0.15590853 -0.50178967  0.23556889]
# 均值为50、标准差为5的正态分布:
 [41.18197372 44.52068978 44.56117129 48.47414974 47.63125814]
# 0 ~ 10之间的均匀分布:
 [9.17629898 2.64146853 7.17773687 8.65715034 8.07079482]
# 自由度为15的卡方分布:
 [11.65749531 11.98507727 22.67529789 11.13672652  9.05412533]
```

2. 数据抽样

使用random模块中的sample函数可以从一个已知的数据集中无放回抽样，chioces函数可以进行有放回抽样。比如，从1～20的数据中抽取10个数据，从5种颜色中有放回抽取6次，代码和结果如代码框1-16所示。

代码框1-16 数据抽样

```
# 抽取随机样本
import random
a = range(1, 21)                                   # 1 ~ 20的数值序列
n1 = random.sample(population=a, k=10); n1         # 无放回抽取10个数据
n2 = random.choices(population=a, k=10); n2        # 有放回抽取10个数据
Ncols = ["black","red","green","blue","yellow"]    # 5种不同的颜色列表
ncols=random. choices(Ncols, k=6); ncols           # 有放回抽取6次
print('# 无放回抽取:','\n',n1,'\n"# 有放回抽取:','\n',n2,
      '\n"# 有放回抽样6次:','\n',ncols)
```

```
# 无放回抽取:
 [16, 9, 17, 12, 5, 7, 1, 6, 8, 20]
# 有放回抽取:
 [13, 10, 18, 5, 1, 13, 20, 8, 7, 5]
# 有放回抽样6次:
 ['green', 'black', 'green', 'yellow', 'blue', 'blue']
```

注：如果不设置随机数种子，每次运行上述代码都会得到不同的结果。

1.3.5 数据读取和保存

在对数据进行分析或绘图时，可以在 Python 环境中录入数据，但比较麻烦。如果使用的是已有的外部数据，如 Excel 数据、SPSS 数据、SAS 数据、Stata 数据等，可以将外部数据读入 Python 环境中。

1. 读取外部数据

Python 软件可以读取不同形式的外部数据，这里主要介绍如何读取 csv 格式和 Excel 格式的数据。本书使用的数据形式均为 csv 格式，其他很多类型的数据也可以转换为 csv 格式，比如，Excel 数据、SPSS 数据等均可以转换成 csv 格式。

使用 pandas 库中的 read_csv 函数可以将 csv 格式数据读入到 Python 环境中。函数默认参数 header='infer'，即读取的 csv 数据将第一行作为标题（即列索引，如表 1-2 中的姓名，统计学、数学、经济学等课程名称）。如果数据中没有标题，可以使用 Names 参数手动设置，如果数据标题不是从第一行开始，可以使用 header 参数确定标题行。假定已将表 1-2 的数据取名为 table1_1，并以 csv 和 Excel 两种格式存放在路径“C:/pydata/chap01/”中，读取该数据的代码如代码框 1-17 所示。

代码框 1-17 读取 csv 格式数据

```
# 读取 csv 格式数据
import pandas as pd
table1_1 = pd.read_csv("C:/pydata/chap01/table1_1.csv",encoding='gbk')
                                    # 指定编码格式为'gbk'
table1_1
```

	姓名	统计学	数学	经济学
0	刘文涛	68	85	84
1	王宇翔	85	91	63
2	田思雨	74	74	61
3	徐丽娜	88	100	49
4	丁文彬	63	82	89

注：读取 csv 格式数据时，需要设置参数 encoding='gbk'，也就是指定编码格式。因为 Python 的默认编码格式为“UTF-8”。而我们将 Excel 文件另存为 csv 格式时，默认的编码格式为“gbk”，因此，读取 csv 格式数据时需要指定编码格式为“gbk”，与原文件的编码格式一致，否则系统会报错。

```
# 读取 Excel 格式数据
import pandas as pd
df= pd.read_excel("C:/pydata/chap01/table1_1.xlsx")
                                    # 读取数据并重命名为 df
df
```

注：运行 df 得到的结果与上述相同。

2. 保存数据

在分析数据时，如果读入的是已有的数据，并且未对数据做任何改动，就没必要保存，下次使用时，重新加载该数据即可。但是，如果在 Python 中录入的是新数据，或者对加载的数据做了修改，保存数据就十分必要。

如果在 Python 环境中录入新数据，或者读入的是已有的数据，想要将数据以特定的格式保存在指定的路径中，则先要确定保存成何种格式。如果想将数据保存成 csv 格式，则数据文件的后缀必须是 csv，可以使用数据框的 to_csv 方法。如果要将数据保存成 Excel 格式，则数据文件的后缀必须是 xlsx，可以使用数据框的 to_excel 方法。假定要将 table1_1 保存在指定的路径中，代码如代码框 1-18 所示。

代码框 1-18 保 存 数 据

```
# 将数据保存成 csv 格式，并存放在指定的路径中
import pandas as pd
table1_1.to_csv("C:/pydata/chap01/df1.csv",index=False, encoding='utf-8')
# 将 table1_1 保存在指定的目录下，并取名为 df1。编码格式为 utf-8
```

```
# 将数据保存成 Excel 格式，并存放在指定的路径中
table1_1.to_excel("C:/pydata/chap01/df2.xlsx", index=False, encoding=
'utf-8') # 将 table1_1 保存在指定的目录下，并取名为 df2。编码格式为 utf-8
```

注：1. 两种方法的 index 参数默认为 True，设置为 False 表示不保存行索引，encoding 选择文件编码形式，一般使用 utf-8 编码。

2. 如果已将数据保存成 Python 的默认编码格式 "UTF-8"，再读取时可以省略编码格式，或写成 "encoding='utf-8'"。

1.3.6 生成频数分布表

频数分布表（frequency distribution table）简称频数表，是对类别数据计数或数值数据类别化（分组）后计数生成的表格，用于展示数据的**频数分布**（frequency distribution），其中，落在某一特定类别的数据个数称为**频数**（frequency）。频数分布表本身也是对数据的一种呈现方式。

1. 类别数据频数表

由于类别数据本身就是一种分类，只要将所有类别都列出来，然后计算出每一类别的频数，就可生成频数分布表。根据观测变量的多少，可以生成一维表、二维表和多维表。

（1）一维表。当只涉及一个类别变量时，这个变量的各类别可以放在频数分布表中“行”的位置，也可以放在“列”的位置，将该变量的各类别及其相应的频数列出来就是一维表，也称**一维列联表**（one-dimensional contingency table）。下面通过一个例子说明一维表的生成过程。

【例 1-1】（数据：example1_1.csv）某物业管理公司准备实行一项物业管理改革措施，为征求社区居民的意见，在所管理的 4 个社区随机抽取 80 个住户，对户主进行调查。表 1-6 是被调查者所属的社区、性别及其对该项改革措施的态度数据（为节省篇幅，只列出前 5 行和后

5 行)。生成频数分布表，观察被调查者所属社区、性别以及对改革措施态度的分布状况。

表 1-6 被调查者所属的社区、性别及其对改革措施的态度数据（前 5 行和后 5 行）

社区	性别	态度
A 社区	男	反对
B 社区	女	反对
D 社区	女	反对
C 社区	男	反对
A 社区	男	赞成
……	……	……
A 社区	男	反对
B 社区	男	赞成
A 社区	女	赞成
C 社区	女	赞成
A 社区	男	赞成

解：这里涉及 3 个类别变量，即被调查者所属的社区、性别和态度。对每个变量可以生成一维表，分别展示被调查者所属社区、性别和态度的分布状况。使用 Python 自带的 value_counts 函数、pandas 中的 pivot_table 函数等均可以生成一维表。以社区为例，使用 value_counts 函数可以生成一维表的代码和结果如代码框 1-19 所示。

代码框 1-19 生成单变量一维表

```
# 使用value.counts()函数生成一维表
import pandas as pd
example1_1 = pd.read_csv('C:/pydata/chap01/example1_1.csv',encoding='gbk')
example1_1['社区'].value_counts()          # 生成频数表(类型是序列)
```

```
A 社区    27
C 社区    21
B 社区    17
D 社区    15
Name: 社区, dtype: int64
```

```
# 将频数表转化成百分比表
example1_1['社区'].value_counts(normalize=True)*100
```

```
A 社区    33.75
C 社区    26.25
B 社区    21.25
```

```
D社区    18.75
Name: 社区, dtype: float64
```

（2）二维表。当涉及两个类别变量时，可以将一个变量的各类别放在“行”的位置，另一个变量的各类别放在“列”的位置（行和列可以互换），由两个类别变量交叉分类形成的频数分布表称为**二维列联表**（two-dimensional contingency table）或**交叉表**（cross table），简称二维表。比如，对例 1-1 的 3 个变量可以分别生成社区与性别、社区与态度、性别与态度的 3 个二维表。

使用 pandas 中的 crosstab 函数和 pivot_table 函数均可以生成二维表。在 crosstab 函数中，设置参数 margins=True 可为二维表添加边际和；设置参数 margins_name 可以修改边际和的名称；设置参数 normalize='index' 可以计算各行数据占该行合计的比例；设置参数 normalize='columns' 可以计算各列数据占该列合计的比例；设置参数 normalize='all' 可以计算每个数据占总和的比例。以例 1-1 的社区和态度为例，由 crosstab 函数生成二维表的代码如代码框 1-20 所示。

代码框 1-20 生成两个变量的二维表

```
# 使用pd中的crosstab函数生成二维表
import pandas as pd
df = pd.read_csv('C:/pydata/chap01/example1_1.csv',encoding='gbk')
tab1=pd.crosstab(df.社区,df.态度)
tab1
```

态度 / 社区	反对	赞成
A 社区	13	14
B 社区	5	12
C 社区	7	14
D 社区	6	9

```
# 为二维表添加边际和并修改边际和的名称（默认为all）
tab2=pd.crosstab(df.社区,df.态度,margins=True,margins_name='合计')
tab2
```

态度 / 社区	反对	赞成	合计
A 社区	13	14	27
B 社区	5	12	17
C 社区	7	14	21

续表

社区＼态度	反对	赞成	合计
D 社区	6	9	15
合计	31	49	80

```
# 将二维表转化成百分比表
tab3=pd.crosstab(df.社区,df.态度,margins=True,
                 margins_name='合计',normalize='index')
round(tab3*100,2)                # 转换成百分比表，结果保留 2 位小数
```

社区＼态度	反对	赞成
A 社区	48.15	51.85
B 社区	29.41	70.59
C 社区	33.33	66.67
D 社区	40.00	60.00
合计	38.75	61.25

```
# 计算各列所占的比例，并转换成百分比表
tab4=pd.crosstab(df.社区,df.态度,margins=True,margins_name='合计',normal-
ize='columns')
round(tab4*100,2)
```

社区＼态度	反对	赞成	合计
A 社区	41.94	28.57	33.75
B 社区	16.13	24.49	21.25
C 社区	22.58	28.57	26.25
D 社区	19.35	18.37	18.75

```
# 计算各数据占总和的比例，并转换成百分比表
tab5=pd.crosstab(df.社区,df.态度,margins=True,margins_name='合计',normal-
ize='all')
tab5*100
```

社区 \ 态度	反对	赞成	合计
A 社区	16.25	17.50	33.75
B 社区	6.25	15.00	21.25
C 社区	8.75	17.50	26.25
D 社区	7.50	11.25	18.75
合计	38.75	61.25	100.00

（3）多维表。当有两个以上类别变量时，通常将一个或多个变量按“列”摆放，其余变量按“行”摆放，这种由多个类别变量生成的频数分布表称为**多维列联表**（multidimensional contingency table）或**高维表**（higher-dimensional tables），简称多维表。比如，对例 1-1 中的 3 个变量，可以生成一个三维表，分别观察 3 个变量频数的交叉分布状况。

使用 pandas 中的数据透视表函数 pivot_table 可以生成多个类别变量的多维表（该函数可以生成一维表、二维表和多维表）。参数 index 用于指定行变量，columns 用于指定列变量（行和列可以互换，可根据需要指定）。参数 margins=True 可为多维表添加边际和，margins_name 可以修改边际和的名称。使用聚集函数 aggfunc 可以对类别数据计数（如果数据框中有数值变量，设置其为 value，可以对其计算简单统计量，具体应用见第 3 章的例 3-12）。由 pivot_table 函数生成多维表的代码和结果如代码框 1-21 示。

代码框 1-21 生成多维表

```
# 社区和性别为行变量、态度为列变量
import pandas as pd
import numpy as np
df = pd.read_csv('C:/pydata/chap01/example1_1.csv',encoding='gbk')
tab = pd.pivot_table(df,index=['社区','性别'],             # 设置行变量
                     columns=['态度'],                     # 设置列变量
                     margins=True, margins_name='合计',    # 添加边际和并重命名为合计
                     aggfunc=len)                          # 使用长度聚集函数
tab
```

社区	性别 \ 态度	反对	赞成	合计
A 社区	女	9	9	18
	男	4	5	9
B 社区	女	2	5	7
	男	3	7	10

续表

社区	态度 性别	反对	赞成	合计
C 社区	女	2	6	8
	男	5	8	13
D 社区	女	4	7	11
	男	2	2	4
合计		31	49	80

```
# 性别和态度为行变量、社区为列变量
tab = pd.pivot_table(df,index=['性别','态度'],columns=['社区'],
          margins=True, margins_name='合计',aggfunc=len)
tab
```

性别	社区 态度	A 社区	B 社区	C 社区	D 社区	合计
女	反对	9	2	2	4	17
	赞成	9	5	6	7	27
男	反对	4	3	5	2	14
	赞成	5	7	8	2	22
合计		27	17	21	15	80

```
# 社区为行变量、性别和态度为列变量
tab = pd.pivot_table(df,index=['社区'],columns=['性别','态度'],
          margins=True, margins_name='合计',aggfunc=len)
tab
```

性别	女		男		合计
态度 社区	反对	赞成	反对	赞成	
A 社区	9	9	4	5	27
B 社区	2	5	3	7	17
C 社区	2	6	5	8	21
D 社区	4	7	2	2	15
合计	17	27	14	22	80

2. 数值数据的类别化

生成数值数据的频数分布表，需要先将其类别化，即转化为类别数据，再生成频数分布表。类别化的方法是将原始数据分成不同的组别，比如，将一个班学生的考试分数分为 60 以下、60～70、70～80、80～90、90～100 几个区间，通过分组将数值数据转化为有序类别数据。类别化后再计算出各组别的数据频数，即可生成频数分布表。

下面结合具体例子说明数值数据频数分布表的生成过程。

【例 1-2】(数据：example1_2.csv) 表 1-7 是一家购物网站连续 120 天的销售额数据，生成频数分布表。

表 1-7 某购物网站 120 天的销售额 单位：万元

272	197	225	183	200	217	210	205	191	194	171	186
181	236	172	195	222	253	205	217	224	241	203	238
225	198	252	196	201	206	212	237	204	203	238	216
199	196	187	239	224	248	218	217	224	224	200	234
188	199	216	196	202	181	217	218	188	235	209	199
240	200	243	198	193	207	214	203	225	208	210	235
191	172	246	208	203	172	206	219	222	233	226	220
204	234	207	199	261	207	215	207	209	216	223	238
192	161	243	252	203	216	265	222	226	229	206	196
212	254	167	200	218	205	215	218	228	230	243	233

首先，确定要分的组数。确定组数的方法有几种。设组数为 K，根据斯特吉斯（Sturges）给出的组数确定方法，$K=1+\log_{10}(n)/\log_{10}(2)$。表 1-7 共有 120 个数据，$K=1+\log_{10}(120)/\log_{10}(2)=8$，因此，可以将数据大约分成 8 组。当然，这只是个大概数，实际分组时，可根据需要适当调整。

其次，确定各组的组距（组的宽度）。组距可根据全部数据的最大值和最小值及所分的组数来确定，即组距 =（最大值 - 最小值）÷ 组数。在表 1-7 的数据中，最小值为 min（example1_2['销售额']）=161，最大值为 max（example1_2['销售额']）=272，则组距 =（272-161）/8≈14，因此组距可取 15（当然也可以取组距 =10，组距 =20，等等，使用者根据分析的需要确定一个大概数即可）。

最后，统计出各组的频数，即可生成频数分布表。在统计各组频数时，恰好等于某一组上限的变量值一般不算在本组内而算在下一组，即一个组的数值 x 满足 $a \leqslant x < b$（使用统计软件分组时，默认包含上限值，即 $a < x \leqslant b$）。

使用 pandas 中的 cut 函数可实现数据分组并生成频数分布表，代码和结果如代码框 1-22 所示。

代码框 1-22　数据分组与生成频数分布表

```
import pandas as pd
df = pd.read_csv('C:/pydata/chap01/example1_2.csv',encoding='gbk')
f=pd.cut(df['销售额'],
        bins=[160,170,180,190,200,210,220,230,240,250,260,270,280],
        right=False)                # 分组不含上限值
tf=f.value_counts()                # 生成频数表
tab=tf.sort_index()                # 按索引排序（函数默认按数据即频数排序）
tab.index.name = '销售额分组'       # 添加索引名称
tab
```

```
销售额分组      频数
[160, 170)      2
[170, 180)      4
[180, 190)      7
[190, 200)     17
[200, 210)     27
[210, 220)     20
[220, 230)     16
[230, 240)     13
[240, 250)      7
[250, 260)      4
[260, 270)      2
[270, 280)      1
Name: 销售额, dtype: int64
```

注：读者可以运行代码 pd.cut(df['销售额'], bins=12, right=True).value_counts().sort_index() 查看不同的分组结果。

1.4 Python 绘图基础

1.4.1 Python 的主要绘图模块

Python 具有强大的可视化功能，可绘制种类繁多的图形。其中，最典型的可视化工具主要有两个：matplotlib 和 seaborn。此外，作为数据分析模块的 pandas 也提供了针对 DataFrame

对象的绘图函数，ggplot 模块提供了类似于 R 中 ggplot2 的绘图方法。

1. matplotlib 模块

matplotlib 是 Python 最常用的一种 2D 绘图库，它是 Python 中的基础绘图模块，包含了大量的绘图工具，可以绘制灵活多样的图形，其中的 pyplot 子模块类似于 Matlab 的操作思想，上手简单。matplotlib 可以对图形进行精确的设置，也可以与其他绘图模块结合使用。由于 matplotlib 属于比较底层的绘图工具，要绘制漂亮或专业的图形，显得有些繁琐，需要编写大量的代码，因此，实际中通常是将其与其他绘图模块结合使用。在官方网站可以查看 matplotlib 的使用方法。

2. seaborn 模块

seaborn 可视为 matplotlib 的扩展模块，也可视为对 matplotlib 绘图的补充。它是在 matplotlib 的基础上进行了高级 API 封装，使用较少的代码就可以绘制出漂亮的图形，可用于绘制分面图、交互图、3D 图等。seaborn 主要用于绘制较专业的统计分析图，基本上能满足大部分统计绘图的需求，尤其适合绘制按因子分组的图形以及概率分布图等。

3. pandas 中的绘图函数

pandas 的数据结构主要是数据框，由于数据框中有行标签和列标签，使用 pandas 提供的针对 DataFrame 对象的绘图函数，绘图所需的代码要比 matplotlib 少，容易实现，而且 pandas 中也提供了数据框绘图的高级方法，可以实现快速绘图。与 matplotlib 的精细化设置结合起来，同样可以快速完成更有吸引力的图形。

4. ggplot 和 plotnine 绘图系统

ggplot 和 plotnine 是用于绘图的 Python 扩展模块，这两个模块基本上移植了 R 中 ggplot2 的绘图语法。对使用过 R 的 ggplot2 的读者来说，使用这两个模块绘图十分容易，输出的图形风格也与 R 的 ggplot2 十分类似。

下面主要介绍 matplotlib 模块的一些基本功能。

1.4.2 基本绘图函数

使用 matplotlib 绘图首先要明确两个对象，即**画布**（figure）和**画像**（axes）。画布即绘图的区域，画像即绘制的一幅图，如折线图、条形图、散点图等。所有绘图操作的第 1 步都是创建画布和画像，让 Python 明确你开始进行绘图操作，一个画布上可以放置多个画像。图 1-11 是 matplotlib 库官方文档中的一幅图，其目的是展示一幅图由哪些组件组成。

matplotlib 使用不同的函数控制图像的各个组件，如 legend 函数控制图例的名称、大小、颜色及位置等属性，title 函数控制标题，xlabel 函数控制 x 轴（横坐标）标题，相应的 ylabel 函数控制 y 轴（纵坐标）标题，xticks 以及 yticks 函数分别控制 x 轴和 y 轴刻度等。根据需要选择不同的函数绘制图像的内容，如 plot 函数绘制折线图，hist 函数绘制直方图，barh 函数绘制水平条形图，scatter 函数绘制散点图等。

下面通过一个例子简要说明使用 matplotlib 绘图的一些基本操作方法，如代码框 1-23 所示。

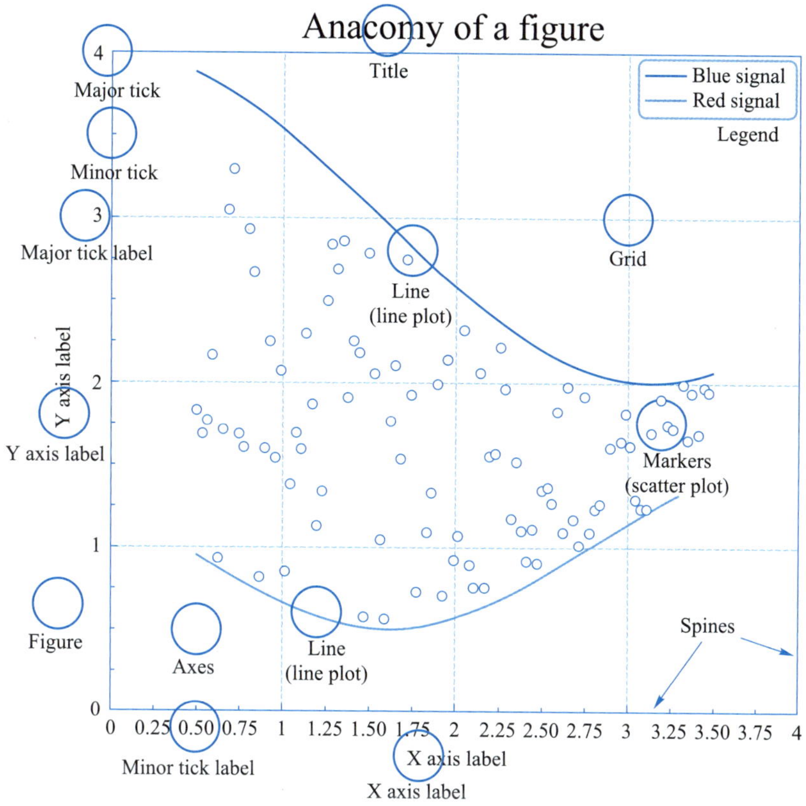

图 1-11 matplotlib 绘图的组件

代码框 1-23 matplotlib 绘图的一些基本操作

```
# 导入相关模块
import numpy as np
import matplotlib.pyplot as plt
plt.rcParams['font.sans-serif'] ='SimHei'          # 显示中文
plt.rcParams['axes.unicode_minus']=False           # 显示负号

# 生成绘图数据
np.random.seed(100)                                # 设置随机数种子
x = np.random.standard_normal(200)                 # 产生 200 个标准正态分布随机数
y = 1 + 2 * x + np.random.normal(0, 1, 200) # 产生变量 y 的随机数

# 绘制图像内容
plt.figure(figsize=(8, 6))          # 设置图形大小(长度和高度)
plt.scatter(x, y, marker='o',c='',edgecolors='black')
                                    # 绘制散点图
```

```
fit = np.poly1d(np.polyfit(x, y, deg=1)) # 使用一项式拟合
y_hat = fit(x)                           # 得到拟合 y 值
plt.plot(x, y_hat, c='b')                # 绘制拟合直线

plt.plot(x.mean(), y.mean(),'ro', markersize=20, fillstyle='bottom')
                                         # 添加均值点并设置点的大小、颜色和填充类型
plt.axhline(y.mean(), color='black', ls='--', lw=1)
                                         # 添加均值水平线并设置线的颜色、线型和线宽
plt.axvline(x.mean(), color='black', ls=(0, (5, 10)), lw=1)
                                         # 增加均值垂直线

# 绘制其他组件
plt.grid(linestyle=':')                  # 增加网格线

ax = plt.gca()                           # 得到当前操作图像
ax.spines['right'].set_color('#4169E1')          # 设置边框颜色
ax.spines['left'].set_color('#4169E1')
ax.spines['top'].set_color('royalblue')
ax.spines['bottom'].set_color('b')
plt.text(x=0.4, y=-3, s=r'$\hat{y}=\hat{\beta}_0+\hat{\beta}_1x$',
        fontdict={'size':12,'bbox':{'fc':'pink','boxstyle':'round'}},ha='left')
                                                  # 添加文本注释
plt.annotate(text=r'均值点', xy=(x.mean(), y.mean()), xytext=(-0.6, 3),
            arrowprops = {'headwidth':10,'headlength': 5,'width':4,'facecol-
or':'r','shrink':0.1,},
            fontsize=14, color='red', ha='right')
                                                  # 添加带箭头的文本注释

plt.title('散点图及拟合直线\n并为图形增加新的元素', fontsize=14)
                                                  # 添加标题，\n 表示断行
plt.xlabel('x=自变量', fontsize=10)               # 增加 x 轴标题
plt.ylabel('y=因变量', fontsize=10)               # 增加 y 轴标题
plt.legend(['拟合直线'], loc='best')              # 添加图例

plt.show()                                        # 显示图像，见图 1-12
```

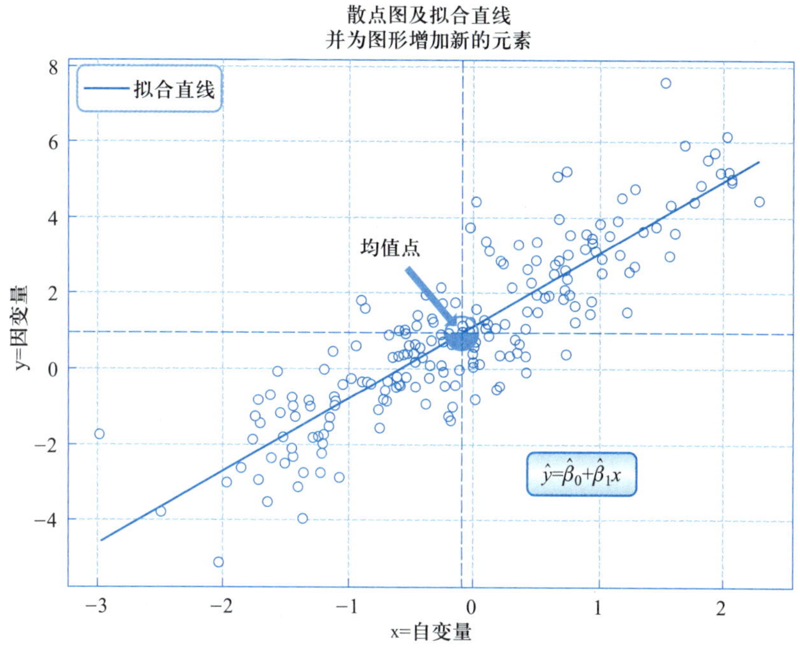

图 1-12　matplotlib 绘制的散点图

注：1. 直接使用 plt. 函数名绘图，会自动创建画布与画像对象。

2. 绘制散点图处，edgecolors 控制标记边框的颜色，c 是控制标记填充的颜色，c='' 表示空心。

3. plt 支持 Latex，文本内容可以是数学公式，在 $$ 内写即可。

4. 使用 help（plt. 函数名）查看更多可以设置的参数。

5. 设置 %config InlineBackend.figure_format='svg' 可绘制矢量图以提高图片质量。

图 1-12 是用 matplotlib 的 pyplot 子模块中的 scatter 函数绘制的 x 和 y 散点图，并使用多个控制函数为散点图添加各种组件，以增强图形的可读性。这里只是演示在现有图形上添加新元素的方法，在实际应用时，可根据需要选择要添加的元素。

1.4.3　图形布局

一个绘图函数通常生成一幅独立的图形。有时需要在一个绘图区域（图形页面）内同时绘制多幅不同的图。使用 matplotlib 可以在一个画布上进行不同的布局，比如，用子图函数 subplots 等分画布，使用 add_gridspec 函数自定义分割画布，生成不同页面分割方法和图形组合方法。

1. 等分布局

在 matplotlib 模块的 pyplot 子模块中，使用函数 subplots 可以对画布等分布局。参数 nrows 和 ncols 可以将一个画布等分成 nr × nc 的矩阵，然后依照从左至右、从上至下的顺序在每个分割的区域填充一幅图像，figsize 参数控制整个画布的大小，如代码框 1-24 所示。

代码框 1-24 subplots 函数的等分布局

```
# subplots 函数的等分布局，见图 1-13
import matplotlib.pyplot as plt
import numpy as np

np.random.seed(1010)
plt.subplots(nrows=2, ncols=2, figsize=(10, 7))
                                     # 生成 2x2 网格，整幅图形的宽度为 10，高度为 7
plt.subplot(221)                     # 在 2x2 网格的第 1 个位置绘图
plt.scatter(x=range(100), y=np.random.randint(low=0, high=100, size=100),
          marker='^', c='red')       # 绘制散点图
plt.subplot(222)                     # 在 2x2 网格的第 2 个位置绘图
plt.hist(np.random.normal(loc=5, scale=10, size=100),
          bins=10, color='lightgreen')       # 绘制直方图
plt.subplot(223)                     # 在 2x2 网格的第 3 个位置绘图
plt.plot(range(20), np.random.normal(5,10,20), marker='o',
          linestyle='-.', linewidth=2, markersize=8) # 绘制折线图
plt.subplot(224)                     # 在 2x2 网格的第 4 个位置绘图
plt.bar(x=range(5), height=range(5, 0, -1), color=['cyan', 'pink'])
                                     # 绘制条形图
plt.show()
```

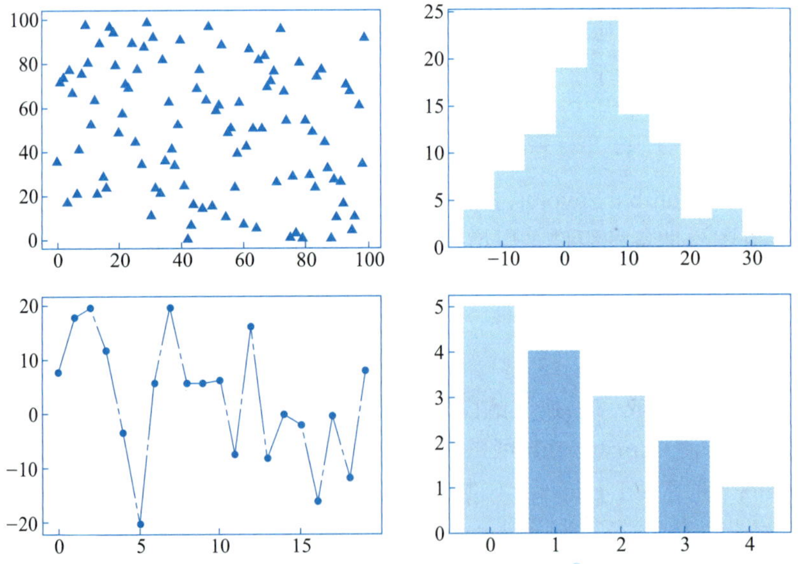

图 1-13 subplots 函数的页面布局[①]

注：使用 plt.savefig('./ 图 1-13 subplots 函数的布局 .jpg') 可保存图片。

① 由于本书为双色设计，故无法显示所有颜色，彩色图请扫描章后二维码下载查看。

2. 不等分布局

如果要对画布进行不等分布局，可以使用 matplotlib 中的函数 GridSpec 函数、subplot2grid 函数、add_gridspec 函数等，如代码框 1-25 所示。

代码框 1-25 画布的不等分布局

```
# 使用 GridSpec 函数布局，见图 1-14
import matplotlib.pyplot as plt

fig = plt.figure(figsize=(6, 5))          # 创建新图形，并设置图形大小
grid=plt.GridSpec(3,3)                    # 生成 3 行 3 列的网格
plt.subplot(grid[0,:2])                   # 占据第 1 行前 2 列
plt.subplot(grid[0,2])                    # 占据第 1 行第 3 列
plt.subplot(grid[1,:1])                   # 占据第 2 行第 1 列
plt.subplot(grid[1,1:])                   # 占据第 2 行后 2 列
plt.subplot(grid[2,:3])                   # 占据第 3 行前 3 列
fig.tight_layout()                        # 紧凑布局
```

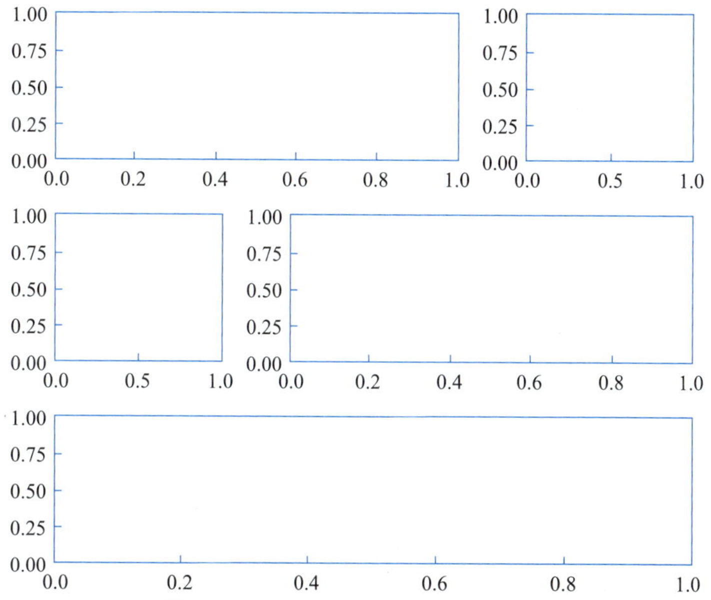

图 1-14 GridSpec 函数的不等分布局

```
# 使用 subplot2grid 函数布局，见图 1-15
import matplotlib.pyplot as plt

fig = plt.figure(figsize=(6, 4.5))        # 创建新图形，并设置图形大小

# 3 行 3 列的网格图布局
```

```
ax1=plt.subplot2grid((3,3),(0,0),rowspan=2,colspan=2)
                                                # 第 1 行第 1 幅图占据 2 行 2 列
ax2=plt.subplot2grid((3,3),(0,2),rowspan=3,colspan=1)
                                                # 第 1 行第 2 幅图占据 3 行 1 列
ax3=plt.subplot2grid((3,3),(2,0),rowspan=1,colspan=1)
                                                # 第 3 行第 1 幅图占据 1 行 1 列
ax4=plt.subplot2grid((3,3),(2,1),rowspan=1,colspan=1)
                                                # 第 3 行第 2 幅图占据 1 行 1 列
fig.tight_layout()
```

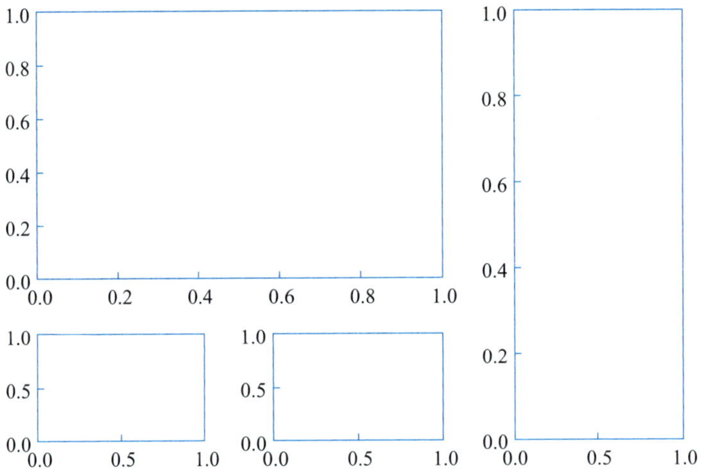

图 1-15 subplot2grid 函数的不等分布局

```
# 使用 add_gridspec 函数布局，见图 1-16
import matplotlib.pyplot as plt
import numpy as np

np.random.seed(1010)
fig = plt.figure(figsize=(7, 4))
spec = fig.add_gridspec(nrows=2, ncols=6, width_ratios=[1,1,1,1,1,1],
height_ratios=[1,2])
fig.add_subplot(spec[0, 1:3])          # 占据第 1 行的 2 到 3 列
fig.add_subplot(spec[0, 3:])           # 占据第 1 行的后 3 列
ax = fig.add_subplot(spec[:, 0])       # 占据第 1 列的所有行
ax = fig.add_subplot(spec[1, 1:4])     # 占据第 2 行的 2 ~ 4 列
```

```
ax = fig.add_subplot(spec[1, 4:])          # 占据第 2 行第 4 列后的所有列(这里为
                                              5 ~ 6)
fig.tight_layout()
plt.show()
```

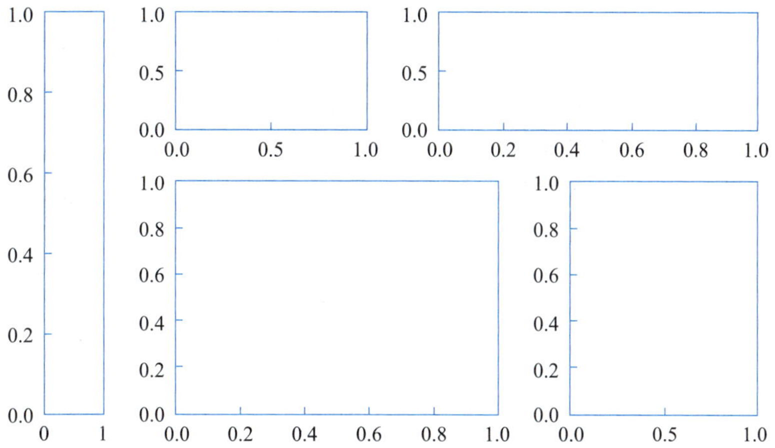

图 1-16 add_gridspec 函数的不等分布局

注：add_gridspec 函数中的参数 nrows 和 ncols 是将一个画布分成 nrows 和 ncols 的网格，参数 width_ratios 和 height_ratios 用于控制每行每列的高度和宽度比，add_subplot 函数在画布上选择使用哪几行与哪几列的位置，得到子图区域，最后可在子图区域上填充图像。

1.4.4 图形颜色、线型和标记

Python 的每个绘图函数都有多个关键字参数，用于控制图形细节，如标记大小形状等。使用者可以用 help（函数名）查阅函数参数的详细解释。绘图时，若不对参数做任何修改，则函数使用默认参数绘制图形。如果默认设置不能满足个人需要，可对其进行修改，以改善图形输出。图形参数可用于控制图形颜色、线条形状、标记属性等。

图形配色在可视化中十分重要，从某种程度上说，颜色可以作为展示数据的一个特殊维度。Python 软件提供了丰富的绘图颜色，使用参数 color="" 控制图形内容颜色，对于散点图控制点的颜色，对于折线图控制线的颜色，对于直方图控制柱子的颜色，color 有时可简写为 c。字符串是颜色的名称，Python 对部分颜色有各自的命名，除了已命名的颜色外，Python 还支持 16 进制颜色字符串，以 "#" 开头，如 "#3FD462"，也可以使用调色板（palette）为图形配色。图 1-17 展示了 Python 支持的已命名的颜色。

Python 为几种主要颜色设置了简写，如 'b' 表示蓝色，'r' 表示红色，'g' 表示绿色，'k' 表示黑色等。设置单一颜色时，表示成 color="red"（或 color='r'）。设置多个颜色时，则为一个颜色列表，如 color=["red","green","blue"]。需要填充的颜色多于设置的颜色向量时，颜色会被重复循环使用。比如，要填充 10 个条的颜色，color=["red","green"] 两种颜色会被重复使用。

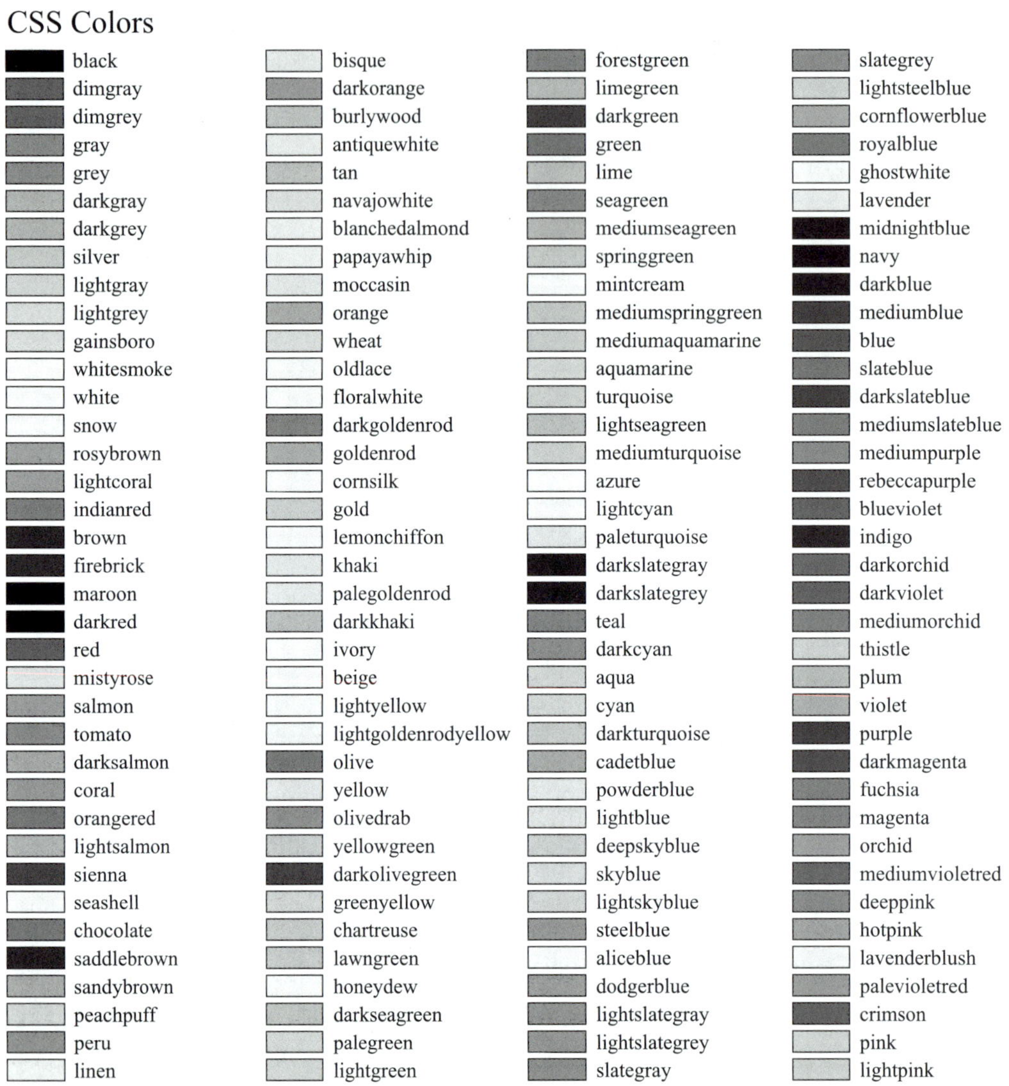

图 1-17 Python 的已命名颜色

绘制线段或折线图时，若需要在图形中添加多个线条组件，可以使用线条粗细、线条形状等进行区分。Python 使用参数 linestyle="" 控制线型，有时可简写为 ls，使用参数 linewidth 控制线条宽度，有时可简写为 lw。Python 常用的线型有：'-' 表示实线，也可使用名称 "solid"；'--' 表示破折线，或使用名称 "dashed"；':' 表示点虚线，或使用名称 "dotted"；'-.' 表示点划线，或使用名称 "dashdot"。还可设置空字符串 '' 表示无线条。图 1-18 展示了 Python 支持的线型，包括很多未命名的使用参数表示的线型，使用时用名称下方的元组即可。

绘制散点图和折线图等图形时会用到点标记，Python 使用 marker="" 参数控制标记的形状，使用 markersize 控制标记大小。图 1-19 展示了 Python 支持的标记形状。

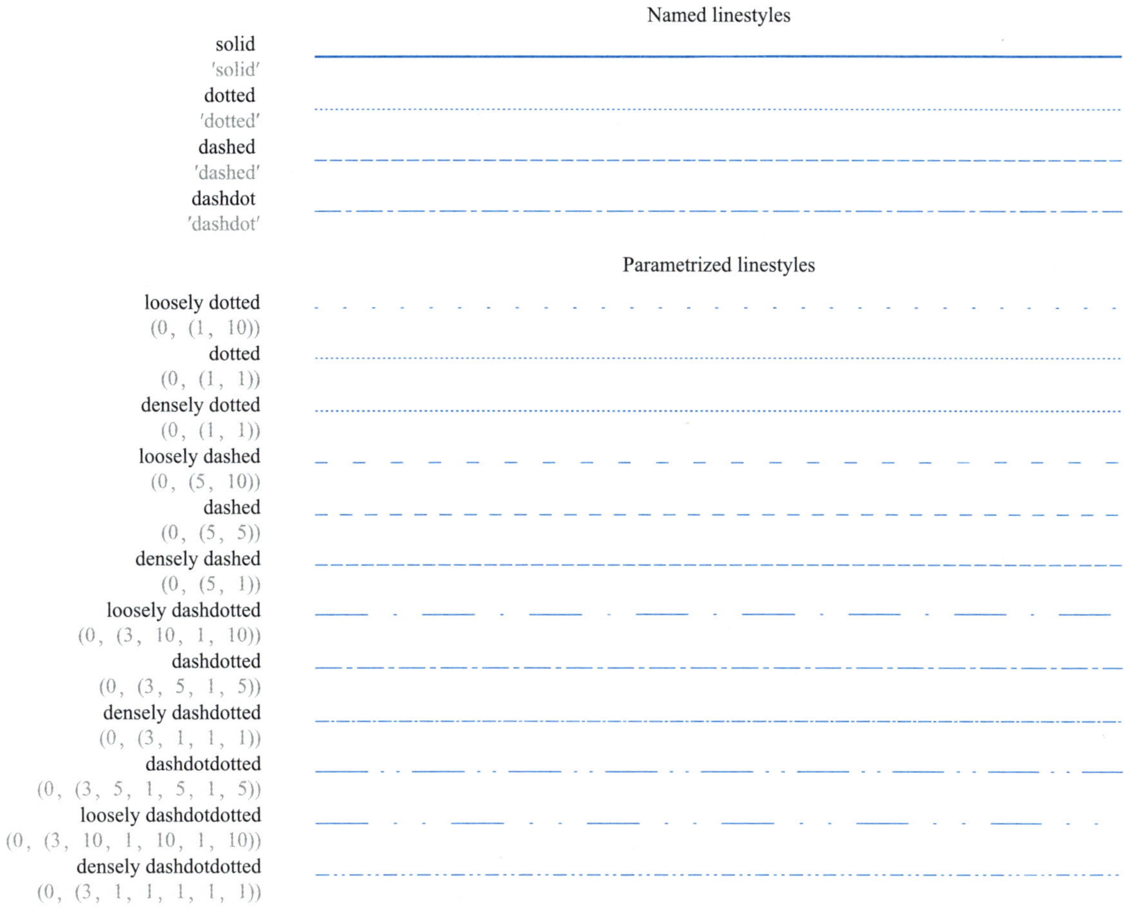

图 1-18 Python 支持的线型

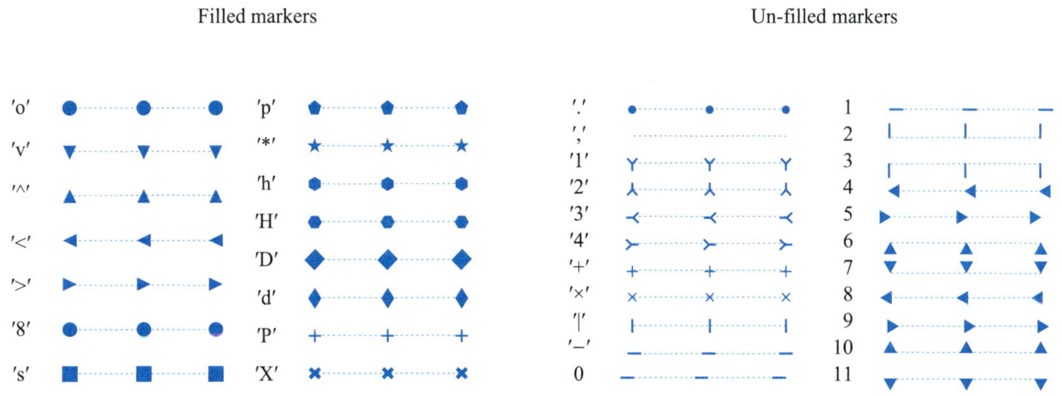

图 1-19 Python 支持的标记形状

习题

1.1 下表是按收入五等分划分的某地区城镇居民平均每人每年纯收入数据（单位：元）。

收入户等级	2016 年	2017 年	2018 年	2019 年	2020 年
低收入户	3 750	4 647	6 545	8 004	10 422
中等偏下户	7 338	9 330	12 674	17 024	21 636
中等收入户	10 508	13 506	18 277	24 832	31 685
中等偏上户	14 823	19 404	26 044	35 576	45 639
高收入户	28 225	36 957	49 175	67 132	85 541

用 pandas 创建上表数据的一个数据框，并保存为 csv 格式。

1.2 R 软件提供的数据集 Titanic 记录了泰坦尼克号上乘客的生存和死亡信息，该数据集包含船舱等级（class）、性别（sex）、年龄（age）和生存状况（survived）4 个类别变量。根据该数据集生成以下频数表。

（1）生成 sex 和 survived 两个变量的二维列联表，并为列联表添加上边际和。

（2）生成 class、sex、age 和 survived 4 个变量的多维列联表。

1.3 从均值为 200、标准差为 10 的正态总体中产生 1 000 个随机数，并将这 1 000 个数据分成组距为 10 的组，生成频数分布表。

本章图片

第 2 章　数据可视化

数据可视化（data visualization）是数据分析的基础，也是数据分析的重要组成部分。可视化本身既是对数据的展示过程，也是对数据信息的再提取过程，它不仅可以帮助我们理解数据，探索数据的特征和模式，而且可以提供数据本身难以发现的额外信息。对使用者而言，可视化分析需要清楚三个基本问题，即数据类型、分析目的和实现工具。数据类型决定你可以画出什么图形；分析目的决定你需要画出什么图形；实现工具决定你能够画出什么图形。本章以数据类型和分析目的为基础，介绍统计分析中常见的一些图形。

2.1　类别数据可视化

对于类别数据，主要是关心各类别的绝对频数及频数百分比等信息，可视化的基本图形包括条形图、饼图及其变种。

2.1.1　条形图

条形图（bar plot）是用一定宽度和高度的矩形表示各类别频数多少的图形，主要用于展示类别数据的频数分布，也可以用于展示带有标签的数值数据。绘制条形图时，各类别可以放在 x 轴（横轴），也可以放在 y 轴（纵轴）。类别放在 x 轴的条形图称为**垂直条形图**（vertical bar plot）或柱形图，类别放在 y 轴的条形图称为**水平条形图**（horizontal bar plot）。根据绘制的变量多少，条形图有简单条形图、并列条形图和堆叠条形图等。

1. 简单条形图

根据一个类别变量或一维表绘制的条形图就是**简单条形图**（simple bar plot），它是用一个坐标轴表示类别、另一个坐标轴表示类别频数绘制的条形图。

【例 2-1】（数据：example1_1.csv）沿用第 1 章的例 1-1。绘制不同性别、态度和社区被调查者人数的简单条形图。

解：绘制简单条形图的代码和结果如代码框 2-1 所示。

代码框 2-1　绘制简单条形图

```
# 图 2-1 的绘制代码
import pandas as pd
import matplotlib.pyplot as plt
plt.rcParams['font.sans-serif'] = ['SimHei']    # 显示中文
df= pd.read_csv('C:/pydata/chap01/example1_1.csv', encoding='gbk')
```

```
plt.subplots(1, 3, figsize=(15,4))

plt.subplot(131)
t1=df['性别'].value_counts()                # 生成一维表
p1=t1.plot(kind='bar')                      # kind='bar' 表示绘制条形图，默认绘制垂直条形图
plt.ylabel('频数')                          # 绘制 y 轴标签
plt.title('(a) 性别垂直条形图')              # 绘制图形标题

plt.subplot(132)
t2=df['社区'].value_counts()
p2=t2.plot(kind='barh')                     # kind='barh' 表示水平条形图
plt.xlabel('频数')
plt.title('(b) 社区水平条形图')

plt.subplot(133)
t3=df['态度'].value_counts()
p3=t3.plot(kind='bar')
plt.ylabel('频数')
plt.title('(c) 态度垂直条形图')

plt.show()
```

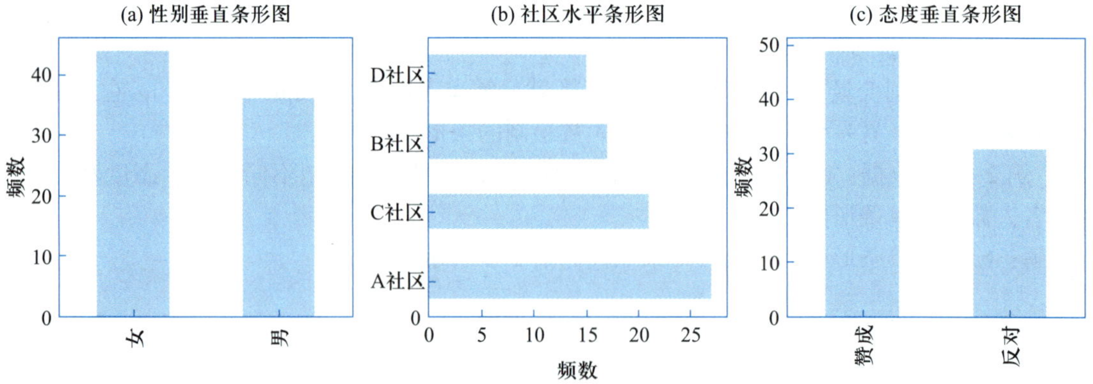

图 2-1 不同性别、社区和态度的被调查者人数的简单条形图

注：plot 函数绘制条形图时，根据频数的多少对各个条自动做了排序，这样的简单条形图实际上就是帕累托图。

图 2-1（a）显示，在全部的被调查者中，女性人数多于男性。图 2-1（b）显示，在全部被调查者中，A 社区的人数最多，D 社区的人数最少。图 2-1（c）显示，赞成的人数多于反对的人数。

2. 并列条形图和堆叠条形图

绘制两个类别变量的条形图时，可以先生成二维列联表再绘图。根据绘制方式不同有**并列条形图**（juxtaposed bar plot）和**堆叠条形图**（stacked bar plot）等。在并列条形图中，一个类别变量作为坐标轴，另一个类别变量各类别频数的条形并列摆放；在堆叠条形图中，一个类别变量作为坐标轴，另一个类别变量各类别的频数按比例堆叠在同一个条中。以例 1-1 的数据为例，绘制并列条形图和堆叠条形图的代码和结果如代码框 2-2 所示。

代码框 2-2　绘制并列条形图和堆叠条形图

```
# 图 2-2 的绘制代码
# 并列条形图
import pandas as pd
import matplotlib.pyplot as plt
df= pd.read_csv('C:/pydata/chap01/example1_1.csv', encoding='gbk')
plt.rcParams['font.sans-serif'] = ['SimHei']

t4=pd.crosstab(df. 性别 ,df. 态度 )              # 生成二维表
t4.plot(kind='bar')
plt.title('(a) 垂直并列条形图 ')

t4.plot(kind='barh')
plt.title('(b) 水平并列条形图 ')

# 堆叠条形图
t5=pd.crosstab(df. 社区 ,df. 态度 )
t5.plot(kind='bar',stacked=True)              # stacked=True 表示绘制堆叠条形图
plt.title('(c) 垂直堆叠条形图 ')

t6=pd.crosstab(df. 态度 ,df. 社区 )
t6.plot(kind='barh',stacked=True)
plt.title('(d) 水平堆叠条形图 ')

plt.show()
```

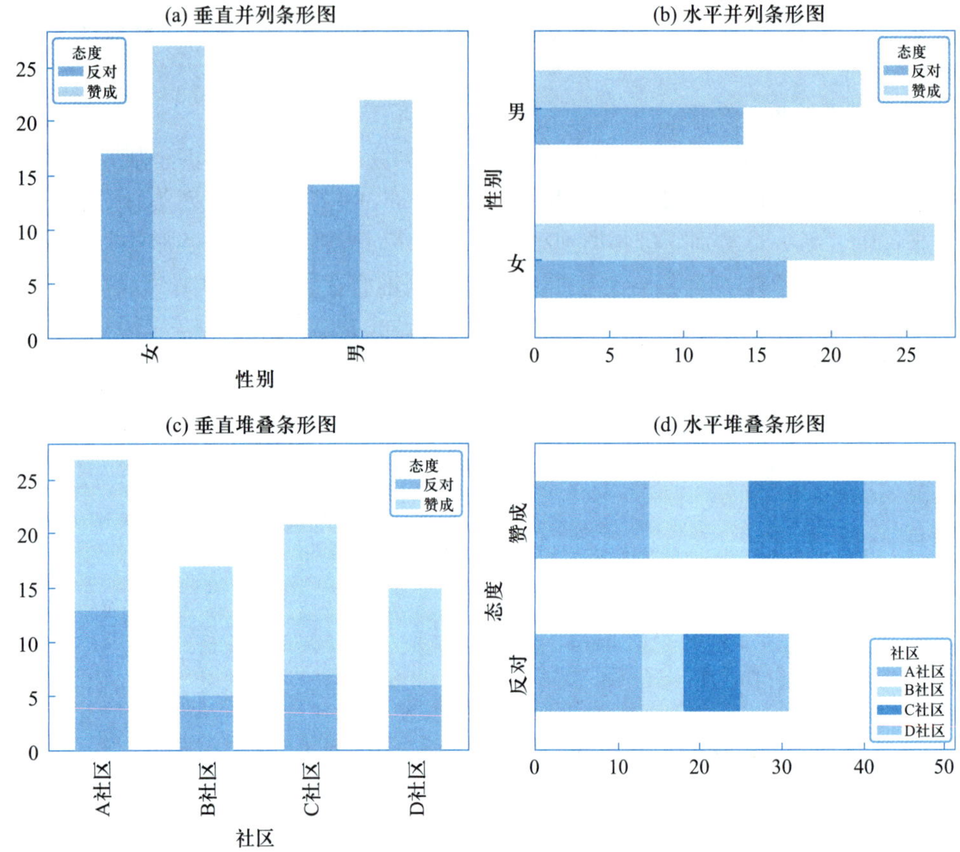

图 2-2 被调查者性别、所属社区、态度的并列条形图和堆叠条形图

2.1.2 饼图和环形图

1. 饼图

饼图（pie chart）是用圆形及圆内扇形的角度来表示数值大小的图形，它主要用于表示一个样本（或总体）中各类别的频数占总频数的百分比，对研究结构性问题十分有用。

【例 2-2】（数据：example2_2.csv）表 2-1 是 2019 年北京、天津、上海和重庆的人均各项消费支出数据。绘制饼图，分析人均各项消费支出的构成。

表 2-1 2019 年北京、天津、上海和重庆的人均各项消费支出 单位：元

支出项目	北京	天津	上海	重庆
食品烟酒	8 488.5	8 983.7	10 952.6	6 666.7
衣着	2 229.5	1 999.5	2 071.8	1 491.9
居住	15 751.4	6 946.1	15 046.4	3 851.2

续表

支出项目	北京	天津	上海	重庆
生活用品及服务	2 387.3	1 956.7	2 122.8	1 392.5
交通通信	4 979.0	4 236.4	5 355.7	2 632.8
教育文化娱乐	4 310.9	3 584.4	5 495.1	2 312.2
医疗保健	3 739.7	2 991.9	3 204.8	1 925.4
其他用品及服务	1 151.0	1 154.0	1 355.9	501.3

解： 以北京为例，绘制饼图的代码和结果如代码框 2-3 所示。

代码框 2-3 绘 制 饼 图

```
# 图 2-3 的绘制代码
import pandas as pd
import matplotlib.pyplot as plt
df= pd.read_csv('C:/pydata/chap02/example2_2.csv', encoding='gbk')
plt.rcParams['font.sans-serif'] = ['SimHei']

plt.subplots(1,2,figsize=(10,6))

# 绘制普通饼图
plt.subplot(121)
p1=plt.pie(df['北京'],labels=df['支出项目'],
        autopct='%1.2f%%')   # 显示数据标签为百分比格式，%1.2f 表示保留 2 位小数
plt.title('(a) 普通饼图')

# 绘制 3D 饼图
plt.subplot(122)
p2=plt.pie(df['北京'],labels=df['支出项目'],autopct='%1.2f%%',
        shadow=True,         # shadow=True 表示绘制立体带阴影的饼图
        explode=(0.2,0,0.1,0,0,0,0,0))
                             # 设置某一块与距离中心的距离
plt.title('(b) 3D 饼图')

plt.show()
```

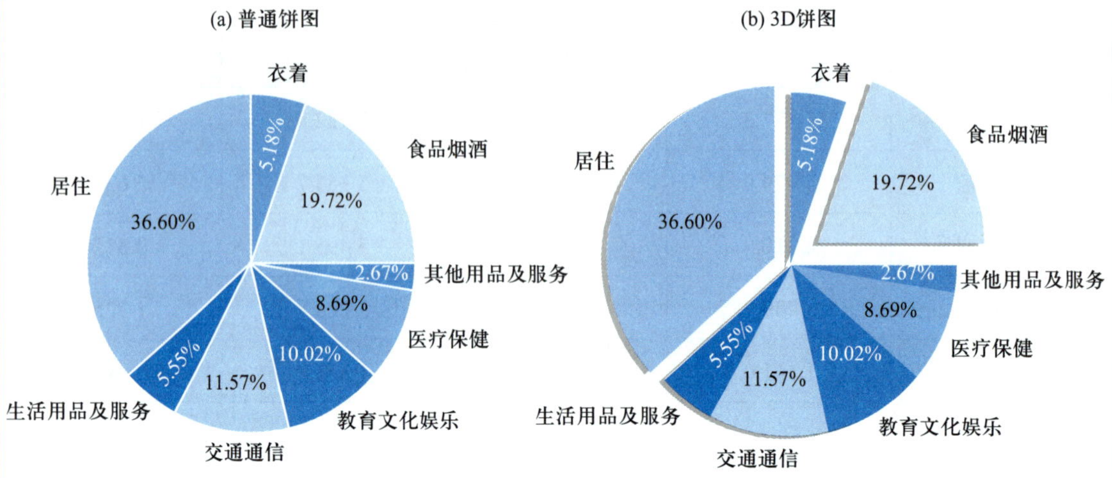

图 2-3　北京市各项消费支出的饼图

图 2-3（a）是普通饼图，图 2-3（b）是 3D 饼图，并将所关注的某个饼块单独分离开来。图 2-3 显示，北京的各项消费支出中，居住支出占比最高，其次是食品烟酒支出，其他用品及服务支出的占比最小。

2. 环形图

环形图（donut chart）是将饼图的中间挖掉后剩下的环形，也称为甜甜圈图。环形图可以看作饼图的变种，它是用环形的各段表示各类别频数的百分比。当有两个及两个以上类别变量时，可以绘制出每个变量各类别百分比的环形，并将各个环嵌套在一起。环形图可以用于两个或两个以上类别变量的结构比较。

以例 2-2 的北京和上海数据为例，绘制环形图的代码和结果如代码框 2-4 所示。

代码框 2-4　绘制环形图

```
# 图 2-4 的绘制代码
import pandas as pd
import matplotlib.pyplot as plt
df= pd.read_csv('C:/pydata/chap02/example2_2.csv', encoding='gbk')
plt.rcParams['font.sans-serif'] = ['SimHei']     # 显示中文

plt.subplots(1,2,figsize=(10,6))

# 图 2-4（a）：单样本环形图（以北京的各项支出为例）
plt.subplot(121)
p1=plt.pie(df['北京'],labels=df['支出项目'],startangle=0,
            autopct='%1.2f%%',pctdistance=0.75,
```

```
        wedgeprops={'width':0.5,'edgecolor':'w'})
                                    # 环的宽度为 0.5，边线颜色为白色
plt.title('(a) 北京各项消费支出的环形图')

# 图 2-4（b）：多样本镶嵌环形图（以北京和上海为例）
plt.subplot(122)
colors=['red','yellow','slateblue','lawngreen','magenta',
      'green','orange','cyan','pink','gold']   # 设置颜色向量
p2=plt.pie(df['北京'],labels=df['支出项目'],autopct='%1.2f%%',
        radius=1,pctdistance=0.85,          # 半径为 1，标签距圆心距离为 0.85
        colors=colors,
        wedgeprops=dict(linewidth=1.2,width=0.3,edgecolor='w'))
                                    # 边线宽度为 1.2，环的宽度为 0.3，
                                      颜色为白色

p2=plt.pie(df['上海'],autopct='%1.2f%%',
        radius=0.7,pctdistance=0.7,colors=colors,
        wedgeprops=dict(linewidth=1,width=0.4,edgecolor='w'))
plt.title('(b) 北京和上海各项消费支出的环形图')

plt.show()
```

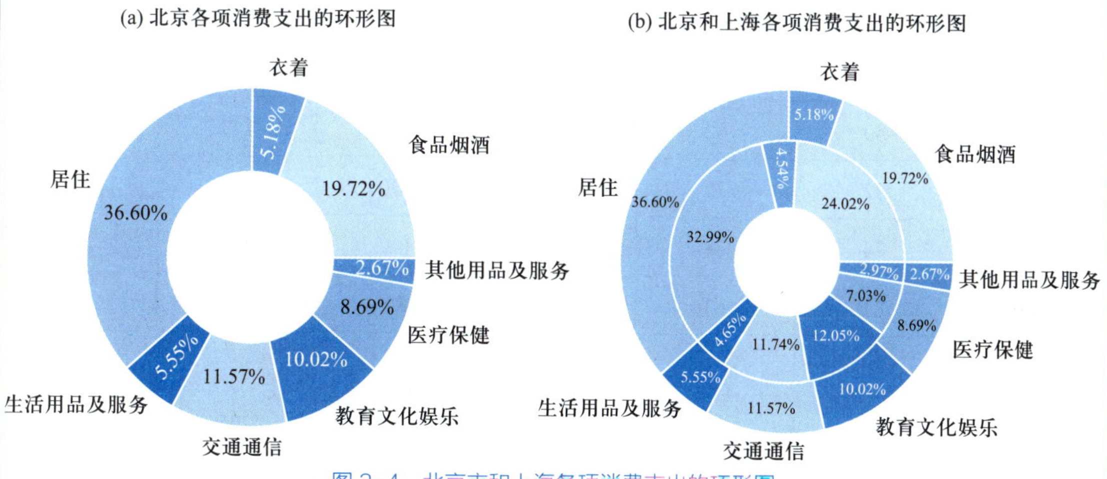

图 2-4　北京市和上海各项消费支出的环形图

注：读者可以将北京、上海、天津和重庆 4 个地区绘制成一个环形图。

图 2-4（b）中里面的环是上海的各项消费支出构成，相同的消费项目用相同的颜色表示。

2.2 数据分布可视化

数据的分布特征主要是指分布的形状是否对称、分布偏斜的方向和程度、分布中是否存在离群点等，其可视化图形主要有直方图、核密度图、箱线图、小提琴图和点图等。

2.2.1 直方图与核密度图

直方图（histogram）与**核密度图**（kernel density plot）是观察数据分布特征的常用图形，它们可以直观地展示数据分布的形状是否对称、偏斜的方向和程度等。

1. 直方图

将数据分组后，在 x 轴上用矩形的宽度表示每个组的组距，在 y 轴上用矩形的高度表示每个组的频数或密度，多个矩形并列在一起就是直方图。利用直方图的形状可以观察数据分布的特征。

【例 2-3】（数据：example2_3.csv）**空气质量指数**（Air Quality Index，AQI）用来描述空气质量状况，指数越大，说明空气污染状况越严重。参与空气质量评价的主要指标有细颗粒物（PM 2.5）、可吸入颗粒物（PM10）、二氧化硫（SO_2）、一氧化碳（CO）、二氧化氮（NO_2）、臭氧（O_3）浓度 6 项。根据空气质量指数将空气质量分为 6 级：优（0～50）、良（51～100）、轻度污染（101～150）、中度污染（151～200）、重度污染（201～300）、严重污染（300 以上）；分别用绿色、黄色、橙色、红色、紫色、褐红色表示。表 2-2 是 2020 年 1 月 1 日至 12 月 31 日几个主要城市的 AQI 数据。绘制出 6 个城市 AQI 的直方图，并分析其分布的特征。

表 2-2 2020 年 1 月 1 日至 12 月 31 日部分城市的 AQI 数据（只列出前 5 行和后 5 行）

日期	北京	上海	郑州	武汉	西安	沈阳
2020/1/1	62	54	73	73	117	109
2020/1/2	80	82	124	105	149	214
2020/1/3	82	72	192	130	209	204
2020/1/4	74	88	249	142	252	207
2020/1/5	83	63	276	80	152	198
……	……	……	……	……	……	……
2020/12/27	88	103	228	216	205	112
2020/12/28	77	115	298	188	176	92
2020/12/29	52	82	79	79	50	51
2020/12/30	31	51	52	43	43	40
2020/12/31	36	56	35	50	60	47

解：绘制直方图的代码和结果如代码框 2-5 所示。

代码框 2-5 绘制直方图

```
# 图 2-5 的绘制代码
import pandas as pd
import matplotlib.pyplot as plt
import seaborn as sns
plt.rcParams['font.sans-serif'] = ['SimHei']

df= pd.read_csv('C:/pydata/chap02/example2_3.csv', encoding='gbk')
plt.subplots(2,3,figsize=(16,10))

plt.subplot(231)
sns.histplot(df['北京'])                # 默认 y 轴为计数，即观测的频数
plt.title('(a) 默认绘制 (y 轴为频数 )')

plt.subplot(232)
sns.histplot(df['上海'],kde=True,              # 显示核密度曲线
           stat='frequency')  # y 轴为频率（观测值的频数除以箱宽，即频数除以组距）
plt.title('(b) 显示核密度曲线 (y 轴为频率 )')

plt.subplot(233)
sns.histplot(df['郑州'],bins=20,               # 分成 20 组（箱子个数）
           kde=True,stat= "density")    # y 轴为密度（直方图的面积为 1）
plt.title('(c) 分成 20 组 (y 轴为密度 )')

plt.subplot(234)
sns.histplot(df['武汉'],bins=30,kde=True,stat="probability")
                                     # y 轴为概率，条形高度之和为 1
plt.title('(d) 分成 30 组 (y 轴为概率 )')

plt.subplot(235)
sns.histplot(df['西安'],bins=30,kde=True,stat= "density",element='poly')
                                     # 直方图为尖峰状
plt.title('(e) 直方图为 poly')
plt.subplot(236)
```

```
sns.histplot(df['沈阳'],bins=30,kde=True,stat= "density",element='step')
                                      # 直方图为阶梯状
plt.title('(f) 直方图为 step')

plt.show()
```

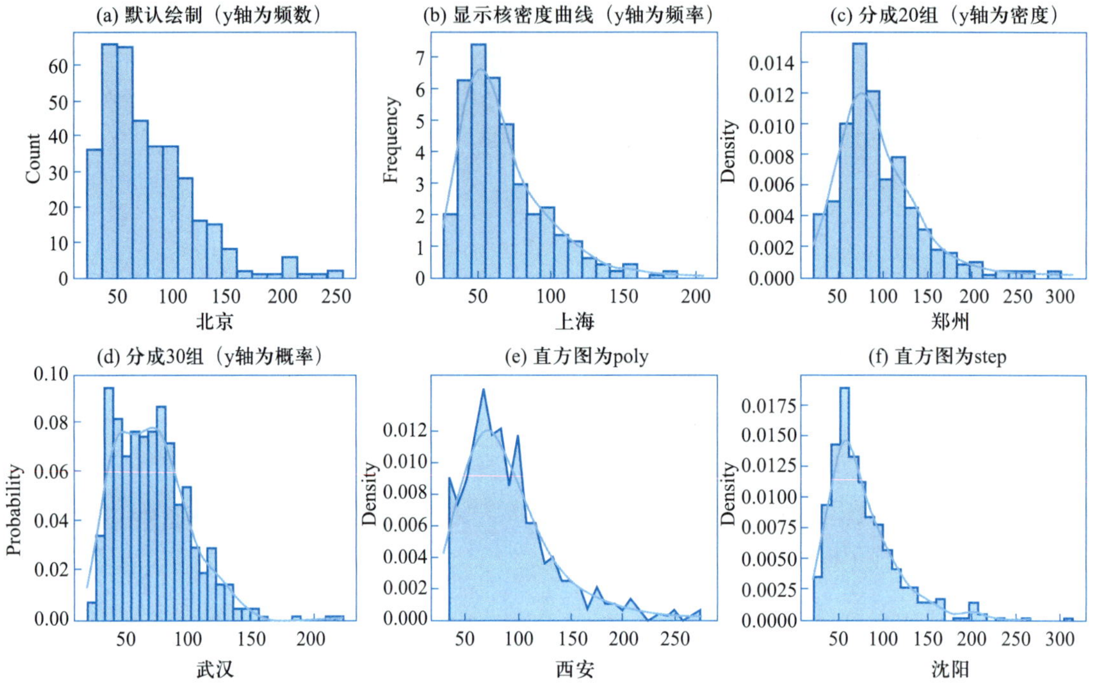

图 2-5 6 个城市 2020 年 AQI 的直方图

注：sns.set_style('darkgrid') 可用于设置画图风格。

图 2-5 显示，6 个城市的 AQI 分布均为右偏分布，除武汉偏斜程度相对较小外，其余城市的偏斜程度都较大。

2. 核密度图

核密度图（kernel density plot）是用于描述核密度估计的一种图形，它使用一定的核函数和带宽为数据的分布提供了一种平滑曲线，从中可以看出数据分布的大致形状。实际上，直方图也是对数据分布密度的估计，只不过是一种粗略的估计，而核密度估计则给出较为精确的估计，因此，核密度图可以替代直方图来观察数据的分布。

核密度曲线的平滑程度取决于**带宽**（bandwidth，bw）。bw 的值越大，曲线越平滑。以北京的 AQI 为例，画出不同带宽的核密度曲线以展示带宽的影响，代码和结果如代码框 2-6 所示。

代码框 2-6 带宽对核密度曲线的影响

```
# 图 2-6 的绘制代码
import pandas as pd
import matplotlib.pyplot as plt
import seaborn as sns

df= pd.read_csv('C:/pydata/chap02/example2_3.csv', encoding='gbk')
plt.rcParams['font.sans-serif'] = ['SimHei']
plt.rcParams['axes.unicode_minus'] = False

sns.set_style('darkgrid')                                # 设置画图风格
plt.subplots(1,3,figsize=(15,4))

plt.subplot(131)
sns.kdeplot(df['北京'],bw_adjust=0.2)
plt.title('(a) bw_adjust=0.2')

plt.subplot(132)
sns.kdeplot(df['北京'],bw_adjust=0.5)
plt.title('(b) bw_adjust=0.5')

plt.subplot(133)
sns.kdeplot('北京',data=df,bw_method=0.5)
plt.title('(c) bw_method=0.5')

plt.show()
```

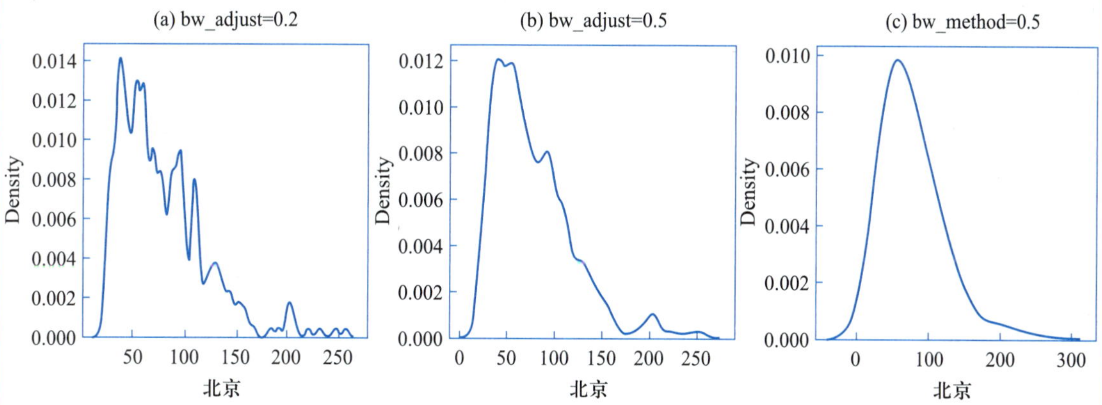

图 2-6 不同带宽的 AQI 的核密度曲线

注：参数 bw_adjust 用于确定带宽的值，函数默认使用高斯核函数 (Gaussian kernels)，默认 bw_adjust=1，bw_method='scott'。带宽相同时，使用 bw_method 设置数值会使曲线更平滑。

图 2-6 显示，带宽值越大，曲线越平滑，带宽值越小，曲线越不平滑。选择多大的带宽值，可根据实际数据和分析的需要而定。带宽太大，曲线会被过度平滑，就难以观察分布的一些细节；带宽值太小，又会难以判断分布的整体形状。

为了对 6 个城市 AQI 的分布进行比较，可以将核密度曲线放在同一个坐标中，绘制核密度比较曲线，代码和结果如代码框 2-7 所示。

代码框 2-7 绘制 6 个城市 AQI 的核密度比较曲线

```
# 图 2-7 的绘制代码
import pandas as pd
import matplotlib.pyplot as plt
import seaborn as sns

plt.rcParams['font.sans-serif'] = ['SimHei']
plt.rcParams['axes.unicode_minus'] = False

example2_3= pd.read_csv('C:/pydata/chap02/example2_3.csv', encoding='gbk')
df= pd.melt(example2_3, value_vars=['北京', '上海', '郑州','武汉','西安','沈阳'],
            var_name='城市', value_name='AQI')         # 融合数据为长格式

plt.subplots(2,1,figsize=(6,7))

plt.subplot(211)
sns.kdeplot('AQI',hue='城市',linewidth=0.6,data=df)   # 线宽 =0.6
plt.title('(a) 曲线下无填充')

plt.subplot(212)
sns.kdeplot('AQI',hue='城市',shade=True,alpha=0.1,linewidth=0.6,data=df)
                                                       # alpha 设置颜色透明度
plt.title('(b) 曲线下填充阴影')

plt.tight_layout()
plt.show()
```

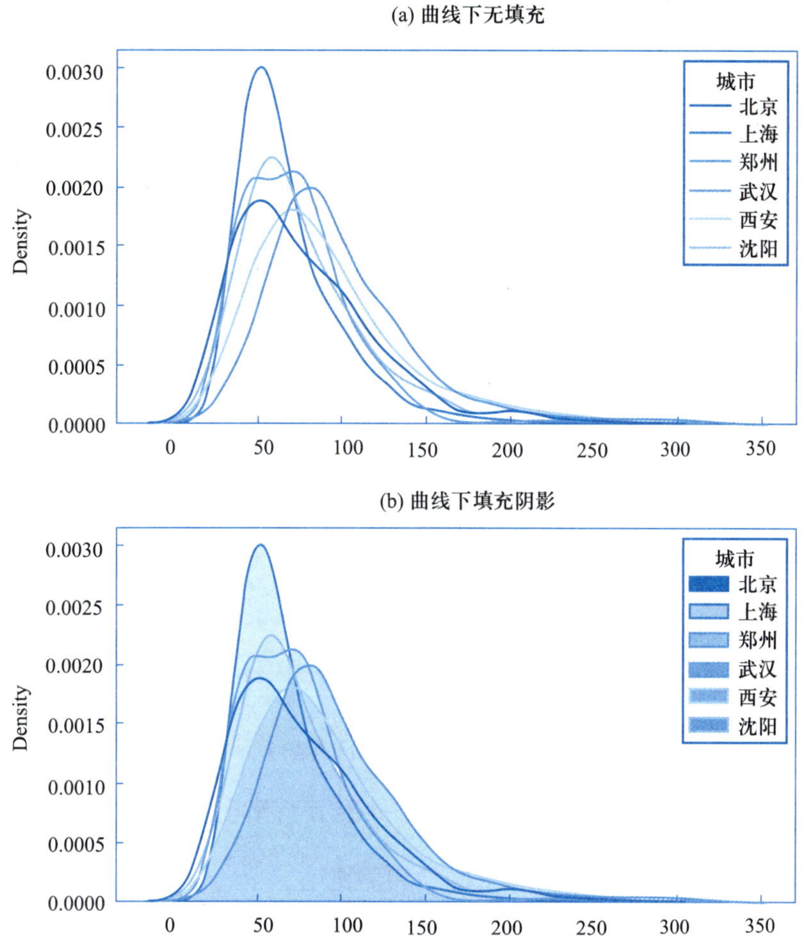

图 2-7 6 个城市 AQI 的核密度比较曲线

图 2-7 显示，6 个城市 AQI 的分布均为右偏，其中，武汉 AQI 的分布相对集中，其他城市的分布形状相近，偏斜程度较大。

2.2.2 箱线图和小提琴图

箱线图（box plot）和**小提琴图**（violin plot）是展示数据分布的另外两种图形，其主要用途是比较多个变量或多个样本的分布。

1. 箱线图

箱线图也称箱形图或盒形图，它不仅可以展示一组数据分布的特征，如分布是否对称、是否存在离群点等，还可以比较多组数据的分布特征，这也是箱线图的主要用途。绘制箱线图的步骤大致如下。

首先，找出一组数据的**中位数**（median）和两个**四分位数**（quartiles），并画出箱子。中位数是一组数据排序后处在 50% 位置上的数值。四分位数是一组数据排序后处在 25% 位置和 75% 位置上的两个值，分别用 $Q_{25\%}$ 和 $Q_{75\%}$ 表示。$Q_{75\%}-Q_{25\%}$ 称为**四分位差**或**四分位距**

(interquartile range)，用 IQR 表示。用两个四分位数画出箱子（四分位差的范围），并画出中位数在箱子中的位置。

其次，计算出内围栏和相邻值，并画出须线。**内围栏**（inter fence）是与 $Q_{25\%}$ 和 $Q_{75\%}$ 的距离等于 1.5 倍四分位差的两个点，其中 $Q_{25\%}-1.5\times\text{IQR}$ 称为下内围栏，$Q_{75\%}+1.5\times\text{IQR}$ 称为上内围栏。上下内围栏并不在箱线图中显示，只是作为确定离群点的界限[①]。然后找出上下内围栏之间的最大值和最小值（非离群点的最大值和最小值），称为**相邻值**（adjacent value），其中，$Q_{25\%}-1.5\times\text{IQR}\sim Q_{25\%}$ 范围内的最小值称为下相邻值，$Q_{75\%}\sim Q_{75\%}+1.5\times\text{IQR}$ 范围内的最大值称为上相邻值。将上下相邻值分别与箱子连接的直线称为**须线**（whiskers）。

最后，找出离群点，并在图中单独标出。**离群点**（outlier）是大于上内围栏或小于下内围栏的值，也称**外部点**（outside value），在图中用“○”单独标出。

箱线图的一般形式如图 2-8 所示。

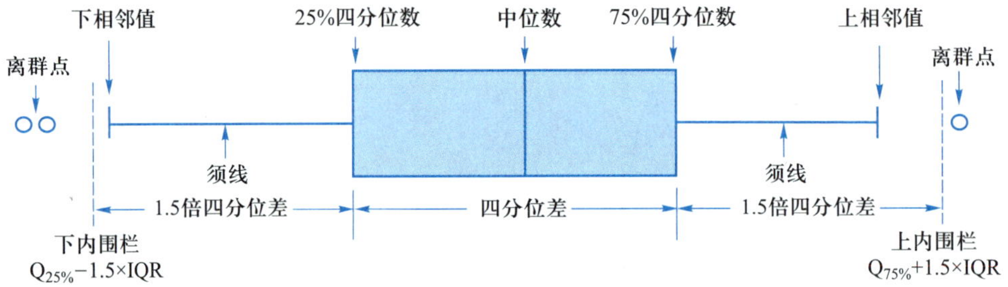

图 2-8 箱线图的示意图

为解读箱线图所反映数据的分布特征，图 2-9 展示了不同分布形状对应的箱线图。

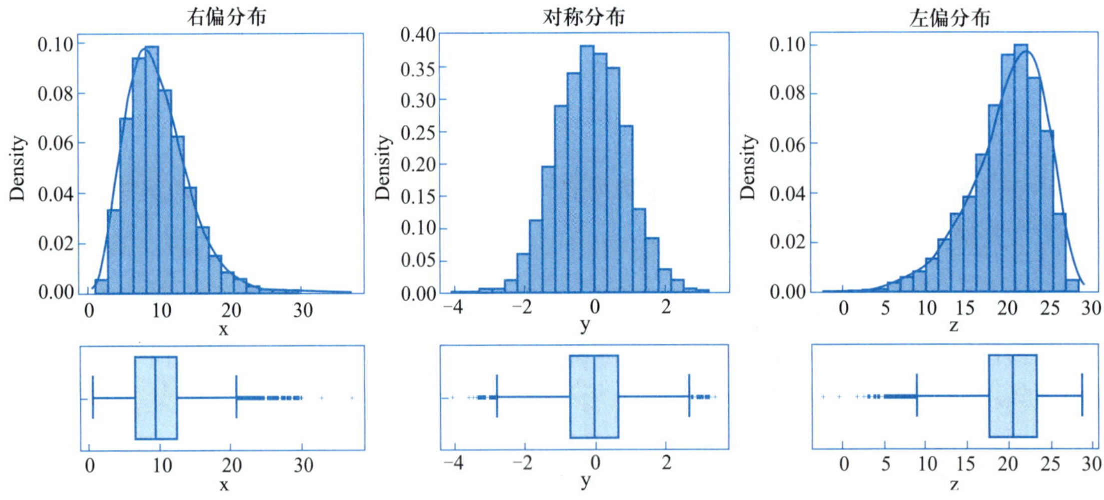

图 2-9 不同分布形状对应的箱线图

① 也可以设定 3 倍的四分位差作为围栏，称为**外围栏**（outer fence），其中 $Q_{25\%}-3\times\text{IQR}$ 称为下外围栏，$Q_{75\%}+3\times\text{IQR}$ 称为上外围栏。外围栏也不在箱线图中显示。在外围栏之外的数据也称为极值（extreme），在有些软件（如 SPSS）中用“*”单独标出。Python 并不区分离群点和极值，统称为离群点，在图中用“○”标出。

图 2-9 显示，对称分布的箱线图的特点是：中位数在箱子中间；上下相邻值到箱子的距离等长；离群点在上下内围栏外的分布也大致相同。右偏分布的箱线图的特点是：中位数更靠近 $Q_{25\%}$（下四分位数）的位置；下相邻值到箱子的距离比上相邻值到箱子的距离短；离群点多数在上内围栏之外。左偏分布的箱线图的特点是：中位数更靠近 $Q_{75\%}$（上四分位数）的位置；下相邻值到箱子的距离比上相邻值到箱子的距离长；离群点多数在下内围栏之外。

以例 2-3 中 6 个城市 AQI 的数据为例，绘制箱线图的代码和结果如代码框 2-8 所示。

代码框 2-8 绘制 6 个城市 AQI 的箱线图

```
# 图 2-10 的绘制代码
import pandas as pd
import matplotlib.pyplot as plt
import seaborn as sns

sns.set_style('darkgrid')          # 设置画图风格
plt.rcParams['font.sans-serif'] = ['SimHei']
                                   # 显示中文

example2_3= pd.read_csv('C:/pydata/chap02/example2_3.csv', encoding='gbk')
sns.set_style('darkgrid')

df= pd.melt(example2_3, value_vars=['北京','上海','郑州','武汉','西安','沈阳'],
         var_name='城市', value_name='AQI')
                                   # 融合数据

plt.figure(figsize=(8, 5))

sns.boxplot(x='城市',y='AQI',
         width=0.6,                # 设置箱子的宽度
         saturation=0.9,           # 设置颜色的原始饱和度比例。1 表示完全饱和
         fliersize=2,              # 设置离群点标记的大小
         linewidth=0.8,            # 设置线宽
         notch=False,              # 设置 notch 可绘制出箱子的凹槽
         palette="Set2",           # 设置调色板
         orient="v",               # 默认绘制垂直箱线图（如果变量是在行的位置，可设置
                                     orient="h"，绘制水平箱线图）
         data=df)

plt.show()
```

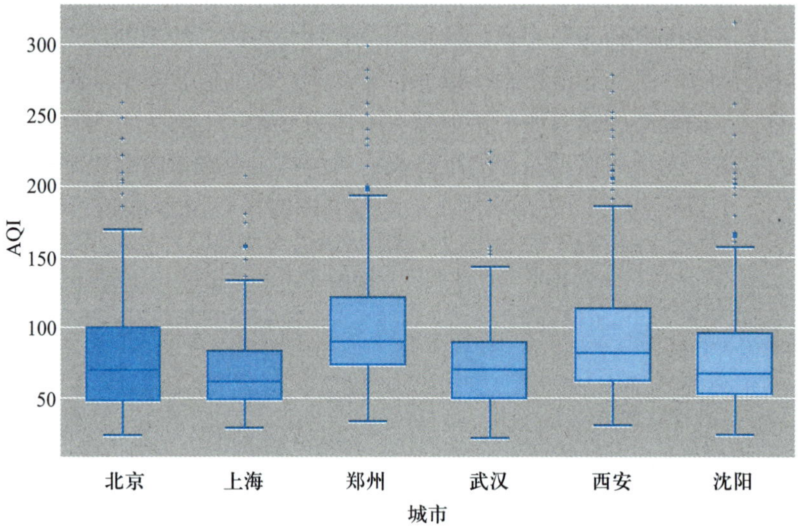

图 2-10　6 个城市 AQI 的箱线图

图 2-10 显示，离群点均出现在右侧，且上须线均长于下须线，表示 6 个城市 AQI 的分布均为右偏分布。其中，郑州、西安和沈阳的偏斜程度和离散程度均较大，而上海和武汉的离散程度相对较小，偏斜程度也较小。

图 2-10 显示出箱线图在比较分布时具有一定优势。但当各样本或变量的数值差异较大时，需要对数据进行变换，比如做对数变换或标准化变换，再绘制箱线图，否则不便于比较。由于篇幅有限，这里不再举例，读者可对上述数据变换后再绘制图形，观察其效果。

2. 小提琴图

小提琴图可视为箱线图的一个变种，它将分布的核密度估计图与箱线图结合在一起，在箱线图上以镜像方式叠加上核密度估计图，以显示数据分布的大致形状。因此，小提琴图比箱线图提供了更多的信息，可作为箱线图的替代图形。

以例 2-3 中 6 个城市的 AQI 数据为例，绘制小提琴图的代码和结果如代码框 2-9 所示。

代码框 2-9　绘制 6 个城市 AQI 的小提琴图

```
# 图 2-11 的绘制代码
import pandas as pd
import matplotlib.pyplot as plt
import seaborn as sns

plt.rcParams['font.sans-serif'] = ['SimHei']
plt.rcParams['axes.unicode_minus'] = False
sns.set_style('darkgrid')
example2_3= pd.read_csv('C:/pydata/chap02/example2_3.csv', encoding='gbk')
```

```
df= pd.melt(example2_3, value_vars=['北京', '上海', '郑州','武汉','西安','沈阳'],
          var_name='城市', value_name='AQI')

plt.figure(figsize=(8, 5))

sns.violinplot(x='城市',y='AQI',
          width=0.8,            # 设置箱子的宽度
          saturation=0.9,       # 设置颜色的原始饱和度比例。1 表示完全饱和
          fliersize=2,          # 设置离群点标记的大小
          linewidth=0.8,        # 设置线宽
          palette="Set2",       # 设置调色板
          orient="v",           # 绘制垂直箱线图（默认）
          inner='box',          # 小提琴图内部绘制箱线图（默认）
          data=df)

plt.show()
```

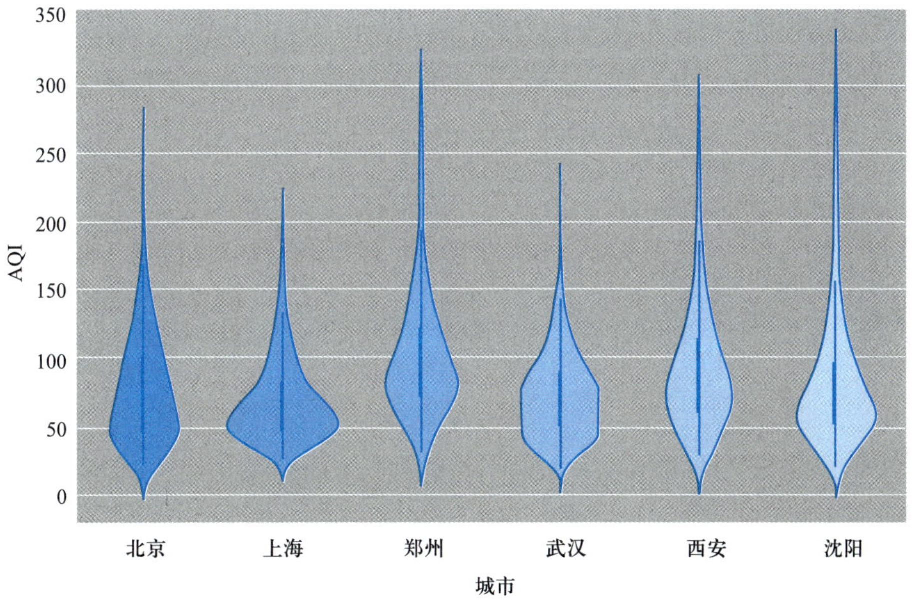

图 2-11　6 个城市 AQI 的小提琴图

注：函数中的参数 inner 用于设置小提琴图内部的可选绘图。可选值有 {"box", "quartile", "point", "stick", None}，默认 inner='box'，即小提琴图的内部绘制箱线图。quartile 表示绘制出四分位数；point 表示绘制出数据的点；stick 表示绘制出数据的棒线；None 表示什么也不画。更多信息可查看帮助：?sns.violinplot。

图 2-11 的小提琴图内部绘制的是箱线图。小提琴图所展示的数据分布特征与箱线图相同，但比箱线图多了数据分布的核密度图，更容易观察数据分布的形状，因此可做箱线图的替代图形。

2.2.3　点图

点图（dot chart）也称带状图或一维散点图，它是将一维数组的各数据点绘制在数轴上。当有相同的数据时，为避免各点的重合，可以使用 jitter 方法为数据添加扰动点（noise）。点图是检测数据离群点的有效工具，当数据量较少时，也可用于观察数据的分布。以例 2-3 中 6 个城市的 AQI 数据为例，绘制点图的代码和结果如代码框 2-10 所示。

代码框 2-10　绘制 6 个城市 AQI 的点图

```
# 图 2-12 的绘制代码
import pandas as pd
import matplotlib.pyplot as plt
import seaborn as sns

plt.rcParams['font.sans-serif'] = ['SimHei']

example2_3= pd.read_csv('C:/pydata/chap02/example2_3.csv', encoding='gbk')
df= pd.melt(example2_3, value_vars=['北京','上海','郑州','武汉','西安','沈阳'],
            var_name='城市', value_name='AQI')

plt.subplots(1,2,figsize=(10, 5))

plt.subplot(121)
sns.stripplot(x='城市',y='AQI',
              jitter=False,    # 不扰动数据
              size=2,          # 设置点的大小
              data=df)
plt.title('(a) 原始数据的点图')

plt.subplot(122)
sns.stripplot(x='城市',y='AQI',size=2,data=df)
plt.title('(b) 数据扰动后的点图')

plt.show()
```

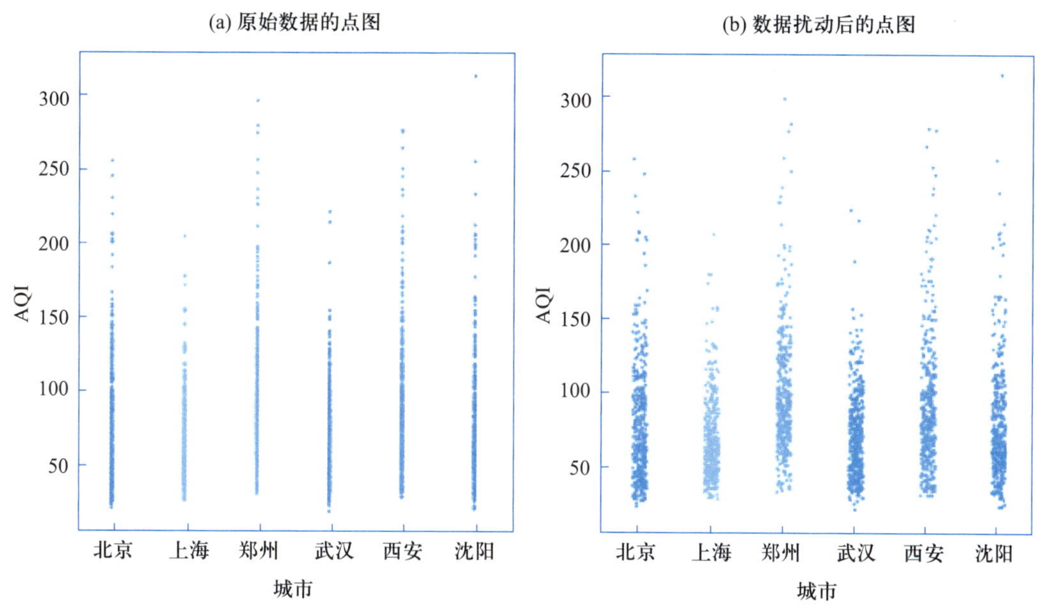

图 2-12 6 个城市 AQI 的点图

图 2-12 显示，各城市 AQI 的分布均为右偏，离群值也都出现在右侧。

2.3 变量间关系可视化

散点图（scatter plot）是分析数值变量间关系的常用工具。只分析两个变量时，可以绘制普通散点图；分析两个以上的变量时，可以绘制散点图矩阵或相关系数矩阵。

2.3.1 散点图

散点图将两个变量的各对观测点画在二维坐标中，并利用各观测点的分布来展示两个变量间的关系。设两个变量分别为 x 和 y，每对观测值（x_i，y_i）在二维坐标中用一个点表示，n 对观测值在坐标中形成的 n 个点图称为散点图。利用散点图可以观察两个变量间是否有关系，变量相关关系的形态以及关系强度如何等。

具有线性关系的两个变量的散点图大致在一条直线周围随机分布，其分布的形状通常为一个椭圆，其形状越扁平，表示线性关系越强。如图 2-13 所示。

下面通过一个例子说明散点图的绘制方法。

【例 2-4】（数据：example2_4.csv）为分析上市公司的总股本与各项财务指标间的关系，随机抽取 200 家上市公司，得到的有关财务数据如表 2-3 所示。绘制散点图分析总股本与每股收益之间的关系。

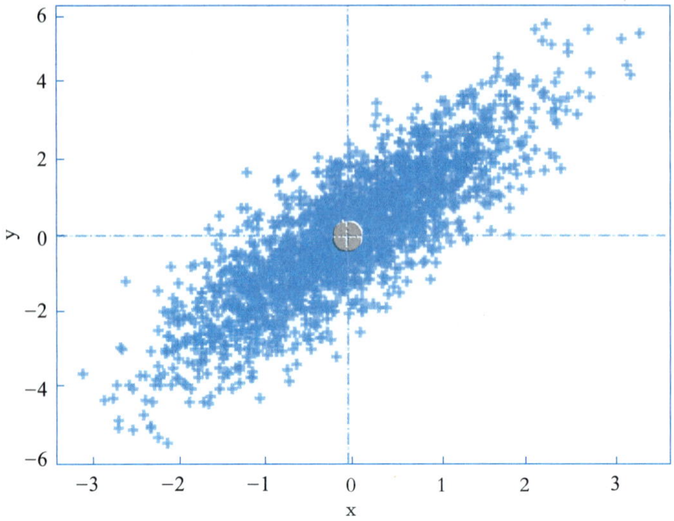

图 2-13 具有线性关系的两个变量的散点图

表 2-3 200 家上市公司的有关财务数据（只列出前 5 行和后 5 行）

总股本	每股收益	每股净资产	每股现金流量
3.21	1.82	11.21	3.42
6.42	0.62	7.83	3.33
8.18	0.94	7.85	3.05
2.74	1.95	10.24	3.36
4.84	0.90	11.52	3.56
……	……	……	……
6.03	0.78	8.90	3.52
4.11	1.13	11.83	3.56
3.42	2.00	11.69	3.38
3.29	1.77	8.41	3.54
3.51	1.91	9.68	3.70
6.03	0.78	8.90	3.52

解：绘制散点图代码和结果如代码框 2-11 所示。

代码框 2-11 绘制散点图

```
# 图 2-14 的绘制代码
import pandas as pd
import seaborn as sns
import matplotlib.pyplot as plt
```

```
plt.rcParams['font.sans-serif'] = ['SimHei']
plt.rcParams['axes.unicode_minus'] = False
df= pd.read_csv('C:/pydata/chap02/example2_4.csv', encoding='gbk')

plt.subplots(1,2,figsize=(10, 3.5))

# 图 2-14（a）
plt.subplot(121)
sns.regplot(x=df['总股本'],y=df['每股收益'],
        fit_reg=False,marker='.',data=df)
plt.title('(a) 普通散点图')

# 图 2-14（b）
plt.subplot(122)
sns.regplot(x=df['总股本'],y=df['每股收益'],
        fit_reg=True,marker='.',        # 添加回归线
        data=df)
plt.title('(b) 添加回归线和置信带')

plt.show()
```

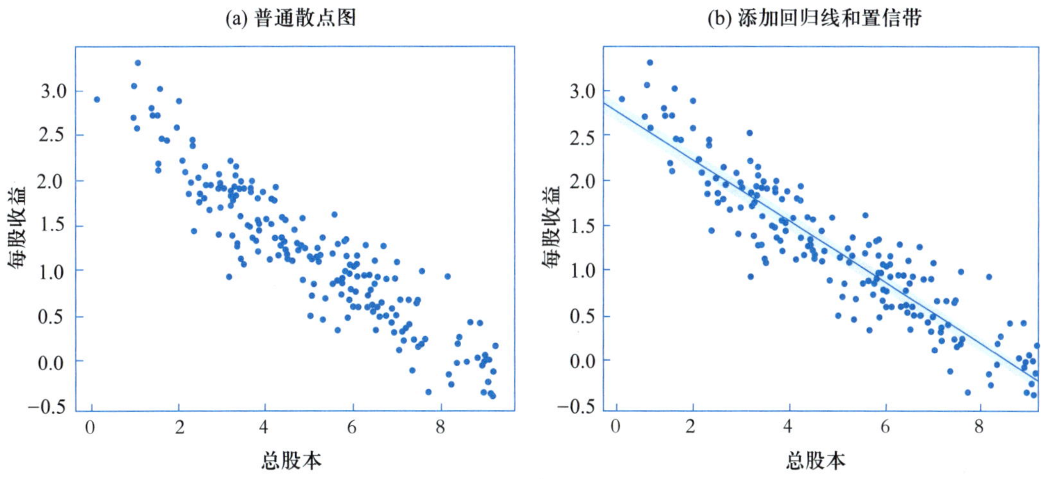

图 2-14　总股本与每股收益的散点图

图 2-14 显示，总股本与每股收益之间是负的线性关系，随着总股本的增加，每股收益逐渐减少。

如果要在散点图中反映两个变量的分布信息，可在散点图中添加每个变量的边际图，比如，两个变量的直方图、核密度图等。当数据量较大时，为避免各个点重叠，可以用六边形及其颜色饱和度来表示点的分布。代码和结果如代码框 2-12 所示。

代码框 2-12 绘制带有边际图的散点图

```
# 图 2-15 的绘制代码
import pandas as pd
import seaborn as sns
import matplotlib.pyplot as plt
plt.rcParams['font.sans-serif'] = ['SimHei']
plt.rcParams['axes.unicode_minus'] = False
df= pd.read_csv('C:/pydata/chap02/example2_4.csv', encoding='gbk')
sns.set_style('darkgrid')

sns.jointplot(x=df['总股本'],y=df['每股收益'],marker='.',
              kind='reg',          # 添加回归线和置信带
              height=5,            # 设置图形的高度（正方形）
              ratio=3,             # 设置主轴高度与边缘轴高度的比率
              data=df)
```

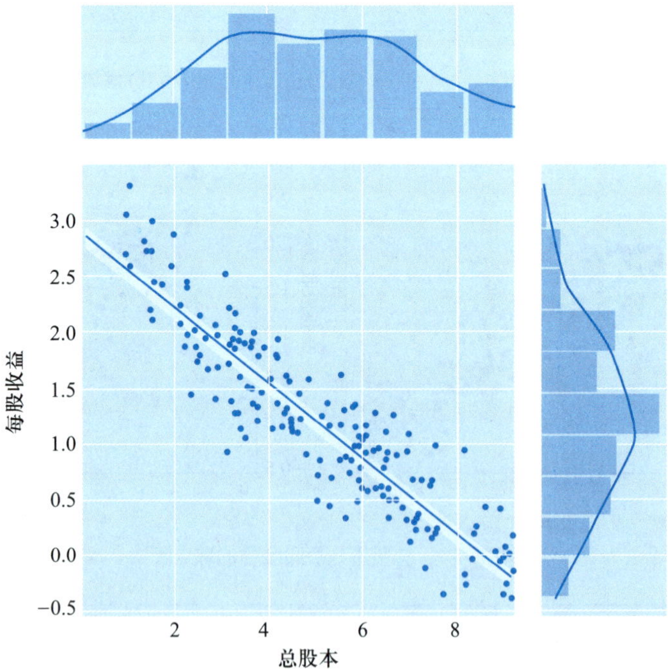

图 2-15 带有边际图的总股本与每股收益的散点图

```
# 图 2-16 的绘制代码
sns.jointplot(x=df['总股本'],y=df['每股收益'],
              kind='hex',   # 绘制六边形封箱散点图
              height=5,ratio=3,data=df)

plt.show()
```

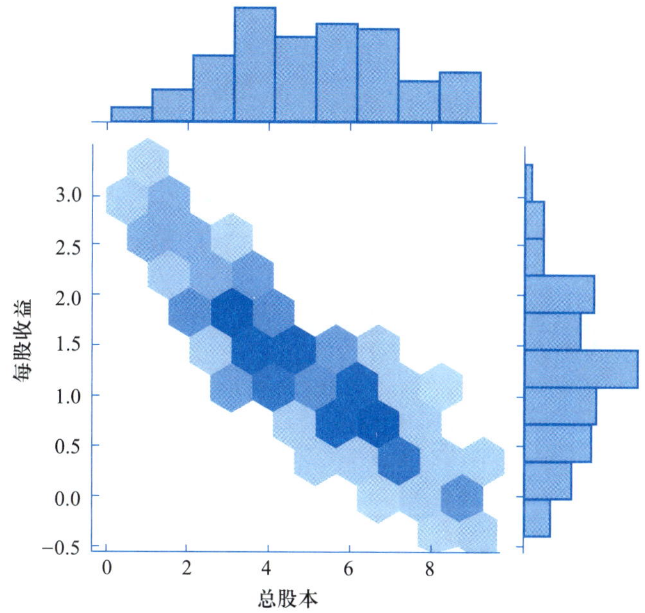

图 2-16　带有边际图的总股本与每股收益的六边形封箱散点图

图 2-16 中的六边形颜色越深表示里面包括的点也越多。

2.3.2　散点图矩阵

如果要同时分析多个变量两两之间的关系，可以将多幅散点图绘制成矩阵的形式，称为**散点图矩阵**（matrix scatter）或矩阵散点图。散点图矩阵中，对角线上下两部分是对称的图形，也可以在对角线的下方（或上方）绘制出一种形式的散点图（或相关系数），对角线上方（或下方）绘制出另一种形式的散点图（或相关系数）。以例 2-4 的数据为例，绘制散点图矩阵的代码和结果如代码框 2-13 所示。

代码框 2-13　绘制散点图矩阵

```
# 图 2-17 的绘制代码
import pandas as pd
import seaborn as sns
import matplotlib.pyplot as plt
```

```
plt.rcParams['font.sans-serif'] = ['SimHei']
plt.rcParams['axes.unicode_minus'] = False
df= pd.read_csv('C:/pydata/chap02/example2_4.csv', encoding='gbk')
sns.set_style('darkgrid')

sns.pairplot(df[['总股本','每股收益','每股净资产','每股现金流量']],
            height=2,                      # 设置子图的高度
            diag_kind='hist',              # 设置对角线的图形类型（默认为直方图）
            kind='scatter')                # 设置子图类型，默认 scatter
```

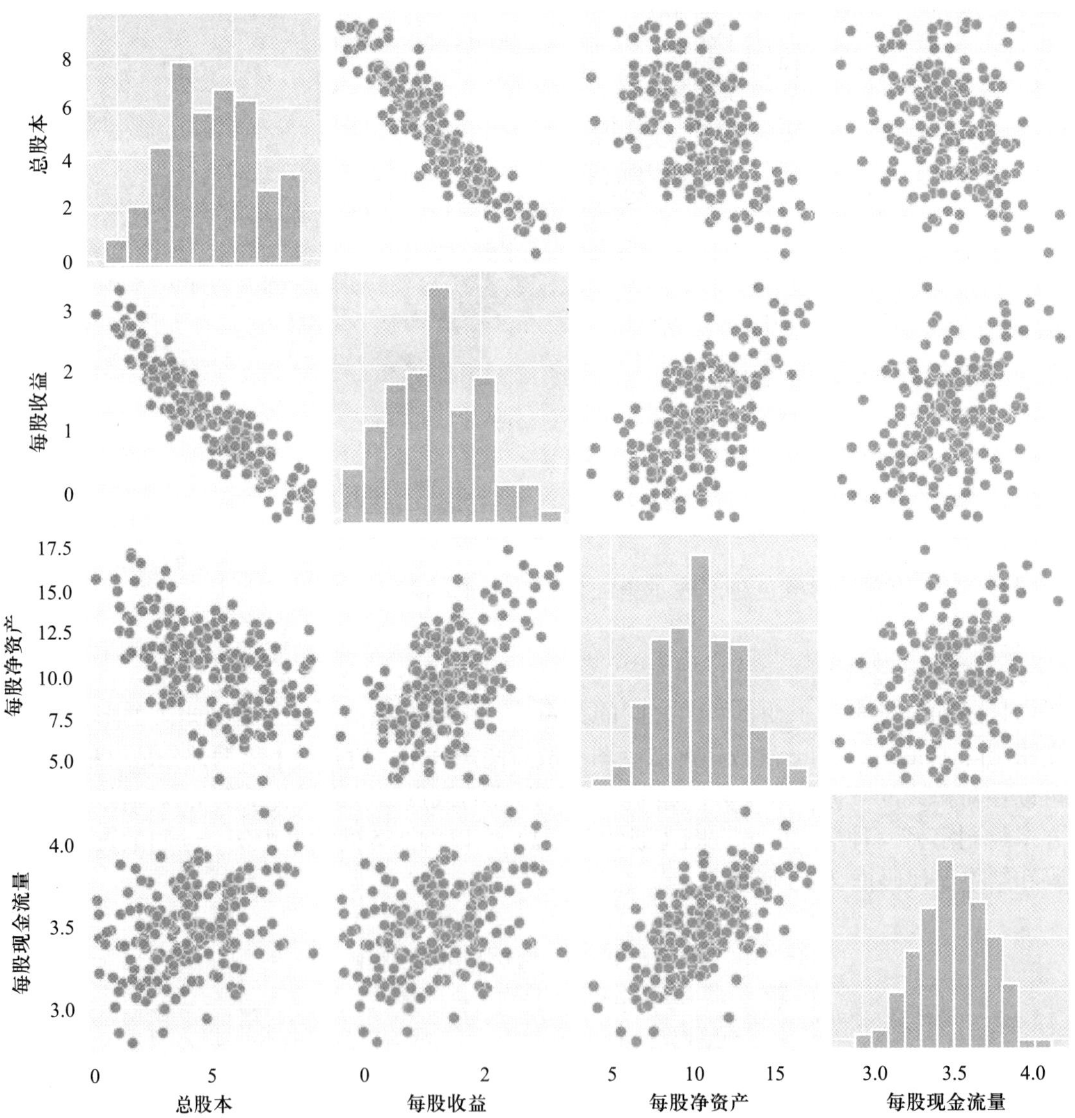

图 2-17 例 2-4 数据的散点图矩阵，对角线上为直方图

```
# 图 2-18 的绘制代码
sns.pairplot(df[['总股本','每股收益','每股净资产','每股现金流量']],
             height=2,           # 设置子图的高度
             diag_kind='kde',    # 设置对角线的图形类型（默认为直方图）
             markers='.',        # 设置点型
             kind='reg')         # 设置子图类型
```

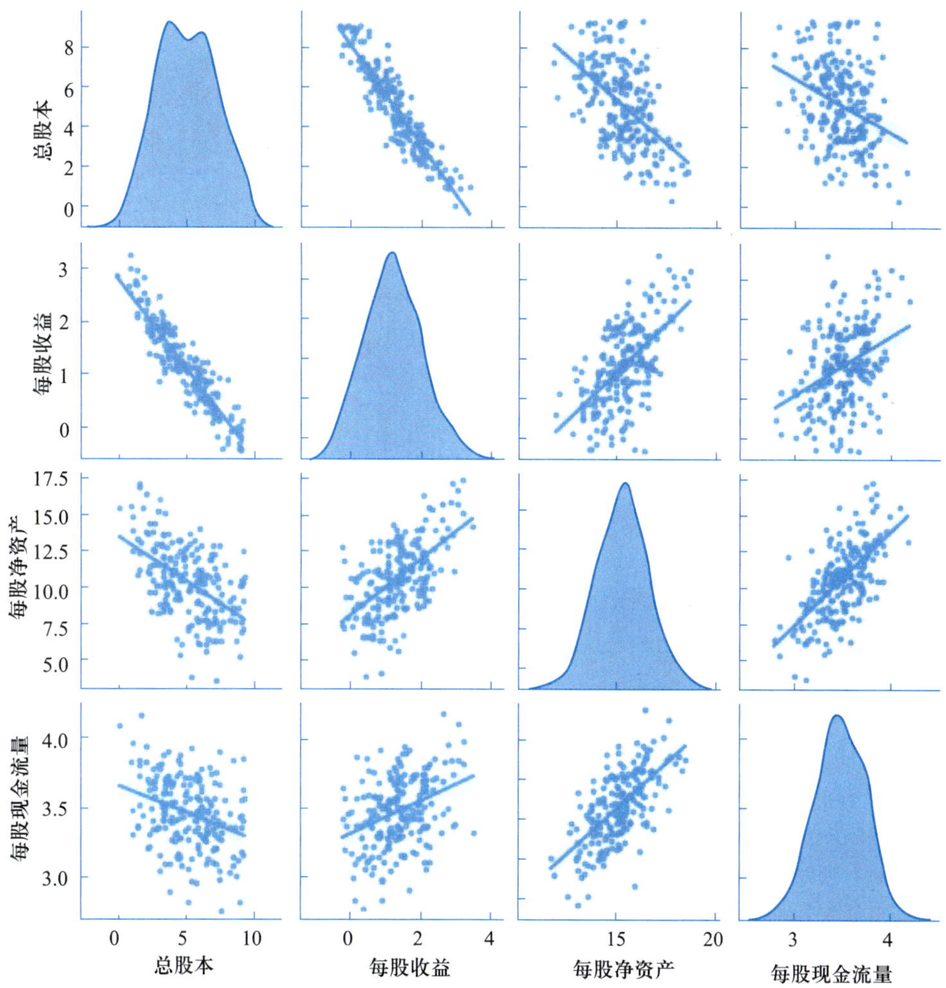

图 2-18　例 2-4 数据的散点图矩阵，对角线上为核密度图

注 1. 设置子图的参数 kind 可选值有 {'scatter', 'kde','hist','reg'}，默认为散点图 scatter。kde 表示绘制二维核密度图；hist 表示绘制二维直方图；reg 表示绘制带有拟合回归线和置信带的散点图。

2. 设置对角线图形类型的参数 diag_kind 可选值有 {'auto', 'hist', 'kde', None}，默认为直方图；auto 表示由函数自动选择；kde 表示绘制核密度图；None 表示什么也不画。

图 2-17 和图 2-18 均显示，4 个变量大致为对称分布。总股本与其他变量之间为负的相关关系，即总股本越大，每股收益、每股净资产和每股现金流量均越小，其中与每股收益的关系较强，与每股净资产和每股现金流量之间的关系相对较弱。其余变量之间为正的相关关系，其中，每股净资产与每股现金流量之间的关系相对较强。

2.3.3　气泡图和 3D 散点图

对于 3 个变量之间的关系，可以绘制**气泡图**（bubble plot）和 3D 散点图来展示它们之间的关系。

1. 气泡图

如果关注 3 个变量，可以用**气泡图**在二维空间里来展示它们之间的关系。用变量 x 和 y 画出散点图，第 3 个变量数值的大小用圆的大小表示。为理解气泡图的含义，用 Python 随机模拟出 3 个变量 x、y 和 z 的 40 组观测值，其中，x 与 y 为线性关系，z 表示气泡的大小，它与 x 和 y 无任何关系，绘制的气泡图如图 2-19 所示。

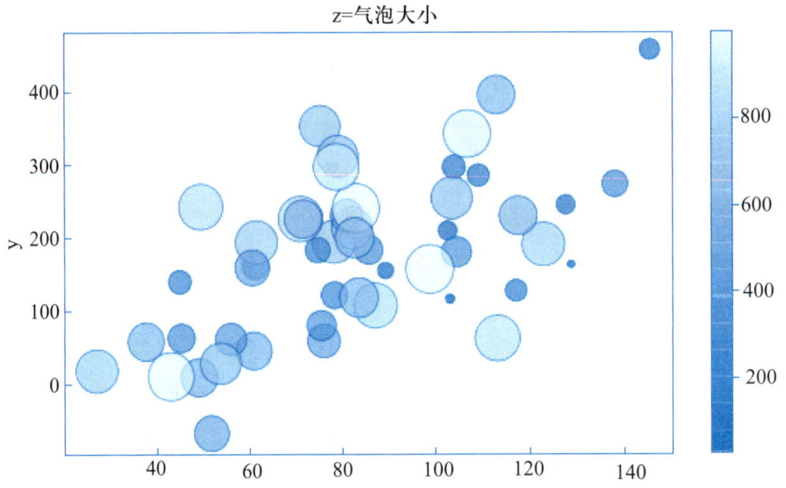

图 2-19　随机模拟的 3 个变量的气泡图

图 2-19 显示，x 与 y 为正的线性关系，而气泡大小的分布却是随机的，这表示 z 与 x 和 y 无任何关系。如果气泡的大小随着 x 和 y 的变大而变大，表示 z 与 x 和 y 之间为正的线性关系；如果气泡的大小随着 x 和 y 的变大而变小，则表示 z 与 x 和 y 之间为负的线性关系。

以例 2-4 中的数据为例，绘制每股收益、每股净资产和总股本的气泡图，代码和结果如代码框 2-14 所示。

代码框 2-14　绘制气泡图

```
# 图 2-20 的绘制代码
import pandas as pd
import seaborn as sns
import matplotlib.pyplot as plt
```

```
plt.rcParams['font.sans-serif'] = ['SimHei']
plt.rcParams['axes.unicode_minus'] = False
df= pd.read_csv('C:/pydata/chap02/example2_4.csv', encoding='gbk')
plt.figure(figsize=(8, 4.5))
plt.scatter(x='每股收益',y='每股净资产',
            c='总股本',              # 设置气泡变量
            s=df['总股本']*60,       # 设置气泡大小
            cmap='Blues',            # 设置调色板
            edgecolors='k',          # 设置气泡边线的颜色
            linewidths=0.5,          # 设置气泡边线的宽度
            alpha=0.6,               # 设置颜色透明度
            data=df)

plt.colorbar()                       # 绘制表示总股本的颜色栏

plt.xlabel('每股收益',fontsize=12)
plt.ylabel('每股净资产',fontsize=12)
plt.title('总股本=气泡图',fontsize=14)

plt.show()
```

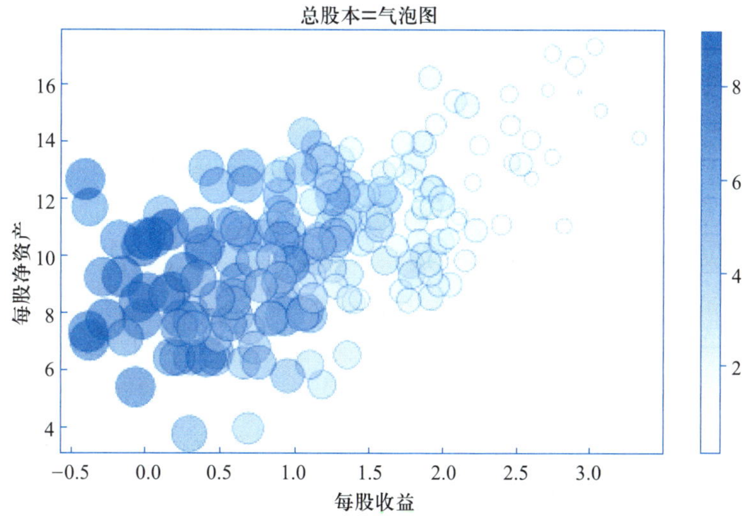

图 2-20　每股收益、每股净资产和总股本的气泡图

图 2-20 显示，每股收益与每股净资产的气泡大致在一条直线周围分布，表示二者之间为线性关系，表示总股本多少的气泡则随着每股收益和每股净资产的增加越来越小，表示总股本与这两个变量之间为负的线性相关关系。

2. 3D 散点图

气泡图是在二维（2D）空间中展示 3 个变量间的关系，3D 散点图则是在三维（3D）空间中展示 3 个变量间的关系。以例 2-4 中的数据为例，绘制每股收益、每股净资产和总股本的 3D 散点图，代码和结果如代码框 2-15 所示。

代码框 2-15 绘制 3D 散点图

```
# 图 2-21 的绘制代码
import pandas as pd
import matplotlib.pyplot as plt
from mpl_toolkits.mplot3d import Axes3D

plt.rcParams['font.sans-serif'] = ['SimHei']
plt.rcParams['axes.unicode_minus'] = False
df= pd.read_csv('C:/pydata/chap02/example2_4.csv', encoding='gbk')

ax3d=plt.figure(figsize=(10, 7)).add_subplot(111,projection='3d')
ax3d.scatter(df['每股收益'],df['每股净资产'],df['总股本'],color='black',marker='*',
s=50)
ax3d.set_xlabel('每股收益',fontsize=12)
ax3d.set_ylabel('每股净资产',fontsize=12)
ax3d.set_zlabel('总股本',fontsize=12)
plt.xlabel('x=每股收益',fontsize=12)
plt.ylabel('y=每股净资产',fontsize=12)
plt.zlabel('z=总股本',fontsize=12)
```

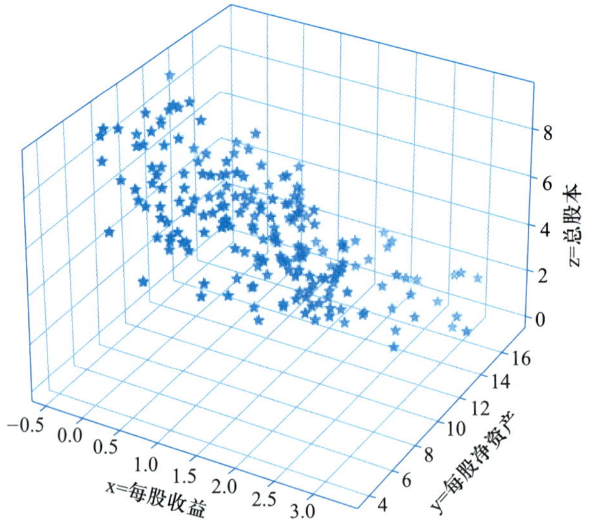

图 2-21 每股收益、每股净资产和总股本的 3D 散点图

图 2-21 显示，总股本与每股收益和每股净资产之间为负的相关关系，而每股收益和每股净资产之间为正的相关关系。

2.4 样本相似性可视化

假定想要比较北京、上海、天津 3 个地区在食品烟酒、衣着、居住、生活用品及服务、交通通信、教育文化娱乐、医疗保健、其他用品及服务这 8 项支出方面是否有相似性，这里的 3 个地区就是样本，8 项消费支出就是 8 个变量，这就是多样本在多个变量上取值的相似性问题。如果关心的是 3 个地区间是否相似，就是样本的相似性问题；如果关心的是 8 个变量之间是否相似，就是变量的相似性问题。变量间的相似性可以使用散点图和相关系数分析，本章主要介绍样本相似性的可视化。比较样本相似性的图形主要有轮廓图、雷达图、星图、脸谱图、聚类图、热图等，由于篇幅限制，本章主要介绍轮廓图和雷达图。

2.4.1 轮廓图

轮廓图（outline plot）也称平行坐标图或多线图，它用 x 轴表示各样本，用 y 轴表示每个样本的多个变量的数值（x 轴和 y 轴可以互换），将同一样本在不同变量上的观测值用折线连接起来。观察轮廓图中各折线的形状及其排列方式，可以比较各样本在多个变量上取值的相似性及差异。下面通过一个例子说明轮廓图的画法和解读。

【例 2-5】（数据：example2_2.csv）沿用例 2-2。绘制北京、天津、上海和重庆的人均各项消费支出的轮廓图，比较各地区消费支出的差异和相似性。

解：绘制轮廓图的代码和结果如代码框 2-16 所示。

代码框 2-16 绘制轮廓图

```
# 图 2-22 的绘制代码
import pandas as pd
import seaborn as sns
import matplotlib.pyplot as plt
plt.rcParams['font.sans-serif'] = ['SimHei']

df= pd.read_csv('C:/pydata/chap02/example2_2.csv', encoding='gbk')

plt.figure(figsize=(8,5))

dfs=[df['北京'],df['天津'],df['上海’],df['重庆']]
sns.lineplot(data=dfs,markers=True)
plt.xlabel('支出项目')
plt.ylabel('支出金额')
```

```
plt.xticks(range(8),df['支出项目'])              # 添加 x 轴标签

plt.show()
```

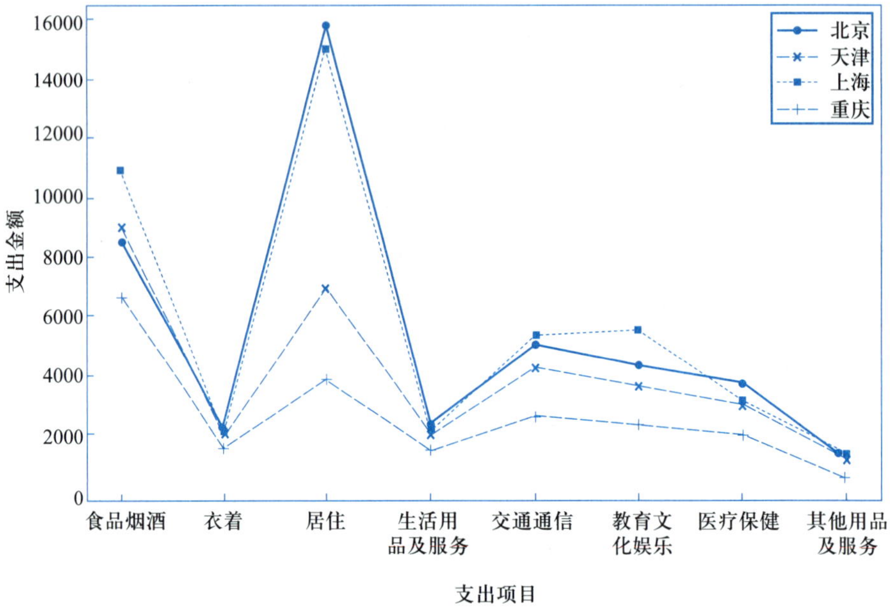

图 2-22　北京、天津、上海和重庆各项消费支出的轮廓图

图 2-22 显示，除了上海和北京的居住支出明显偏高外，在 8 项消费支出中，食品烟酒支出占据各项支出的比例最高，接下来依次是居住、交通通信、教育文化娱乐、医疗保健、衣着、生活用品及服务，其他用品及服务排在最后，而衣着、生活用品及服务、其他用品及服务的支出相差不大。图中各条折线形状显示，北京和上海的各项消费支出相似，天津和重庆相似。总体上看，虽然各地区的消费支出金额有一定差异，但消费结构很相似。

2.4.2　雷达图

假定有 P 个变量，我们可以从一个点出发，每个变量用一条射线表示，P 个变量形成 P 条射线（P 个坐标轴），每个样本在 P 个变量上的取值连接成线，即围成一个区域，多个样本围成多个区域，就是**雷达图**（radar chart）。P 个变量的计量单位可能不同，数值的量级往往差异很大，每条坐标轴的刻度需要根据每个变量单独确定，因此，不同坐标轴的刻度是不可比的。由于雷达图的形状与蜘蛛网很相似，有时也称为**蜘蛛图**（spider chart）。利用雷达图也可以研究多个样本之间的相似程度。

以例 2-2 中的数据为例，绘制雷达图的代码和结果如代码框 2-17 所示。

代码框 2-17 绘制雷达图

```
# 图 2-23 的绘制代码
import pandas as pd
import numpy as np
import matplotlib.pyplot as plt
%matplotlib inline

plt.rcParams['font.sans-serif'] = ['SimHei']
plt.rcParams['axes.unicode_minus'] = False
plt.rcParams['patch.force_edgecolor'] = True
df= pd.read_csv('C:/pydata/chap02/example2_2.csv', encoding='gbk')

# 创建角度
attributes=list(df.columns[1:])
values=list(df.values[:,1:])
names=list(df.values[:,0])
angles=[n / float(len(attributes)) * 2 * np.pi for n in range(len(attributes))]

# 关闭画图
angles += angles[:1]
values=np.asarray(values)
values=np.concatenate([values,values[:,0:1]],axis=1)

# 创建图形
sns.set_style('darkgrid')
plt.figure(figsize=(8,8))

for i in range(4):
    ax=plt.subplot(2,2,i+1,polar=True)
    ax.plot(angles,values[i])
    ax.set_yticks(np.arange(500,16000,3500))
    ax.set_xticks(angles[:-1])
    ax.set_xticklabels(attributes)
    ax.set_title(names[i],fontsize=12,color='red')
    plt.tight_layout()
plt.show()
```

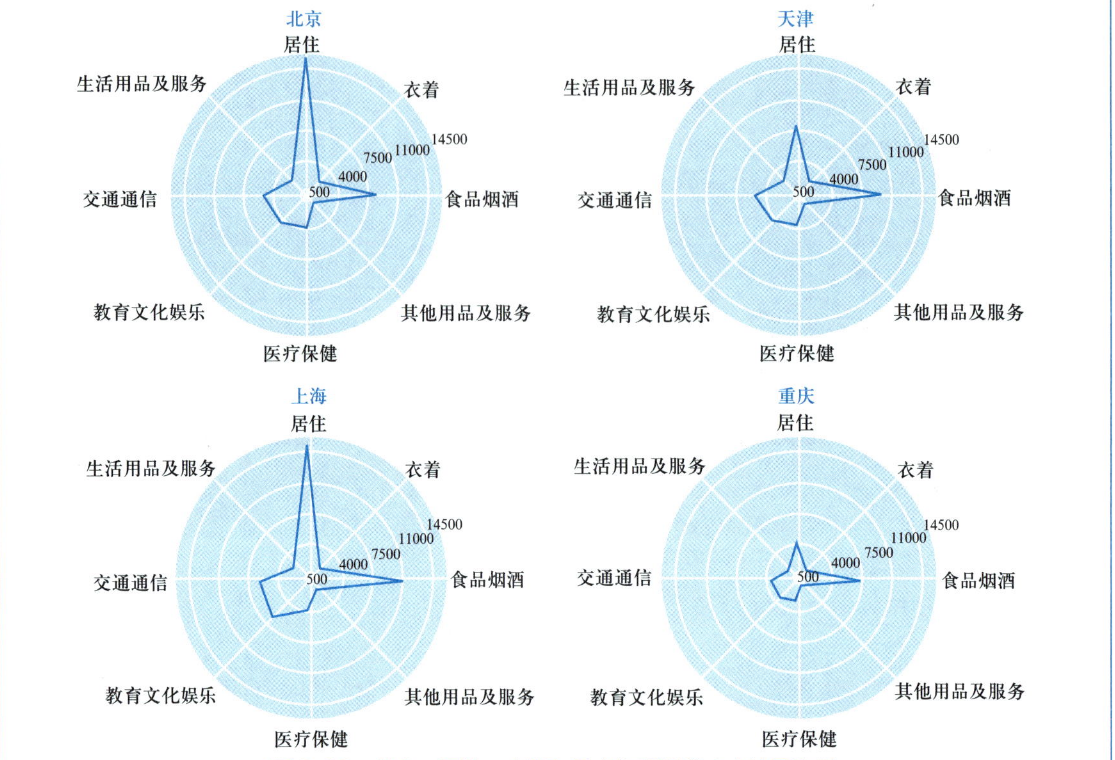

图 2-23 北京、天津、上海和重庆各项消费支出的雷达图

图 2-23 显示，北京和上海的各项消费支出类似，天津和重庆的各项消费支出类似。整体上看，4 个地区的消费支出金额差异较大，而消费结构差异不大。

为便于比较，也可以将各样本的雷达图绘制在一幅图里，代码和结果如代码框 2-18 所示。

代码框 2-18 绘制雷达图

```
# 图 2-24 的绘制代码
import pandas as pd
import numpy as np
import matplotlib.pyplot as plt

plt.rcParams['font.sans-serif'] = ['SimHei']
df= pd.read_csv('C:/pydata/chap02/example2_2.csv', encoding='gbk')

labels=np.array(df['支出项目'])                        # 设置标签
datalenth=8                                            # 数据长度

df1=np.array(df['北京'])
df2=np.array(df['天津'])
```

```
df3=np.array(df['上海'])
df4=np.array(df['重庆'])

angles=np.linspace(0,2*np.pi,datalenth,endpoint=False)
df1=np.concatenate((df1,[df1[0]]))                          # 使雷达图闭合
df2=np.concatenate((df2,[df2[0]]))
df3=np.concatenate((df3,[df3[0]]))
df4=np.concatenate((df4,[df3[0]]))
angles=np.concatenate((angles,[angles[0]]))

plt.figure(figsize=(6,6),facecolor='lightyellow')           # 画布背景色
plt.polar(angles,df1,'r--',linewidth=1,label='北京')         # 红色虚线
plt.polar(angles,df2,'b',linewidth=1,label='天津')           # 蓝色实线
plt.polar(angles,df3,'k',linewidth=1,label='上海')           # 黑色实线
plt.polar(angles,df4,'g',linewidth=1,label='重庆')           # 绿色实线
plt.thetagrids(range(0,360,45),labels)                      # 设置标签
plt.grid(linestyle='-',linewidth=0.5,color='gray',alpha=0.5) # 设置网格线
plt.legend(loc='upper right',bbox_to_anchor=(1.1,1.1))
                                                            # 绘制图例并设置图例
                                                              位置

plt.show()
```

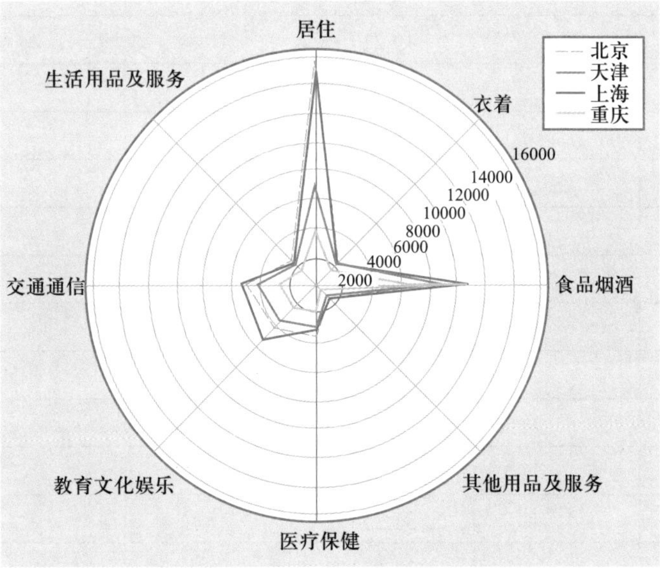

图 2-24　北京、天津、上海和重庆各项消费支出的雷达图

2.5 时间序列可视化

时间序列（time series）是一种常见的数据形式，它是在不同时间点上记录的一组数据，如各年份的 GDP 数据、各月份的 CPI 数据、一年中各交易日的股票价格指数收盘数据等。通过可视化，可以观察时间序列的变化模式和特征。时间序列的可视化图形有多种，其中最基本的是**折线图**（line chart）和**面积图**（area graph）。

2.5.1 折线图

折线图是描述时间序列最基本的图形，它主要用于观察和分析时间序列随时间变化的形态和模式。折线图的 x 轴是时间，y 轴是变量的观测值。

【例 2-6】（数据：example2_6.csv）2000—2019 年我国城镇居民和农村居民的消费水平数据如表 2-4 所示。绘制折线图分析居民消费水平的变化特征。

表 2-4 2000—2019 年我国城镇居民和农村居民的消费水平 单位：元

时间	城镇居民消费水平	农村居民消费水平
2000	6 972	1 917
2001	7 272	2 032
2002	7 662	2 157
2003	7 977	2 292
2004	8 718	2 521
2005	9 637	2 784
2006	10 516	3 066
2007	12 217	3 538
2008	13 722	3 981
2009	14 687	4 295
2010	16 565	4 786
2011	19 260	5 930
2012	21 071	6 593
2013	22 885	7 449
2014	24 807	8 433
2015	26 795	9 249
2016	28 999	10 372
2017	31 354	11 805
2018	33 671	13 538
2019	36 218	14 878

解：绘制折线图的代码和结果如代码框 2-19 所示。

代码框 2-19 绘制折线图

```
# 图 2-25 的绘制代码
import pandas as pd
import matplotlib.pyplot as plt
plt.rcParams['font.sans-serif'] = ['SimHei']
df= pd.read_csv('C:/pydata/chap02/example2_6.csv', encoding='gbk')

df['年份']=pd.to_datetime(df['年份'],format='%Y')        # 将数据转换为日期类型
df=df.set_index('年份')                    # 将日期设置为索引（index）

# 绘制折线图
df.plot(kind='line',figsize=(7,4.5),grid=True,
        stacked=False,            # 绘制折线图时，默认 stacked=False
        linewidth=1,
        marker='o',markersize=6,
        xlabel='年份',ylabel='居民消费水平')
```

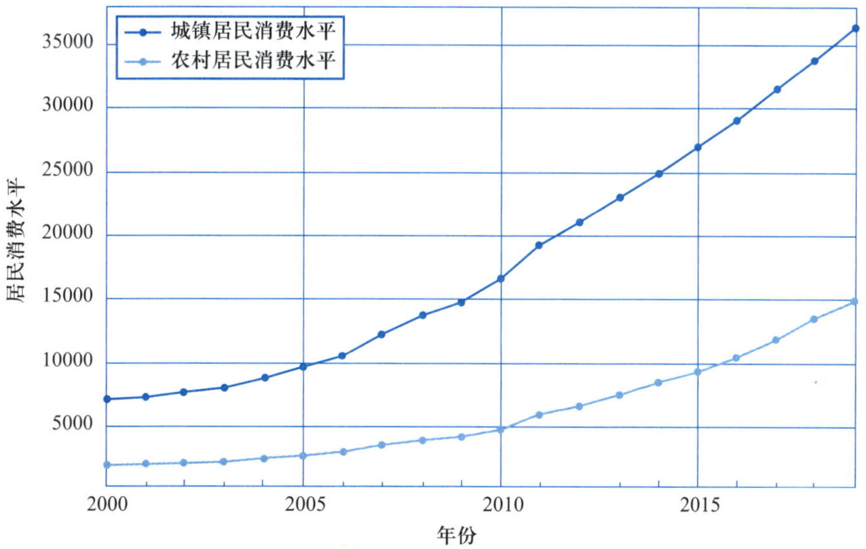

图 2-25 2000—2019 年我国城镇居民和农村居民消费水平的折线图

图 2-25 显示，无论是城镇居民还是农村居民，消费水平都有逐年增长的趋势，而城镇居民消费水平各年均高于农村居民，而且，随着时间的推移二者的差距有进一步扩大的趋势。

2.5.2 面积图

面积图是在折线图的基础上绘制的，它将折线与 x 轴之间的区域用颜色填充，填充的区域

即为面积。面积图不仅美观，而且能更好地展示时间序列变化的特征和模式。将多个时间序列绘制在一幅图中时，序列数不宜太多，否则图形之间会有相互遮盖，看起来会很乱。当序列较多时，可以将每个序列单独绘制一幅图，并将多幅图以网格的形式摆放。以例 2-6 中的数据为例，绘制面积图的代码和结果如代码框 2-20 所示。

代码框 2-20　绘制面积图

```
# 图 2-26 的绘制代码
df.plot(kind='area',figsize=(7,4.5),grid=True,
        stacked=True,alpha=0.5,
        xlabel='年份',ylabel='居民消费水平')
```

注：绘制面积图时，函数默认 stacked=True。绘制时将数据较大的序列绘制在下面，然后依据数据的大小依次向上堆叠，以避免遮盖。

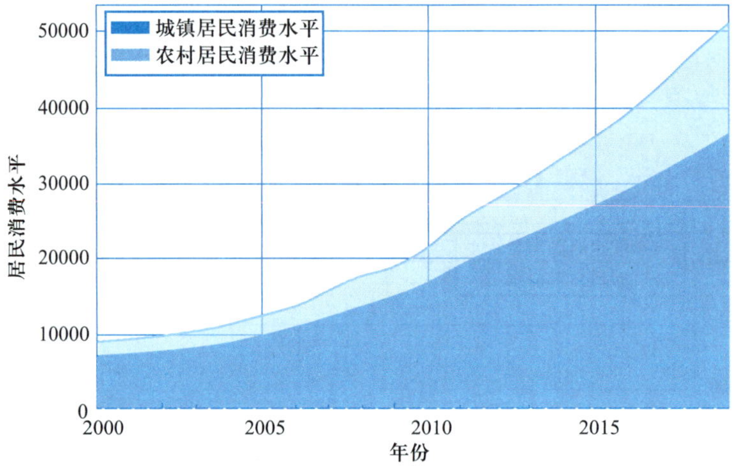

图 2-26　2000—2019 年我国城镇居民和农村居民消费水平的面积图

图 2-26 中的面积大小与相应的数据大小成正比。

2.6　可视化的注意事项

图形是展示数据的有效方式。在日常生活中，阅读报纸杂志、看电视、用计算机网络查阅资料时都能看到大量的图形。学术论文和其他出版物中也经常用图形来展示数据或数据的分析结果。显然，看图形要比看枯燥的数字更有趣，也更容易理解。合理使用图形是做好数据分析的基本技能。

一幅精心设计的图表可以有效地把数据呈现出来，也会让人更容易看懂和理解数据，但使用不当会造成别人对数据的迷茫或误解。图形应尽可能简洁合理，以能够清晰地展示数据、合理地表达分析目的，应避免一切不必要的修饰。过于花哨的修饰往往会使人注意图形本身而掩盖了图形所要表达的信息。

一幅完整的图形大体上包括图形主体、标题、坐标轴注释等要素。图形主体用于表达数据信息。标题用于注释图形的内容，一般包括数据所属的时间（when）、地点（where）和内容（what），此外，还应包括必要的图形编号。标题可以放在图的上方，也可放在图的下方。坐标轴注释需要标示出坐标轴代表的变量名称，以便于阅读和理解。此外，图形的比例也十分重要，一般图形大致为 4：3 的一个矩形，过长或过高的图形都有可能歪曲数据，给人留下错误的印象。

习题

2.1　使用 R 软件提供的数据集 Titanic，绘制以下图形。

（1）绘制 sex 和 survived 的并列条形图和堆叠条形图。

（2）选择适当的变量绘制饼图和环形图。

2.2　faithful 是 R 软件提供的数据集。该数据集记录了美国黄石国家公园（Yellowstone National Park）老忠实间歇喷泉（Old Faithful Geyser）的喷发持续时间（eruptions）和下一次喷发的等待时间（waiting）的 272 个观测数据。根据该数据集，绘制以下图形，并分析数据分布的特征。

（1）绘制 eruptions 的直方图，并作直方图核密度曲线。

（2）绘制 eruptions 和 waiting 两个变量的核密度比较曲线。

（3）绘制 eruptions 和 waiting 两个变量的箱线图和小提琴图。

（4）绘制 eruptions 和 waiting 两个变量的点图。

2.3　mtcars 是 R 软件提供的数据集，该数据集摘自 1974 年《美国汽车趋势》杂志，包括 32 款汽车（1973—1974 年款）的油耗、汽车设计和性能等共 11 个指标。根据该数据集绘制以下图形。

（1）绘制每加仑油行驶的英里数（mpg）和汽车自重（wt）两个变量的散点图。

（2）绘制该数据集的散点图矩阵。

（3）绘制该数据集的相关系数矩阵图。

（4）绘制每加仑油行驶的英里数（mpg）、总马力（hp）和汽车自重（wt）3 个变量的气泡图和 3D 散点图。

2.4　R 软件提供的数据集 iris 列出了 3 个物种（species）的萼片长（sepal.length）、萼片宽（sepal.width）、花瓣长（petal.length）、花瓣宽（petal.width）4 个变量的各 50 个样本数据。根据该数据集选择适当的变量绘制轮廓图和雷达图。

2.5　根据例题 2-3 的数据，绘制各城市 AQI 的折线图和面积图，分析 AQI 的变化特征。

本章图片

第3章　数据的描述统计量

一组样本数据分布的数值特征可以从三个方面进行描述：一是数据的水平（也称为集中趋势或位置度量），反映全部数据的数值大小；二是数据的差异，反映各数据间的离散程度；三是分布的形状，反映数据分布的偏度和峰度。本章主要介绍描述数据的各统计量的计算方法及其 python 实现。

3.1　描述水平的统计量

数据的水平是指其数值的大小。描述数据水平的概括性统计量主要有平均数、分位数和众数等。

3.1.1　平均数

平均数（mean）是一组数据相加后除以数据的个数得到的结果，也称均值。设一组样本数据为 x_1，x_2，…，x_n，样本量（样本数据的个数）为 n，样本平均数用 $\bar{x}$（读作 x-bar）表示，计算公式为[①]：

$$\bar{x}=\frac{x_1+x_2+\cdots+x_n}{n}=\frac{\sum_{i=1}^{n}x_i}{n} \tag{3.1}$$

式（3.1）也称为**简单平均数**（simple mean）。

如果样本数据被分成 k 组，各组的组中值（组的中间值，是一个组的下限值与上限值的平均数）分别用 m_1，m_2，…，m_k 表示，各组的频数分别用 f_1，f_2，…，f_k 表示，则样本平均数的计算公式为：

$$\bar{x}=\frac{m_1f_1+m_2f_2+\cdots+m_kf_k}{f_1+f_2+\cdots+f_k}=\frac{\sum_{i=1}^{k}m_if_i}{n} \tag{3.2}$$

① 如果有总体的全部数据 x_1，x_2，…，x_N，总体平均数用 μ 表示，计算公式为：$\mu=\frac{\sum_{i=1}^{N}x_i}{N}$。实际中，总体平均数往往是不知道的，都是根据样本平均数来推断的。

式（3.2）也称为**加权平均数**（weighted mean）[①]

【例 3-1】（数据：example3_1.csv）在某年级中随机抽取 30 名学生，得到每名学生的数学考试分数如表 3-1 所示。计算 30 名学生考试分数的平均数。

表 3-1 30 名学生的数学考试分数 单位：分

85	97	83	61	67	86
55	92	70	86	81	75
91	55	96	86	89	91
66	87	72	92	50	82
79	90	90	85	95	66

解： 使用 pandas 模块中 DataFrame 的内置方法、numpy 模块中的 average 函数等均可以计算平均数，代码和结果如代码框 3-1 所示。

代码框 3-1 计算 30 名学生考试分数的平均数

```
# 使用pandas模块中DataFrame的内置方法
import pandas as pd
example3_1 = pd.read_csv('C:/pydata/chap03/example3_1.csv', encoding='gbk')
pd.DataFrame.mean(example3_1)                # 或写成example3_1['分数'].mean()
```

```
分数    80.0
dtype: float64
```

注：dtype 表示输出结果的数据类型；float64 表示浮点值（带小数点的值）64 位。

【例 3-2】（数据：example3_2. csv）沿用例 3-1。假定将 30 名学生的数学考试分数分组后的结果如表 3-2 所示。计算考试分数的平均数。

表 3-2 30 名学生数学考试分数的分组数据

分组	组中值（m）	人数（f）
60 以下	55	3
60～70	65	4
70～80	75	4

① 如果总体的 N 个数据被分成 k 组，各组的组中值分别用 M_1，M_2，…，M_k 表示，各组数据出现的频数分别用 F_1，F_2，…，F_k 表示，则总体加权平均数的计算公式为：$\bar{x}=\dfrac{M_1F_1+M_2F_2+\cdots+M_kF_k}{f_1+f_2+\cdots+f_k}=\dfrac{\sum_{i=1}^{k}M_iF_i}{N}$。

续表

分组	组中值（m）	人数（f）
80～90	85	10
90～100	95	9
合计	—	30

解：计算加权平均数的代码和结果如代码框 3-2 所示。

代码框 3-2 计算 30 名学生考试分数的加权平均数

```
# 使用 numpy 中的 average 函数
import pandas as pd
import numpy as np
example3_2 = pd.read_csv("C:/pydata/chap03/example3_2.csv",encoding='gbk')
m=example3_2['组中值']
f=example3_2['人数']
print('加权平均:',np.average(a=m,weights=f))    # 计算加权平均数并输出结果
```

```
加权平均：81.0
```

对于同一组数据，根据原始数据计算的平均数与根据分组后数据计算的平均数结果是有差异的。因为分组后是用组中值代表该组数据，实际上假定该组数据在组中值两侧呈对称分布，如果实际情况不是对称分布，根据分组后数据计算的平均数就会有偏差。因此，在有原始数据的情况下，应根据原始数据计算平均数。加权平均数只在所得到的数据本身就是分组数据的情况下使用。

3.1.2 分位数

一组数据按从小到大排序后，可以找出排在某个位置上的数值，该数值可以代表数据水平的高低。这些位置上的数值就是相应的**分位数**（quantile）。常用的分位数有中位数、四分位数、百分位数等。

1. 中位数

中位数（median）是一组数据排序后处于中间位置上的数值，用 M_e 表示。中位数是用一个点将全部数据等分成两部分，每部分包含 50% 的数据，一部分数据比中位数大，另一部分比中位数小。中位数是用中间位置上的值代表数据的水平，其特点是不受极端值的影响，在研究收入分配时很有用。

计算中位数时，要先对 n 个数据从小到大进行排序，然后确定中位数的位置，最后计算中位数的具体数值。

设一组数据 x_1，x_2，…，x_n 按从小到大排序后为 $x_{(1)}$，$x_{(2)}$，…，$x_{(n)}$，则中位数就是 $(n+1)/2$ 位置上的值。计算公式为：

$$M_e=\begin{cases} x_{\left(\frac{n+1}{2}\right)} & n\text{为奇数} \\ \frac{1}{2}\left\{x_{\left(\frac{n}{2}\right)}+x_{\left(\frac{n}{2}+1\right)}\right\} & n\text{为偶数} \end{cases} \tag{3.3}$$

【例 3-3】（数据：example3_1. csv）沿用例 3-1。计算 30 名学生数学考试分数的中位数。

解： 代码和结果如代码框 3-3 所示。

代码框 3-3 计算 30 名学生考试分数的中位数

```
import pandas as pd
example3_1['中位数'].median()        #  计算中位数
```

```
中位数    85.0
dtype: float64
```

2. 四分位数

四分位数（quartile）是一组数据排序后处在 25% 和 75% 位置上的数值。它是用 3 个点将全部数据等分为 4 部分，其中每部分包含 25% 的数据。显然，中间的四分位数就是中位数，因此通常所说的四分位数是指处在 25% 位置上和 75% 位置上的两个数值。

与中位数的计算方法类似，计算四分位数时，首先对数据进行排序，然后确定四分位数所在的位置，该位置上的数值就是四分位数。与中位数不同的是，四分位数位置的确定方法有多种[①]，每种方法得到的结果可能会有一定差异，但差异不会很大（一般相差不会超过一个位次）。由于不同软件使用的计算方法可能不一样，对同一组数据用不同软件得到的四分位数结果也可能会有差异，但不会影响分析的结论。

设 25% 位置上的四分位数为 $Q_{25\%}$，75% 位置上的四分位数为 $Q_{75\%}$，Python 默认的计算四分位数位置的公式为：

$$Q_{25\%}\text{位置}=\frac{n+3}{4},\quad Q_{75\%}\text{位置}=\frac{3n+1}{4} \tag{3.4}$$

如果位置是整数，四分位数就是该位置对应的数值；如果是在整数加 0.5 的位置上，则取该位置两侧数值的平均数；如果是在整数加 0.25 或 0.75 的位置上，则四分位数等于该位置前面的数值加上按比例分摊的位置两侧数值的差值。

【例 3-4】（数据：example3_1. csv）沿用例 3-1。计算 30 名学生考试分数的四分位数。

解： 首先，对 n 个数据从小到大进行排序，得到的结果如下：

50	55	55	61	66	66	67	70	72	75	79	81	82	83	85
85	86	86	86	87	89	90	90	91	91	92	92	95	96	97

① 式（3.4）是 Python、R 和 Excel 等默认使用的位置确定公式。Minitab 和 SPSS 软件使用的四分位数位置的计算公式为：$Q_{25\%}=\frac{n+1}{4}$，$Q_{75\%}=\frac{3(n+1)}{4}$。

其次，计算出四分位数的位置和相应的数值。

$Q_{25\%}$位置$=\frac{n+3}{4}=\frac{30+3}{4}=8.25$，即 $Q_{25\%}$ 在第 8 个数值（70）和第 9 个数值（72）之间 0.25 的位置上，因此，$Q_{25\%}=70+0.25\times(72-70)=70.5$。

$Q_{75\%}$位置$=\frac{3n+1}{4}=\frac{3\times30+1}{4}=22.75$，即 $Q_{75\%}$ 在第 22 个数值（90）和第 23 个数值（90）之间 0.75 的位置上，因此，$Q_{75\%}=90+0.75\times(90-90)=90$。

计算四分位数的代码和结果如代码框 3-4 所示。

代码框 3-4　计算 30 名学生考试分数的四分位数

```
import pandas as pd
pd.DataFrame.quantile(example3_1,q=[0.25,0.75],interpolation='linear')
                                        # 计算四分位数，默认采用线性插值
```

	分数
0.25	70.5
0.75	90.0

注：DataFrame.quantile 函数提供了 5 种四分位数的算法，默认算法是采用线性插值，即按式（3.4）计算四分位数的位置。该算法与 R 默认的算法及 Excel 算法相同。

在 $Q_{25\%}$ 和 $Q_{75\%}$ 之间大约包含了 50% 的数据。就上面 30 个学生的考试分数而言，可以说大约有一半学生的考试分数在 70.5～90 分之间。

3. 百分位数

百分位数（percentile）是用 99 个点将数据 100 等分，处在各分位点上的数值就是百分位数。百分位数提供了各项数据在最小值和最大值之间分布的信息。

与四分位数类似，百分位数也有多种算法[①]，每种算法的结果不尽相同，但差异不会很大。设 $P_{i\%}$ 为第 i 个百分位数，Python 默认的第 i 个百分位数的位置计算公式为：

$$P_{i\%}\text{位置}=\frac{i}{100}\times(n-1) \tag{3.5}$$

由于 Python 是一种索引从 0 开始计数的语言，因此，排序后的第 1 个数的索引为 0，第 2 个数为 1，第 3 个数为 2，依此类推。

如果位置是整数，百分位数就是该位置对应的数值；如果位置不是整数，百分位数等于该位置前面的数值加上按比例分摊的位置两侧数值的差值。显然，中位数就是第 50 个百分位数 $P_{50\%}$，$Q_{25\%}$ 和 $Q_{75\%}$ 就是第 25 个百分位数 $P_{25\%}$ 和第 75 个百分位数 $P_{75\%}$。

① 式（3.5）是 Python、R 和 Excel 等使用的位置确定公式。Minitab 和 SPSS 软件使用的第 i 个百分位数的位置计算公式为：$P_{i\%}\text{位置}=\frac{i}{100}\times(n+1)$。

【例 3-5】(数据：example3_1. csv)沿用例 3-1。计算 30 名学生考试分数的第 10、25、50、75 和 90 个百分位数。

解：根据式（3.5）有：$P_{10\%}$位置$=\frac{10}{100}\times(30-1)=2.9$。该百分位数在第 3 个值（55）和第 4 个值（61）之间 0.9 的位置上，因此$P_{10\%}=55+0.9\times(61-55)=60.4$。其他百分位数的算法类似。

计算百分位数的代码和结果如代码框 3-5 所示。

代码框 3-5 计算 30 名学生考试分数的百分位数

```
import pandas as pd
pd.DataFrame.quantile(example3_1,q=[0.1,0.25,0.5,0.75,0.9],interpola-
tion='linear')                          # 计算百分位数，默认采用线性插值
```

	分数
0.10	60.4
0.25	70.5
0.50	85.0
0.75	90.0
0.90	92.3

3.1.3 众数

众数（mode）是一组数据中出现频数最多的数值，用 M_0 表示。一般情形下，只有在数据量较大时众数才有意义。从分布的角度看，众数是一组数据分布的峰值点所对应的数值。如果数据的分布没有明显的峰值，众数也可能不存在；如果有两个或多个峰值，也可以有两个或多个众数。

【例 3-6】(数据：example3_1. csv)沿用例 3-1。计算 30 名学生考试分数的众数。

解：计算众数的代码和结果如代码框 3-6 所示。

代码框 3-6 计算 30 名学生考试分数的众数

```
import pandas as pd
mode=example3_1['分数'].mode()  # 或写成 pd.DataFrame.mode(example3_1)
print(mode)
```

```
0    86
dtype: int64
```

本节介绍了描述数据水平的几个主要统计量。实际应用时选择哪个统计量来代表一组数据的水平，取决于数据的分布形态。当数据分布对称或接近对称时，建议使用平均数；当数据分布明显偏斜时，可考虑使用分位数或众数。

3.2　描述差异的统计量

数据之间的差异反映了数据的离散程度。各水平统计量对该组数据的代表程度取决于数据的离散程度，离散程度越大，各水平统计量对该组数据的代表性就越差；离散程度越小，其代表性就越好。描述样本数据离散程度的统计量主要有极差、四分位差、方差和标准差以及测度相对离散程度的变异系数等。

3.2.1　极差和四分位差

极差（range）是一组数据的最大值与最小值之差，也称**全距**，用 R 表示。计算公式为：

$$R = \max(x) - \min(x) \tag{3.6}$$

比如，根据例 3-1 中的数据，计算 30 名学生考试分数的极差为：$R = 97 - 50 = 47$。由于极差只利用了一组数据两端的信息，因此容易受极端值的影响，不能全面反映差异状况。虽然极差在实际中很少单独使用，但它总是作为分析数据离散程度的一个参考值。

四分位差也称**四分位距**（interquartile range），是一组数据 75% 位置上的四分位数与 25% 位置上的四分位数之差，用 IQR 表示，计算公式为：

$$\text{IQR} = Q_{75\%} - Q_{25\%} \tag{3.7}$$

四分位差反映了中间 50% 数据的离散程度，其数值越小，说明中间的数据越集中；数值越大，说明中间的数据越分散。四分位差不受极值的影响。此外，由于中位数处于数据的中间位置，因此，四分位差的大小在一定程度上也说明了中位数对一组数据的代表程度。

【例 3-7】（数据：example3_1. csv）沿用例 3-1。计算 30 名学生考试分数的极差和四分位差。

解：计算极差和四分位差的代码和结果如代码框 3-7 所示。

代码框 3-7　计算 30 名学生考试分数的极差和四分位差

```
# 计算极差
import pandas as pd
R=example3_1['分数'].max() - example3_1['分数'].min()
print('极差 :',R)
```

```
极差: 47
```

```
# 计算四分位差
import numpy as np
IQR=np.quantile(example3_1['分数'], q=0.75) - np.quantile(example3_1['分数'],
q=0.25)
print('IQR =',IQR)
```

```
IQR = 19.5
```

3.2.2 方差和标准差

如果考虑每个数据 x_i 与其平均数 $\bar{x}$ 之间的差异，以此作为一组数据离散程度的度量，结果要比极差和四分位差更为全面、准确。这就需要计算每个数据 x_i 与其平均数 $\bar{x}$ 离差的平均数。但由于 $\sum_{i=1}^{n}(x_i-\bar{x})$ 等于 0，因此需要进行一定的处理。一种方法是将离差取绝对值，求和后再平均，这一结果称为**平均离差**（mean deviation）或**平均绝对离差**（mean absolute deviation）；另一种方法是将离差平方后再求平均数，这一结果称为**方差**（variance）。方差开平方根后的结果称为**标准差**（standard deviation），它是一组数据与其平均数相比平均相差的数值。方差（或标准差）是实际中应用最广泛的度量数据离散程度的统计量。

设样本方差为 s^2，计算公式为：

$$s^2=\frac{\sum_{i=1}^{n}(x_i-\bar{x})^2}{n-1} \tag{3.8}$$

样本标准差的计算公式为：

$$s=\sqrt{\frac{\sum_{i=1}^{n}(x_i-\bar{x})^2}{n-1}} \tag{3.9}$$

与方差不同的是，标准差与原始数据的计量单位相同，其实际意义要比方差清楚。因此，在对实际问题进行分析时通常使用标准差。

【例 3-8】（数据：example3_1.csv）沿用例 3-1。计算 30 名学生考试分数的方差和标准差。

解：计算方差和标准差的代码和结果如代码框 3-8 所示。

代码框 3-8　计算 30 名学生考试分数的方差和标准差

```
# 计算方差
import pandas as pd
var = example3_1['分数'].var(ddof=1)        # 计算方差
print('方差:',var)
```

```
方差 : 174.6206896551724
```

```
# 计算标准差
sd=example3_1['分数'].std()
print('标准差 :',round(sd,2))               # 结果保留 2 位小数
```

```
标准差: 13.21
```

注：方差和标准差的自由度由函数的参数 ddof（自由度）设置，不同函数的默认设置不同。numpy 中的函数默认 ddof=0，即分母是 n 而非 n-1，pandas 中的函数默认 ddof=1，即自由度为 n-1。

3.2.3 变异系数

标准差是反映数据离散程度的绝对值，其数值的大小受原始数据大小的影响，数据的观测

值越大，标准差的值通常也就越大。此外，标准差与原始数据的计量单位相同，采用不同计量单位计量的数据，其标准差的值也就不同。因此，对于不同样本的数据，如果原始数据的观测值相差较大或计量单位不同，就不能用标准差直接比较其离散程度，这时需要计算变异系数。

变异系数（coefficient of variation，CV）也称**离散系数**，它是一组数据的标准差与其相应的平均数之比。由于变异系数消除了数值大小和计量单位对标准差的影响，因而可以反映一组数据的相对离散程度。其计算公式为：

$$\mathrm{CV}=\frac{s}{\bar{x}} \tag{3.10}$$

变异系数主要用于比较不同样本数据的离散程度。其数值越大，说明数据的相对离散程度就越大，数值越小，说明数据的相对离散程度就越小[①]。

【例 3-9】（数据：example2_3. csv）沿用第 2 章的例 2-3。计算 6 个城市 AQI 的平均数、标准差和变异系数，比较 AQI 离散程度的大小。

解：如果各城市 AQI 的平均数差异不大，可以直接比较标准差的大小，否则需要用变异系数比较其离散程度。代码和结果如代码框 3-9 所示。

代码框 3-9 计算 6 个城市 AQI 的平均数、标准差和变异系数

```
import pandas as pd
import numpy as np
example2_3 = pd.read_csv('C:/pydata/chap02/example2_3.csv', encoding='gbk')

s_mean = example2_3.mean()          # 计算平均数
s_sd = example2_3.std()             # 计算标准差
s_cv = s_sd / s_mean                # 计算变异系数
df = pd.DataFrame({"平均数": s_mean, "标准差": s_sd, "变异系数": s_cv})
                                    # 生成结果数据框
np.round(df, 4)                     # 结果保留 4 位小数
```

	平均数	标准差	变异系数
北京	78.445 4	41.627 8	0.530 7
上海	67.939 9	28.977 2	0.426 5
郑州	98.907 1	42.720 7	0.431 9
武汉	72.153 0	30.354 9	0.420 7
西安	91.789 6	45.708 7	0.498 0
沈阳	78.571 0	40.669 8	0.517 6

比较代码框 3-9 的变异系数可知，AQI 离散程度最大的是北京，最小的是武汉。

① 当平均数接近 0 时，变异系数的值趋于无穷大，此时需要慎重解释。

3.2.4 标准分数

标准分数（standard score）也称 z 分数或标准化值。它可以用于度量每个数值在该组数据中的相对位置，并判断一组数据是否有离群点。比如，全班的平均考试分数为 80 分，标准差为 10 分，如果一个学生的考试分数是 90 分，表示距离平均分数有 1 个标准差的距离。这里的 1 就是这个学生考试成绩的标准分数。标准分数描述的是某个数据与平均数相比相差多少个标准差，它是某个数据与其平均数的差除以标准差后的数值。设标准分数为 z，计算公式为：

$$z_i = \frac{x_i - \bar{x}}{s} \tag{3.11}$$

式（3.11）也就是统计上常用的标准化公式。在对多个具有不同计量单位的变量进行分析时，常常需要对各变量做标准化处理，也就是把一组数据转化成平均数为 0、标准差为 1 的新数据。实际上，标准分数只是将原始数据做了线性变换，它并没有改变某个数值在该组数据中的位置，也没有改变该组数据分布的形状。

【例 3-10】（数据：example3_1. csv）沿用例 3-1。计算 30 名学生考试分数的标准分数。

解：计算标准分数的代码和结果如代码框 3-10 所示。

代码框 3-10 计算 30 名学生考试分数的标准分数

```
import pandas as pd
import numpy as np
from scipy import stats          # scipy 是基于 numpy 的科学计算包
example3_1 = pd.read_csv('C:/pydata/chap03/example3_1.csv', encoding='gbk')
z = stats.zscore(example3_1['分数'], ddof=1)  # ddof 是自由度
z=np.round(z, 4)
print('标准分数：','\n',z)
```

```
标准分数：
[0.3784  -1.8919   0.8324  -1.0594  -0.0757   1.2865   0.9081  -1.8919
 0.5297   0.7567   0.227   -0.7567   1.2108  -0.6054   0.7567  -1.4378
 0.454    0.454    0.9081   0.3784  -0.9838   0.0757   0.6811  -2.2702
 1.1351   0.454   -0.3784   0.8324   0.1513  -1.0594]
```

第一个学生的标准分数为 0.378 4，表示这个学生的考试分数与平均分数（80 分）相比高出 0.378 4 个标准差；第二个学生的标准分数为 -1.891 9，表示考试分数与平均分数相比低 1.891 9 个标准差。其余的含义类似。

根据标准分数可以判断一组数据中是否存在离群点。经验表明：当一组数据对称分布时，约有 68% 的数据在平均数加减 1 个标准差的范围之内，约有 95% 的数据在平均数加减 2 个标准差的范围之内，约有 99% 的数据在平均数加减 3 个标准差的范围之内。可以想象，一组数据中低于或高于平均数 3 倍标准差的数值是很少的，因此，通常将 3 个标准差之外的数据确定

为离群点。

3.3 描述分布形状的统计量

通过直方图或核密度图可以大致看出数据的分布是否对称。对于不对称的分布，要想知道不对称程度则需要计算相应的描述统计量。偏度系数和峰度系数就是对分布不对称程度和峰值高低的一种度量。

3.3.1 偏度系数

偏度（skewness）是指数据分布的不对称性，这一概念由统计学家 K. Pearson 于 1895 年首次提出。测度数据分布不对称性的统计量称为偏度系数（coefficient of skewness），记为 SK。

设$m_r=\frac{1}{n}\sum_{i=1}^{n}(x_i-\overline{x})^r$为样本的 r 阶中心距，偏度系数有以下 3 种算法。

算法 1：对应于 R 的 e1071 包中 skewness 函数的 type=1，该方法也是很多比较传统教材中的定义。计算公式为：

$$\mathrm{SK}_1=\frac{m_3}{m_2^{3/2}}=\frac{\frac{1}{n}\sum_{i=1}^{n}(x_i-\overline{x})^3}{\left[\frac{1}{n}\sum_{i=1}^{n}(x_i-\overline{x})^2\right]^{\frac{3}{2}}} \tag{3.12}$$

式中，m_3 为样本的三阶中心矩；m_2 为样本的二阶中心矩。

算法 2：该算法对应的实现软件有：R 的 e1071 包中 skewness 函数的 type=2，Python 的 pandas 模块中 DataFrame.skew 函数、SPSS、SAS、Excel 软件中的默认算法。计算公式为：

$$\mathrm{SK}_2=\mathrm{SK}_1\times\frac{\sqrt{n(n-1)}}{n-2}=\frac{m_3}{m_2^{3/2}}\times\frac{\sqrt{n(n-1)}}{n-2} \tag{3.13}$$

算法 3：该算法对应的实现软件有：R 的 e1071 包中 skewness 函数的 type=3（函数默认算法）和 Minitab（默认算法）。计算公式为：

$$\mathrm{SK}_3=\frac{m_3}{s^3}=\mathrm{SK}_1\left(\frac{n-1}{n}\right)^{3/2}=\frac{m_3}{m_2^{3/2}}\left(\frac{n-1}{n}\right)^{3/2} \tag{3.14}$$

式中，s 是样本标准差。

当数据对称分布时，偏度系数等于 0。偏度系数越接近 0，偏斜程度就越低，也就越接近对称分布。如果偏度系数明显不同于 0，表示分布是不对称的。若偏度系数大于 1 或小于 -1，视为严重偏斜分布；若偏度系数在 0.5～1 或 -1～-0.5 之间，视为中等偏斜分布；若偏度系数在 -0.5～0.5 之间，视为轻微偏斜。其中负值表示左偏分布（在分布的左侧有长尾），正值则表示右偏分布（在分布的右侧有长尾）。

3.3.2 峰度系数

峰度（kurtosis）是指数据分布峰值的高低，这一概念由统计学家 K.Pearson 于 1905 年首次提出。测度一组数据分布峰值高低的统计量是**峰度系数**（coefficient of kurtosis），记作 K。

设$m_r=\frac{1}{n}\sum_{i=1}^{n}(x_i-\bar{x})^r$为样本的 r 阶中心距，峰度系数有以下 3 种算法。

算法 1：对应于 R 的 e1071 包中 kurtosis 函数的 type=1，该方法也是很多传统教材中的定义。计算公式为：

$$K_1=\frac{m_4}{(m_2)^2}-3 \tag{3.15}$$

算法 2：该算法对应的实现软件有：对应于 R 的 e1071 包中 kurtosis 函数的 type=2，Python 的 pandas 模块中 DataFrame. kurt 函数、SPSS、SAS、Excel 软件中的默认算法。计算公式为：

$$K_2=[(n+1)K_1+6]\times\frac{n-1}{(n-2)(n-3)} \tag{3.16}$$

算法 3：该算法对应的实现软件有：R 的 e1071 包中 kurtosis 函数的 type=3（函数默认算法）和 Minitab（默认算法）。计算公式为：

$$K_3=\frac{m_4}{s^4}-3=(K_1+3)\left(1-\frac{1}{n}\right)^2-3 \tag{3.17}$$

式中，s 是样本标准差。

峰度通常是与标准正态分布相比较而言的。由于标准正态分布的峰度系数为 0，当 $K>0$ 时，为尖峰分布，数据分布的峰值比标准正态分布高，数据相对集中；当 $K<0$ 时，为扁平分布，数据分布的峰值比标准正态分布低，数据相对分散。

图 3-1 模拟了不同分布形状对应的偏度系数和峰度系数。

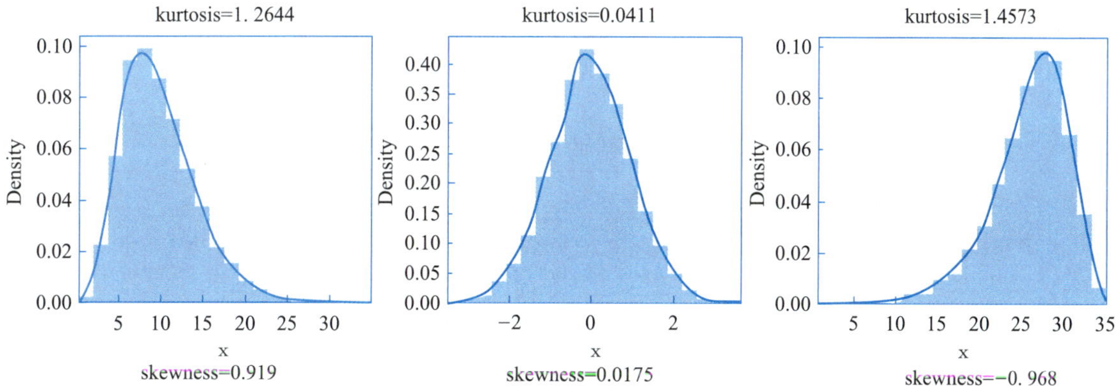

图 3-1 不同分布形状对应的偏度系数和峰度系数

【例 3-11】(数据：example3_1.csv)沿用例 3-1。计算 30 名学生考试分数的偏度系数和峰度系数。

解： 计算偏度系数和峰度系数的代码和结果如代码框 3-11 所示。

代码框 3-11 计算 30 名学生考试分数的偏度系数和峰度系数

```
# 计算偏度系数
import pandas as pd
example3_1 = pd.read_csv('C:/pydata/chap03/example3_1.csv', encoding='gbk')
skew = example3_1['分数'].skew()

# 计算峰度系数
kurt = example3_1['分数'].kurt()
print("偏度系数：", round(skew, 4),'\n'"峰度系数：", round(kurt, 4))
```

```
偏度系数：  -0.831 4
峰度系数：  -0.351 5
```

代码框 3-11 中的结果显示，30 名学生考试分数的偏度系数为 -0.831 4，表示考试分数的分布为中等程度的左偏分布。峰度系数为 -0.351 5，表示考试分数分布的峰值比标准正态分布的峰值要略低一些。

3.4 一个综合描述的例子

以上介绍了各统计量的算法。这些统计量可以使用 Python 不同模块中的函数进行计算。在分析实际数据时，往往需要一次输出多个统计量对数据进行综合性描述分析。比如，对于例 3-9 的数据，要想一次输出 6 个城市 AQI 的一些主要描述统计量，可以使用 pandas 中的 DataFrame.describe 函数输出常用的描述统计量，代码和结果如代码框 3-12 所示。

代码框 3-12 汇总输出例 3-9 的主要描述统计量

```
import pandas as pd
df = pd.read_csv("C:/pydata/chap02/example2_3.csv",encoding='gbk')
np.round(df.describe(),2)
```

	北京	上海	郑州	武汉	西安	沈阳
count	366.00	366.00	366.00	366.00	366.00	366.00
mean	78.45	67.94	98.91	72.15	91.79	78.57
std	41.63	28.98	42.72	30.35	45.71	40.67
min	22.00	27.00	32.00	20.00	30.00	22.00

续表

	北京	上海	郑州	武汉	西安	沈阳
25%	47.00	47.00	72.00	49.00	61.00	52.00
50%	69.00	60.00	90.00	69.00	81.00	67.00
75%	98.75	81.75	120.00	88.00	111.75	94.75
max	257.00	206.00	298.00	223.00	278.00	315.00

输出的主要描述统计量有样本量（count）、平均数（mean）、标准差（std）、最小值（min）、中位数（50%）和两个四分位数（25% 和 75%）、最大值（max）。

在实际分析中，通常要对数据从图表和统计量两个方面同时进行描述。下面结合一个例子说明对数据进行综合描述的基本思路。

【例 3-12】（数据：example3_12. csv）在某大学随机抽取 60 名大学生，调查得到他们的性别、家庭所在地和月生活费支出（单位：元）数据如表 3-3 所示。对调查数据进行综合分析。

表 3-3　60 名大学生的调查数据

性别	家庭所在地	月生活费支出（元）	性别	家庭所在地	月生活费支出（元）
女	中小城市	1 500	女	乡镇地区	1 850
男	大型城市	2 000	女	乡镇地区	2 000
男	大型城市	1 800	女	中小城市	1 700
女	中小城市	1 600	女	大型城市	1 800
女	中小城市	2 000	男	中小城市	1 860
女	大型城市	2 100	男	乡镇地区	1 950
男	大型城市	1 100	女	中小城市	1 900
男	大型城市	1 780	男	中小城市	2 000
女	中小城市	1 550	女	乡镇地区	1 870
女	乡镇地区	1 300	女	中小城市	1 900
男	大型城市	2 000	女	大型城市	2 400
男	大型城市	1 700	女	大型城市	2 000
女	中小城市	1 400	女	中小城市	2 360
女	大型城市	1 500	女	中小城市	2 050
男	大型城市	1 400	女	大型城市	2 200
男	大型城市	1 480	男	大型城市	2 000
女	中小城市	2 350	女	中小城市	1 750
女	中小城市	1 450	女	中小城市	2 250

续表

性别	家庭所在地	月生活费支出（元）	性别	家庭所在地	月生活费支出（元）
男	大型城市	1 500	女	大型城市	2 800
男	大型城市	1 760	女	大型城市	1 900
男	中小城市	1 300	男	大型城市	2 000
男	中小城市	1 600	男	乡镇地区	1 900
女	中小城市	1 680	女	中小城市	2 200
男	中小城市	1 850	女	乡镇地区	1 800
男	乡镇地区	1 500	女	乡镇地区	1 900
女	中小城市	1 600	男	乡镇地区	1 500
男	大型城市	1 300	男	大型城市	2 000
女	大型城市	1 800	男	大型城市	1 900
女	大型城市	1 550	女	大型城市	2 300
男	中小城市	1 350	女	中小城市	1 900

解：这里涉及两个类别变量和一个数值变量。对于性别和家庭所在地两个类别变量，可以对其频数进行计数，计算百分比，并画出条形图和饼图等进行描述。对于月生活费支出变量，可以绘制直方图、核密度图、箱线图等来观察其分布特征，还可绘制轮廓图、雷达图等比较不同性别和不同家庭所在地月生活费支出的相似性，并计算均值和标准差等统计量进行分析。下面给出一些主要的分析思路供读者参考。

首先，绘制图形描述月生活费支出的分布特征。为反映全部学生的月生活费支出的整体分布特征，可以绘制出 60 名学生月生活费支出的直方图、核密度图、箱线图等；为观察按性别和家庭所在地分组的月生活费支出的分布特征，可以绘制分组箱线图和分组核密度图等。代码和结果如代码框 3-13 所示。

代码框 3-13　60 名大学生月生活费支出的图形描述

```
# 月生活费支出的直方图和箱线图（图 3-2）
import pandas as pd
import matplotlib.pyplot as plt
import seaborn as sns
plt.rcParams['font.sans-serif'] = ['SimHei']

example3_12 = pd.read_csv('C:/pydata/chap03/example3_12.csv', encoding='gbk')
x = example3_12 ['月生活费支出']
fig = plt.figure(figsize=(6,5))
spec = fig.add_gridspec(nrows=2, ncols=1, height_ratios=[1,3])
                                        # 设置图形的行数、列数和高度比
```

```
ax1 = fig.add_subplot(spec[0,:])
x.plot(kind='box', vert=False)
ax1.spines['right'].set_color('none')
ax1.spines['top'].set_color('none')
ax1.spines['left'].set_color('none')
ax1.spines['bottom'].set_color('none')
ax1.set_xticks([])

ax2 = fig.add_subplot(spec[1,:])
x.plot(bins=10, kind='hist', ax=ax2, density=True, legend=False)
x.plot(kind='density', ax=ax2, linewidth=3)
ax2.set_xlabel('月生活费支出')
ax2.set_ylabel('频率')
ax2.set_xlim(x.min(), x.max())
ax2.spines['right'].set_color('none')
ax2.spines['top'].set_color('none')
plt.tight_layout()
plt.show()
```

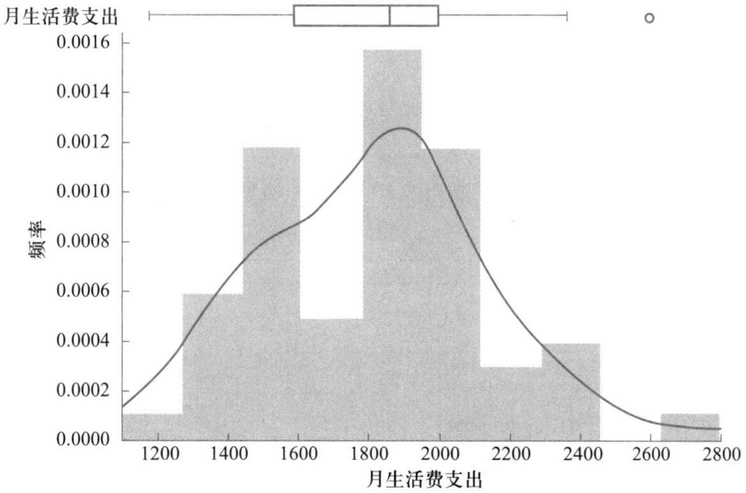

图 3-2　带有箱线图、核密度估计曲线的月生活费支出的直方图

```
# 按性别和家庭所在地分类绘制核密度图（图 3-3）
import pandas as pd
import matplotlib.pyplot as plt
import seaborn as sns
example3_12 = pd.read_csv('C:/pydata/chap03/example3_12.csv', encoding='gbk')
plt.rcParams['font.sans-serif'] = ['SimHei']
```

```
plt.figure(figsize=(12,4))
plt.subplot(1,2,1)
sns.kdeplot('月生活费支出',hue='性别',shade=True,data=example3_12)
plt.title('(a) 按性别分组')
plt.subplot(1,2,2)
sns.kdeplot('月生活费支出',hue='家庭所在地',shade=True,data=example3_12)
plt.title('(b) 按家庭所在地分组')
```

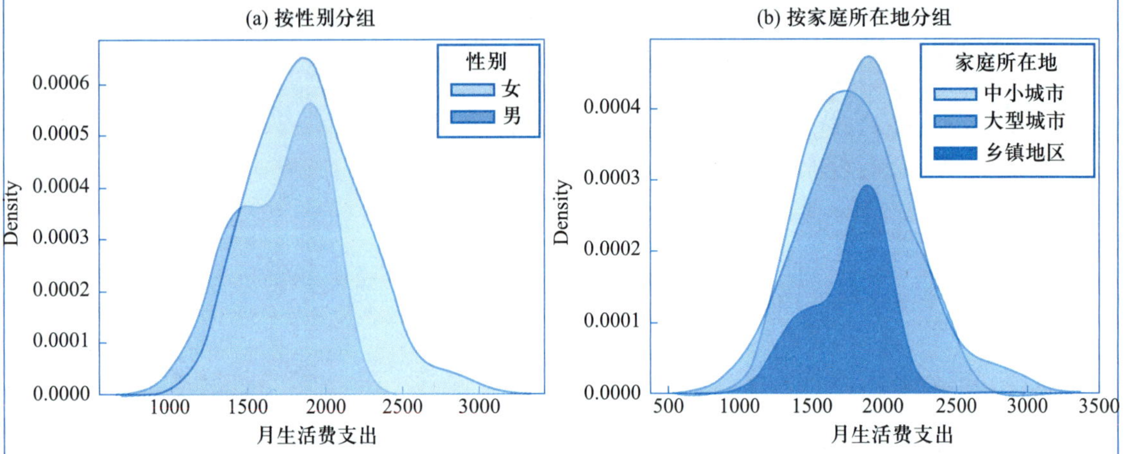

图 3-3 按性别和家庭所在地分组的核密度图

```
# 按性别和家庭所在地分组绘制箱线图（图 3-4）
plt.rcParams['font.sans-serif'] = ['SimHei']
plt.figure(figsize=(9,6))
sns.boxplot(x='性别', y="月生活费支出", hue='家庭所在地', data=example3_12)
plt.show()
```

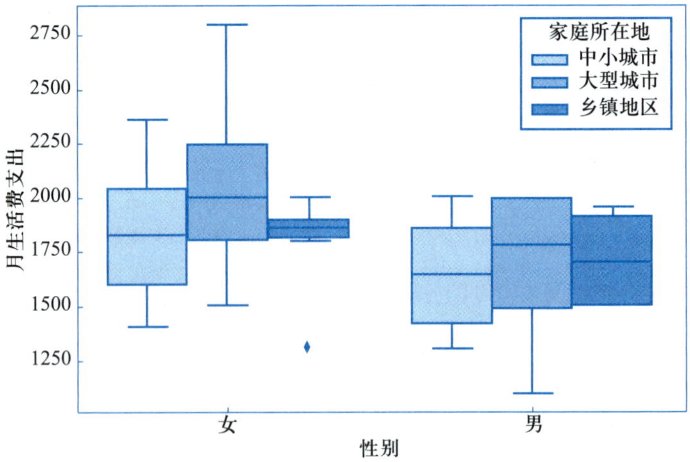

图 3-4 按性别和家庭所在地分组的箱线图

```
# 绘制按性别和家庭所在地分组的点图（图 3-5）
plt.subplots(1,2,figsize=(8, 4))
plt.subplot(121)
sns.stripplot(x='性别',y='月生活费支出',
              jitter=True,                    # 扰动数据
              size=5,                         # 设置点的大小
              data=example3_12)
plt.title('(a) 按性别分组')

plt.subplot(122)
sns.stripplot(x='家庭所在地',y='月生活费支出',size=5,data=example3_12)
plt.title('(b) 按家庭所在地分组')
```

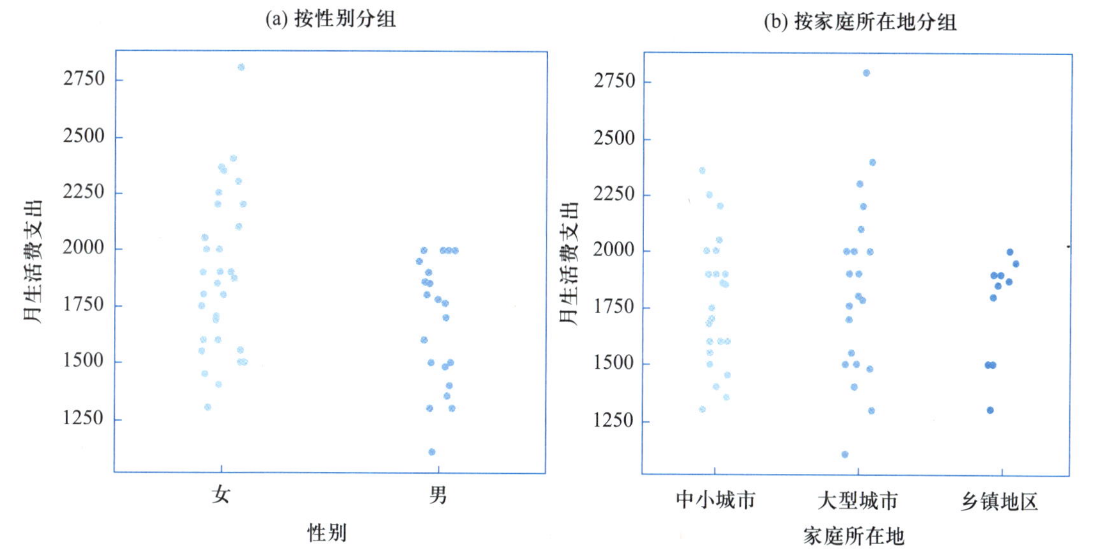

图 3-5 按性别和家庭所在地分组的点图

图 3-2 显示，大学生月生活费支出的分布基本上是对称的，也就是以均值为中心，两侧依次减少，这基本上符合大学生生活费支出的特点。图 3-3 分别展示了按性别和家庭所在地分组的核密度图，结果显示，女生支出的平均水平明显高于男生；大型城市和中小城市的平均支出水平差异不大，乡镇地区的平均支出水平偏低。大型城市女生支出的平均水平明显高于中小城市和乡镇地区。图 3-4 展示了按性别和按家庭所在地交叉分组的学生月生活费支出分布的特点。图 3-5 的分类点图显示了月生活费支出各点的分布和离散状况。

然后，对学生性别和家庭所在地进行频数分析，观察各类学生人数的分布；对全部学生的月生活费支出计算描述统计量并进行分析；按性别和家庭所在地分组计算描述统计量等。代码和结果如代码框 3-14 所示。

代码框 3-14 对性别和家庭所在地计数、对月生活费支出计算描述统计量

```
# 对性别和家庭所在地进行频数分析
import pandas as pd;import numpy as np
df = pd.read_csv("C:/pydata/chap03/example3_12.csv",encoding='gbk')
tab = pd.pivot_table(df,index=['性别'],columns=['家庭所在地'],
                                                    # 设置行和列变量
                     margins=True, margins_name='合计',  # 添加边际和并重命名为合计
                     aggfunc=len)                        # 使用长度聚集函数
tab
```

性别 \ 家庭所在地	中小城市	乡镇地区	大型城市	合计
女	18	6	11	35
男	6	4	15	25
合计	24	10	26	60

```
# 对全部学生的月生活费支出进行概括性描述
desc=example3_12.describe(include=None)      # 不包括类别变量
print('全部学生支出的概括性描述')
round(desc,4)
```

全部学生支出的概括性描述

	月生活费支出
count	60.0000
mean	1812.3333
std	320.9962
min	1100.0000
25%	1550.0000
50%	1850.0000
75%	2000.0000
max	2800.0000

```
# 按性别和家庭所在地分组计算描述统计量（使用pd中的pivot_table函数）
import pandas as pd;import numpy as np
tab = pd.pivot_table(example3_12,index=['性别','家庭所在地'],values=['月生活费支出']
                  margins=True, margins_name='合计',
                  aggfunc=[sum,min,max,np.median,np.mean,np.std])
                                        # 分类计算总和、最小值和最大值、中位数、平均数和标准差
tab
```

性别	家庭所在地	sum 月生活费支出	min 月生活费支出	max 月生活费支出	median 月生活费支出	mean 月生活费支出	std 月生活费支出
女	中小城市	33140	1400	2360	1825	1841.111111	308.942959
	乡镇地区	10720	1300	2000	1860	1786.666667	247.521043
	大型城市	22350	1500	2800	2000	2031.818182	383.583581
男	中小城市	9960	1300	2000	1725	1660.000000	290.172363
	乡镇地区	6850	1500	1950	1700	1712.500000	246.221445
	大型城市	25720	1100	2000	1780	1714.666667	293.400425
合计		108740	1100	2800	1850	1812.333333	318.309947

注：如果函数提供的统计量不能满足需要，可以自己编写函数计算所需的描述统计量。

```
# 按性别和家庭所在地分组计算描述统计量（使用自编函数）
def my_summary(df, col=['性别']):
    df_res = pd.DataFrame()
    df_res['n'] = df.groupby(col)['月生活费支出'].count()
    df_res['平均数'] = df.groupby(col)['月生活费支出'].mean().round(3)
    df_res['中位数'] = df.groupby(col)['月生活费支出'].median()
    df_res['标准差'] = df.groupby(col)['月生活费支出'].std().round(4)
    df_res['全距'] = df.groupby(col)['月生活费支出'].apply(lambda x: x.max()-x.
min())
     df_res['变异系数'] = df.groupby(col)['月生活费支出'].apply(lambda x: x.std
()/x.mean())
    df_res['偏度系数'] = df.groupby(col)['月生活费支出'].skew()
    return df_res
df1=my_summary(example3_12, ['性别'])
print('按性别分组');df1
```

按性别分组

性别	n	平均数	中位数	标准差	全距	变异系数	偏度系数
女	35	1891.714	1900	331.1521	1500	0.175054	0.502824
男	25	1701.200	1780	275.4893	900	0.161938	-0.548589

```
df2=my_summary(example3_12, ['家庭所在地'])
print('按家庭所在地分组');df2
```

按家庭所在地分组

家庭所在地	n	平均数	中位数	标准差	全距	变异系数	偏度系数
中小城市	24	1795.833	1800	308.6565	1060	0.171874	0.269364
乡镇地区	10	1757.000	1860	236.0344	700	0.134339	-1.052810
大型城市	26	1848.846	1850	364.1354	1700	0.196953	0.321079

```
df3=my_summary(example3_12, ['性别', '家庭所在地'])
print('同时按性别和家庭所在地分组');df3
```

同时按性别和家庭所在地分组

性别	家庭所在地	n	平均数	中位数	标准差	全距	变异系数	偏度系数
女	中小城市	18	1841.111	1825	308.9430	960	0.167802	0.345656
	乡镇地区	6	1786.667	1860	247.5210	700	0.138538	-2.042846
	大型城市	11	2031.818	2000	383.5836	1300	0.188788	0.515560
男	中小城市	6	1660.000	1725	290.1724	700	0.174803	-0.276271
	乡镇地区	4	1712.500	1700	246.2214	450	0.143779	0.035589
	大型城市	15	1714.667	1780	293.4004	900	0.171112	-0.763562

注：使用 groupby 函数也可以对 pandas 的数据框进行分组统计。比如，按性别分组计算月生活费的平均数，代码为 example3_12.groupby('性别').mean()；按性别和家庭所在地分组计算标准差，代码为 example3_12.groupby(['性别','家庭所在地']).std()。

代码框 3-14 的结果显示，女生月生活费支出的平均数和中位数均高于男生，同时，女生月生活费支出的标准差和全距也都大于男生，相应的变异系数，$CV_{女}=0.175\,054>CV_{男}=0.161\,938$，说明女生月生活费支出的离散程度大于男生。从分布形态看，女生月生活费支出的偏度系数是 0.502 824，为右偏分布，而男生的月生活费支出偏度系数是 -0.548 589，则为左偏分布。

从按家庭所在地分类描述的结果看，来自不同家庭的学生月生活费支出也有差异。大型城市的学生月生活费支出均值高于中小城市和乡镇地区，但中位数则是乡镇地区最高。从标准差看，乡镇地区的标准差最小。从变异系数看，$CV_{大型城市}=0.196\,953>CV_{中小城市}=0.171\,874>$

CV $_{乡镇地区}$ =0.134 339，乡镇地区的学生月生活费支出的离散程度最小，而大型城市则最大。从分布形态看，乡镇地区学生月生活费支出的偏度系数为 -1.052 810，呈现严重的左偏分布，而大型城市和中小城市学生的月生活费支出则呈现轻微的右偏分布。

本节通过一个例子展示了数据的综合描述方法，从可视化和统计量两个角度入手，使读者了解描述性分析的思路，实际应用时读者可根据自身的需要从不同的角度进行分析。

习题

3.1　随机抽取 50 个网络购物的消费者，调查他们某月的网购金额，结果如下表所示。

1 004	602	1 540	522	878	916	1 166	1 062	344	1 200
921	990	1 309	528	838	1 492	928	1 299	1 107	981
928	1 135	789	1 018	905	935	939	729	1 802	645
1 148	877	2 270	957	840	576	1 110	570	1 253	1 133
1 416	1 380	513	1 423	1 224	289	1 247	657	1 816	1 481

（1）计算平均数、标准差、极差和四分位差。

（2）计算 10%、25%、50%、75%、90% 的分位数。

（3）计算标准分数，检测数据的离群点。

（4）计算偏度系数和峰度系数，分析网购金额的分布特征。

3.2　一种产品需要人工组装，现有 3 种可供选择的组装方法。为检验哪种方法更好，随机抽取 15 个工人，让他们分别用 3 种方法组装。下面是 15 个工人分别用 3 种方法在相同的时间内组装的产品数量（单位：个）：

方法 A 的产品数量	方法 B 的产品数量	方法 C 的产品数量
164	129	125
167	130	126
168	129	126
165	130	127
170	131	126
165	130	128
164	129	127
168	127	126
164	128	127
162	128	127

续表

方法 A 的产品数量	方法 B 的产品数量	方法 C 的产品数量
163	127	125
166	128	126
167	128	116
166	125	126
165	132	125

选择适当的图形和统计量比较 3 种方法组装产品数量的分布特点。

3.3　在大学生中随机抽取 50 名男生和 50 名女生，测得身高数据如下（单位：cm）。

男生身高		女生身高	
182.1	171.2	175.4	164.0
183.3	175.1	162.7	172.5
176.6	181.1	174.6	162.1
177.3	182.3	164.8	169.8
174.3	174.4	157.0	168.0
178.9	188.6	157.3	165.6
177.5	181.0	164.3	163.2
179.5	166.7	167.6	164.5
168.3	176.6	167.8	166.5
173.3	184.2	168.7	179.1
170.3	176.1	170.7	172.7
177.9	175.9	168.2	163.5
174.4	186.6	171.7	167.8
196.0	188.5	166.3	175.3
178.4	166.5	172.3	174.6
188.5	174.9	167.3	168.5
174.2	177.5	179.2	167.9
191.4	180.2	174.9	167.2
174.4	188.2	173.8	168.3
176.8	178.3	167.4	165.2
177.2	181.9	163.7	164.0

续表

男生身高		女生身高	
167.8	189.1	165.2	166.2
183.4	178.0	158.9	168.9
174.7	167.8	169.9	162.0
174.7	186.1	168.5	167.2

利用图形和描述统计量比较分析男女学生身高的特点和差异。

本章图片

第 4 章 随机变量的概率分布

当你去购买彩票时，希望自己中大奖，但能否中奖是不确定的。当你去投资股票时，预期得到较高的收益率，但你不可能确切地知道收益率。在现实生活中，有很多这类事情，能否成功具有不确定性。比如，一笔新投资盈利的可能性有多大，一项工程按期完成的可能性有多大，等等，这种不确定性可以用概率来度量。考虑到后几章学习推断统计的需要，本章主要介绍几种常用的概率分布模型以及样本统计量的概率分布。

4.1 什么是概率

明天降雨的可能性有多大？购买一只股票明天上涨的可能性有多大？这种对事件发生可能性大小的度量就是**概率**（probability）。比如天气预报说明天降雨的概率是 80%，这里的 80% 就是对降雨这一事件发生的可能性大小的一种数值度量。

概率是介于 0～1 之间的一个值。获得一个事件发生的概率有几种途径。如果事件是等可能发生的，可以通过重复试验来获得。当试验的次数很多时，事件 A 发生的概率 $P(A)$ 可以由所观察到的事件 A 发生的频率 p 来逼近。假定在相同条件下重复进行 n 次试验，事件 A 发生了 m 次，则事件 A 发生的概率可表示为：

$$P(A)=\frac{\text{事件}A\text{发生的次数}}{\text{重复试验的次数}}=\frac{m}{n}=p \tag{4.1}$$

比值 m/n 越大，表示事件 A 发生得越频繁，也就意味着在一次试验中事件 A 发生的可能性（即概率）越大。事实上，随着试验次数 n 的增大，比值 m/n 将围绕某一频率 p 上下波动，并且其波动的幅度将随着试验次数 n 的增大而减小，进而趋于稳定，这个稳定的频率 p 就是事件 A 发生的概率。比如，抛掷一枚硬币，观察其出现的是正面还是反面，如果定义事件 A= "出现正面"，这一事件发生的概率 $P(A)=1/2$。这里的 $P(A)=1/2$ 并不意味着抛掷多次硬币恰好有一半结果正面朝上，而是指在连续多次的抛掷中可以认为出现正面的次数接近一半。比值 1/2 是对抛掷一次硬币观察到正面朝上的可能性的度量。注意：抛掷完成后，其结果就是一个常数，要么一定是正面，要么一定是反面，就不是概率问题了。

尽管可以将事件的概率设想成大量重复试验中该事件出现次数的比例，但有些试验是不能重复的。比如，投资 500 万元开设一家餐馆，那么这家餐馆将生存 5 年的概率就是个未知的值，而且不可能通过重复试验把这个概率估计出来。这个事件发生的概率是一个常数，但并不知道。不过，可以用已经生存 5 年的类似餐馆所占的比例作为所求概率的一个近似值。在现实生活中，有很多事情都是依据它发生的可能性大小做出决策的。比如，根据自己的判断，明天这只股票上涨的可能性为 80%，这就是一个主观概率。主观概率往往是基于个人所掌握的信息、所具有的某种知识等得出的。

4.2 随机变量的概率分布

现实生活中，有时需要研究一项试验结果的某些取值。比如，抽查 100 个产品，观察其中的不合格品数 X；假期中一个旅游景点的游客人数 X，等等。这里的 X 取哪些值以及 X 取这些值的概率又是多少，事先都是不知道的。但是，如果知道了一个随机变量的概率分布模型，就很容易确定一系列事件发生的概率。

4.2.1 随机变量及其概括性度量

1. 什么是随机变量

在很多领域，研究工作主要依赖于某个样本数据，而这些样本数据通常由某个变量的一个或多个观测值所组成。比如，调查 500 名消费者对饮料的偏好，并记录下喜欢某一特定品牌饮料的人数 X；调查一座办公大楼，记录下每平方米的出租价格 X，等等。这样的一些观察就是统计上所说的试验。由于记录某次试验结果时事先并不知道 X 取哪一个值，因此称 X 为**随机变量**（random variable）。

随机变量是用数值来描述特定试验一切可能出现的结果，它的取值事先不能确定，具有随机性。例如抛掷一枚硬币，其结果就是一个随机变量 X，因为在抛掷之前并不知道出现的是正面还是反面，若用数值 1 表示正面朝上，0 表示反面朝上，则 X 可能取 0，也可能取 1。

有些随机变量只能取有限个值，称为**离散型随机变量**（discrete random variable）。有些则可以取一个或多个区间中的任何值，称为**连续型随机变量**（continuous random variable）。将随机变量的取值设想为数轴上的点，每次试验结果对应一个点。如果一个随机变量仅限于取数轴上有限个孤立的点，它就是离散型的；如果一个随机变量是在数轴上的一个或多个区间内取任意值，那么它就是连续型的。比如，在由 500 名消费者组成的样本中，喜欢某一特定品牌饮料的人数 X 只能取 0，1，2，…，500 这些数值之一；检查 100 件产品，合格品数 X 的取值可能为 0，1，2，3，…，100；一家餐馆营业一天，顾客人数 X 的取值可能为 0，1，2，3，…。这里的 X 只能取有限的数值，因此称 X 为离散型随机变量。相反，每平方米办公大楼的出租价格 X，在理论上可以取大于 0 的无穷多个数值中的任何一个；检测某产品的使用寿命，产品使用的时间长度 X 的取值可以为 $X \geqslant 0$；某电话用户每次通话时间长度 X 的取值可以为 $X>0$。这些都是连续型随机变量。

若 $f(x)$ 是取非负值的函数，对于每一对常数 $a<b$ 满足：

$$P(a \leqslant X \leqslant b)=\int_a^b f(x)\mathrm{d}x \tag{4.2}$$

则称 $f(x)$ 是连续型随机变量 X 的概率密度函数，易见 $P(a \leqslant X \leqslant b)$ 是概率密度函数下的面积。

2. 随机变量的概括性度量

与第 3 章介绍的均值和方差类似，对于随机变量也可以用类似的量来描述其取值水平和离散程度。描述随机变量水平的统计量称为**期望值**（expected value），而描述其离散程度的统计量称为方差，它们是随机变量的概括性度量。

离散型随机变量 X 的期望值是 X 所有可能取值 x_i (i=1, 2, ⋯) 与其相应的概率 p_i (i=1, 2, ⋯) 乘积之和，用 μ 或 $E(X)$ 表示，即：

$$\mu = E(X) = \sum_i x_i p_i \tag{4.3}$$

离散型随机变量 X 的方差等于 $(x_i - \mu)^2$ 与其相应的概率 p_i 乘积之和，用 σ^2 或 $D(X)$ 表示，即：

$$\sigma^2 = D(X) = \sum_i (x_i - \mu)^2 p_i \tag{4.4}$$

随机变量 X 的标准差等于其方差的平方根，用 σ 或 $\sqrt{D(X)}$ 表示。

【例 4-1】（数据：example4_1.csv）一家手机制造商声称，它们所生产的手机每 100 部中存在的不合格品数 X 及相应的概率如表 4-1 所示。求该手机不合格品数的期望值和标准差。

表 4-1 每 100 部手机中的不合格品数及概率分布

不合格品数 (X=x_i)	0	1	2	3
概率 (p_i)	0.75	0.12	0.08	0.05

解： 计算期望值和方差的代码和结果如代码框 4-1 所示。

代码框 4-1 计算期望值和方差

```
import pandas as pd
import numpy as np
example4_1 = pd.read_csv('C:/pydata/chap04/example4_1.csv', encoding='gbk')
mymean = sum(example4_1['不合格品数'] * example4_1['概率'])  # 计算期望值
myvar = sum((example4_1['不合格品数'] - mymean) ** 2 * example4_1['概率'])
                                                  # 计算方差，** 表示乘方
mystd=np.sqrt(myvar)                              # 计算标准差
print('期望值 :',round(mymean,4),'方差 :',round(myvar,4),'标准差 :',round(mystd,4))
```

```
期望值 : 0.43  方差 : 0.7051  标准差 : 0.8397
```

对于概率密度函数为 $f(x)$ 的连续型随机变量，期望值为：

$$\mu = E(X) = \int_{-\infty}^{\infty} x f(x) \mathrm{d}x \tag{4.5}$$

方差为：

$$\sigma^2 = D(X) = \int_{-\infty}^{\infty} (x-\mu)^2 f(x) \mathrm{d}x \tag{4.6}$$

4.2.2 随机变量的概率分布

随机变量取哪些值，取这些值的概率有多大，这就是随机变量的**概率分布**（probability distribution）。常用的离散型概率分布有**二项分布**（binomial distribution）、**泊松分布**（Poisson distribution）、**超几何分布**（hypergeometric distribution）等；连续型概率分布有**正态分布**（normal distribution）、**均匀分布**（uniform distribution）、**指数分布**（exponential distribution）等。本章主要介绍后面会用到的二项分布和正态分布。

1. 二项分布

离散型随机变量 X 只取有限个可能的值 $x_1, x_2, \cdots$，而且是以确定的概率取这些值，即 $P(X=x_i)=p_i\ (i=1,2,\cdots)$。因此，可以列出 X 的所有可能取值 $x_1, x_2, \cdots$，以及取每个值的概率 p_1，p_2，…，这就是离散型随机变量的概率分布。离散型概率分布的性质如下：

（1）$p_i \geqslant 0$

（2）$\sum\limits_i p_i = 1, (i=1,2,\cdots)$

假定知道一个离散型随机变量的概率分布，并能用一定的公式表达出来，就能根据这一分布计算出随机变量取任意一个值的概率。

二项分布是建立在 Bernoulli 试验基础上的。n 重 Bernoulli 试验满足下列条件：

（1）一次试验只有两个可能结果，即“成功”和“失败”。这里的“成功”是指感兴趣的某种特征。比如，产品分为“合格品”与“不合格品”，如果对“合格品”感兴趣，则“成功”就表示“合格品”。

（2）一次试验“成功”的概率为 p，“失败”的概率为 $q=1-p$，而且概率 p 对每次试验都是相同的。

（3）试验是相互独立的，且可以重复进行 n 次。

在 n 次试验中，“成功”的次数对应一个离散型随机变量 X。这样，在 n 次 Bernoulli 试验中，出现“成功”的次数的概率分布就是**二项分布**，记为 $X \sim B(n, p)$。n 次试验中成功次数为 x 的概率可表示为：

$$P(X=x)=\mathrm{C}_n^x p^x q^{n-x},\quad x=0,1,2,\cdots,n \tag{4.7}$$

二项分布的期望值和方差分别为：

$$\mu=E(X)=np, \sigma^2=D(X)=npq \tag{4.8}$$

为观察二项分布的特征，可以绘制出 $n=5$，p 分别取 0.1,0.2,…,0.9 时的二项分布 Binomial（5，p）图，如图 4-1 所示。

图 4-1 显示，当 $p=0.5$ 时概率分布是对称的；当 $p=0.1$ 时概率分布右偏；当 $p=0.9$ 时概率分布左偏。

【例 4-2】 已知一批产品的不合格品率为 6%，从中有放回地抽取 5 个。求 5 个产品中：

（1）没有不合格品的概率；

（2）恰好有 1 个不合格品的概率；

（3）有 3 个及 3 个以下不合格品的概率。

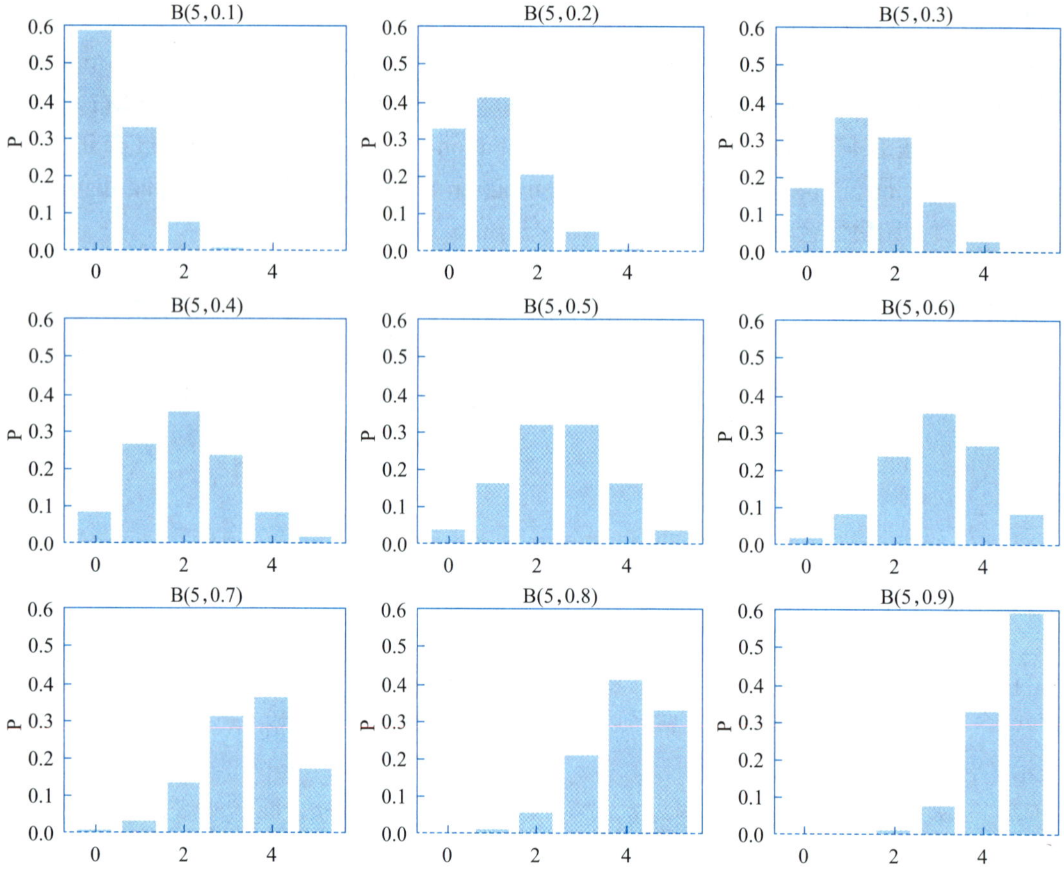

图 4-1 二项分布 Binomial（5，p）图

解： 抽取一个产品相当于一次试验，因此 $n=5$。由于是有放回地抽取，每次试验是独立的，每次抽取的不合格品率都是 6%。设 X 为抽取的不合格品数，显然 $X\sim B(5,0.06)$。计算二项分布概率的代码和结果如代码框 4-2 所示。

代码框 4-2 计算二项分布的概率

```
from scipy.stats import binom
p0=binom.pmf(0, 5, 0.06)        # 没有不合格品的概率
p1=binom.pmf(1, 5, 0.06)        # 恰好有 1 个不合格品的概率
p3=binom.cdf(3, 5, 0.06)        # 有 3 个及 3 个以下不合格品的概率
print('P(X=0) =',round(p0,6),'\n"P(X=1) =',round(p1,6),'\n"P(X≤3) =',round(p3,6))
```

```
P(X=0) = 0.733904
P(X=1) = 0.234225
P(X≤3) = 0.999938
```

2. 正态分布

正态分布最初是由 C.F. 高斯（Carl Friedrich Gauss，1777—1855 年）作为描述误差相对频数分布的模型而提出来的，因此又称高斯分布。在现实生活中，有许多现象都可以由正态分布来描述，甚至当未知一个连续总体的分布时，我们总尝试假设该总体服从正态分布来进行分析。其他一些分布（如二项分布）概率的计算也可以利用正态分布来近似，而且由正态分布可以推导出其他一些重要的统计分布，如 χ^2 分布、t 分布、F 分布等。

如果随机变量 X 的概率密度函数为：

$$f(x)=\frac{1}{\sqrt{2\pi\sigma^2}}\mathrm{e}^{-\frac{1}{2\sigma^2}(x-\mu)^2},-\infty<x<\infty \quad (4.9)$$

则称 X 为正态随机变量，或称 X 服从参数为 μ、σ^2 的正态分布，记作 $X\sim N(u,\sigma^2)$。

式（4.9）中 μ 是正态随机变量 X 的均值，它可为任意实数，σ^2 是 X 的方差，且 $\sigma>0$，$\pi=3.141\,592\,6$，$\mathrm{e}=2.718\,28$。

不同的 μ 值和不同的 σ 值对应于不同的正态分布，其概率密度函数所对应的曲线如图 4-2 所示。

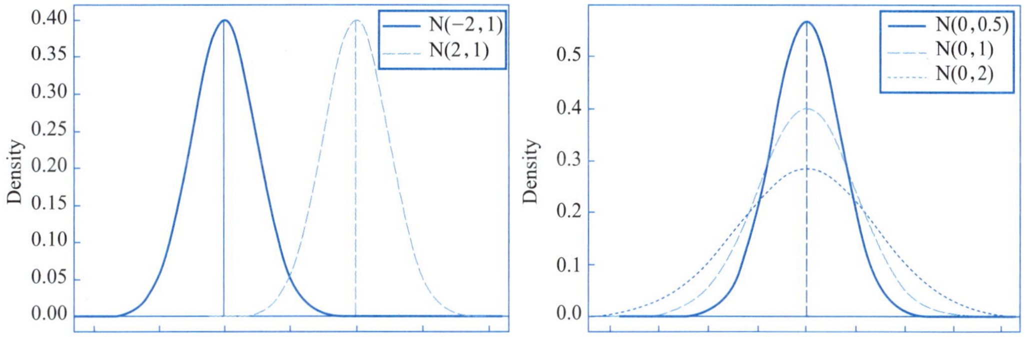

(a) 不同均值的正态分布　　(b) 不同标准差的正态分布

图 4-2　对应于不同均值和标准差的正态分布曲线

从图 4-2 可以看出正态曲线具有如下性质：

（1）正态曲线的图形是关于 $x=\mu$ 对称的钟形曲线，且峰值在 $x=\mu$ 处。

（2）正态分布的两个参数 μ 和 σ 一旦确定，正态分布的具体形式也就唯一确定，不同参数取值的正态分布构成一个完整的“正态分布族”。其中均值 μ 决定正态曲线的具体位置，标准差 σ 相同而均值不同的正态曲线在坐标轴上体现为水平位移。标准差 σ 决定正态曲线的“陡峭”或“扁平”程度。σ 越大，正态曲线越扁平；σ 越小，正态曲线越陡峭。

（3）当 X 的取值朝横轴左右两个方向无限延伸时，正态曲线的左右两个尾端也无限渐近横轴，但理论上永远不会与之相交。

（4）正态曲线下的总面积等于 1。正态随机变量取特定区间值的概率即为正态曲线下对应的面积。

由于正态分布是一个分布族，对于任意一个服从正态分布的随机变量，通过 $Z=(x-\mu)/\sigma$ 标准化后的新随机变量服从均值为 0、标准差为 1 的**标准正态分布**（standard normal distribution），记为 $Z \sim N(0,1)$。

标准正态分布的概率密度函数用 $\varphi(x)$ 表示，有：

$$\varphi(x)=\frac{1}{\sqrt{2\pi}}e^{-\frac{1}{2}x^2}, -\infty < x < \infty \tag{4.10}$$

图 4-3 展示了标准正态分布的不同分位数时的概率（阴影部分的面积）。

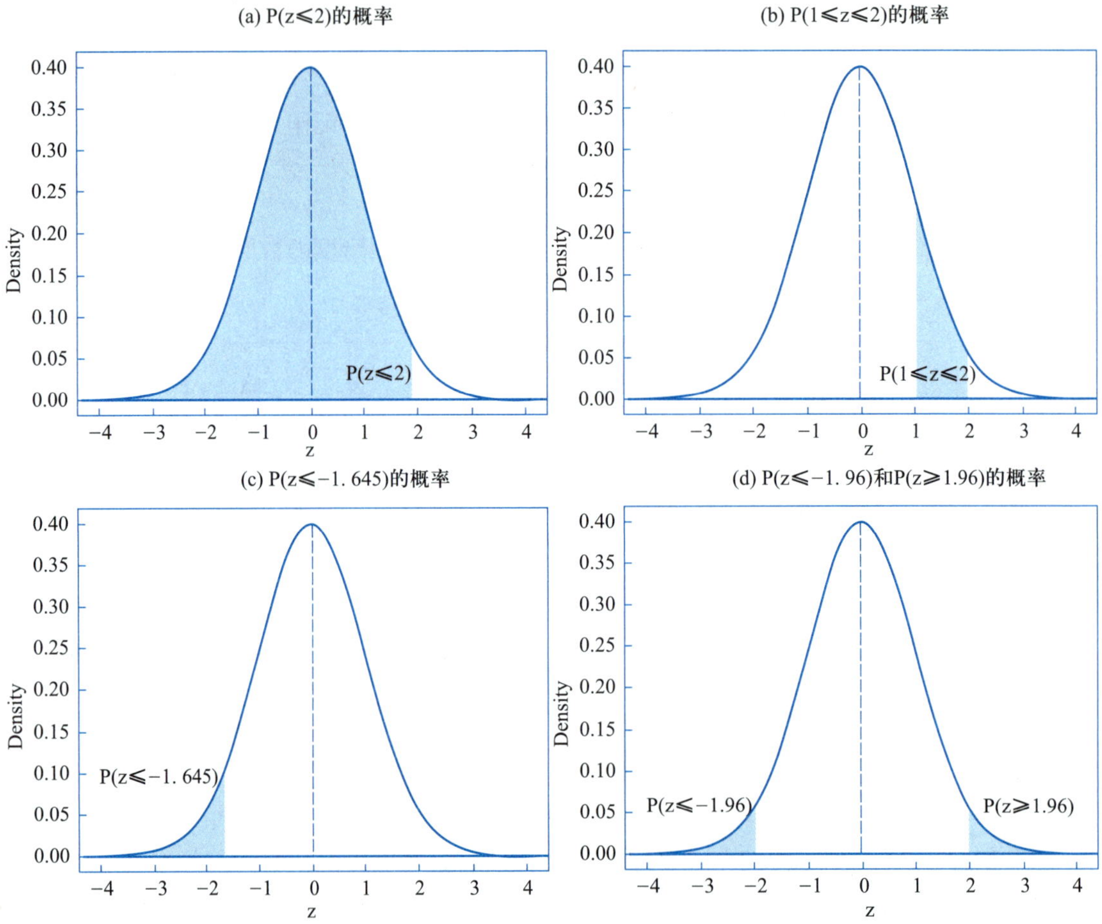

图 4-3 标准正态分布不同分位数时的概率

【例 4-3】计算下列概率。

（1）$X \sim N(50,10^2)$，求 $P(X \leqslant 40)$ 和 $P(30 \leqslant X \leqslant 40)$。

（2）$Z \sim N(0,1)$，求 $P(Z \leqslant 2.5)$ 和 $P(-1.5 \leqslant Z \leqslant 2)$。

（3）标准正态分布累积概率为 0.025 时的反函数值 z。

解：代码和结果如代码框 4-3 所示。

代码框 4-3　计算正态分布累积概率和给定累积概率时的分位点

```
from scipy.stats import norm
p1=norm.cdf(40, loc=50, scale=10)          # P(X≤40)的概率
p2=norm.cdf(40, 50, 10) - norm.cdf(30, 50, 10)
                                           # P(30≤X≤40)的概率
p3=norm.cdf(2.5, loc=0, scale=1)           # P(Z≤2.5)的概率
p4=norm.cdf(2) - norm.cdf(-1.5)            # P(-1.5≤Z≤2)的概率。默认标准正态分布
q=norm.ppf(0.025, loc=0, scale=1)          # 累积概率为 0.025 时的反函数值 z

print('P(X≤40)=',round(p1,6),'\n''P(30≤X≤40)=',round(p2,6),'\n'
      'P(Z≤2.5)=',round(p3,6),'\n''P(-1.5≤Z≤2)=',round(p4,6),'\n''q(2.5)=',
      round(q,6))
```

```
P(X≤40) = 0.158655
P(30≤X≤40) = 0.135905
P(Z≤2.5) = 0.99379
P(-1.5≤Z≤2) = 0.910443
q(2.5) = -1.959964
```

经验法则总结了正态分布在一些常用区间上的概率，如图 4-4 所示。

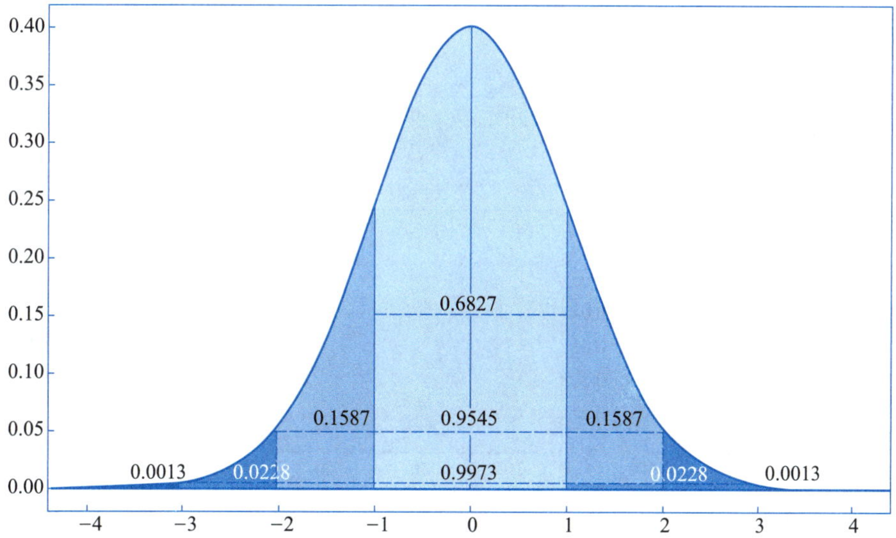

图 4-4　常用区间的正态概率值

图 4-4 显示，正态随机变量落入其均值左右各 1 个标准差范围内的概率是 68.27%，落入其均值左右各 2 个标准差范围内的概率是 95.45%；落入其均值左右各 3 个标准差范围内的概率是 99.73%。

4.2.3 其他几个重要的统计分布

有些随机变量是统计学家为分析的需要构造出来的。比如，样本方差除以总体方差得到一个随机变量 χ^2，样本均值标准化后形成一个新的随机变量 t，两个样本方差比形成一个随机变量 F，等等。这些随机变量用 χ^2、t 和 F 来命名是因为它们分别服从 χ^2 分布、t 分布和 F 分布。这些分布都是由正态分布推导而来的，它们在推断统计中具有独特的地位和用途。

1. χ^2 分布

χ^2 **分布**（chi-square distribution）是由 Abbe 于 1863 年首先提出的，后来由 Hermert 和 K.Pearson 分别于 1875 年和 1900 年推导出来。

n 个独立标准正态随机变量平方和的分布称为具有 n 个自由度的 χ^2 分布，记为 $\chi^2(n)$。设 Z 为标准正态随机变量，令 $X=Z^2$，则 X 服从自由度为 1 的 χ^2 分布，即 $X\sim\chi^2(1)$。一般地，对于 n 个独立标准正态随机变量 $Z_1^2,Z_2^2,\cdots,Z_n^2$，随机变量 $X=\sum_{i=1}^{n}Z_i^2$ 的分布为具有 n 个自由度的 χ^2 分布，记为 $X\sim\chi^2(n)$。

$\chi^2(n)$ 分布的形状取决于其自由度 n 的大小，通常为不对称右偏分布，但随着自由度的增大逐渐趋于对称。对应于不同自由度 χ^2 分布曲线如图 4-5 所示。

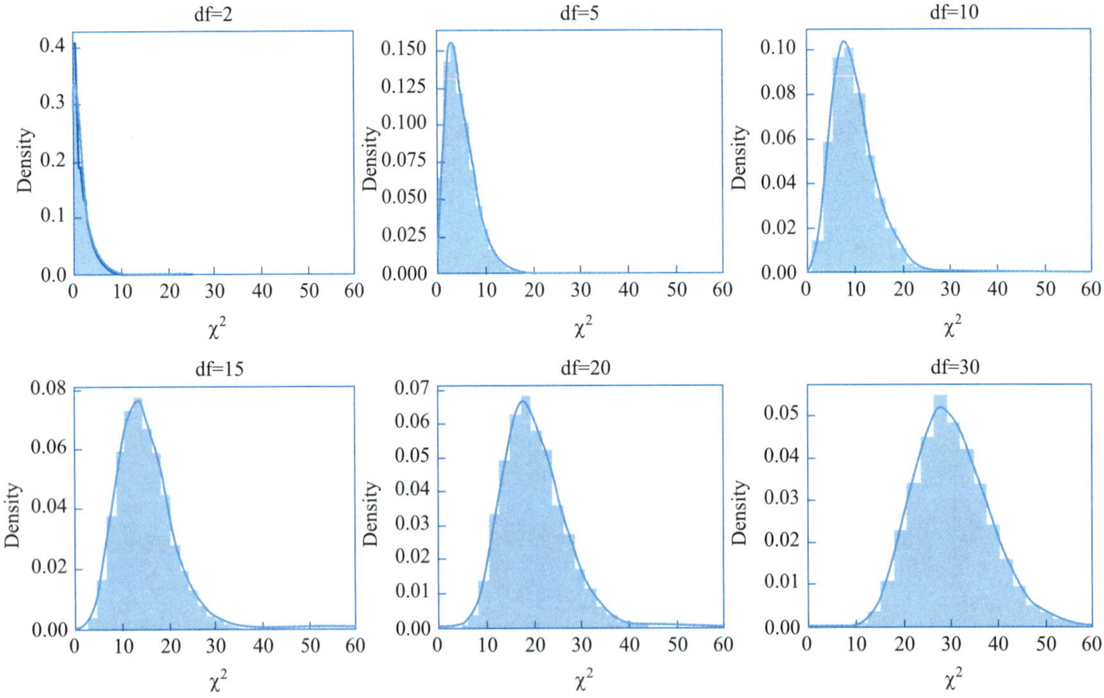

图 4-5 不同自由度的 χ^2 分布

在总体方差的估计和非参数检验中会用到 χ^2 分布。χ^2 分布的概率即为曲线下面积。利用 R 函数可以计算给定 χ^2 值和自由度 df 时 χ^2 分布的累积概率和给定累积概率与自由度 df 时相应的 χ^2 值。

【例 4-4】计算：（1）自由度为 15，χ^2 值小于等于 10 的概率；（2）自由度为 25，χ^2 值大

于 15 的概率；（3）自由度为 10，χ^2 分布右尾概率为 0.05 时的反函数值。

解： 代码和结果如代码框 4-4 所示。

代码框 4-4 计算 χ^2 分布累积概率和给定累积概率时的分位数

```
from scipy.stats import chi2
p1=chi2.cdf(10, df=15)             # 自由度为 15，卡方值小于等于 10 的概率
p2=1 - chi2.cdf(15, df=25)         # 自由度为 25，卡方值大于 15 的概率
q=chi2.ppf(0.95, df=10)            # 卡方分布右尾概率为 0.05 时的反函数值
print('P(10,15)=',round(p1,6),'\n"P(15,25)=',round(p2,6),'\n"q(0.95,10)=',
round(q,6))
```

```
P(10,15) = 0.18026
P(15,25) = 0.941383
q(0.95,10) = 18.307038
```

2. *t* 分布

t 分布（t-distribution）的提出者是 William Gosset，由于他经常用笔名 “student” 发表文章，用 *t* 表示样本均值经标准化后的新随机变量，因此称为 *t* 分布，也称为学生 *t* 分布（student's t）。

设随机变量 $Z\sim N(0,1)$，$X\sim\chi^2(n)$，且 Z 与 X 独立，则称 $T=\dfrac{Z}{\sqrt{X/n}}$ 服从自由度为 n 的 t 分布，记为 $T\sim t(n)$。

t 分布是一种类似正态分布的对称分布，它通常要比正态分布平坦和分散。一个特定的 *t* 分布依赖于称为自由度的参数。随着自由度的增大，*t* 分布也逐渐趋于正态分布。不同自由度的 *t* 分布曲线与标准正态分布曲线的比较如图 4-6 所示。

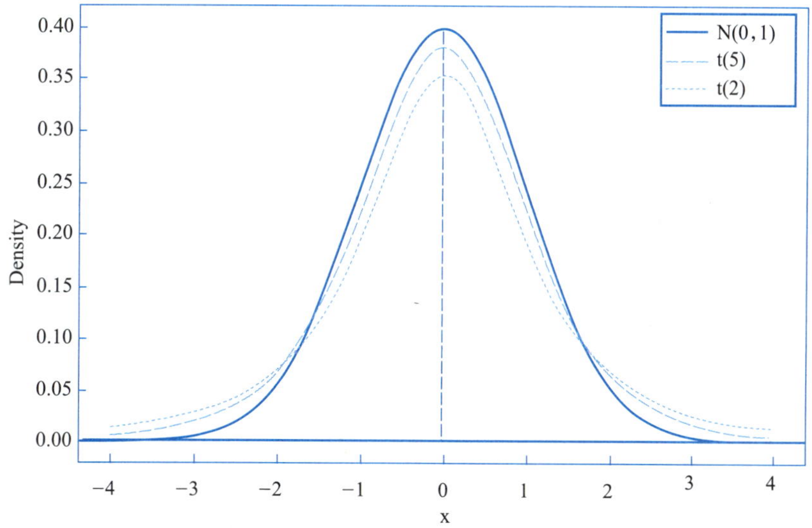

图 4-6 不同自由度的 *t* 分布与标准正态分布的比较

当正态分布标准差未知时，在小样本条件下对总体均值的估计和检验要用到 t 分布。t 分布的概率即为曲线下面积。

【例 4-5】 计算：（1）自由度为 10，t 值小于 −2 的概率；（2）自由度为 15，t 值大于 3 的概率；（3）自由度为 25，t 分布右尾概率为 0.025 时的 t 值。

解： 代码和结果如代码框 4-5 所示。

代码框 4-5 计算 t 分布累积概率和给定累积概率时的分位数

```
from scipy.stats import t
p1=t.cdf(-2, df=10)                # 自由度为 10，t 值小于等于 -2 的概率
p2=1 - t.cdf(3, df=15)             # 自由度为 15，t 值大于 3 的概率
q=t.ppf(0.975, df=25)              # 自由度为 25，t 分布右尾概率为 0.025 时的 t 值
print('P(X≤-2,df=10)=',round(p1,6),'\n"P(X>3,df=15)=',round(p2,6),'\n'
      'q(P=0.975,df=25)=',round(q,6))
```

```
P(X≤-2,df=10) = 0.036694
P(X>3,df=15) = 0.004486
q(P=0.975,df=25) = 2.059539
```

3. F 分布

F 分布（F-distribution）是为纪念著名统计学家 R. A. Fisher 而以其姓氏的第一个字母命名的。它是两个 χ^2 分布变量的比。设 $U \sim \chi^2(n_1)$，$V \sim \chi^2(n_2)$，且 U 和 V 相互独立，则 $F=\dfrac{U/n_1}{V/n_2}$ 是服从自由度 n_1 和 n_2 的 F 分布，记为 $F \sim F(n_1,n_2)$。

F 分布的图形与 χ^2 分布类似，其形状取决于两个自由度。不同自由度 F 分布曲线如图 4-7 所示。

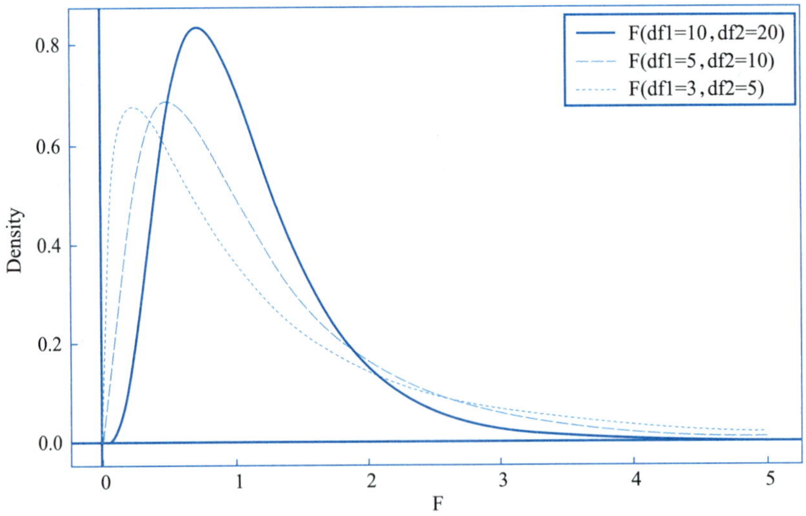

图 4-7 对应于不同自由度的 F 分布曲线

F 分布通常用于比较不同总体的方差是否有显著差异。F 分布的概率即为曲线下面积。利用 R 函数，可以计算给定 F 值与自由度 df1 和 df2 时 F 分布的累积概率以及给定累积概率与自由度 df1、df2 时的相应 F 值。

【例 4-6】计算：（1）分子自由度为 10，分母自由度为 8，F 值小于 3 的概率；（2）分子自由度为 18，分母自由度为 15，F 值大于 2.5 的概率；（3）分子自由度为 25，分母自由度为 20，F 分布累积概率为 0.95 时的 F 值。

解：代码和结果如代码框 4-6 所示。

代码框 4-6 计算 F 分布累积概率和给定累积概率时的分位数

```
from scipy.stats import f
p1=f.cdf(3, dfn=10, dfd=8)                  # df1=10, df2=8, F 值小于等于 3 的概率
p2=1 - f.cdf(2.5, dfn=18, dfd=15)           # df1=18, df2=15, F 值大于 2.5 的概率
q=f.ppf(0.95, dfn=25, dfd=20)               # df1=25, df2=20, 分布累积概率为 0.95
                                              时的 F 值
print('P(X≤3)=',round(p1,6),'\n"P(X>2.5)=',round(p2,6),'\n"q(P=0.975)=',
round(q,6))
```

```
P(X≤3) = 0.933549
P(X>2.5) = 0.03945
q(P=0.975) = 2.07392
```

4.3 样本统计量的概率分布

你可能关心某个地区所有家庭的平均收入是多少，但你不可能去调查每个家庭的收入，只能抽取一部分家庭作为样本，获得样本家庭的收入数据，然后用样本平均收入去推断全部家庭的平均收入。当然，你也可能去推断所有家庭收入的方差是多少，低收入家庭的比例是多少，这就是抽样推断问题。那么如果要知道做出这种推断的依据是什么，就必须知道用于推断的样本统计量（如样本均值 $\bar{x}$、样本比例 p、样本方差 s^2 等）是如何分布的。

4.3.1 统计量及其分布

1. 参数和统计量

如果想了解某个地区的人均收入状况，由于不可能对每个人进行调查，也就无法知道该地区的人均收入。这里“该地区的人均收入”就是所关心的总体**参数**（parameter），它是对总体特征的某个概括性度量。

参数通常是不知道的，但又是我们想要了解的总体的某种特征值。如果只研究一个总体，所关心的参数通常有总体均值、总体方差、总体比例等。在统计中，总体参数通常用希腊字母表示。比如，总体均值用 μ（mu）表示，总体标准差用 σ^2（sigma square）表示，总体比例用 π（pi）表示。

总体参数虽然是未知的，但可以利用样本信息来推断。比如，从某地区随机抽取 1 000 个

家庭组成一个样本，根据这 1 000 个家庭的平均收入推断该地区所有家庭的平均收入。这里 1 000 个家庭的平均收入就是一个**统计量**（statistic），它是根据样本数据计算的用于推断总体的某些量，是对样本特征的某个概括性度量。显然，统计量是样本的函数。由于统计量的取值会因样本不同而变化，因此样本统计量是一个随机变量。在抽取一个特定的样本后，统计量的值就可以计算出来。

就一个样本而言，关心的统计量通常有样本均值、样本方差、样本比例等。样本统计量通常用英文字母来表示。比如，样本均值用 $\bar{x}$ 表示，样本方差用 s^2 表示，样本比例用 p 表示。

2. 统计量的概率分布

既然统计量是一个随机变量，那么它就有一定的概率分布。样本统计量的概率分布也称为**抽样分布**（sampling distribution），它是由样本统计量的所有可能取值形成的相对频数分布。

设总体共有 N 个元素（个体），从中抽取样本量为 n 的随机样本，假定把样本量为 n 的所有可能样本都抽出来，计算出每个样本的统计量的值（比如样本均值），所有统计量的取值形成的分布就是样本统计量的抽样分布，或称样本统计量的概率分布。现实中不可能将所有的样本都抽出来，因此，样本统计量的概率分布实际上是一种理论分布。

根据统计量来推断总体参数具有某种不确定性，但我们可以给出这种推断的可靠性，度量这种可靠性的依据正是统计量的概率分布，且我们确知这种分布的某些性质。因此，统计量的概率分布提供了该统计量长远而稳定的信息，它构成了推断总体参数的理论基础。

4.3.2 样本均值的抽样分布

样本均值的抽样分布是有可能的样本均值形成的频数分布，即样本均值的概率分布。样本均值的分布与抽样所依据的总体的分布和样本量 n 的大小有关，如图 4-8 所示。

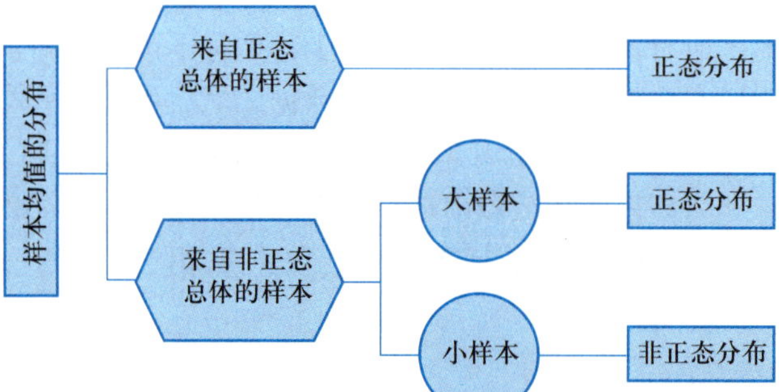

图 4-8 抽样均值的分布与总体分布及样本量的关系

统计证明，如果总体是正态分布，无论样本量大小，样本均值都近似服从正态分布。如果总体不是正态分布，随着样本量 n 的增大（通常要求 $n \geqslant 30$），样本均值的概率分布仍趋于正态分布，其分布的期望值为总体均值 μ，方差为总体方差的 $1/n$，这就是统计上著名的**中心极限定理**（central limit theorem）。这一定理可以表述为：从均值为 μ、方差为 σ^2 的总体中抽取样本量为 n 的所有随机样本，当 n 充分大（通常要求 $n \geqslant 30$）时，样本均值近似服从期望值为 μ、方差为 σ^2/n 的正态分布，即 $\bar{x} \sim N(\mu, \sigma^2/n)$。等价地，有 $\dfrac{\bar{x}-\mu}{\sigma/\sqrt{n}} \sim N(0,1)$。

为直观地理解中心极限定理，从 0～100 均匀分布的总体和指数分布的总体中分别抽取样本量为 2、10 和 30 的各 5 000 个样本，样本均值的分布如图 4-9 所示。图中的 U 表示均匀分布，E 表示指数分布。可以看出，随着样本量的增大，样本均值的分布逐渐趋于正态分布，而且分布越来越集中。

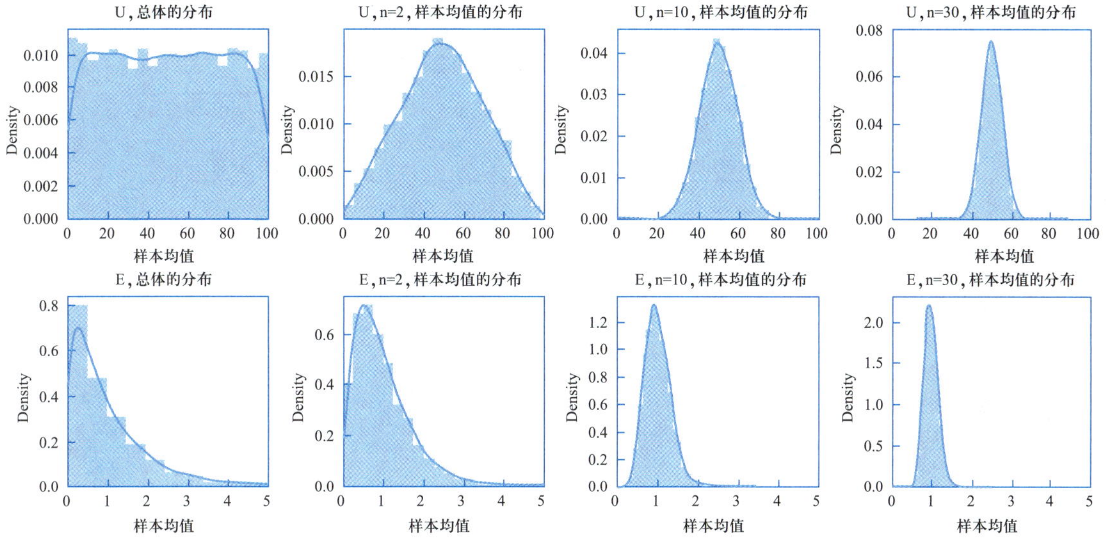

图 4-9　中心极限定理的模拟：随着样本量的增大，样本均值的分布趋于正态分布

4.3.3　样本方差的抽样分布

样本方差 s^2 是估计总体方差的统计量。统计证明，对于来自正态总体的简单随机样本，比值 $(n-1)s^2/\sigma^2$ 服从自由度为 $(n-1)$ 的 χ^2 分布，即 $((n-1)s^2/\sigma^2)\sim\chi^2(n-1)$。

假定从均值为 0、标准差为 1 的标准正态总体中随机抽取样本量分别为 2，10、30 和 50 的各 5 000 个样本，样本方差的分布如图 4-10 所示。

图 4-10 显示，随着样本量的增大，样本方差的分布逐步趋于对称。

4.3.4　样本比例的抽样分布

在统计分析中，许多情形下要进行比例估计。**比例**（proportion）是指总体（或样本）中具有某种属性的个体与全部个体之和的比值。例如，一个班级的学生按性别分为男、女两类，男生人数与全班总人数之比就是比例，女生人数与全班总人数之比也是比例。再如，产品可分为合格品与不合格品，合格品（或不合格品）与全部产品总数之比就是比例。

设总体有 N 个元素，具有某种属性的元素个数为 N_0，具有另一种属性的元素个数为 N_1，总体比例用 π 表示，则有 $\pi=N_0/N$，或 $N_1/N=1-\pi$。相应地，样本比例用 p 表示，同样有 $p=n_0/n$，$n_1/n=1-p$。

从一个总体中重复选取样本量为 n 的样本，由样本比例的所有可能取值形成的分布就是样本比例的概率分布。统计证明，当样本量很大（通常要求 $np\geqslant10$ 和 $n(1-p)\geqslant10$）时，样本比例的分布可用正态分布近似，p 的期望值 $E(p)=\pi$，方差为 $\sigma_p^2=\dfrac{\pi(1-\pi)}{n}$，即 $p\sim N\left(\pi,\dfrac{\pi(1-\pi)}{n}\right)$，

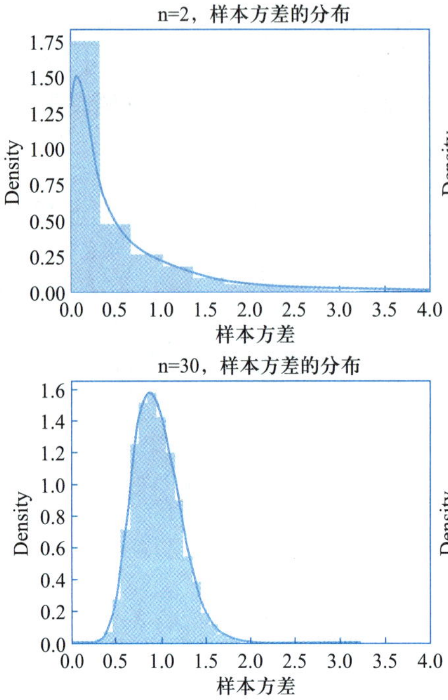

图 4-10 模拟的不同样本量的样本方差的分布

等价地有 $\dfrac{p-\pi}{\sqrt{\pi(1-\pi)/n}} \sim N(0,1)$。

设总体比例 $\pi=0.2$，从该总体随机抽取样本量分别为 50，100，500，1 000 的各 5 000 个样本，模拟的样本比例的分布如图 4-11 所示。

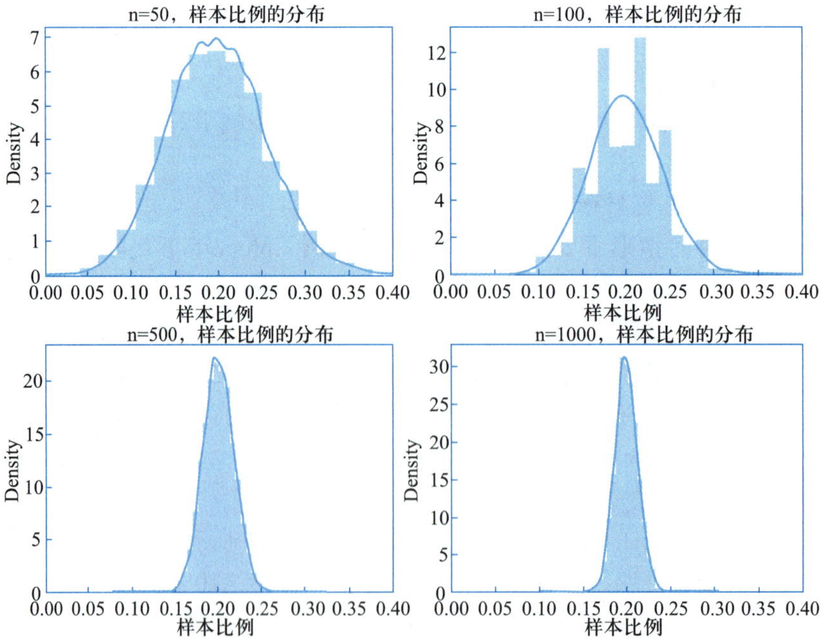

图 4-11 模拟的不同样本量的样本比例的分布

图 4-11 显示，随着样本量的增大，样本比例逐渐趋于正态分布，而且分布越来越集中。

如果要估计两个总体的参数，比如，两个总体均值之差 $\mu_1-\mu_2$、两个总体比例之差 $\pi_1-\pi_2$、两个总体的方差比 σ_1^2/σ_2^2，那么推断这些参数的统计量分别是两个样本均值之差 $\bar{x}_1-\bar{x}_2$、两个样本比例之差 p_1-p_2、两个样本方差比 s_1^2/s_2^2。这些样本统计量的分布也有所不同。$\bar{x}_1-\bar{x}_2$ 的分布取决于两个总体的分布和两个样本的样本量大小；p_1-p_2 在两个大样本情形下近似服从正态分布；s_1^2/s_2^2 则服从 F 分布。

4.3.5 统计量的标准误

统计量的**标准误**（standard error）是指统计量分布的标准差，也称为标准误差。标准误用于衡量样本统计量的离散程度，在参数估计和假设检验中，它是用于衡量样本统计量与总体参数之间差距的一个重要尺度。样本均值的标准误用 SE 或 $\sigma_{\bar{x}}$ 表示，计算公式为：

$$\sigma_{\bar{x}}=\frac{\sigma}{\sqrt{n}} \tag{4.11}$$

当总体标准差 σ 未知时，可用样本标准差 s 代替计算，这时计算的标准误也称为估计标准误（standard error of estimation）。由于实际应用中，总体 σ 通常是未知时，所计算的标准误实际上都是估计标准误，因此估计标准误就简称为标准误（统计软件中得到的都是估计标准误）。

相应地，样本比例的标准误可表示为：

$$\sigma_p=\sqrt{\frac{\pi(1-\pi)}{n}} \tag{4.12}$$

当总体比例的方差 $\pi(1-\pi)$ 未知时，可用样本比例的方差 $p(1-p)$ 代替。

标准误与第 3 章介绍的标准差是两个不同的概念。标准差是根据原始观测值计算的，反映一组原始数据的离散程度，而标准误是根据样本统计量计算的，反映统计量的离散程度。

为方便读者查阅和使用，本章最后列出了本书用到的几种分布的概率密度函数以及来自 scipy 模块的 Python 函数，见表 4-3。其中，离散型概率分布的概率密度函数后缀为“pmf”，连续分布的概率密度函数后缀为“pdf”；累积概率分布函数的后缀均为“cdf”。

表 4-3 本书用到的几种分布的分布律或概率密度函数及其相应的 Python 函数

分布	分布律或概率密度函数	Python 函数
二项分布	$p(x)=\mathrm{C}_n^x p^x q^{n-x}$	binom.pmf
		binom.cdf
正态分布	$f(x)=\dfrac{1}{\sqrt{2\pi\sigma^2}}\mathrm{e}^{-\frac{1}{2\sigma^2}(x-\mu)^2}$	norm.pdf
		norm.cdf
χ^2 分布	$f(x,\mathrm{df})=\dfrac{x^{\frac{\mathrm{df}}{2}-1}\mathrm{e}^{-\frac{x}{2}}}{\Gamma\left(\frac{\mathrm{df}}{2}\right)2^{\mathrm{df}/2}}$	chi2.pdf
		chi2.cdf

续表

分布	分布律或概率密度函数	Python 函数
t 分布	$f(x)=\dfrac{\Gamma\left(\dfrac{\mathrm{df}+1}{2}\right)}{\sqrt{\mathrm{df}\pi}\Gamma\left(\dfrac{\mathrm{df}}{2}\right)}\left(1+\dfrac{x^2}{\mathrm{df}}\right)^{-(\mathrm{df}+1)/2}$	t.pdf t.cdf
F 分布	$f(x;\mathrm{df}_1,\mathrm{df}_2)=\dfrac{\sqrt{\dfrac{(\mathrm{df}_1x)^{\mathrm{df}_1}\mathrm{df}_2^{\mathrm{df}_2}}{(\mathrm{df}_1x+\mathrm{df}_2)^{\mathrm{df}_1+\mathrm{df}_2}}}}{xB\left(\dfrac{\mathrm{df}_1}{2},\dfrac{\mathrm{df}_2}{2}\right)}$	f.pdf f.cdf
指数分布	$f(x)=\lambda\mathrm{e}^{-\lambda x}$	expon.pdf expon.cdf
均匀分布	$f(x)=1/(b-a),a\leqslant x\leqslant b$	uniform.pdf uniform.cdf

习题

4.1 消费者协会经过调查发现，某品牌冷气机有重要缺陷的产品数出现的概率分布如下：

X	0	1	2	3	4	5	6	7	8	9	10
P	0.041	0.130	0.209	0.223	0.178	0.114	0.061	0.028	0.011	0.004	0.001

根据上表数据计算：

（1）有 2～5 台（包括 2 台与 5 台在内）冷气机出现重要缺陷的概率。

（2）只有不到 2 台冷气机出现重要缺陷的概率。

（3）有超过 5 台冷气机出现重要缺陷的概率。

4.2 设 X 是参数为 $n=4$ 和 $p=0.1$ 的二项随机变量。求以下概率：

（1）$P(X=2)$；

（2）$P(X\leqslant 2)$

4.3 计算以下概率和分位点：

（1）$X\sim N(500,20^2)$，$P(X\geqslant 510)$；$P(400\leqslant X\leqslant 450)$。

（2）$Z\sim N(0,1)$，$P(0\leqslant Z\leqslant 1.2)$；$P(-0.48\leqslant Z\leqslant 0)$；$P(Z\geqslant 1.2)$。

（3）标准正态分布累积概率为 0.95 时的反函数值 z。

4.4 计算以下概率和分位点：

（1）$X\sim t(\mathrm{df})$，df=15，t 值小于 −1.5 的概率；df=20，t 值大于 2 的概率；df=30，t 分

布右尾概率为 0.05 时的 t 值。

（2）$X \sim \chi^2(\text{df})$，df=8，χ^2 值小于 12 的概率；df=20，χ^2 值大于 18 的概率；df=15，χ^2 分布右尾概率为 0.025 时的反函数值。

（3）$X \sim F(\text{df}1, \text{df}2)$，df1=15，df2=10，$F$ 值小于 3.5 的概率；df1=12，df2=8，F 值大于 3 的概率；df1=20，df2=16，F 分布右尾概率为 0.025 时的 F 值。

本章图片

第5章　参数估计

参数估计是在样本统计量概率分布的基础上，根据样本信息推断所关心的总体参数。本章首先介绍参数估计的基本原理，然后介绍总体参数的估计方法。

5.1　参数估计的原理

参数估计（parameter estimation）是用样本统计量去估计总体的参数。比如，用样本均值 $\bar{x}$ 估计总体均值 μ，用样本比例 p 估计总体比例 π，用样本方差 s^2 估计总体方差 σ^2 等。如果总体参数用 θ 表示，用于估计参数的统计量用 $\hat{\theta}$ 表示，当用 $\hat{\theta}$ 估计 θ 时，$\hat{\theta}$ 也称为**估计量**（estimator），根据一个具体的样本计算出来的估计量的数值称为**估计值**（estimate）。比如，要估计软件行业从业人员的月平均收入，从所有从业人员中抽取一个随机样本，全行业从业人员的月平均收入就是参数，用 θ 表示，根据样本计算的月平均收入 $\bar{x}$ 就是一个估计量，用 $\hat{\theta}$ 表示，假定计算出来的样本平均收入为 20 000 元，这个 20 000 元就是估计量的具体数值，称为估计值。

5.1.1　点估计与区间估计

参数估计的方法有点估计和区间估计两种。

1. 点估计

点估计（point estimate）是用估计量 $\hat{\theta}$ 的某个取值直接作为总体参数 θ 的估计值。比如，用样本均值 $\bar{x}$ 直接作为总体均值 μ 的估计值，用样本比例 p 直接作为总体比例 π 的估计值，用样本方差 s^2 直接作为总体方差 σ^2 的估计值，等等。比如，从软件行业从业人员中抽出一个随机样本，计算出平均月收入为 18 000 元，用 18 000 元作为该行业从业人员月平均收入的一个估计值，这就是点估计。再比如，要估计一批产品的合格率，根据样本计算的合格率为 98%，将 98% 直接作为这批产品合格率的估计值，这也是点估计。

由于点估计无法得到估计的可靠性（因为一个点估计量的可靠性是由其抽样分布的标准误来衡量的），也无法说出点估计值与总体参数真实值接近的程度，因此，我们不能完全依赖一个点估计值，而应围绕点估计值构造出总体参数的一个区间。

2. 区间估计

假定参数是射击靶上靶心的位置，一个点估计就相当于做一次射击，打在靶心位置上的可能性很小，但打在靶子上的可能性很大。用打在靶上的这个点画出一个区域，这个区域包含靶心的可能性就很大，区间估计要寻找的正是这样一个区域。

区间估计（interval estimate）是在点估计的基础上得到总体参数的一个估计区间，该区间通常是由样本统计量加减**估计误差**（estimate error）得到的。与点估计不同，进行区间估计时，根据样本统计量的抽样分布，可以对统计量与总体参数的接近程度给出一个概率度量。下面以总体均值的估计为例来说明区间估计的基本原理。

由样本均值的抽样分布可知，在重复抽样或无限总体抽样的情形下，样本均值的期望值等于总体均值，即 $E(\bar{x})=\mu$，样本均值的标准误为$\sigma_{\bar{x}}=\sigma/\sqrt{n}$。由此可知，样本均值 $\bar{x}$ 落在总体均值 μ 的两侧各 1 个标准误范围内的概率为 0.682 7，落在 2 个标准误范围内的概率为 0.954 5，落在 3 个标准误范围内的概率为 0.997 3。实际上，可以求出样本均值 $\bar{x}$ 落在总体均值 μ 的两侧任何倍数的标准误范围内的概率。比如，样本均值 $\bar{x}$ 落在总体均值 μ 的两侧 1.65 倍的标准误、1.96 倍的标准误和 2.58 倍的标准误范围内的概率分别为 90%、95% 和 99%，这意味着约有 90%、95% 和 99% 的样本均值会落在 μ 的两侧各 1.65 个标准误、1.96 个标准误和 2.58 个标准误的范围之内。图 5-1 是区间估计的示意图。

然而，实际估计时，情形恰好相反。$\bar{x}$ 是已知的，而 μ 是未知的，也正是要估计的。由于 $\bar{x}$ 与 μ 的距离是对称的，如果某个 $\bar{x}$ 落在 μ 的 1.96 个标准误范围之内，反过来，μ 也被包括在以 $\bar{x}$ 为中心两侧 1.96 个标准误的范围之内，这意味着约有 95% 的样本均值所构造的 1.96 个标准误的区间会包括 μ。举例来说，如果抽取 100 个样本来估计总体均值，由 100 个样本均值所构造的 100 个区间中，约有 95 个区间包含总体均值，而另外 5 个区间则不包含总体均值。

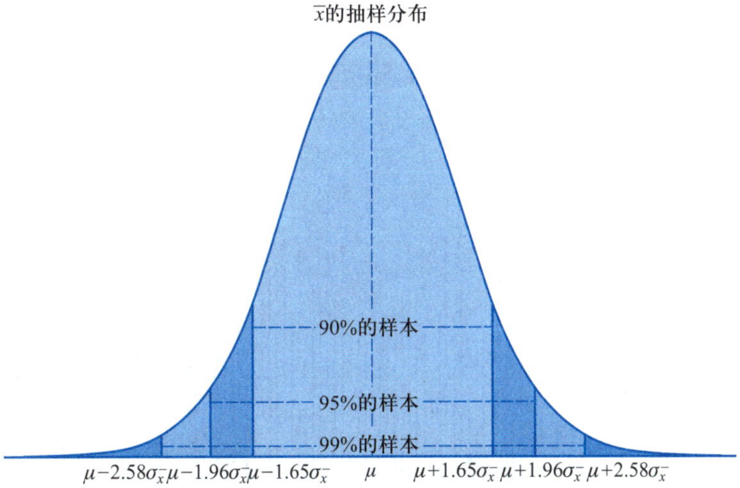

图 5-1　区间估计示意图

在区间估计中，由样本估计量构造出的总体参数在一定置信水平下的估计区间称为**置信区间**（confidence interval，CI），其中区间的最小值称为置信下限，最大值称为置信上限。由于统计学家在某种程度上确信这个区间会包含真正的总体参数，所以给它取名为置信区间。假定抽取 100 个样本构造出 100 个置信区间，这 100 个置信区间中有 95% 的区间包含总体参数的真值，5% 没有包含总体参数的真值，则 95% 这个值称为**置信水平**（confidence level）。一般地，如果将构造置信区间的步骤重复多次，置信区间中包含总体参数真值的次数所占的比例称为置信水平，也称为**置信度**或**置信系数**（confidence coefficient）。统计上，常用的置信水平有 90%、95% 和 99%。有关置信区间的概念可用图 5-2 来表示。

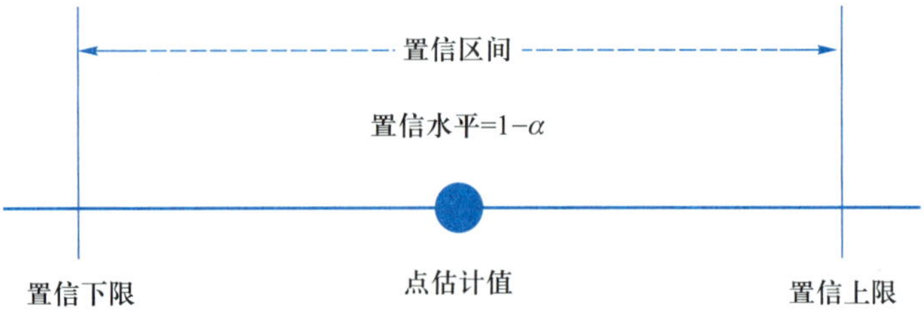

图 5-2 置信区间示意图

从图 5-1 和图 5-2 不难看出，当样本量确定时，置信区间的宽度随着置信水平的增大而变宽。

对置信区间的理解，需要注意以下几点。

（1）如果用某种方法构造的所有区间中有 95% 的区间包含总体参数的真值，5% 的区间不包含总体参数的真值，那么用该方法构造的区间称为置信水平为 95% 的置信区间。同样，用其他置信水平构造的区间也可以用类似的方式进行表述。

（2）总体参数的真值是固定的，而用样本构造的区间则是不固定的，因此置信区间是一个随机区间，它会因样本的不同而变化，而且不是所有的区间都包含总体参数。在实际估计时，往往只抽取一个样本，所构造的是与该样本相联系的一定置信水平（比如 95%）下的置信区间。我们只能希望这个区间是大量包含总体参数真值的区间中的一个，但它也可能是少数几个不包含参数真值的区间中的一个。以总体均值的区间估计为例，假定从一个均值（μ）为 50、标准差为 5 的正态总体中，抽取 n=10 的 100 个随机样本，得到 μ 的 100 个 95% 的置信区间，绘制的置信区间如图 5-3 所示。

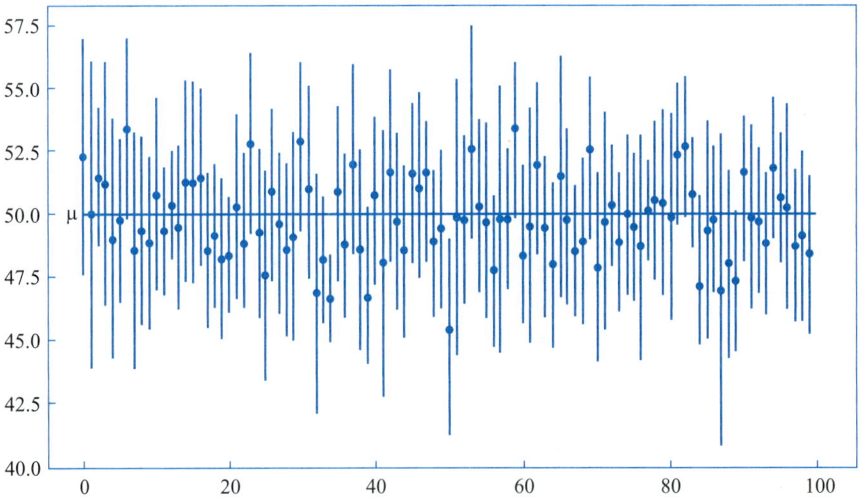

图 5-3 重复构造出的 μ 的 100 个置信区间，样本量为 10，置信水平为 95%

图 5-3 中每个区间中间的点表示 μ 的点估计，即样本均值 $\bar{x}$，横线为总体均值 μ（理论值是 50）。图 5-3 是作者经过多次模拟得到的一种结果，图中恰好有 5 个区间未包含 μ。如果反复进行模拟，100 个置信区间也可能都包含 μ，也可能有更多或更少的区间未包含 μ。因为 95% 的置信区间是指反复抽取的多个样本中包含 μ 的区间的比例，而不是指任意一次抽取的 100

个样本中恰好有95个区间包含μ。对于一个特定的样本所构造的区间是一个常数区间，我们无法知道这个区间是否包含μ，因为它可能是包含μ的95个区间中的一个，也可能是未包含μ的5个区间中的一个。因此，一个特定的区间总是“绝对包含”或“绝对不包含”参数的真值，不存在“以多大的概率包含总体参数”的问题。置信水平只是告诉我们在多次估计得到的区间中大概有多少个区间包含参数的真值，而不是针对所抽取的这个样本所构建的区间而言的。

（3）在其他条件不变时，使用一个较大的置信水平会得到一个比较宽的置信区间，而使用一个较大的样本则会得到一个较准确（较窄）的区间。换言之，较宽的区间会有更大的可能性包含参数。但实际应用中，过宽的区间往往没有实际意义。比如，天气预报“下一年的降雨量是0～10 000mm”，虽然这很有把握，但有什么意义呢？另一方面，要求过于准确（过窄）的区间同样不一定有意义，因为过窄的区间虽然看上去很准确，但把握性就会降低，除非无限制增加样本量，而现实中样本量总是受限的。由此可见，区间估计总是要给结论留些余地。

图5-4展示了不同置信水平和不同样本量对置信区间的影响。

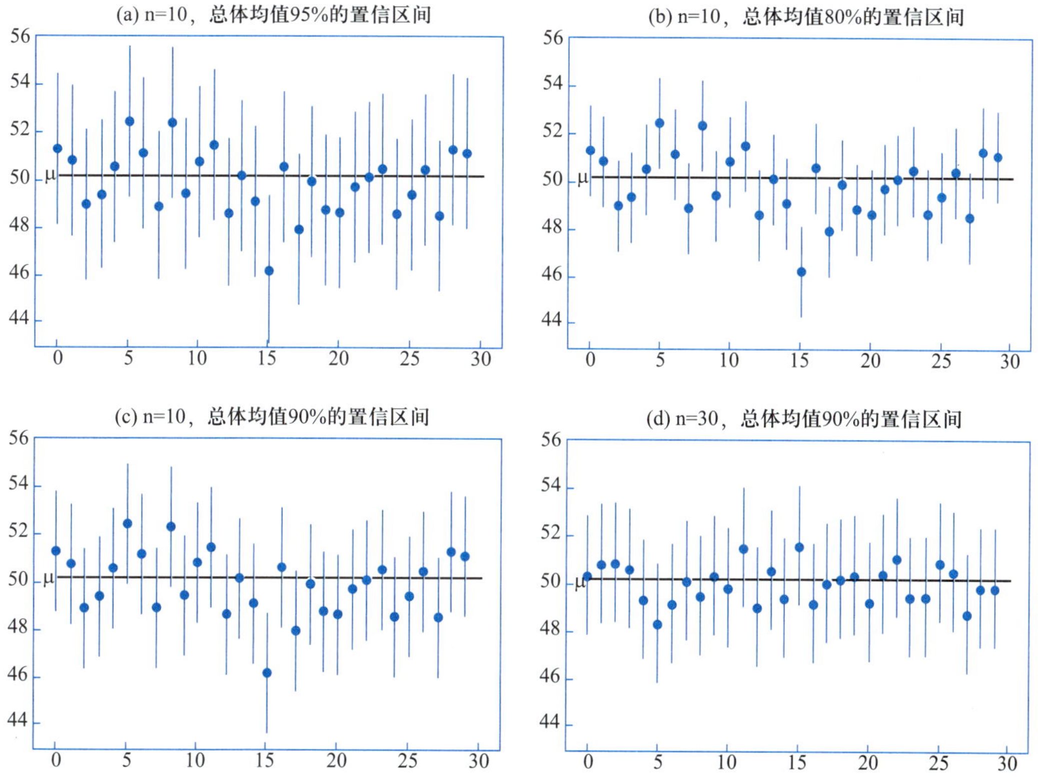

图5-4 置信水平和样本量对置信区间的影响

图5-4（a）和图5-4（b）是样本量相同（n=10）、置信水平不同（95%和80%）的总体均值的置信区间，结果显示，样本量相同时，置信水平越大，置信区间就越宽。图5-4（c）和图5-4（d）是样本量不同（n=10和n=30）、置信水平相同（均为90%）的总体均值的置信区间，结果显示，置信水平相同时，样本量越大，置信区间就越窄。

5.1.2 评量估计量的标准

用于估计总体参数 θ 的估计量 $\hat{\theta}$ 可以有很多。比如，可以用样本均值作为总体均值的估计量，也可以用样本中位数作为总体均值的估计量，等等。那么，究竟用哪种估计量作为总体参数的估计呢？自然要用估计效果比较好的那种估计量。什么样的估计量才算一个好的估计量呢？这就需要有一定的评量标准。统计学家给出了评量估计量的一些标准，主要有以下几个。

1. 无偏性

无偏性（unbiasedness）是指估计量抽样分布的期望值等于被估计的总体参数。设总体参数为 θ，所选择的估计量为 $\hat{\theta}$，如果 $E(\hat{\theta})=\theta$，则称 $\hat{\theta}$ 是 θ 的无偏估计量。图 5-5 显示了估计量无偏和有偏的情形。

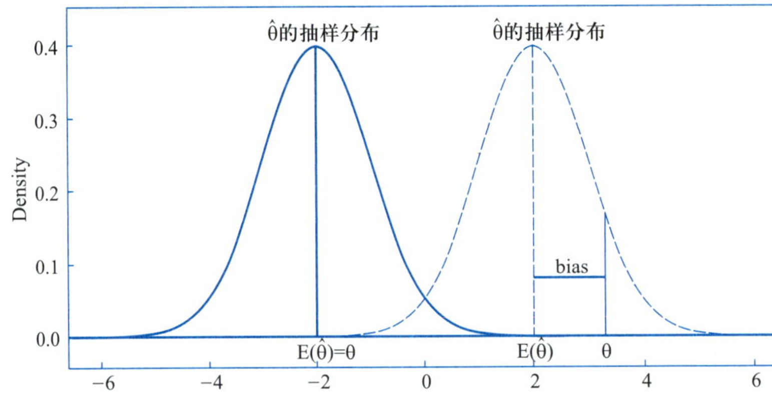

图 5-5 无偏和有偏估计量的情形

由统计量的抽样分布可知，$E(\bar{x})=\mu$，$E(p)=\pi$，$E(s^2)=\sigma^2$，因此 $\bar{x}$、p、s^2 分别是总体均值 μ、总体比例 π、总体方差 σ^2 的无偏估计量。

假定从均值为 50、方差为 100 的正态总体中，随机抽取 10 000 个样本量为 10 的样本，分别计算出 10 000 个样本均值的均值、样本中位数的均值和样本方差的均值，会发现样本均值和样本中位数都是总体均值的无偏估计量，而样本方差则是总体方差的无偏估计量。代码框 5-1 给出了无偏性模拟的代码和结果。

代码框 5-1 样本均值、样本中位数和样本方差的无偏性模拟

```
import numpy as np
x, m, v = [], [], []
n = 10
for i in range(10000):
    d = np.random.normal(loc=50, scale=10, size=n)
    x.append(np.mean(d))
    m.append(np.median(d))
    v.append(np.var(d, ddof=1))
```

```
print(f"样本均值的均值：{np.mean(x): .4f}\n样本中位数的均值：{np.mean(m): .4f}\n样本方差的均值：{np.mean(v):.4f}")          # 格式化输出
```

```
样本均值的均值：   49.9881
样本中位数的均值：50.0030
样本方差的均值：   100.2786
```

代码框 5-1 的结果显示，样本均值的均值和样本中位数的均值都非常接近总体均值（50），样本方差的均值接近总体方差（100）。由于是随机模拟，每次运行的结果都有差异，读者可以反复运行上述代码进行模拟。

2. 有效性

有效性（efficiency）是指估计量的方差大小。一个无偏的估计量并不意味着它就非常接近被估计的总体参数，估计量与参数的接近程度是用估计量的方差（或标准误）来度量的。对同一总体参数的多个无偏估计量，有更小方差的估计量更有效。假定有两个用于估计总体参数的无偏估计量，分别为 $\hat{\theta}_1$ 和 $\hat{\theta}_2$，它们的方差分别为 $D(\hat{\theta}_1)$ 和 $D(\hat{\theta}_2)$，如果 $\hat{\theta}_1$ 的方差小于 $\hat{\theta}_2$ 的方差，即 $D(\hat{\theta}_1)<D(\hat{\theta}_2)$，就称 $\hat{\theta}_1$ 是比 $\hat{\theta}_2$ 更有效的一个估计量。在无偏估计的条件下，估计量的方差越小，估计也就越有效。图 5-6 给出了两个无偏估计量 $\hat{\theta}_1$ 和 $\hat{\theta}_2$ 的抽样分布。可以看到，$\hat{\theta}_1$ 的方差比 $\hat{\theta}_2$ 的方差小，因此 $\hat{\theta}_1$ 的值比 $\hat{\theta}_2$ 的值更接近总体的参数，表明 $\hat{\theta}_1$ 是比 $\hat{\theta}_2$ 更有效的一个估计量。

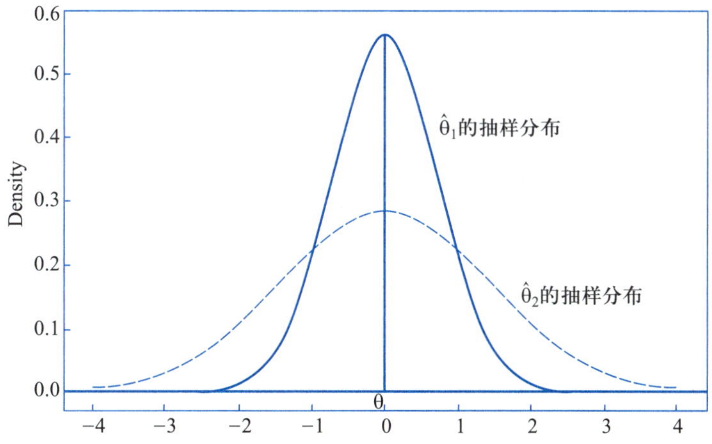

图 5-6 两个无偏估计量的抽样分布

假定从均值为 0、方差为 1 的正态总体中，随机抽取 10 000 个样本量为 10 的样本，分别计算出 10 000 个样本均值的方差和样本中位数的方差，会发现样本均值的方差小于样本中位数的方差。代码框 5-2 给出了有效性模拟的代码和结果。

代码框 5-2 的结果显示，样本均值的方差小于样本中位数的方差，这意味着样本均值是比样本中位数更有效的估计量。图 5-7 也显示样本均值的分布比样本中位数的分布更加集中。读者可按上述代码反复进行模拟，都会得到相同的结论。

代码框 5-2 样本均值和样本中位数的有效性模拟

```
# 样本均值和样本中位数的有效性模拟
import numpy as np
x, m = [], []
n = 10
for i in range(10000):
    d = np.random.normal(size=n)
    x.append(np.mean(d))
    m.append(np.median(d))

print("样本均值的方差：%.4f\n样本中位数的方差：%.4f" % (np.var(x, ddof=1), np.var
(m, ddof=1)))
```

```
样本均值的方差：  0.0992
样本中位数的方差：0.1356
```

```
# 绘制样本均值和样本中位数分布的直方图（图 5-7）
plt.rcParams['font.sans-serif'] = ['SimHei']
plt.rcParams['axes.unicode_minus']=False

def plot_dis(df, ax, xlabel):
    df.plot(bins=20, kind='hist', density=True, ax=ax, legend=False)
    df.plot(kind='density', linewidth=2, ax=ax, legend=False)
    ax.set_ylim(0, 1.3)
    ax.set_xlim(-1.5, 1.5)
    ax.set_xlabel(xlabel)
    ax.set_title(xlabel + '的分布')

plt.subplots(1, 2, figsize=(12, 5))
ax1 = plt.subplot(121)
plot_dis(pd.DataFrame(x), ax1,'样本均值')
ax2 = plt.subplot(122)
plot_dis(pd.DataFrame(m), ax2,'样本中位数')
plt.show()
```

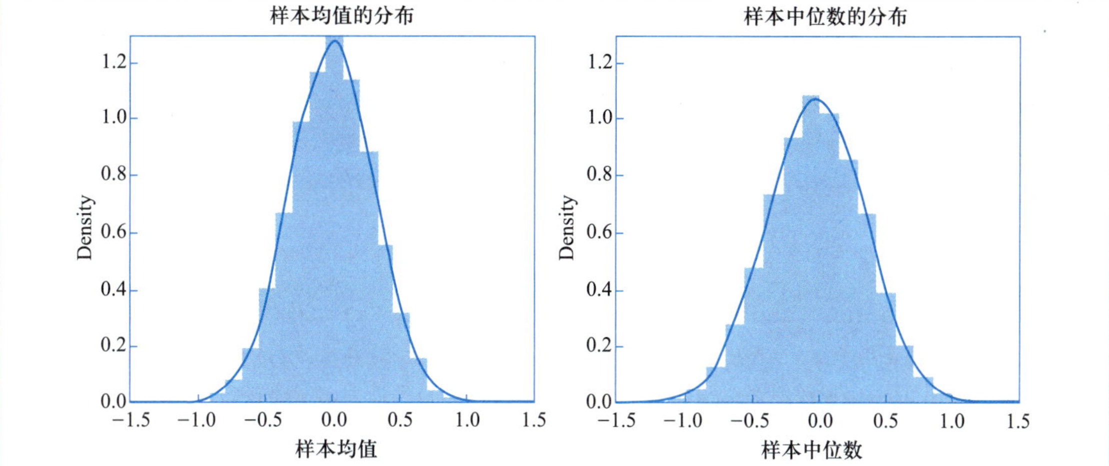

图 5-7　样本均值分布和样本中位数分布的直方图

3. 一致性

一致性（consistency）是指随着样本量的无限增大，统计量收敛于所估计总体的参数。换言之，一个大样本得到的估计量更接近总体参数。由于样本均值的标准误 $\sigma_{\bar{x}}=\sigma/\sqrt{n}$ 与样本量大小有关，样本量越大，$\sigma_{\bar{x}}$ 的值就越小。因此可以说，大样本量得到的估计量更接近于总体均值 μ。从这个意义上说，样本均值是总体均值的一个一致估计量。对于一致性，也可以用图 5-8 理解它的意义。

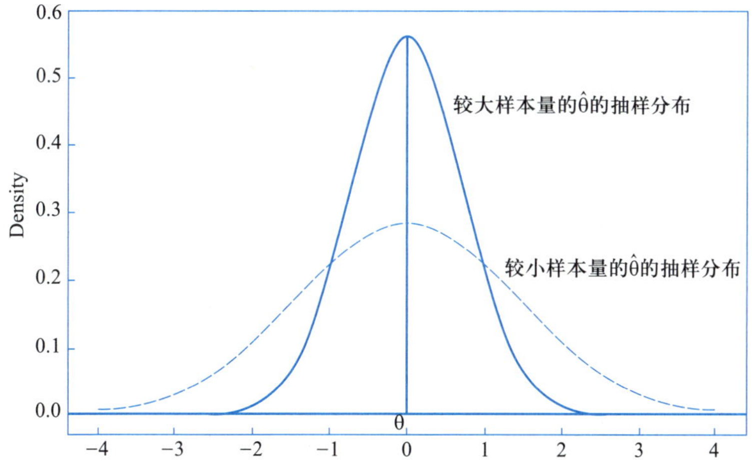

图 5-8　两个不同样本量的样本统计量的抽样分布

假定总体是均值为 50、方差为 100 的 1 000 个正态随机数，从该总体分别抽取样本量为 10、100、500、900 的样本，并计算出每个样本的均值，会发现样本均值随着样本量的增大而越来越接近总体均值。代码框 5-3 给出了一致性模拟的代码和结果。

代码框 5-3 的结果显示，随着样本量的增大，样本均值越来越接近总体均值。不设置随机数种子，按上述代码反复进行模拟会得到略有不同的结果。

代码框 5-3 样本均值的一致性模拟

```
# 总体均值和不同样本量的样本均值
import pandas as pd;import numpy as np
np.random.seed(2020)              # 设置随机数种子以再现结果
N = np.random.normal(loc=50, scale=10, size=1000)
mu = np.mean(N)

xbar10 = np.mean(np.random.choice(N, 10, replace=False))
xbar100 = np.mean(np.random.choice(N, 100, replace=False))
xbar500 = np.mean(np.random.choice(N, 500, replace=False))
xbar900 = np.mean(np.random.choice(N, 900, replace=False))

pd.DataFrame([mu, xbar10, xbar100, xbar500, xbar900], ['总体均值', 'xbar10',
'xbar100', 'xbar500', 'xbar900']).T
```

	总体均值	xbar10	xbar100	xbar500	xbar900
0	49.665586	48.45996	50.165167	49.568964	49.636309

```
# 样本均值与总体均值 mu 的差值 d
pd.DataFrame([{'d10':(xbar10-mu), 'd100': (xbar100-mu), 'd500': (xbar500-mu),
'd900': (xbar900-mu)}])
```

	d10	d100	d500	d900
0	-1.205625	0.499581	-0.096622	-0.029277

5.2 总体均值的区间估计

研究一个总体时，推断总体均值 μ 的统计量就是样本均值 $\bar{x}$。研究两个总体时，所关心的参数主要是两个总体均值之差（μ_1-μ_2），用于推断的统计量则是两个样本的均值之差（$\bar{x}_1$-$\bar{x}_2$）。

5.2.1 一个总体均值的估计

在对一个总体均值进行区间估计时，需要考虑抽取样本的总体是否为正态分布、总体方差是否已知、用于估计的样本是大样本（$n \geqslant 30$）还是小样本（$n<30$）等几种情形。不管哪种情形，总体均值的置信区间都是由样本均值加减估计误差得到的。估计误差由两部分组成：一是点估计量的标准误；二是估计时所要求的置信水平为（$1-\alpha$）时统计量分布两侧面积各为 $\alpha/2$ 时的分位数值。因此，总体均值在（$1-\alpha$）置信水平下的置信区间可一般性地表达为：

$$\bar{x} \pm (\text{分位数} \times \bar{x}\text{的标准误}) \tag{5.1}$$

1. 大样本的估计

在大样本（$n \geqslant 30$）情形下，由中心极限定理可知，样本均值 $\bar{x}$ 近似服从期望值为 μ、方差为 σ^2/n 的正态分布。样本均值经过标准化后则服从标准正态分布，即 $z=\dfrac{\bar{x}-\mu}{\sigma/\sqrt{n}} \sim N(0,1)$。

当总体标准差 σ 已知时，标准化时使用 σ；当 σ 未知时，则用样本标准差 s 代替。因此，可以由正态分布构建总体均值在（$1-\alpha$）置信水平下的置信区间。

当总体方差 σ^2 已知时，总体均值 μ 在（$1-\alpha$）置信水平下的置信区间为：

$$\bar{x} \pm z_{\alpha/2}\frac{\sigma}{\sqrt{n}} \tag{5.2}$$

式中，$\bar{x}-z_{\alpha/2}\dfrac{\sigma}{\sqrt{n}}$ 为置信下限，$\bar{x}+z_{\alpha/2}\dfrac{\sigma}{\sqrt{n}}$ 为置信上限；α 为事先确定的一个概率值，它是总体均值不包括在置信区间内的概率；（$1-\alpha$）为置信水平；$z_{\alpha/2}$ 为标准正态分布两侧面积各为 $\alpha/2$ 时的 z 值；$z_{\alpha/2}\dfrac{\sigma}{\sqrt{n}}$ 为估计误差。

当总体方差 σ^2 未知时，式（5.2）中的 σ 可以用 s 代替，这时总体均值 μ 在（$1-\alpha$）置信水平下的置信区间为：

$$\bar{x} \pm z_{\alpha/2}\frac{s}{\sqrt{n}} \tag{5.3}$$

【例 5-1】（数据：example5_1.csv）一家研究机构随机抽取 40 辆相同排气量的家用轿车，经过测试得到每百公里耗油量数据如表 5-1 所示。建立该排气量轿车平均耗油量的 90% 的置信区间。

表 5-1　40 辆轿车每百公里的耗油的数据　　单位：升

7.9	7.9	6.5	7.4	7.7	8.1	7.8	8.6
8.1	8.2	8.1	8.4	8.4	8.2	8.3	7.4
7.5	7.7	7.8	7.4	8.5	8.6	6.9	8.3
8.4	7.5	8.3	8.0	8.7	7.4	7.6	8.5
7.8	7.9	8.7	8.6	8.4	8.2	7.4	7.6

解： 虽然上述数据总体方差未知，但为大样本，可用样本方差来代替，用正态分布构建置信区间。代码和结果如代码框 5-4 所示。

代码框 5-4　计算一个总体均值的置信区间（大样本）

```
import pandas as pd;import numpy as np;import scipy.stats as st
example5_1 = pd.read_csv('C:/pydata/chap05/example5_1.csv', encoding='gbk')
int=st.norm.interval(0.90,loc=np.mean(example5_1),scale=st.sem(example5_1))
                # 样本均值=mean(example5_1); 均值的标准误=st.sem(example5_1)
```

```
np.round(int,4)     # 以数组形式返回置信区间
```

```
array([[7.8359],
       [8.0991]])
```

注： norm.interval 函数默认位置参数（样本均值）为 0，尺度参数（标准误）为 1。

该排气量轿车平均耗油量的 90% 的置信区间为 7.835 9～8.099 1 升。

2. 小样本的估计

在小样本（$n<30$）情形下，对总体均值的估计都是建立在总体服从正态分布的假定前提下[①]。如果正态总体的 σ 已知，样本均值经过标准化后仍然服从标准正态分布，此时可使用式（5.2）建立总体均值的置信区间。如果正态总体的 σ 未知，样本均值经过标准化后则服从自由度为 n-1 的 t 分布，即 $t=\dfrac{\bar{x}-\mu}{s/\sqrt{n}}\sim t(n-1)$。这时需要使用 t 分布构建总体均值的置信区间。在（1-α）置信水平下，总体均值的置信区间为：

$$\bar{x}\pm t_{\alpha/2}\frac{s}{\sqrt{n}} \tag{5.4}$$

【例 5-2】（数据：example5_2.csv）从一批袋装食品中随机抽取 25 袋，测得每袋重量如表 5-2 所示。假定食品重量服从正态分布，估计该批食品平均重量的置信区间，置信水平为 95%。

表 5-2 25 袋食品的重量 单位：kg

112.5	101.0	103.0	102.0	100.5
102.6	107.5	95.0	108.8	115.6
100.0	123.5	102.0	101.6	102.2
116.6	95.4	97.8	108.6	105.0
136.8	102.8	101.5	98.4	93.3

解：总体服从正态分布但 σ 未知，由于是小样本，样本均值经标准化后服从自由度为 n-1 的 t 分布，因此可按式（5.4）来建立置信区间。代码和结果如代码框 5-5 所示。

代码框 5-5 计算一个总体均值的置信区间（小样本）

```
import pandas as pd;import numpy as np;import scipy.stats as st
example5_2=pd.read_csv('C:/pydata/chap05/example5_2.csv', encoding='gbk')
int=st.t.interval(0.95,len(example5_2)-1,loc=np.mean(example5_2),scale=st.
sem(example5_2))
```

① 在估计之前首先应对总体的正态性进行检验，可以用直方图、茎叶图、P-P 图或 Q-Q 图进行初步评估，也可以使用 shapiro 检验和 K-S 检验等，具体内容见第 6 章。

```
# 默认自由度 len=n
np.round(int,4)                          # 以数组形式返回置信区间
```

```
array([[101.3748],
       [109.3452]])
```

注：`t.interval` 函数默认自由度为 n，位置参数（样本均值）为 0，尺度参数（标准误）为 1。

该批食品平均重量 95% 的置信区间为 101.374 8～109.345 2 千克。

5.2.2 两个总体均值差的估计

设两个总体的均值分别为 μ_1 和 μ_2，从两个总体中分别抽取样本量为 n_1 和 n_2 的两个随机样本，其样本均值分别为 $\bar{x}_1$ 和 $\bar{x}_2$。两个总体均值之差 $(\mu_1-\mu_2)$ 的点估计量显然是两个样本的均值之差 $(\bar{x}_1-\bar{x}_2)$。估计原理与一个总体均值的区间估计类似，置信区间仍然是点估计值 ± 估计误差。因此，两个总体均值之差 $(\mu_1-\mu_2)$ 在 $(1-\alpha)$ 置信水平下的置信区间可一般性地表示为：

$$(\bar{x}_1-\bar{x}_2) \pm \text{分位数} \times (\bar{x}_1-\bar{x}_2)\text{的标准误} \tag{5.5}$$

1. 独立大样本的估计

如果两个样本是从两个总体中独立抽取的，即一个样本中的元素与另一个样本中的元素相互独立，则称为**独立样本**（independent sample）。

如果两个样本都为大样本 ($n_1 \geqslant 30$ 和 $n_2 \geqslant 30$)，两个样本均值之差 $(\bar{x}_1-\bar{x}_2)$ 近似服从期望值为 $(\mu_1-\mu_2)$、方差为$(\sigma_1^2/n_1+\sigma_2^2/n_2)$的正态分布，两个样本均值之差经标准化后则服从标准正态分布，即：

$$z=\frac{(\bar{x}_1-\bar{x}_2)-(\mu_1-\mu_2)}{\sqrt{\dfrac{\sigma_1^2}{n_1}+\dfrac{\sigma_2^2}{n_2}}} \sim N(0,1) \tag{5.6}$$

当两个总体的方差 σ_1^2 和 σ_2^2 都已知时，两个总体均值之差 $(\mu_1-\mu_2)$ 在 $(1-\alpha)$ 置信水平下的置信区间为：

$$(\bar{x}_1-\bar{x}_2) \pm z_{\alpha/2}\sqrt{\frac{\sigma_1^2}{n_1}+\frac{\sigma_2^2}{n_2}} \tag{5.7}$$

当两个总体的方差σ_1^2和σ_2^2未知时，可用两个样本方差s_1^2和s_2^2来代替，这时，两个总体均值之差 $(\mu_1-\mu_2)$ 在 $(1-\alpha)$ 置信水平下的置信区间为：

$$(\bar{x}_1-\bar{x}_2) \pm z_{\alpha/2}\sqrt{\frac{s_1^2}{n_1}+\frac{s_2^2}{n_2}} \tag{5.8}$$

【例 5-3】（数据：example5_3.csv）为研究男女工资的差异，从某行业中随机抽取男女员工各 40 人，得到的月工资数据如表 5-3 所示。建立男女平均工资之差的 95% 的置信区间。

解： 设 μ_1 为男性工资，μ_2 为女性工资，计算 $(\mu_1-\mu_2)$ 置信区间的代码和结果如代码框 5-6 所示。

男女平均工资之差的 95% 的置信区间为 1 826.051 6～2 212.398 4 元。

表 5-3 男女员工的月工资数据 单位：元

男性工资				女性工资			
7 919	7 444	8 073	7 549	5 474	5 433	5 815	6 295
7 556	8 497	8 242	7 809	6 475	6 281	6 255	5 895
7 890	7 752	9 122	8 147	5 744	6 053	6 761	5 628
8 219	8 472	8 073	8 312	6 028	5 967	6 268	5 892
8 778	7 771	8 130	7 696	6 420	6 023	5 173	6 127
8 277	7 034	8 434	7 734	5 654	5 551	6 088	6 508
8 753	8 321	7 858	8 062	6 293	6 611	6 373	6 090
8 201	7 644	7 834	8 778	5 719	5 883	5 816	5 829
8 867	7 513	8 113	7 855	6 610	5 700	5 851	6 016
7 108	7 564	7 919	9 204	6 349	6 890	6 008	5 909

代码框 5-6 计算两个总体均值之差的置信区间（独立大样本）

```
import pandas as pd;import numpy as np;from scipy.stats import norm
example5_3 = pd.read_csv('C:/pydata/chap05/example5_3.csv', encoding='gbk')
x1 = example5_3['男性工资']; x2 = example5_3['女性工资']

conf_level = 0.95
xbar1 = x1.mean(); s1 = x1.std(); n1 = len(x1)
xbar2 = x2.mean(); s2 = x2.std(); n2 = len(x2)

interval = norm.interval(alpha=conf_level, loc=(xbar1 - xbar2), scale=np.
sqrt(s1**2/n1 + s2**2/n2))
print(f"男女平均工资之差的 95% 的置信区间: {np.round(interval, 2)}")
```

```
男女平均工资之差的 95% 的置信区间: [1826.0516 2212.3984]
```

2. 独立小样本的估计

当两个样本均为独立小样本（$n_1<30$ 和 $n_2<30$）时，为估计两个总体均值之差，需要假定两个总体都服从正态分布。当两个总体方差σ_1^2和σ_2^2已知时，两个样本均值之差经标准化后服从标准正态分布，此时可按式（5.7）建立两个总体均值之差的置信区间。当σ_1^2和σ_2^2未知时，有以下几种情形。

（1）当两个总体的方差未知但相等时，即$\sigma_1^2=\sigma_2^2=\sigma^2$，需要用两个样本的方差$s_1^2$和$s_2^2$来估计$\sigma^2$。这时，需要将两个样本的数据合并在一起，以得到$\sigma^2$的合并估计量$s_p^2$，其计算公式为：

$$s_p^2=\frac{(n_1-1)s_1^2+(n_2-1)s_2^2}{n_1+n_2-2} \tag{5.9}$$

这时，两个样本均值之差经标准化后服从自由度为（n_1+n_2-2）的 t 分布，即：

$$t=\frac{(\bar{x}_1-\bar{x}_2)-(\mu_1-\mu_2)}{s_p\sqrt{\dfrac{1}{n_1}+\dfrac{1}{n_2}}}\sim t(n_1+n_2-2) \tag{5.10}$$

因此，两个总体均值之差 $(\mu_1-\mu_2)$ 在 $(1-\alpha)$ 置信水平下的置信区间为：

$$(\bar{x}_1-\bar{x}_2)\pm t_{\alpha/2}(n_1+n_2-2)\sqrt{s_p^2\left(\frac{1}{n_1}+\frac{1}{n_2}\right)} \tag{5.11}$$

（2）当两个总体的方差未知且不相等时，即 $\sigma_1^2\neq\sigma_2^2$，两个样本均值之差经标准化后近似服从自由度为 v 的 t 分布，自由度 v 的计算公式为：

$$v=\frac{\left(\dfrac{s_1^2}{n_1}+\dfrac{s_2^2}{n_2}\right)^2}{\dfrac{(s_1^2/n_1)^2}{n_1-1}+\dfrac{(s_2^2/n_2)^2}{n_2-1}} \tag{5.12}$$

两个总体均值之差 $(\mu_1-\mu_2)$ 在 $(1-\alpha)$ 置信水平下的置信区间为：

$$(\bar{x}_1-\bar{x}_2)\pm t_{\alpha/2}(v)\sqrt{\frac{s_1^2}{n_1}+\frac{s_2^2}{n_2}} \tag{5.13}$$

【例 5-4】（数据：example5_4.csv）为估计两种方法组装产品所需时间的差异，分别对两种不同的组装方法各随机安排 12 个工人，每个工人组装一件产品所需的时间如表 5-4 所示。假定两种方法组装产品的时间服从正态分布。以 95% 的置信水平建立两种方法组装产品所需平均时间差值的置信区间。

（1）假定 $\sigma_1^2=\sigma_2^2$；

（2）假定 $\sigma_1^2\neq\sigma_2^2$。

表 5-4 两种方法组装产品所需的时间 单位：分钟

方法一	方法二
28.3	27.6
30.1	22.2
29.0	31.0
37.6	33.8
32.1	20.0
28.8	30.2
36.0	31.7

续表

方法一	方法二
37.2	26.0
38.5	32.0
34.4	31.2
28.0	33.4
30.0	26.5

解：代码和结果如代码框 5-7 所示。

代码框 5-7　计算两个总体均值之差的置信区间（独立小样本）

```
# 平均时间差值 95% 的置信区间（假设方差相等）
import pandas as pd;import numpy as np
from scipy.stats import t;from statsmodels.stats.weightstats import ttest_ind

example5_4 = pd.read_csv('C:/pydata/chap05/example5_4.csv', encoding='gbk')
x1 = example5_4['方法一']; x2 = example5_4['方法二']

conf_level = 0.95
xbar1 = x1.mean(); xbar2 = x2.mean()

t_value, p_value, df = ttest_ind(x1=x1, x2=x2, alternative='two-sided', usevar=
'pooled')   # 使用式（5.9）计算方差的合并估计量
interval = t.interval(alpha=conf_level, df=df, loc=(xbar1-xbar2),
scale=(xbar1-xbar2)/t_value)
print(f"方法一的平均时间为{xbar1: .2f}，方法二的平均时间为{xbar2: .2f}\
\n假定方差相等，两方法组装时间差值 95% 的置信区间为{np.round(interval, 4)}")
```

```
方法一的平均时间为 32.50，方法二的平均时间为 28.80
假定方差相等，两方法组装时间差值 95% 的置信区间为 [0.1403 7.2597]
```

```
# 平均时间差值 95% 的置信区间（假设方差不相等）
t_value, p_value, df = ttest_ind(x1=x1, x2=x2, alternative='two-sided', usevar=
'unequal')
interval = t.interval(alpha=conf_level, df=df, loc=(xbar1-xbar2), scale=
(xbar1-xbar2)/t_value)
print(f"方法一的平均时间为{xbar1}，方法二的平均时间为{xbar2: .2f}\
\n假定方差不相等，两方法组装时间差值 95% 的置信区间为{np.round(interval, 4)}\
\n自由度为{df: .4f}")
```

```
方法一的平均时间为 32.5，方法二的平均时间为 28.80
假定方差不相等，两方法组装时间差值 95% 的置信区间为 [0.1384 7.2616]
自由度为 21.8029
```

假定$\sigma_1^2=\sigma_2^2$时，两种方法组装产品所需平均时间之差95%的置信区间为0.140 3～7.259 7分钟。假定$\sigma_1^2\neq\sigma_2^2$时，两种方法组装产品所需平均时间之差95%的置信区间为0.138 4～7.261 6分钟。

3. 配对样本的估计

在上面的例5-4中，使用的是两个独立样本，但使用独立样本估计两个总体均值之差时存在潜在弊端。比如，在对每种方法随机指派12个工人时，偶尔可能会将技术比较差的12个工人指派给方法1，而将技术较好的12个工人指派给方法2。这种不公平的指派可能会掩盖两种方法组装产品所需时间的真正差异。

为解决这一问题，可以使用**配对样本**（paired sample），即一个样本中的数据与另一个样本中的数据相对应，这样的数据通常是对同一个体所做的前后两次测量。比如，先指定12个工人用第一种方法组装产品，再让这12个工人用第二种方法组装产品，这样得到的两种方法组装产品的时间数据就是配对数据。

使用配对样本进行估计时，在大样本条件下，两个总体均值之差$\mu_d=\mu_1-\mu_2$在$(1-\alpha)$置信水平下的置信区间为：

$$\bar{d}\pm z_{\alpha/2}\frac{\sigma_d}{\sqrt{n}} \tag{5.14}$$

式中：d为两个配对数据的差值；$\bar{d}$为各差值的均值；σ_d为各差值的标准差。当总体σ_d未知时，可用样本差值的标准差s_d来代替。

在小样本情形下，假定两个总体各观察值的配对差服从正态分布。两个总体均值之差$\mu_d=\mu_1-\mu_2$在$(1-\alpha)$置信水平下的置信区间为：

$$\bar{d}\pm t_{\alpha/2}(n-1)\frac{s_d}{\sqrt{n}} \tag{5.15}$$

【例5-5】（数据：example5_5.csv）由10名学生组成一个随机样本，让他们分别采用A和B两套试卷进行测试，结果如表5-5所示。假定两套试卷分数之差服从正态分布，建立两套试卷平均分数之差$\mu_d=\mu_1-\mu_2$ 95%的置信区间。

表5-5 10名学生两套试卷的测试得分

学生编号	试卷A	试卷B
1	78	71
2	63	44
3	72	61
4	89	84

续表

学生编号	试卷 A	试卷 B
5	91	74
6	49	51
7	68	55
8	76	60
9	85	77
10	55	39

解：代码和结果如代码框 5-8 所示。

代码框 5-8　计算两个总体均值之差的置信区间（配对样本）

```
import pandas as pd;import numpy as np;from scipy.stats import t
example5_5 = pd.read_csv('C:/pydata/chap05/example5_5.csv', encoding='gbk')
x1 = example5_5['试卷 A']; x2 = example5_5['试卷 B']
d = x1 - x2

conf_level = 0.95
dbar = d.mean(); sd = d.std(); n = len(d)

interval = t.interval(alpha=conf_level, df=n-1, loc=dbar, scale=sd/
np.sqrt(n))
print(f"两套试卷分数之差的 95% 的置信区间为：{np.round(interval, 4)}")
```

```
两套试卷分数之差的 95% 的置信区间为：[ 6.3273 15.6727]
```

两套试卷所产生的分数之差 95% 的置信区间为 6.327 3～15.672 7 分。

5.3 总体比例的区间估计

研究一个总体时，推断总体比例 π 使用的统计量为样本比例 p。研究两个总体时，所关注的参数是两个总体的比例之差（$\pi_1-\pi_2$），用于推断的统计量则是两个样本的比例之差（p_1-p_2）。

5.3.1 一个总体比例的估计

推断总体比例时，同样需要考虑样本量的大小。当样本量非常大时，可采用传统的估计方法。对于小样本或中等大小的样本，需要对样本量和试验成功的次数做出修正以改进估计的区间。

1. 大样本的估计方法

由样本比例 p 的抽样分布可知，当样本量足够大时[①]，p 近似服从期望值为 $E(p)=\pi$、方差为 $\sigma_p^2=\pi(1-\pi)/n$ 的正态分布。样本比例经标准化后则服从标准正态分布，即 $z=\dfrac{p-\pi}{\sqrt{\pi(1-\pi)/n}}\sim N(0,1)$。因此，可由正态分布建立总体比例的置信区间。与总体均值的区间估计类似，总体比例的置信区间由 π 的点估计值 $p\pm$ 估计误差得到。π 在 $(1-\alpha)$ 置信水平下的置信区间可一般地表达为：

$$P\pm(\text{分位数}\times p\text{的标准误})\tag{5.16}$$

适用于大样本的传统方法得到的总体比例 π 在 $(1-\alpha)$ 置信水平下的置信区间为：

$$p\pm z_{\alpha/2}\sqrt{\frac{p(1-p)}{n}}\tag{5.17}$$

式中：$z_{\alpha/2}$ 是标准正态分布两侧面积各为 $\alpha/2$ 时的 z 值；$z_{\alpha/2}\sqrt{\dfrac{p(1-p)}{n}}$ 是估计误差。

【例 5-6】 某城市想要进行一项交通措施改革，为征求市民对该项改革措施的意见，在成年人中随机调查了 500 个市民，其中 325 人赞成改革措施。用 95% 的置信水平估计该城市成年人口中赞成该项改革的人数比例的置信区间。

解： 代码和结果如代码框 5-9 所示。

代码框 5-9 计算一个总体比例的置信区间（大样本）

```
import numpy as np;from scipy.stats import norm

conf_level = 0.95
n = 500; x = 325
p = x / n

interval = norm.interval(alpha=conf_level, loc=p, scale=np.sqrt(p*(1-p)/n))
print(f"赞成该项改革的人数比例 95% 置信区间为：{np.round(interval, 4)}")
```

```
赞成该项改革的人数比例 95% 置信区间为：[0.6082 0.6918]
```

该城市成年人中赞成该项改革的比例 95% 的置信区间：大样本的正态近似区间为（0.608 2，0.691 8）。

2. 任意大小样本的估计方法

大样本的估计方法至今仍被广泛使用，但按该方法计算出来的置信水平为 $(1-\alpha)$ 的置信区间能够覆盖总体真实比例的概率通常小于 $(1-\alpha)$，即使大样本也是如此（除非样本量非常大），更不可能应用于小样本。因此，对于任意大小的样本，可以通过修正试验次数（样本量）n 和

---

① 对于总体比例的估计，确定样本量是否“足够大”的一般经验规则是：区间 $p\pm2\sqrt{p(1-p)/2}$ 中不包含 0 或 1，或者要求 $np\geqslant10$ 和 $n(1-p)\geqslant10$。

样本比例 p 的值让置信区间有所改进。

研究发现，对于任意大小的样本，将试验次数（样本量）n 加上 4，即用 $\tilde{n}=n+4$ 代替 n；将试验成功的次数 x 加上 2，即用 $\tilde{p}=(x+2)/\tilde{n}$ 代替 p，可以改进置信区间。由此得到的总体比例 π 在 $(1-\alpha)$ 置信水平下的置信区间为：

$$\tilde{p}\pm z_{\alpha/2}\sqrt{\frac{\tilde{p}(1-\tilde{p})}{\tilde{n}}} \tag{5.18}$$

该区间也称为 Agresti-Coull 区间（由 Alan Agresti 和 Brent Coull 得出，以其姓氏命名）。对于任意大小的样本，都可以使用式（5.18）来计算总体比例的置信区间。只是在样本较小时，偶尔会有区间下限小于 0 或区间上限大于 1 的情形发生。此时可用 0 代替小于 0 的下限，用 1 代替大于 1 的上限。对于非常大的样本，大样本的估计方法和任意大小样本的估计方法结果几乎相同，但对于小样本或中等样本，使用式（5.18）更合适。

【例 5-7】沿用例 5-6。用 95% 的置信水平估计该城市成年人中赞成该项改革的人数比例的置信区间。

解：代码和结果如代码框 5-10 所示。

代码框 5-10 计算一个总体比例的置信区间（任意大小样本）

```
import numpy as np;from scipy.stats import norm

conf_level = 0.95
n1 = 500 + 4
p1 = (325 + 2) / n1

interval = norm.interval(alpha=conf_level, loc=p1, scale=np.sqrt(p1*(1-p1)
/n1))
print(f"赞成该项改革人数比例的 95% 的置信区间为：{np.round(interval, 4)}")
```

```
赞成该项改革人数比例的 95% 的置信区间为：[0.6071 0.6905]
```

该城市成年人中赞成该项改革人数比例的 95% 的置信区间为 60.71%～69.05%。

由于本例的样本量较大，两种方法得到的结果几乎相同。但对于中小样本，二者会有一定差异。因此，这里推荐使用任意大小样本的估计方法。

5.3.2 两个总体比例差的估计

对两个总体比例之差的估计同样需要考虑两个样本量的大小。当两个样本量都非常大时，可采用传统的估计方法。对于两个小样本或中等大小的样本，需要对样本量和试验成功的次数做出修正以改进估计的区间。

1. 两个大样本的估计方法

两个总体比例之差的区间估计原理与一个总体比例的区间估计相同，（$\pi_1-\pi_2$）的置信区间

由点估计值 (p_1-p_2) ± 估计误差得到，即

$$(p_1-p_2)\pm 分位数\times(p_1-p_2)的标准误 \tag{5.19}$$

设两个总体均服从二项分布，即 $X_1 \sim B(n_1,p_1)$，$X_2 \sim B(n_2,p_2)$。x_1 为 n_1 次独立 Bernoulli 试验成功的次数，p_1 为成功的概率，x_2 为 n_2 次独立 Bernoulli 试验成功的次数，p_2 为成功的概率。由样本比例的抽样分布可知，从两个二项总体中抽出两个独立大样本，两个样本比例之差近似服从正态分布，而两个样本的比例之差经标准化后则服从标准正态分布，即

$$z=\frac{(p_1-p_2)-(\pi_1-\pi_2)}{\sqrt{\dfrac{\pi_1(1-\pi_1)}{n_1}+\dfrac{\pi_2(1-\pi_2)}{n_2}}} \tag{5.20}$$

由于两个总体的比例 π_1 和 π_2 未知，用样本比例 p_1 和 p_2 代替。因此，根据正态分布建立的两个总体比例之差（$\pi_1-\pi_2$）在 $(1-\alpha)$ 置信水平下的置信区间为：

$$(p_1-p_2)\pm z_{\alpha/2}\sqrt{\frac{p_1(1-p_1)}{n_1}+\frac{p_2(1-p_2)}{n_2}} \tag{5.21}$$

【例 5-8】在某档电视节目的收视率调查中随机调查 500 名女性观众，有 225 人收看了该节目；随机调查 400 名男性观众，有 128 人收看了该节目。用 95% 的置信水平估计女性与男性收视率差值的置信区间。

解：设女性收视率为 p_1，男性收视率为 p_2。代码和结果如代码框 5-11 所示。

代码框 5-11 计算两个总体比例之差的置信区间（大样本）

```
# 女性与男性收视率差值的 95% 的置信区间（两个大样本）
import numpy as np;from scipy.stats import norm

conf_level = 0.95
n1 = 500; n2 = 400
p1 = 225/n1; p2 = 128/n2
interval = norm.interval(alpha=conf_level, loc=(p1-p2),
                         scale=np.sqrt(p1*(1-p1)/n1 + p2*(1-p2)/n2))
print(f"女性与男性收视率差值的 95% 的置信区间为：{np.round(interval, 4)}")
```

```
女性与男性收视率差值的 95% 的置信区间为：[0.0668 0.1932]
```

女性与男性收视率差值的 95% 的置信区间为 6.68%～19.32%。

2. 两个任意大小样本的估计方法

研究表明，对于两个任意大小的样本，只要对 n_1 和 n_2、p_1 和 p_2 略加修正就可以改进估计区间。具体做法是，将试验次数（样本量）n_1 和 n_2 各加上 2，即用 $\tilde{n}_1=n_1+2$ 代替 n_1，用 $\tilde{n}_2=n_2+2$ 代替 n_2；将试验成功的次数 x_1 和 x_2 各加上 1，即用 $\tilde{p}_1=(x_1+1)/\tilde{n}_1$ 代替 p_1，用 $\tilde{p}_2=(x_2+1)/\tilde{n}_2$ 代替 p_2，由此得到的两个总体比例之差 $(\pi_1-\pi_2)$ 在 $(1-\alpha)$ 置信水平下的置信区间为：

$$(\tilde{p}_1-\tilde{p}_2)\pm z_{\alpha/2}\sqrt{\frac{\tilde{p}_1(1-\tilde{p}_1)}{\tilde{n}_1}+\frac{\tilde{p}_2(1-\tilde{p}_2)}{\tilde{n}_2}} \tag{5.22}$$

该区间也称为 Agresti-Coull 区间（由 Alan Agresti 和 Brent Coull 得出，以其姓氏命名）。对于任意大小的两个样本，可以使用式（5.22）来计算两个总体比例之差的置信区间。如果有区间下限小于 0 或区间上限大于 1 的情形发生，可用 0 代替小于 0 的下限，用 1 代替大于 1 的上限。对于非常大的两个样本，大样本估计方法和任意大小样本估计方法的结果几乎相同，但对于两个小样本或中等样本，任意大小样本估计方法更适用，因此推荐使用该方法。

【例 5-9】 沿用例 5-8。用 95% 的置信水平估计女性与男性收视率差值的置信区间。

解： 设女性收视率为 p_1，男性收视率为 p_2。代码和结果如代码框 5-12 所示。

代码框 5-12 计算两个总体比例之差的置信区间（任意大小样本）

```
# 女性与男性收视率差值的 95% 的置信区间（两个任意大小样本）
import numpy as np;from scipy.stats import norm

conf_level = 0.95
n1 = 500+2; n2 = 400+2
p1 = (225+1)/n1; p2 = (128+1)/n2
interval = norm.interval(alpha=conf_level, loc=(p1-p2),
                         scale=np.sqrt(p1*(1-p1)/n1 + p2*(1-p2)/n2))
print(f"女性与男性收视率差值的 95% 的置信区间为：{np.round(interval, 4)}")
```

```
女性与男性收视率差值的 95% 的置信区间为：[0.0662 0.1924]
```

即女性与男性收视率差值 95% 的置信区间为 6.62%～19.24%。

5.4 总体方差的区间估计

研究一个总体时，推断总体方差 σ^2 的统计量是样本方差 s^2。研究两个总体时，所关注的参数是两个总体的方差比 σ_1^2/σ_2^2，用于推断的统计量则是两个样本的方差比 s_1^2/s_2^2。

5.4.1 一个总体方差的估计

估计总体方差时，首先假定总体服从正态分布。其原理与总体均值和总体比例的区间估计不同，不再是点估计量 ± 估计误差。因为样本方差的抽样分布服从自由度为 $(n-1)$ 的 χ^2 分布，所以需要用 χ^2 分布构造总体方差的置信区间。由于 χ^2 分布是不对称分布，无法由点估计值 ± 估计误差得到总体方差的置信区间。

若给定置信水平 $(1-\alpha)$，用 χ^2 分布构造总体方差 σ^2 的置信区间，其原理可用下面的图 5-9 表示。

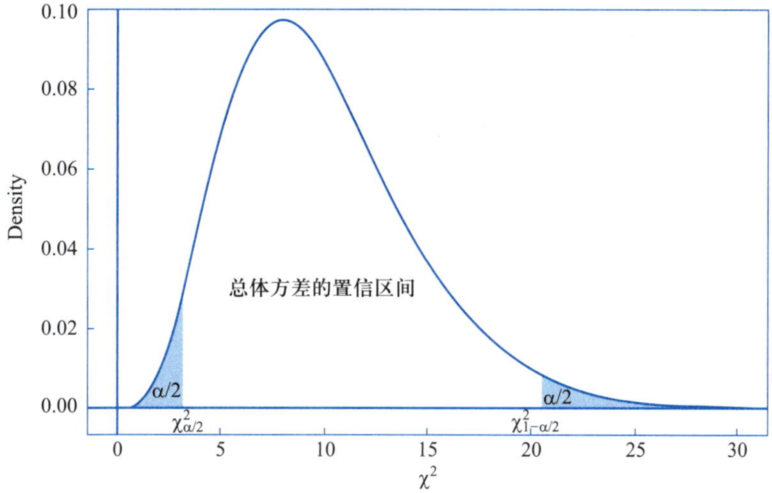

图 5-9 总体方差（1-α）100% 的置信区间

由图 5-9 可以看出，建立总体方差 σ^2 的置信区间，也就是要找到一个 χ^2 值，使其满足 $\chi^2_{\alpha/2} \leqslant \chi^2 \leqslant \chi^2_{1-\alpha/2}$，由于 $\dfrac{(n-1)s^2}{\sigma^2} \sim \chi^2(n-1)$，可用它来代替 χ^2，于是有：

$$\chi^2_{\alpha/2} \leqslant \frac{(n-1)s^2}{\sigma^2} \leqslant \chi^2_{1-\alpha/2} \tag{5.23}$$

根据式（5.23）可推导出总体方差 σ^2 在 $(1-\alpha)$ 置信水平下的置信区间为：

$$\frac{(n-1)s^2}{\chi^2_{1-\alpha/2}} \leqslant \sigma^2 \leqslant \frac{(n-1)s^2}{\chi^2_{\alpha/2}} \tag{5.24}$$

【例 5-10】（数据：example5_2.csv）沿用例 5-2。以 95% 的置信水平建立该种食品重量方差与标准差的置信区间。

解：代码和结果如代码框 5-13 所示。

代码框 5-13 计算一个总体方差的置信区间

```
# 食品重量方差的 95% 的置信区间
import pandas as pd;from scipy.stats import chi2
example5_2 = pd.read_csv('C:/pydata/chap05/example5_2.csv', encoding='gbk')
x = example5_2['食品重量']

conf_level = 0.95
sigma2 = x.var(); n = len(x)

LCI = (n-1) * sigma2 / chi2.ppf(q=(1+conf_level)/2, df=n-1)
UCI = (n-1) * sigma2 / chi2.ppf(q=(1-conf_level)/2, df=n-1)
print(f"食品重量方差的 95% 的置信区间为: [{LCI: .5f} {UCI: .5f}]")
```

```
食品重量方差的 95% 的置信区间为：[ 56.82897  180.38811]
```

$56.82897 \leqslant \sigma^2 \leqslant 180.38811$。相应地，总体标准差 95% 的置信区间则为 $7.54 \leqslant \sigma \leqslant 13.43$。

5.4.2 两个总体方差比的估计

在实际问题中，经常会遇到比较两个总体方差的问题。比如，希望比较用两种不同方法生产的产品性能的稳定性，比较不同测量工具的精确度，等等。

由于两个样本的方差比服从 $F(n_1-1,n_2-1)$ 分布，因此可用 F 分布构造两个总体方差比 σ_1^2/σ_2^2 的置信区间，其原理可用图 5-10 来表示。

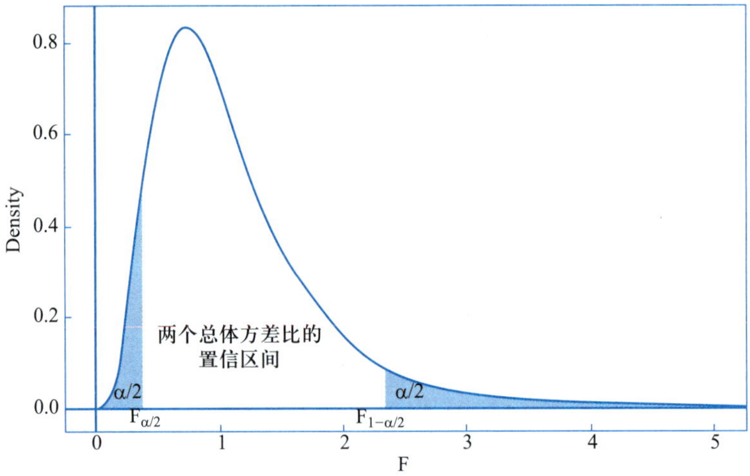

图 5-10 两个总体方差比的置信区间

建立两个总体方差比的置信区间，也就是要找到一个 F 值使其满足 $F_{\alpha/2} \leqslant F \leqslant F_{1-\alpha/2}$。由于 $\frac{s_1^2}{s_2^2}\cdot\frac{\sigma_2^2}{\sigma_1^2} \sim F(n_1-1,n_2-1)$，可用它来代替 F，于是有

$$F_{\alpha/2} \leqslant \frac{s_1^2}{s_2^2}\cdot\frac{\sigma_2^2}{\sigma_1^2} \leqslant F_{1-\alpha/2} \tag{5.25}$$

根据式（5.25）可以推导出两个总体方差比在 $(1-\alpha)$ 置信水平下的置信区间为：

$$\frac{s_1^2/s_2^2}{F_{1-\alpha/2}} \leqslant \frac{\sigma_1^2}{\sigma_2^2} \leqslant \frac{s_1^2/s_2^2}{F_{\alpha/2}} \tag{5.26}$$

式中，$F_{\alpha/2}$ 和 $F_{1-\alpha/2}$ 分别是分子自由度为 (n_1-1)、分母自由度为 (n_2-1) 的 F 分布两侧面积为 $\alpha/2$ 和 $1-\alpha/2$ 的分位数。

【例 5-11】（数据：example5_4.csv）沿用例 5-4。以 95% 的置信水平建立两种方法组装产品所需时间方差比的置信区间。

解： 代码和结果如代码框 5-14 所示。

代码框 5-14　计算两个总体方差比的置信区间

```
# 两种方法组装产品所需时间方差比的置信区间
import pandas as pd;import numpy as np;from scipy.stats import f
example5_4 = pd.read_csv('C:/pydata/chap05/example5_4.csv', encoding='gbk')
x1 = example5_4['方法一']; x2 = example5_4['方法二']

conf_level = 0.95
var1 = x1.var(); var2 = x2.var()
n1 = len(x1); n2 = len(x2)

LCI = (var1/var2) / f.ppf(q=(1+conf_level)/2, dfn=n1-1, dfd=n2-1)
UCI = (var1/var2) / f.ppf(q=(1-conf_level)/2, dfn=n1-1, dfd=n2-1)
print(f"两种方法组装产品所需时间方差比的置信区间为：[{LCI: .5f} {UCI: .5f}]")
```

```
两种方法组装产品所需时间方差比的置信区间为：[ 0.23788  2.87044]
```

$0.23788 \leqslant \sigma_1^2/\sigma_2^2 \leqslant 2.87044$，两种方法组装产品所需时间方差比的 95% 的置信区间为（0.237 88，2.870 44）。

习题

5.1　某大学为了解学生每天上网的时间，在全校学生中随机抽取 36 人，调查他们每天上网的时间，得到的数据（单位：小时）如下：

3.3	3.1	6.2	5.8	2.3	4.1	5.4	4.5	3.2
4.4	2.0	5.4	2.6	6.4	1.8	3.5	5.7	2.3
2.1	1.9	1.2	5.1	4.3	4.2	3.6	0.8	1.5
4.7	1.4	1.2	2.9	3.5	2.4	0.5	3.6	2.5

求该校大学生平均上网时间的置信区间，置信水平分别为 90%、95% 和 99%。

5.2　某小区共有居民 500 户，小区管理者准备采取一项新的供水设施，想了解居民是否赞成。采取重复抽样方法随机抽取 50 户，其中有 32 户赞成，18 户反对。估计总体中赞成采用新设施的户数比例的置信区间，置信水平为 95%。

5.3　顾客到银行办理业务时往往需要等待一些时间，等待时间的长短与许多因素有关，比如，银行的业务员办理业务的速度、顾客等待排队的方式等。为此，某银行准备采取两种排队方式进行试验，第一种排队方式是所有顾客都进入一个等待队伍；第二种排队方式是顾客在三个业务窗口处排队等待。为比较哪种排队方式使顾客等待的时间更短，银行各随机抽取 10 名顾客，他们在办理业务时等待的时间（单位：分钟）如下：

方式 1	6.5	6.6	6.7	6.8	7.1	7.3	7.4	7.7	7.7	7.7
方式 2	4.2	5.4	5.8	6.2	6.7	7.7	7.7	8.5	9.3	10.0

（1）构建第一种排队方式等待时间均值的 95% 的置信区间。

（2）构建第二种排队方式等待时间方差的 95% 的置信区间。

（3）构建两种方式排队时间均值差值的 95% 的置信区间：① 假设 $\sigma_1^2=\sigma_2^2$；② 假设 $\sigma_1^2 \neq \sigma_2^2$。

5.4 一家人才测评机构对随机抽取的 10 名小企业的经理人用两种方法进行自信心测试，得到的自信心测试分数如下：

人员编号	方法 1	方法 2
1	78	71
2	63	44
3	72	61
4	89	84
5	91	74
6	49	51
7	68	55
8	76	60
9	85	77
10	55	39

构建两种方法平均自信心得分之差 $\mu_d=\mu_1-\mu_2$ 的 95% 的置信区间。

5.5 从两个总体中各抽取一个 $n_1=n_2=250$ 的独立随机样本，来自总体 1 的样本比例为 $p_1=40\%$，来自总体 2 的样本比例为 $p_2=30\%$。

（1）求 $\pi_1-\pi_2$ 的 90% 的置信区间。

（2）求 $\pi_1-\pi_2$ 的 95% 的置信区间。

5.6 生产工序的方差是工序质量的一个重要测度指标。当方差较大时，需要对工序进行改进以减小方差。下面是两部机器生产的袋茶重量的数据（单位：克）：

机器 1 生产数据			机器 2 生产数据		
3.45	3.22	3.90	3.22	3.28	3.35
3.20	2.98	3.70	3.38	3.19	3.30
3.22	3.75	3.28	3.30	3.20	3.05
3.50	3.38	3.35	3.30	3.29	3.33

续表

机器 1 生产数据			机器 2 生产数据		
2.95	3.45	3.20	3.34	3.35	3.27
3.16	3.48	3.12	3.28	3.16	3.28
3.20	3.18	3.25	3.30	3.34	3.25

计算两个总体方差比σ_1^2/σ_2^2的 95% 的置信区间。

本章图片

第6章 假设检验

假设检验是先对总体提出某种假设，然后利用样本信息判断这一假设是否成立。本章首先介绍假设检验的基本原理，然后介绍总体参数检验和非参数检验方法。

6.1 假设检验的原理

假设检验的大致思路是：首先对所关心的总体提出某种假设，然后从待检验的总体中抽取一个样本并获得数据，再根据样本提供的信息判断假设是否成立。如果已知总体分布或能对总体分布做出假定，而所关注的仅仅是总体的某个参数，并对参数的某个假设做检验，称为**参数检验**（parameter test）；如果是对总体的其他特征（如分布的形式）做检验，或者是样本数据不满足参数检验条件，不依赖于总体分布的形式对总体参数做检验，这样的检验称为非**参数检验**（nonparametric test）。

6.1.1 提出假设

假设（hypothesis）是对总体的某种看法。在参数检验中，假设就是对总体参数的具体数值所做的陈述。比如，虽然不知道一批灯泡的平均使用寿命是多少，不知道一批产品的合格率是多少，不知道全校学生生活费支出的方差是多少，但可以事先提出一个假设值，比如，这批灯泡的平均使用寿命是 8 500 小时，这批产品的合格率是 95%，全校学生月生活费支出的方差是 10 000 元^2，等等，这些陈述就是对总体参数提出的假设。

假设检验（hypothesis test）是在对总体提出假设的基础上，利用样本信息判断假设是否成立的统计方法。比如，假设全校学生月生活费支出的均值是 2 000 元，然后从全校学生中抽取一个样本，根据样本信息检验月平均生活费支出是否为 2 000 元，这就是假设检验。

做假设检验时，首先要提出两种假设，即原假设和备择假设。

原假设（null hypothesis）是研究者想收集证据予以推翻的假设，用 H_0 表示。原假设表达的含义是参数没有变化，或变量之间没有关系，或总体分布与某一个理论分布无差异，因此等号“=”总是放在原假设上。以总体均值的检验为例，设参数的假设值为μ_0，原假设总是写成$H_0:\mu=\mu_0$，$H_0:\mu\geqslant\mu_0$或$H_0:\mu\leqslant\mu_0$。H 原假设最初被假设是成立的，之后根据样本数据确定是否有足够的证据拒绝原假设。

备择假设（alternative hypothesis）通常是研究者想收集证据予以支持的假设，用 H_1 或 H_a 表示。备择假设所表达的含义是总体参数发生了变化，或变量之间有某种关系，或总体分布与某一个理论分布有差异。以总体均值的检验为例，备择假设的形式总是$H_1:\mu\neq\mu_0$，$H_1:\mu<\mu_0$或$H_1:\mu>\mu_0$。备择假设通常用于表达研究者自己倾向于支持的看法，然后就是想办法收集证据拒绝原假设，以支持备择假设。

在假设检验中，如果备择假设没有特定的方向，并含有符号“≠”，这样的假设检验称为**双侧检验**或**双尾检验**（two-tailed test）。如果备择假设具有特定的方向，并含有符号“>”或“<”，这样的假设检验称为**单侧检验**或**单尾检验**（one-tailed test）。备择假设含有符号“<”的单侧检验称为**左侧检验**，而备择假设含有符号“>”的单侧检验称为**右侧检验**。

下面通过两个例子来说明确定原假设和备择假设的大概思路。

【例 6-1】一种零件的标准直径为 15 cm，为对生产过程进行控制，质量监测人员定期对一台加工机床进行检查，确定这台机床生产的零件是否符合标准要求。如果零件的平均直径大于或小于 15 cm，表示生产过程不正常，必须进行调整。陈述用来检验生产过程是否正常的原假设和备择假设。

解：设这台机床生产的所有零件平均直径的真值为μ。若$\mu=15$，表示生产过程正常，若$\mu>15$或$\mu<15$，表示生产过程不正常，研究者要检验这两种可能情形中的任何一种。因此，研究者想收集证据予以推翻的假设应该是“生产过程正常”，而想收集证据予以支持的假设是“生产过程不正常”（因为如果研究者事先认为生产过程正常，也就没有必要进行检验了），所以建立的原假设和备择假设应为：

$H_0:\mu=15$（生产过程正常）；$H_1:\mu\neq15$（生产过程不正常）

【例 6-2】产品的外包装上都贴有标签，标签上通常标有该产品的性能说明、成分指标等信息。农夫山泉 550 ml 瓶装饮用天然水外包装标签上标识：每 100 ml 水中钙的含量为 ≥400 μg（微克）。如果是消费者来做检验，应该提出怎样的原假设和备择假设？如果是生产厂家自己来做检验，又会提出怎样的原假设和备择假设？

解：设每 100 ml 水中钙的含量均值为μ。消费者做检验的目的是想寻找证据推翻标签中的说法，即$\mu\geqslant400$ μg（如果对标签中的数值没有质疑，也就没有检验的必要了），而想支持的观点则是标签中的说法不正确，即$\mu<400$ μg。因此，提出的原假设和备择假设应为：

$H_0:\mu\geqslant400$（标签中的说法正确）；$H_1:\mu<400$（标签中的说法不正确）

如果是生产厂家自己做检验，生产者自然是想办法来支持自己的看法，也就是想寻找证据证明标签中的说法是正确的，即$\mu>400$，而想推翻的则是$\mu\leqslant400$，因此会提出与消费者观点不同（方向相反）的原假设和备择假设，即

$H_0:\mu\leqslant400$（标签中的说法不正确）；$H_1:\mu>400$（标签中的说法正确）

通过上面的例子可以看出，原假设和备择假设是一个完备事件组，而且相互对立。这意味着，在一项检验中，原假设和备择假设必有一个成立，而且只有一个成立。此外，假设的确定带有一定的主观色彩，因为研究者想推翻的假设和研究者想支持的假设最终仍取决于研究者本人的意向。即使对同一个问题，由于研究目的不同，也可能提出截然不同的假设。无论怎样，只要假设的建立符合研究者的最终目的便是合理的。

6.1.2 做出决策

假设检验是根据样本信息做出拒绝或不拒绝原假设的决策。这就涉及两个问题：一是依据什么做出决策；二是所做的决策是否正确。

1. 两类错误与显著性水平

研究者总是希望能做出正确的决策，但由于决策是建立在样本信息的基础之上，而样本又是随机的，因此就有可能犯错误。

原假设和备择假设不能同时成立，决策的结果是要么拒绝原假设，要么不拒绝原假设。决策时总是希望当原假设正确时没有拒绝它，当原假设不正确时拒绝它，但实际上很难保证不犯错误。一种情形是，原假设是正确的却拒绝了它，这时所犯的错误称为**第Ⅰ类错误**（type Ⅰ error），犯第Ⅰ类错误的概率记为α，因此也称α **错误**。另一种情形是，原假设是错误的却没有拒绝它，这时所犯的错误称为**第Ⅱ类错误**（type Ⅱ error），犯第Ⅱ类错误的概率记为β，因此也称β **错误**。

在假设检验中，只要做出拒绝原假设的决策，就有可能犯第Ⅰ类错误；只要做出不拒绝原假设的决策，就有可能犯第Ⅱ类错误。直观上说，这两类错误的概率之间存在这样的关系：在样本量不变的情形下，要减小α就会使β增大，而要减小β就会使α增大，两类错误就像一个翘板的两端。人们自然希望犯两类错误的概率都尽可能小，但实际上难以做到。要使α和β同时减小的唯一办法是增加样本量，但样本量的增加又会受许多因素的限制，因此人们只能在两类错误的发生概率之间进行平衡，将α和β控制在能够接受的范围内。一般来说，对于一个固定的样本，如果犯第Ⅰ类错误的代价比犯第Ⅱ类错误的代价高，则将犯第Ⅰ类错误的概率定得低些较为合理；反之，则可以将犯第Ⅰ类错误的概率定得高些。那么，检验时先控制哪类错误呢？一般来说，发生哪一类错误的后果更严重，就应该先控制哪类错误发生的概率。由于犯第Ⅰ类错误的概率可以由研究者事先控制，而犯第Ⅱ类错误的概率则相对难以计算，因此在假设检验中，人们往往先控制第Ⅰ类错误发生的概率。

假设检验中，犯第Ⅰ类错误的概率也称为**显著性水平**（level of significance），记为α，它是人们事先确定的犯第Ⅰ类错误概率的最大允许值。显著性水平α越小，犯第Ⅰ类错误的可能性自然就越小，但犯第Ⅱ类错误的可能性则随之增大。实际应用中，究竟确定一个多大的显著性水平值合适呢？一般情形下，由于人们认为犯第Ⅰ类错误的后果更严重一些，因此通常会取一个较小的α值（一般要求α可以取小于或等于0.1的任何值）。著名的英国统计学家Ronald Fisher在他的研究中把小概率的标准定为0.05，所以人们通常选择显著性水平为0.05或比0.05更小的概率，当然也可以取其他值。实际中常用的显著性水平有$\alpha=0.01$、$\alpha=0.05$、$\alpha=0.1$等。当选择样本量时，通常要求第Ⅰ类错误发生的概率不大于0.05，第Ⅱ类错误发生的概率不大于0.1。

2. 决策的依据

提出具体的假设之后，研究者需要提供可靠的证据来支持他所关注的备择假设。在上面的例6-2中，如果你想证实产品标签上的说法不属实，即检验假设：$H_0:\mu\geqslant 400$，$H_1:\mu<400$，抽取一个样本，得到的样本均值为390 μg，你是否拒绝原假设呢？如果样本均值是410 μg，你是否就不拒绝原假设呢？做出拒绝或不拒绝原假设的依据是什么？传统检验中，决策依据的是样本统计量，现代检验中，人们直接根据样本数据算出犯第Ⅰ类错误的概率，即所谓的***P*** **值**（p-value）。检验时做出决策的依据是：原假设成立时小概率事件不应发生，如果小概率事件发生了，就应当拒绝原假设。统计上通常把$P\leqslant 0.1$的值统称为小概率。

传统做法是用统计量决策。

怎样利用样本信息做出决策呢？传统方法是首先根据样本数据计算出用于决策的**检验统计量**（test statistic）。比如要检验总体均值，我们自然会想到要用样本均值作为判断标准。但样本均值 $\bar{x}$ 是总体均值 μ 的一个点估计量，它并不能直接作为判断的依据，只有将其标准化后，才能用于度量它与原假设的参数值之间的差异程度。对于总体均值和总体比例的检验，在原假设 H_0 为真的条件下，根据点估计量的抽样分布可以得到**标准化检验统计量**（standardized test statistic）：

$$\text{标准化检验统计量}=\frac{\text{点估计量}-\text{假设值}}{\text{点估计量的标准误}} \tag{6.1}$$

标准化检验统计量反映了点估计值（比如样本均值）与假设的总体参数（比如假设的总体均值）相比相差多少个标准误的距离。虽然检验统计量是一个随机变量，随样本观测结果的不同而变化，但只要已知一组特定的样本观测结果，检验统计量的值也就唯一确定了。

有了检验统计量就可以建立决策准则。根据事先设定的显著性水平 α，可以在统计量的分布上找到相应的**临界值**（critical value）。由显著性水平和相应的临界值围成的一个区域称为**拒绝域**（rejection region）。如果统计量的值落在拒绝域内就拒绝原假设，否则就不拒绝原假设。拒绝域的大小与设定的显著性水平有关。当样本量固定时，拒绝域随 α 的减小而减小。显著性水平、拒绝域和临界值的关系可用图 6-1 来表示。

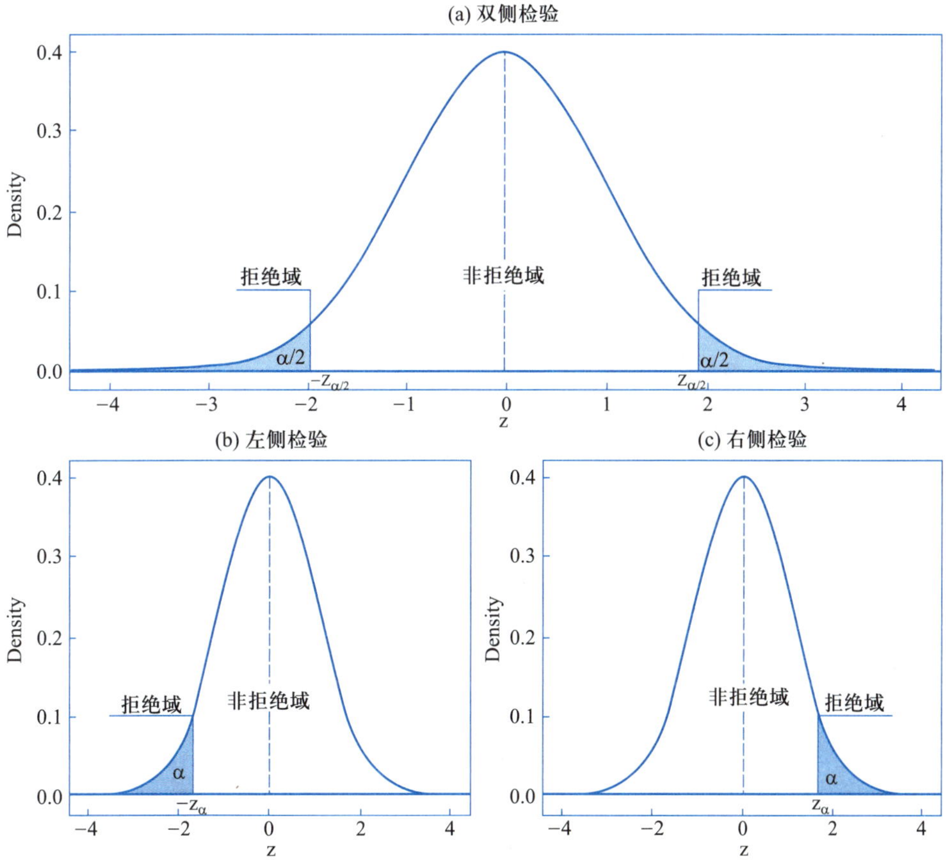

图 6-1　显著性水平、拒绝域和临界值

从图 6-1 可以得出利用统计量做检验时的决策准则：

双侧检验：|统计量的值|>临界值，拒绝原假设。

左侧检验：统计量的值<临界值，拒绝原假设。

右侧检验：统计量的值>临界值，拒绝原假设。

介绍传统的统计量决策方法只是为了帮助读者理解假设检验的原理，但不推荐使用。

现代做法是用 P 值决策。

统计量检验是根据事先确定的显著性水平 α 围成的拒绝域做出决策，不论检验统计量的值是大还是小，只要它落入拒绝域就拒绝原假设，否则就不拒绝原假设。这样，无论统计量落在拒绝域的什么位置，也只能说犯第Ⅰ类错误的概率是 α。但实际上，α 是犯第Ⅰ类错误的上限控制值，统计量落在拒绝域的不同位置，决策时所犯第Ⅰ类错误的概率是不同的。如果能把犯第Ⅰ类错误的真实概率计算出来，就可以直接用这个概率做出决策，而不需要关注事先设定的显著性水平 α。这个犯第Ⅰ类错误的真实概率就是 P 值，它是指当原假设正确时，所得到的样本结果会像实际观测结果那么极端或更极端的概率，也称为**观察到的显著性水平**（observed significance level）或实际显著性水平。图 6-2 展示了拒绝原假设时的 P 值与设定显著性水平 α 的比较。

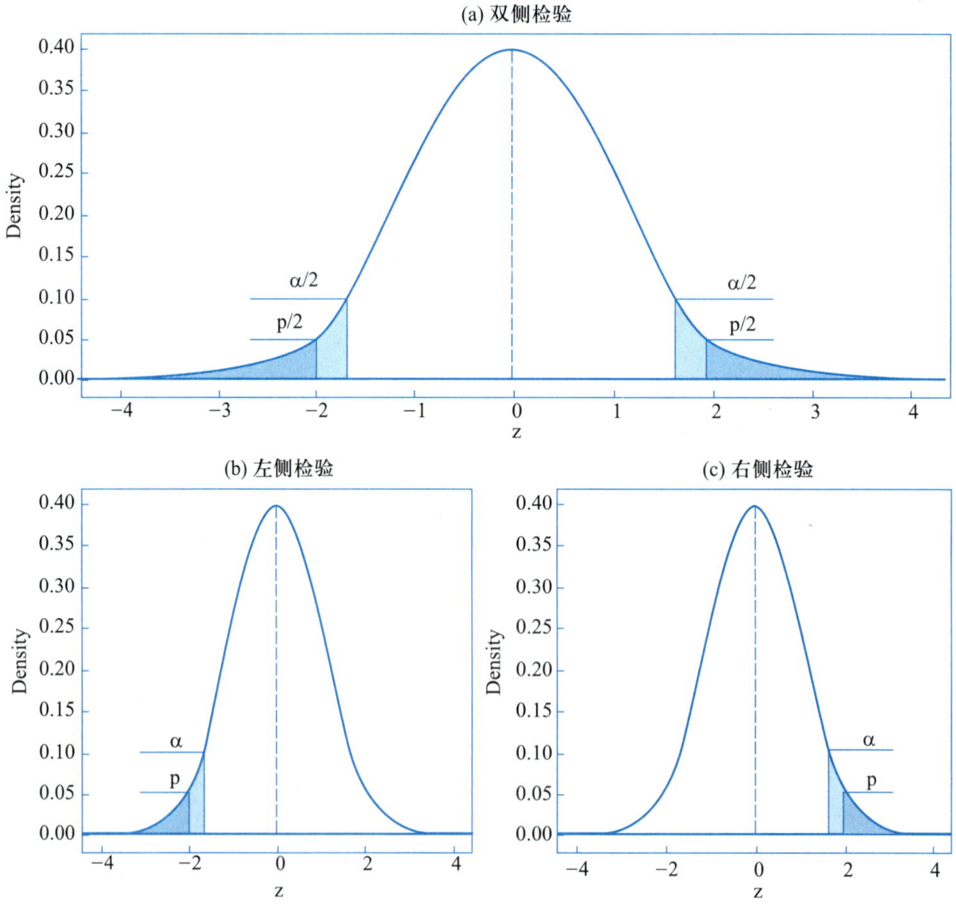

图 6-2 P 值与设定的显著性水平 α 的比较

用 P 值决策的规则很简单：如果 $P<\alpha$，拒绝 H_0；如果 $P>\alpha$，不拒绝 H_0（双侧检验将两侧面积的总和定义为 P）。

P 值决策优于统计量决策。与传统的统计量决策相比，P 值决策提供了更多的信息。比如，根据事先确定的 α 进行决策时，只要统计量的值落在拒绝域，无论它在哪个位置，拒绝原假设的结论都是一样的（只能说犯第Ⅰ类错误的概率是 α）。但实际上，统计量落在拒绝域不同的地方，实际的显著性是不同的。比如，统计量落在临界值附近与落在远离临界值的地方，实际的显著性就有较大差异。P 值是根据实际统计量计算出的显著性水平，它告诉我们实际的显著性水平是多少。图 6-3 展示了拒绝原假设时的两个不同统计量的值及其 P 值，从中容易看出统计量决策与 P 值决策的差异。

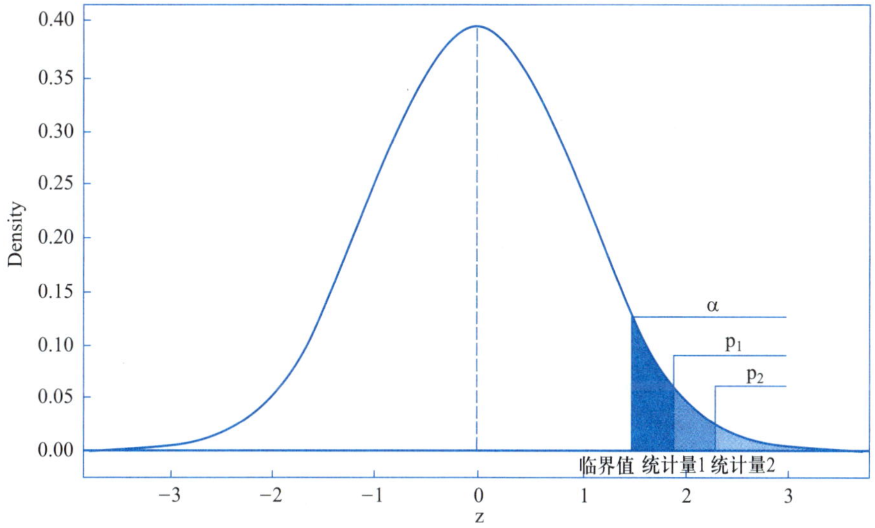

图 6-3 拒绝 H_0 的两个统计量的不同显著性

6.1.3 表述结果

在假设检验中，当拒绝 H_0 时称样本结果是“统计上显著的”（statistically significant）；不拒绝 H_0 则称结果是“统计上不显著的”。当 $P<\alpha$ 拒绝 H_0 时，表示有足够的证据证明 H_0 是错误的；当不拒绝 H_0 时，通常不说“接受 H_0”，因为“接受 H_0”的表述隐含着证明了 H_0 是正确的。实际上，P 值只是推翻原假设的证据，而不是证明原假设正确的证据。没有足够的证据拒绝原假设并不等于已经“证明”了原假设是真的，它仅仅意味着目前还没有足够的证据拒绝 H_0。比如，在 $\alpha=0.05$ 的显著性水平上检验假设：$H_0:\mu=100$，$H_1:\mu\neq 100$，假定据样本数据计算出的 $P=0.02$，由于 $P<\alpha$，拒绝 H_0，表示有证据表明 $\mu\neq 100$。如果 $P=0.2$，不拒绝 H_0，我们也没有证明 $\mu=100$，所以将结论描述为没有证据表明 μ 不等于 100。

此外，采取“不拒绝 H_0”而不是“接受 H_0”的表述方法也避免了第Ⅱ类错误发生的风险，因为“接受 H_0”所得结论的可靠性由犯第Ⅱ类错误的概率 β 来度量，而 β 的控制又相对复杂，有时甚至根本无法知道 β 的值（除非你能确切给出 β，否则就不宜表述成“接受”原假设）。当然，不拒绝 H_0 并不意味着 H_0 为真的概率很高，它只是意味着拒绝 H_0 需要更多的证据。

6.1.4 效应量分析

当假设检验拒绝原假设时，表示参数与假设值之间差异显著，但这一结果并未告诉我们差异的大小（程度）。度量差异大小的统计量就是**效应量**（effect size），它描述了结果的差异程度是小、中还是大。

效应量的提出者是 Jacob Cohen（1988），他提供了不同检验效应量小、中、大的度量标准。如果假设检验拒绝了原假设，一般应给出相应的效应量。不同检验效应量的计算和具体应用将在后面的检验中陆续介绍。

6.2 总体均值的检验

当研究一个总体时，主要是检验该总体均值 μ 与某个假设值 μ_0 的差异是否显著；当研究两个总体时，主要是检验两个总体均值之差（$\mu_1-\mu_2$）是否显著。

6.2.1 一个总体均值的检验

检验总体均值时，采用什么样的检验统计量取决于所抽取的样本是大样本（$n\geqslant30$）还是小样本（$n<30$），此外，还要考虑总体是否服从正态分布、总体方差 σ^2 是否已知等几种情形。

1. 大样本的检验

在大样本情形下，样本均值的抽样分布近似服从正态分布，其标准误为 $\sigma/\sqrt{n}$。将样本均值 $\bar{x}$ 标准化后即可得到检验统计量。由于 $\bar{x}$ 经标准化后服从标准正态分布，因此采用正态分布的检验统计量。设假设的总体均值为 μ_0，当总体方差 σ^2 已知时，总体均值检验的统计量为：

$$z=\frac{\bar{x}-\mu_0}{\sigma/\sqrt{n}} \tag{6.2}$$

当总体方差 σ^2 未知时，可以用样本方差 s^2 来代替，此时检验的统计量为：

$$z=\frac{\bar{x}-\mu_0}{s/\sqrt{n}} \tag{6.3}$$

【例 6-3】（数据：example6_3.csv）为监测空气质量，某城市环保部门每隔几周对空气中的 PM2.5（可吸入颗粒物）进行一次随机测试。已知该城市过去空气中 PM2.5 的均值是 81 μg/m³（微克 / 立方米）。在最近一段时间的 40 次检测中，空气中的 PM2.5 数值如表 6-1 所示 .

表 6-1 空气中的 PM2.5 数值 单位：μg/m³

82.6	74.7	79.9	87.5	73.8	79.8	87.0	68.3
68.5	78.0	86.2	76.9	75.7	89.9	80.2	85.1
85.1	89.2	77.7	57.5	65.3	80.2	74.7	68.8
97.6	75.0	80.1	76.6	85.1	76.1	81.6	72.5
93.5	77.8	80.7	84.5	77.3	83.3	82.2	85.5

根据最近的测量数据，能否认为该城市每立方米空气中的 PM2.5 均值显著低于 81 μg/m^3（α=0.05）。

解：这里关心的是空气中 PM2.5 的均值是否显著低于过去的均值，也就是 μ 是否小于 81 μg/m^3，属于左侧检验。提出的假设为：

$$H_0:\mu \geqslant 81;\ H_1:\mu < 81$$

检验的代码和结果如代码框 6-1 所示。

代码框 6-1　一个总体均值的检验（大样本）

```
import pandas as pd
from statsmodels.stats.weightstats import ztest

example6_3 = pd.read_csv('C:/pydata/chap06/example6_3.csv', encoding='gbk')
z, p_value = ztest(x1=example6_3['PM2.5值'], value=81, alternative='smaller')
print(f"样本均值 ={example6_3['PM2.5值'].mean(): .2f},
      z统计量值 ={z: .4f}, p值 ={p_value: .4f}")
```

```
样本均值 = 79.55, z统计量值 =-1.1856, p值 = 0.1179
```

结论：在该项检验中，$\bar{x}$=79.55，z=−1.185 6，P=0.117 9，由于 P>0.05，不拒绝 H_0，没有证据表明该城市空气中的 PM2.5 均值显著低于 81 μg/m^3。

上面的决策过程可用下面的图 6-4 来表示。

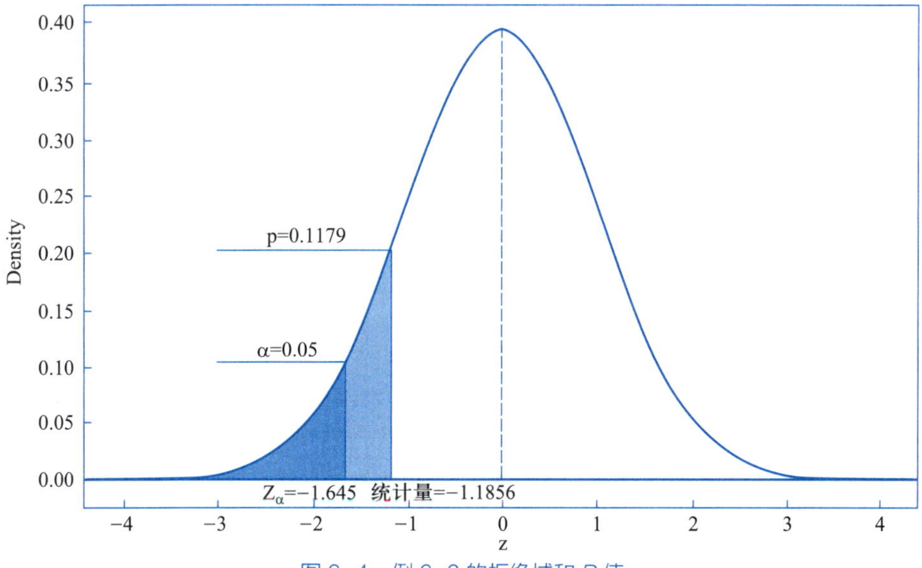

图 6-4　例 6-3 的拒绝域和 P 值

2. 小样本的检验

在小样本（n<30）情形下，检验时首先假定总体服从正态分布。检验统计量的选择与总

体方差是否已知有关。

当总体方差 σ^2 已知时，样本均值经标准化后服从标准正态分布，此时可按式（6.2）对总体均值进行检验。

当总体方差 σ^2 未知时，需要用样本方差 s^2 代替 σ^2，此时按式（6.2）得到的检验统计量不再服从标准正态分布，而是服从自由度为 $n-1$ 的 t 分布。因此需要采用 t 分布进行检验，通常称为“t 检验”。检验的统计量为：

$$t=\frac{\bar{x}-\mu_0}{s/\sqrt{n}} \tag{6.4}$$

单样本 t 检验的效应量通常使用 Cohen 的 d 统计量来度量，计算公式为：

$$d=\frac{|\text{样本均值}-\text{假设的总体均值}|}{\text{样本标准差}}=\frac{|\bar{x}-\mu_0|}{s} \tag{6.5}$$

该效应量表示样本均值与假设的总体均值的差异是多少个标准差。根据 Cohen（1988）提出的标准，单样本 t 检验的小、中、大效应量对应的 d 值分别为 0.20、0.50、0.80。即当 $d<0.20$ 时，效应量非常小，几乎为 0；当 $0.20\leqslant d<0.50$ 时，为小的效应量；当 $0.50\leqslant d<0.80$ 时，为中的效应量；当 $d\geqslant 0.80$ 时，为大的效应量。0.20 表示样本均值与假设的总体均值相差 0.2 个标准差，0.50 表示相差 0.5 个标准差，0.80 表示相差 0.8 个标准差。当然，Cohen 提供的标准只是近似结果，应用中可灵活掌握。

【例 6-4】（数据：example6_4.csv）一种建筑用砖的厚度要求为 5cm，高于或低于该标准均被认为是不合格的。现对一家生产企业提供的 20 块样本进行检测，结果如表 6-2 所示。

表 6-2 20 块砖的厚度数据 单位：cm

4.7	4.9	4.9	4.8	4.7	4.7	4.5	5.0	4.7	4.8
4.6	5.0	4.7	4.7	5.0	5.1	4.7	5.0	4.8	4.7

假定砖的厚度服从正态分布，在 0.05 的显著性水平下，检验该企业生产的砖的厚度是否符合要求。

解：依题意建立如下假设：

$$H_0:\mu=5;\ H_1:\mu\neq 5$$

检验的代码和结果如代码框 6-2 所示。

代码框 6-2 一个总体均值的检验（小样本）

```
import pandas as pd
from scipy.stats import ttest_1samp
example6_4 = pd.read_csv('C:/pydata/chap06/example6_4.csv', encoding='gbk')
t, p_value = ttest_1samp(a=example6_4['厚度'], popmean=5)  # popmean 为假设的
总体均值
```

```
print(f"样本均值 ={example6_4['厚度'].mean(): .2f}, t统计量值 ={t: .4f}, p值 ={p_value: .4g}")
```

```
样本均值 = 4.80, t统计量值 =-5.6273, p值 = 1.998e-05
```

结论：在该项检验中，$\bar{x}$=4.8，t=−5.627 3，df=19，P=1.998e-05，由于P<0.05，拒绝H_0，有证据显示该企业生产的砖的厚度不符合要求。

检验结果表明，该企业生产的砖的厚度与5cm有显著差异，但要想知道差异的程度则需要计算效应量。根据式（6.5），有

$$d=\frac{|4.8-5|}{0.158\,943\,9}=1.258\,306$$

结果表示：样本砖的平均厚度与标准厚度相差1.258 306个标准差。根据Cohen准则，该检验结果属于大的效应量。计算效应量的代码和结果如代码框6-3所示。

代码框 6-3 计算单样本 t 检验的效应量

```
import pandas as pd
example6_4 = pd.read_csv('C:/pydata/chap06/example6_4.csv', encoding='gbk')
mu = 5
xbar = example6_4['厚度'].mean()
sd = example6_4['厚度'].std()
d = abs(xbar - mu) / sd
print(f"效应量 d ={d: .4f}")
```

```
效应量 d = 1.2583
```

6.2.2 两个总体均值差的检验

根据获得样本的方式不同，两个总体均值的检验分为独立样本和配对样本两种情形，而且也有大样本与小样本之分。检验的统计量是以两个样本均值之差（$\bar{x}_1$-$\bar{x}_2$）的抽样分布为基础构造出来的。对于大样本和小样本两种情形，由于两个样本均值之差经标准化后的分布不同，检验统计量也有差异。

1. 独立大样本的检验

在大样本情形下，两个样本均值之差（$\bar{x}_1$-$\bar{x}_2$）的抽样分布近似服从正态分布，而（$\bar{x}_1$-$\bar{x}_2$）经过标准化后则服从标准正态分布。如果两个总体的方差σ_1^2、σ_2^2已知，采用下面的检验统计量：

$$z=\frac{(\bar{x}_1-\bar{x}_2)-(\mu_1-\mu_2)}{\sqrt{\dfrac{\sigma_1^2}{n_1}+\dfrac{\sigma_2^2}{n_2}}} \tag{6.6}$$

如果两个总体方差σ_1^2、σ_2^2未知，可分别用样本方差s_1^2、s_2^2替代，此时检验统计量为：

$$z=\frac{(\bar{x}_1-\bar{x}_2)-(\mu_1-\mu_2)}{\sqrt{\frac{s_1^2}{n_1}+\frac{s_2^2}{n_2}}} \tag{6.7}$$

【例 6-5】(数据：example6_5.csv)为分析男女学生上网时间是否有差异，从男女学生中各随机抽取 36 人，得到每天的上网时间数据如表 6-3 所示。在显著性水平为 0.05 的情况下，检验男女学生上网的平均时间是否有显著差异。

表 6-3 男女学生的每天上网时间　　单位：小时

男生上网时间		女生上网时间	
2.4	0.5	1.7	1.8
2.0	2.0	2.6	1.9
3.4	2.5	3.2	2.0
2.7	3.7	3.6	4.2
2.5	3.4	2.4	1.1
2.2	3.6	3.6	3.2
1.9	3.6	2.7	1.4
3.0	3.9	3.8	1.4
1.4	2.6	2.0	1.4
3.5	3.1	2.4	2.1
4.3	2.9	1.8	3.9
3.6	3.0	3.1	2.4
2.9	3.7	2.6	2.2
2.8	1.5	2.4	2.6
2.8	2.6	2.8	2.5
4.2	2.7	2.2	1.5
3.4	3.0	3.1	1.8
2.3	2.5	2.6	1.8

解：设 μ_1= 男生上网的平均时间；μ_2= 女生上网的平均时间。由于关心上网的平均时间是否有显著差异，提出的假设为：

$$H_0:\mu_1-\mu_2=0;\quad H_1:\mu_1-\mu_2\neq 0$$

检验的代码和结果如代码框 6-4 所示。

代码框 6-4 两个总体均值之差的检验（独立大样本）

```
import pandas as pd
from statsmodels.stats.weightstats import ztest
example6_5 = pd.read_csv('C:/pydata/chap06/example6_5.csv', encoding='gbk')
z, p_value = ztest(x1=example6_5['男生上网时间'], x2=example6_5['女生上网时间'], alternative='two-sided')
print(f"男生平均上网时间为{example6_5['男生上网时间'].mean(): .4f}, 女生平均上网时间为{example6_5['女生上网时间'].mean(): .4f}\
\nz统计量值 ={z: .4f}, p值 ={p_value: .4f}")
```

```
男生平均上网时间为 3.0583，女生平均上网时间为 2.8306
z统计量值 = 1.1188，p值 = 0.2632
```

结论：在该项检验中，$\bar{x}_{男}=3.0583$，$\bar{x}_{女}=2.8306$，$z=1.1188$，$P=0.2632$，由于 $P>0.05$，不拒绝 H_0，没有证据显示男女学生上网的平均时间有显著差异。

2. 独立小样本的检验

当两个样本均为独立小样本时，需要假定两个总体均服从正态分布。检验时有以下 3 种情形。

（1）两个正态总体方差 σ_1^2 和 σ_2^2 已知时，无论样本量大小[①]，两个样本均值之差的抽样分布都服从正态分布，这时可用式（6.6）作为检验统计量。

（2）两个正态总体的方差未知但相等时，即 $\sigma_1^2=\sigma_2^2$，则需要用两个样本的方差 s_1^2 和 s_2^2 进行估计，这时需要将两个样本的数据合并在一起，以计算出总体方差的合并估计量，用 s_p^2 表示，计算公式为：

$$s_{\mathrm{p}}^2=\frac{(n_1-1)s_1^2+(n_2-1)s_2^2}{n_1+n_2-1} \tag{6.8}$$

这时，两个样本均值之差经标准化后服从自由度为（n_1+n_2-2）的 t 分布，因而采用的检验统计量为：

$$t=\frac{(\bar{x}_1-\bar{x}_2)-(\mu_1-\mu_2)}{s_{\mathrm{p}}\sqrt{\dfrac{1}{n_1}+\dfrac{1}{n_2}}} \tag{6.9}$$

（3）两个正态总体的方差未知且不相等时，即 $\sigma_1^2\neq\sigma_2^2$，两个样本均值之差经标准化后不再服从自由度为（n_1+n_2-2）的 t 分布，而是近似服从自由度为 v 的 t 分布。这时的检验统计量为：

$$t=\frac{(\bar{x}_1-\bar{x}_2)-(\mu_1-\mu_2)}{\sqrt{\dfrac{s_1^2}{n_1}+\dfrac{s_2^2}{n_2}}} \tag{6.10}$$

① 如果两个总体均服从正态分布且方差已知，两个总体均值之差的检验无需区分样本量大小。

该统计量的自由度为 v，其计算公式为：

$$v=\frac{\left(s_1^2/n_1+s_2^2/n_2\right)^2}{\dfrac{\left(s_1^2/n_1\right)^2}{n_1-1}+\dfrac{\left(s_2^2/n_2\right)^2}{n_2-1}} \tag{6.11}$$

【例 6-6】（数据：example6_6.csv）为比较两家企业生产的灯泡平均使用寿命是否有显著差异，质检人员对两家供货商提供的各 20 个样品进行检测，得到的使用寿命数据如表 6-4 所示。检验两家企业灯泡的平均使用寿命是否有显著差异（α=0.05）：（1）假设两个总体方差相等；（2）假设两个总体方差不相等。

表 6-4 两家企业灯泡使用寿命的样本数据 单位：小时

甲企业	乙企业
6 802	5 884
5 730	5 871
5 823	5 797
5 915	5 957
5 774	5 803
5 880	5 862
5 870	5 814
5 773	5 885
5 830	5 856
5 841	5 940
5 763	5 945
5 851	5 803
5 789	5 864
5 796	5 851
5 818	5 714
5 685	5 943
5 602	5 830
5 841	5 858
5 723	5 922
5 757	5 866

解：设 μ_1 为甲企业灯泡的平均使用寿命，μ_2 为乙企业灯泡的平均使用寿命。依题意提出如下假设：

$$H_0: \mu_1 - \mu_2 = 0; \quad H_1: \mu_1 - \mu_2 \neq 0$$

检验的代码和结果如代码框 6-5 所示。

代码框 6-5 两个总体均值之差的检验（独立小样本）

```
# 假设总体方差相等
import pandas as pd
from statsmodels.stats.weightstats import ttest_ind
example6_6 = pd.read_csv('C:/pydata/chap06/example6_6.csv', encoding='gbk')
xbar1 = example6_6['甲企业'].mean()
xbar2 = example6_6['乙企业'].mean()
t, p_value, df = ttest_ind(x1=example6_6['甲企业'], x2=example6_6['乙企业'], 
alternative='two-sided', usevar='pooled')
print(f"甲企业灯泡平均使用寿命为{xbar1}, 乙企业灯泡平均使用寿命为{xbar2}\
\n假设方差相等时, t统计量值={t: .6f}, 自由度={df}, p值={p_value: .6f}")
```

```
甲企业灯泡平均使用寿命为8487.5, 乙企业灯泡平均使用寿命为8166.0
假设方差相等时, t统计量值 = 3.494270, 自由度 = 38.0, p值 = 0.001225
```

```
# 假设总体方差不相等
t, p_value, df = ttest_ind(x1=example6_6['甲企业'], x2=example6_6['乙企业'], 
alternative='two-sided', usevar='unequal')
print(f"假设方差不相等时, t统计量值={t: .6f}, 自由度={df: .4f}, p值={p_value: 
.6f}")
```

```
假设方差不相等时, t统计量值 = 3.494270, 自由度 = 33.6826, p值 = 0.001353
```

注：参数 usevar 用于设置假设总体方差是否相等，'pooled' 为相等，'unequal' 为不等。

结论：在该项检验中，$\bar{x}_{甲企业}$=8 487.5，$\bar{x}_{乙企业}$=8 166.0，假设总体方差相等时，t=3.494 270，df=38，P=0.001 225；假设总体方差不等时，t=3.494 270，df=33.682 6，P=0.001 353。两种假设条件下检验的 P 值均小于 0.05，所以拒绝 H_0，表明两家企业生产的灯泡平均使用寿命有显著差异。

检验结果显示两家企业生产的灯泡平均使用寿命差异显著，但要想知道差异的程度则需要计算效应量。独立样本 t 检验的效应量的估计通常由 Cohen 的 d 统计量给出，计算公式为：

$$d = |t|\sqrt{\frac{n_1 + n_2}{n_1 n_2}} \tag{6.12}$$

该效应量表示总体 1 的均值（μ_1）与总体 2 的均值（μ_2）相差多少个标准差。根据 Cohen（1988）提出的标准，独立样本 t 检验的小、中、大效应量对应的 d 值分别为 0.20、0.50、0.80。

计算效应量的代码和结果如代码框 6-6 所示。

代码框 6-6 独立样本 t 检验的效应量

```
import pandas as pd;import numpy as np
example6_6 = pd.read_csv('C:/pydata/chap06/example6_6.csv', encod-
ing='gbk')
t = 3.494270                          # 沿用例 6-6 计算的结果
n1 = len(example6_6['甲企业'])
n2 = len(example6_6['乙企业'])
d = abs(t) * np.sqrt((n1+n2) / (n1*n2))
print(f"效应量 d ={d: .6f}")
```

```
效应量 d = 1.104985
```

代码框 6-6 的结果显示，d=1.104 985，表示甲企业和乙企业的灯泡平均使用寿命相差 1.104 985 个标准差。根据 Cohen 准则，该检验结果属于大的效应量。

3. 配对样本的检验

配对样本的检验需要假定两个总体配对的差值服从正态分布，而且配对差是在差值总体中随机抽取的。对于小样本情形，配对差值经标准化后服从自由度为 n−1 的 t 分布[①]，因此检验统计量为：

$$t=\frac{\bar{d}-(\mu_1-\mu_2)}{s_{\mathrm{d}}/\sqrt{n}} \tag{6.13}$$

式中，$\bar{d}$ 为配对差值的均值；s_{d} 为配对差值的标准差。

【例 6-7】（数据：example6_7.csv）某饮料公司研制出一款新产品，为比较消费者对新旧产品口感的满意程度，随机抽选一组消费者共 10 人，让每个消费者先品尝一款饮料，再品尝另一款饮料，两款饮料的品尝顺序是随机的，而后每个消费者要对两款饮料分别进行评分（0～10 分），评分结果如表 6-5 所示。取显著性水平 α=0.05，检验消费者对两款饮料的评分是否有显著差异。

表 6-5 10 个消费者对两款饮料的评分

旧款饮料	新款饮料
7	8
8	10
6	9
7	9
8	9
8	8

① 对于大样本情形，该统计量服从标准正态分布，此时可按正态分布进行检验。

续表

旧款饮料	新款饮料
7	9
8	9
7	10
9	7

解：设 μ_1= 消费者对旧款饮料的平均评分，μ_2= 消费者对新款饮料的平均评分。依题意建立的原假设与备择假设为：

$$H_0: \mu_1 - \mu_2 = 0; \quad H_1: \mu_1 - \mu_2 \neq 0$$

检验的代码和结果如代码框 6-7 所示。

代码框 6-7 两个总体均值之差的检验（配对样本）

```
import pandas as pd;from scipy.stats import ttest_rel
example6_7 = pd.read_csv('C:/pydata/chap06/example6_7.csv', encoding='gbk')
dbar = (example6_7['旧款饮料'] - example6_7['新款饮料']).mean()
t, p_value = ttest_rel(a=example6_7['旧款饮料'], b=example6_7['新款饮料'])
print(f"配对样本差值的均值={dbar}, t统计量值={t: .6f}, p值={p_value: .4g}")
```

```
配对样本差值的均值 =-1.3, t统计量值 =-2.750848, p值 = 0.02245
```

结论：在该项检验中，$\bar{d}$=−1.3，t=−2.750 848，df=9，P=0.022 45，由于 P<0.05，拒绝 H_0，消费者对新旧饮料的评分有显著差异。

拒绝原假设后，可计算效应量来进一步分析配对样本差值的均值与假设的总体差值的均值之间的差异程度。配对样本 t 检验的效应量的估计由 Cohen 的 d 统计量给出。计算公式为：

$$d = \frac{|\text{配对样本差值的均值}|}{\text{配对差值的标准差}} = \frac{\bar{d}}{s_{\mathrm{d}}} = \frac{|t|}{\sqrt{n}} \tag{6.14}$$

根据 Cohen 提出的标准，配对样本 t 检验的小、中、大效应量对应的 d 值分别为 0.20、0.50、0.80。

计算效应量的代码和结果如代码框 6-8 所示。

代码框 6-8 配对样本 t 检验的效应量

```
import pandas as pd;import numpy as np
example6_7 = pd.read_csv('C:/pydata/chap06/example6_7.csv', encoding='gbk')
t = 2.750848  # 沿用上题计算的结果
n = example6_7.shape[0]
d = abs(t) / np.sqrt(n)
print(f"效应量 d ={d: .6f}")
```

```
效应量 d = 0.869895
```

代码框 6-8 的结果显示，d=0.869 895。根据 Cohen 准则，该检验结果属于大的效应量。

6.3 总体比例的检验

总体比例的检验程序与总体均值的检验类似，本节只介绍大样本[①]情形下一个总体比例的检验和两个总体比例之差的检验方法。

6.3.1 一个总体比例的检验

在大样本情形下，统计量 p 近似服从正态分布，而样本比例标准化后则近似服从标准正态分布，因此检验统计量为：

$$z=\frac{p-\pi_0}{\sqrt{\dfrac{\pi_0(1-\pi_0)}{n}}} \tag{6.15}$$

【例 6-8】一家电视台的影视频道制作人认为，某电视连续剧如果在黄金时段播出，收视率将会达到 25% 以上。经过一周的试播放后，该制作人随机抽取了由 2 000 人组成的一个样本，发现有 450 个观众观看了该电视连续剧。取显著性水平 α= 0.05，检验收视率是否达到制作人的预期。

解：制作人想支持的观点是收视率达到 25% 以上，因此提出的假设为：

$$H_0:\pi\leqslant 25\%,\ H_1:\pi>25\%$$

检验的代码和结果如代码框 6-9 所示。

代码框 6-9 一个总体比例的检验

```
import numpy as np;from scipy.stats import norm
n = 2000
p = 450 / 2000
pi0 = 0.25
z = (p-pi0) / np.sqrt(pi0 * (1-pi0) / n)
p_value = 1 - norm.cdf(z)
print(f"z 统计量值 ={z: .4f}, p 值 ={p_value: .6g}")
```

```
z 统计量值 = -2.5820, p 值 = 0.995088
```

结论：在该项检验中，z=−2.582 0，P=0.995 088，由于 P>0.05，不拒绝 H_0，没有证据表明收视率达到了制作人的预期。

① 检定总体比例时，确定样本量是否“足够大”的方法与总体比例的区间估计一样，参见第 5 章。

6.3.2 两个总体比例差的检验

两个总体比例之差（$\pi_1-\pi_2$）的检验思路与一个总体比例的检验类似，要求两个样本都是大样本。当 n_1p_1、$n_1(1-p_1)$、n_2p_2、$n_2(1-p_2)$ 都大于或等于 10 时，就可以认为是大样本。根据两个样本比例之差的抽样分布，可以得到两个总体比例之差检验的统计量为：

$$z=\frac{(p_1-p_2)-(\pi_1-\pi_2)}{\sigma_{p_1-p_2}} \tag{6.16}$$

式中，$\sigma_{p_1-p_2}=\sqrt{\frac{\pi_1(1-\pi_1)}{n_1}+\frac{\pi_2(1-\pi_2)}{n_2}}$是两个样本比例之差抽样分布的标准差。

由于两个总体的比例 π_1 和 π_2 是未知的，需要用两个样本比例 p_1、p_2 来估计 $\sigma_{p_1-p_2}$，这时有以下两种情形。

第一种情形是检验两个总体比例之差是否相等，即$H_0:\pi_1-\pi_2=0$或$H_0:\pi_1=\pi_2$，此时 $\pi_1=\pi_2=\pi$ 的最佳估计量是将两个样本合并后得到的合并比例 p。设 x_1 表示样本 1 中成功的次数，x_2 表示样本 2 中成功的次数，则合并后的比例为：

$$p=\frac{x_1+x_2}{n_1+n_2}=\frac{p_1n_1+p_2n_2}{n_1+n_2} \tag{6.17}$$

这时$\sigma_{p_1-p_2}$的最佳估计量为：

$$\sigma_{p_1-p_2}=\sqrt{\frac{p(1-p)}{n_1}+\frac{p(1-p)}{n_2}}=\sqrt{p(1-p)\left(\frac{1}{n_1}+\frac{1}{n_2}\right)} \tag{6.18}$$

将式（6.18）代入到式（6.16）中得到两个总体比例之差检验的统计量为：

$$z=\frac{p_1-p_2}{\sqrt{p(1-p)\left(\frac{1}{n_1}+\frac{1}{n_2}\right)}} \tag{6.19}$$

第二种情形是检验两个总体比例之差等于某个常数，即$H_0:\pi_1-\pi_2=d_0$（$d_0\neq 0$），这时可直接用两个样本的比例 p_1 和 p_2 作为相应两个总体比例 π_1 和 π_2 的估计量，从而得到两个总体比例之差检验的统计量为：

$$z=\frac{(p_1-p_2)-d_0}{\sqrt{\frac{p_1(1-p_1)}{n_1}+\frac{p_2(1-p_2)}{n_2}}} \tag{6.20}$$

【例 6-9】一所大学准备采取一项新的上网收费措施，为了解男女学生对这一措施的看法是否有差异，分别抽取 200 名男生和 200 名女生进行调查。其中的一个问题是：“你是否赞成采取新的上网收费的措施？”其中男生表示赞成的比例为 27%，女生表示赞成的比例为 35%。调查者认为，男生中表示赞成的比例显著低于女生。取显著性水平 $\alpha=0.05$，样本提供的证据是否支持调查者的看法？

解：设 π_1 = 男生中表示赞成的比例，π_2 = 女生中表示赞成的比例。依题意提出如下假设：

$$H_0:\pi_1-\pi_2\geqslant 0;\ H_1:\pi_1-\pi_2<0$$

检验的代码和结果如代码框 6-10 所示。

代码框 6-10 两个总体比例之差的检验（H_0：$\pi_1-\pi_2=0$）

```
import numpy as np;from scipy.stats import norm
n1 = 200; n2 = 200
p1 = 0.27; p2 = 0.35
p = (p1*n1 + p2*n2) / (n1+n2)
z = (p1-p2) / np.sqrt(p * (1-p) * (1/n1 + 1/n2))
p_value = norm.cdf(z)
print(f"z 统计量值 ={z: .4f}, p 值 ={p_value: .6g}")
```

```
z 统计量值 = -1.7298, p 值 = 0.041837
```

结论：在该项检验中，$z=-1.729\,8$，$P=0.041\,837$，由于 $P<0.05$，拒绝 H_0，样本提供的证据支持调查者的看法，即男生中表示赞成的比例显著低于女生。

【例 6-10】有两种方法生产同一种产品，方法 1 的生产成本较高而次品率较低，方法 2 的生产成本较低而次品率则较高。管理人员在选择生产方法时，决定对两种方法的次品率进行比较。如果方法 1 比方法 2 的次品率低 8% 以上，则采用方法 1，否则就采用方法 2。管理人员从采用方法 1 生产的产品中随机抽取 300 个，发现有 33 个次品；从采用方法 2 生产的产品中也随机抽取 300 个，发现有 84 个次品。用显著性水平 $\alpha=0.01$ 进行检验，管理人员应决定采用哪种方法进行生产。

解：设 π_1= 方法 1 的次品率，π_2= 方法 2 的次品率。因为要检验“方法 1 的次品率是否比方法 2 低 8 个百分点”（不是检验二者的差值是否等于 0），所以选择式（6.20）作为检验统计量。依题意提出如下假设：

$$H_0:\pi_1-\pi_2 \geqslant 8\%;\ H_1:\pi_1-\pi_2<8\%$$

检验的代码和结果如代码框 6-11 所示。

代码框 6-11 两个总体比例之差的检验（H_0：$\pi_1-\pi_2=d_0$）

```
import numpy as np;from scipy.stats import norm
n1 = 300; n2 = 300
p1 = 33/300; p2 = 84/300
d0 = 0.08
z = ((p1-p2) - d0) / np.sqrt(p1 * (1-p1) / n1 + p2 * (1-p2) / n2)
p_value = norm.cdf(z)
print(f"z 统计量值 = {z: .4f}, p 值 ={p_value: .5g}")
```

```
z 统计量值 = -7.9123, p 值 = 1.2635e-15
```

结论：在该项检验中，$z=-7.912\,3$，$P=1.263\,5\text{e}-15$，由于 $P<0.01$，拒绝 H_0，表示方法 1 的次品率显著地低于方法 2 达 8 个百分点以上，所以应采用方法 1 进行生产。

6.4 总体方差的检验

研究一个总体时，总体方差 σ^2 的检验采用 χ^2 统计量。研究两个总体时，两个总体方差比 σ_1^2/σ_2^2 的检验采用 F 统计量。

6.4.1 一个总体方差的检验

在生产和生活的许多领域，方差的大小是否适度是需要考虑的一个重要因素。一个方差大的产品意味着其质量或性能不稳定。相同均值的产品，方差小的自然要好些。与总体方差的区间估计类似，一个总体方差的检验也是使用 χ^2 分布。此外，总体方差的检验，不论样本量 n 是大还是小，都要求总体服从正态分布。检验统计量为：

$$\chi^2=\frac{(n-1)s^2}{\sigma_0^2} \tag{6.21}$$

对于设定的显著性水平 α，双侧检验的拒绝域如图 6-5 所示。对于单侧检验，拒绝域在分布一侧的尾部。

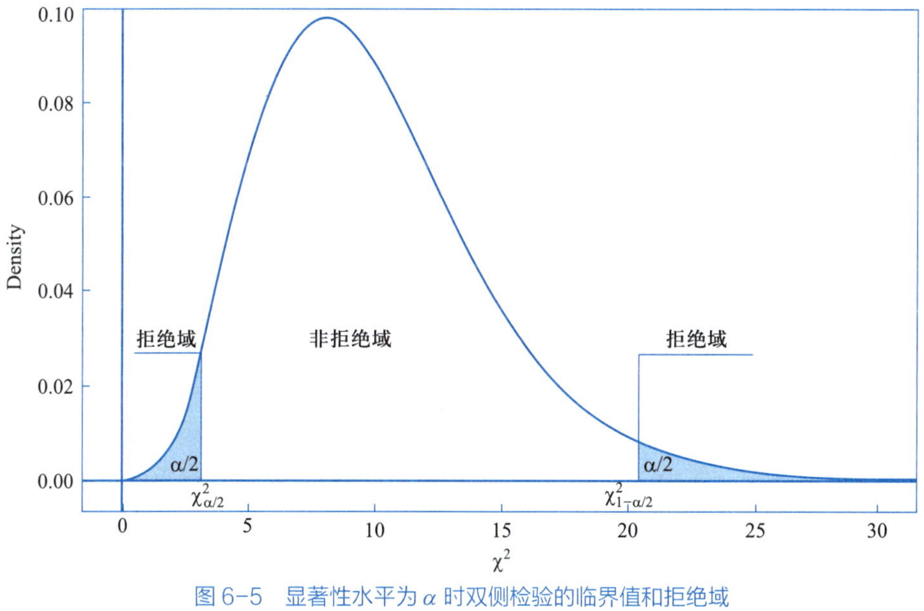

图 6-5 显著性水平为 α 时双侧检验的临界值和拒绝域

【例 6-11】（数据：example6_11.csv）啤酒生产企业采用自动生产线灌装啤酒，每瓶的填装量为 640 ml，但由于受某些不可控因素的影响，每瓶的填装量会有差异。如果 σ^2 很大，会出现填装量太多或太少的情形，这样，要么生产企业不划算，要么消费者不满意。假定生产标准规定每瓶填装量的方差不应超过 16。企业质检部门抽取了 10 瓶啤酒进行检验，得到的样本数据如下。检验填装量的方差是否符合要求（α=0.05）。

638.3	642.0	640.4	641.1	637.2	643.3	643.7	640.5	639.8	644.2

解：依题意提出如下假设：

$$H_0: \sigma^2 \leqslant 16;\ H_1: \sigma^2 > 16$$

检验的代码和结果如代码框 6-12 所示。

代码框 6-12 一个总体方差的检验

```
import pandas as pd;from scipy.stats import chi2
example6_11 = pd.read_csv('C:/pydata/chap06/example6_11.csv', encoding='gbk')
x = example6_11['填装量']
sigma0_2 = 16
s2 = x.var(); n = len(x); df=n-1
chi2_value = (n-1) * s2 / sigma0_2
p_value = 1 - chi2.cdf(chi2_value, df=df)
print(f"样本填装量的方差 ={s2 :.4f}，卡方统计量值 ={chi2_value: .4f}，自由度 df = {df}，p 值 ={p_value: .4f}")
```

```
样本填装量的方差 = 5.2872，卡方统计量值 = 2.9741，自由度 df = 9，p 值 = 0.9653
```

结论：在该项检验中，s^2=5.287 2，χ^2=2.974 1，df=9，P=0.965 3，由于 $P>0.05$，不拒绝 H_0。没有证据显示啤酒填装量的方差不符合要求。

6.4.2 两个总体方差比的检验

比较两个总体方差时，通常将原假设与备择假设的形式表示成两个总体方差比值与数值 1 之间的比较关系。由于两个样本方差比s_1^2/s_2^2是两个总体方差比 σ_1^2/σ_2^2的理想估计量，当样本量为 n_1 和 n_2 的两个样本分别独立地抽自两个正态总体时，检验统计量为：

$$F=\frac{s_1^2}{s_2^2} \text{或} F=\frac{s_2^2}{s_1^2} \tag{6.22}$$

【例 6-12】（数据：example6_6.csv）沿用例 6-6。检验两家企业灯泡使用寿命的方差是否有显著差异（α=0.05）。

解：设甲企业灯泡使用寿命的方差为 σ_1^2，乙企业灯泡使用寿命的方差为 σ_2^2，依题意建立的原假设与备择假设为：

$$H_0: \frac{\sigma_1^2}{\sigma_2^2}=1;\ H_1: \frac{\sigma_1^2}{\sigma_2^2} \neq 1$$

检验的代码和结果如代码框 6-13 所示。

代码框 6-13 两个总体方差比的检验

```
import pandas as pd;from scipy.stats import f
example6_6 = pd.read_csv('C:/pydata/chap06/example6_6.csv', encoding='gbk')
```

```
x1 = example6_6['甲企业']; x2 = example6_6['乙企业']
s1_square = x1.var(); dfn = len(x1)-1
s2_square = x2.var(); dfd = len(x2)-1
f_value = s1_square / s2_square
p_value = f.cdf(f_value, dfn=dfn, dfd=dfd) * 2
print(f"F统计量值 ={f_value: .4f}, p值 ={p_value: .4f}")
```

```
F统计量值 = 0.4727, p值 = 0.1110
```

结论：在该项检验中，$F=0.4727$，df1=19，df2=19，$P=0.1110$，由于 $P>0.05$，不拒绝 H_0，没有证据表明两家企业灯泡使用寿命的方差有显著差异。

6.5 正态性检验

以上各节介绍的参数检验（如 t 检验、F 检验等）通常是在假定总体服从正态分布或总体分布形式已知的条件下进行的。如何检验样本数据是否来自正态总体，这就是**正态性检验**（normality test）。正态性检验有图示法和检验法两大类。

6.5.1 正态概率图

判断数据是否服从正态分布的可视化图形有直方图、核密度图等，但这类图形是将数据分布的形状与正态曲线进行比较，如果分布的形状与正态分布曲线接近，就可以初步认为数据近似正态分布，但这种比较形状的做法有时难以做出确切的判断。在实际中，常用的检验正态性的可视化方法是绘制出样本数据的**正态概率图**（normal probability plots），它可以对正态性做出较为准确的判断。

正态概率图有两种画法，一种称为 **Q-Q 图**（Quantile-Quantile plot），一种称为 **P-P 图**（Probability-Probability plot）。Q-Q 图是根据样本数据的分位数与理论分布（如正态分布）的分位数的符合程度绘制的，有时也称为分位数 - 分位数图。P-P 图则是根据样本数据的累积概率与理论分布（如正态分布）的累积概率的符合程度绘制的。除用于正态分布检验外，Q-Q 图（或 P-P 图）也可用于检验 t 分布、卡方分布、均匀分布、贝塔分布、伽马分布等。

以正态 Q-Q 图为例，说明正态概率图的绘制过程。对于一组样本数据，可以计算出任意一点的分位数，记为 Q_O。如果要检验该数据是否服从正态分布，我们可以计算出相应的标准正态分布的分位数，称为理论分位数，记为 Q_e。以 Q_e 作 x 轴，Q_O 作 y 轴（x 轴和 y 轴可以互换），可以绘制出多个分位数点（Q_e，Q_O）在坐标系中的散点图。如果实际数据服从正态分布，则所有分位数点应该落在截距为样本均值，斜率为样本标准差的直线上。如果各分位数点在这条直线周围随机分布，越靠近直线，说明实际数据越近似正态分布，如果各分位数点的分布有明显的固定模式，则表示实际数据不服从正态分布。P-P 图的画法类似，只不过是根据累积概率绘制的。图 6-6 展示了不同分布的直方图和对应的正态 Q-Q 图。

在分析正态概率图时，最好不要用严格的标准去衡量数据点是否在理论直线上，只要各点近似在一条直线周围随机分布即可。当样本量较小时，正态概率图中的点很少，提供的正态性

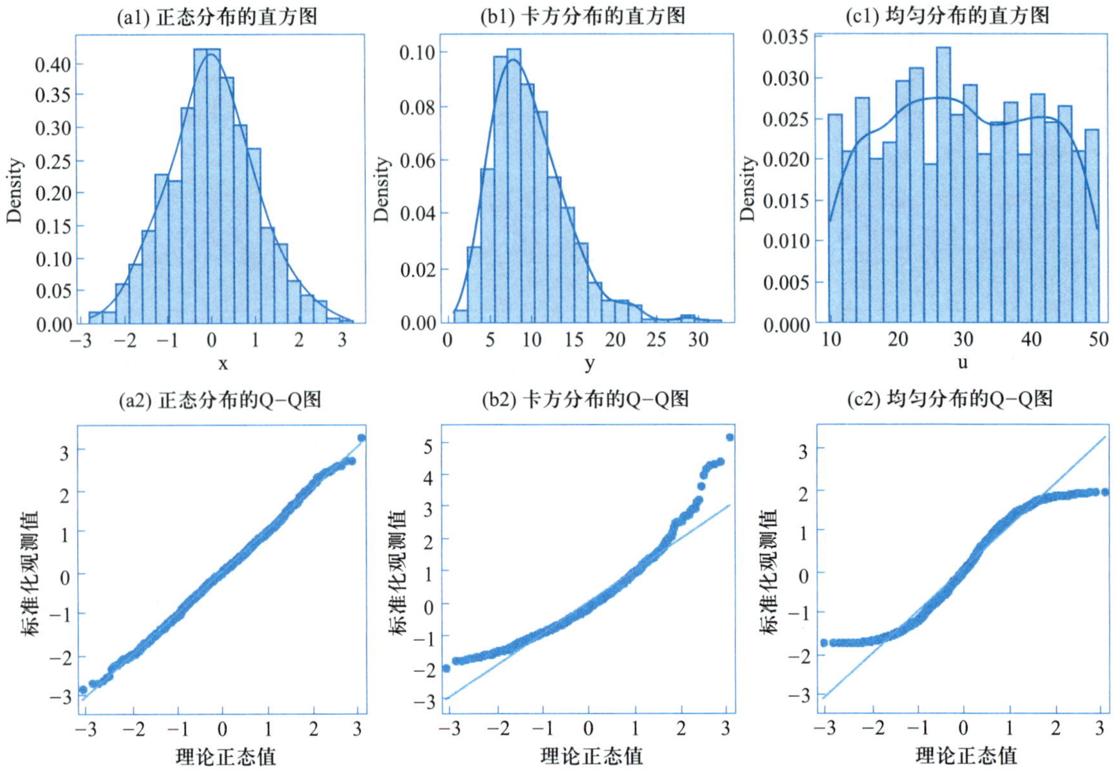

图 6-6 不同分布的直方图与正态 Q-Q 图的比较

信息有限，因此，使用 Q-Q 图时，样本量应尽可能大。

【**例 6-13**】(数据：example2_3.csv) 沿用第 2 章例 2-3。以北京的 AQI 为例，绘制正态 Q-Q 图和正态 P-P 图，检验 AQI 是否服从正态分布。

解：绘制正态 Q-Q 图和正态 P-P 图的代码和结果如代码框 6-14 所示。

代码框 6-14 绘制正态 Q-Q 图和正态 P-P 图

```
#  图 6-7 的绘制代码（data=example2_3）
import pandas as pd
import statsmodels.api as sm
from matplotlib import pyplot as plt
plt.rcParams['font.sans-serif'] = ['SimHei']
plt.rcParams['axes.unicode_minus']=False

example6_3 = pd.read_csv('C:/pydata/chap06/example6_3.csv', encoding='gbk')
pplot = sm.ProbPlot(example6_3['PM2.5值'], fit=True)
plt.subplots(1, 2, figsize=(12, 5))
```

```
# 绘制 Q-Q 图
ax1 = plt.subplot(121)
pplot.qqplot(line='r', ax=ax1, xlabel='期望正态值', ylabel='标准化的观测值')
ax1.set_title('正态 Q-Q 图', fontsize=15)

# 绘制 P-P 图
ax2 = plt.subplot(122)
pplot.ppplot(line='45', ax=ax2, xlabel='期望的累积概率', ylabel='观测的累积概率')
ax2.set_title('正态 P-P 图', fontsize=15)
plt.show()
```

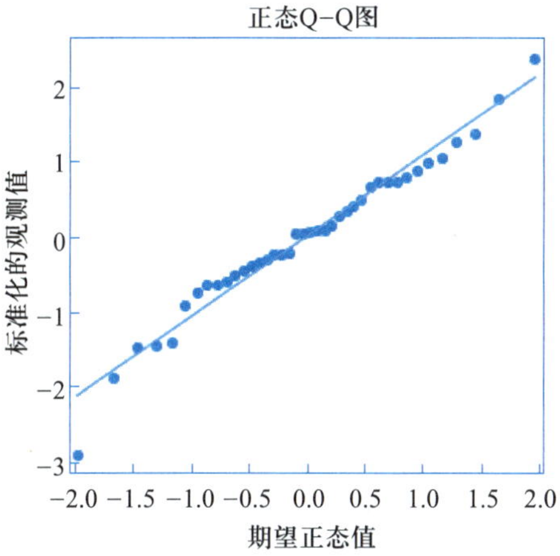

图 6-7 北京市 2019 年 AQI 的正态 Q-Q 图

注：qqplot 和 ppplot 函数中，line 参数控制分布线的绘制方式，'q' 表示根据分位数拟合，'r' 表示进行回归拟合，'45' 表示绘制 45 度的直线。

图 6-7 显示，各观测点并非在理论正态分布直线周围随机分布，而且观测值越大或越小，越偏离理论正态分布，表明 AQI 不服从正态分布。从直方图和核密度曲线的分布形状可清楚地看到 AQI 的分布呈现明显的右偏。

6.5.2 S-W 检验和 K-S 检验

当样本量较小时，正态概率图的应用就会受到限制，这时可以使用标准的统计检验方法。检验的原假设是总体服从正态分布。如果检验获得的 P 值小于指定的显著性水平，则拒绝原假设，表示总体不服从正态分布；如果 P 值较大不能拒绝原假设，可以认为总体满足正态分布。正态性的检验方法有很多，这里只介绍两种常用的检验方法，即 Shapiro-Wilk 检验（简称 S-W 检验）和 Kolmogorov-Smirnov 检验（简称 K-S 检验）。

1. S-W 检验

S-W 检验是 S.Shapiro 和 M.Wilk 于 1965 年提出的，该检验是用顺序统计量 W 来检验分布的正态性。S-W 检验的具体步骤如下：

首先，对研究的总体提出如下假设：

H_0：总体服从正态分布；H_1：总体不服从正态分布

然后，按下列公式计算检验统计量 W：

$$W=\frac{\sum a_i y_i^2}{\sum(y_i-\bar{y})^2} \tag{6.23}$$

式中，y_i 为排序后的样本数据；$\bar{y}$ 为样本均值；a_i 是样本量为 n 时所对应的系数。

W 统计量的最大值是 1，最小值是 $na_1^2/(n-1)$。统计量越大，表示数据越符合正态分布。但在非正态分布的小样本数据中也经常会出现较大的 W 值，同时，由于该统计量的分布是未知的，因此需要通过模拟来估计其概率或者通过查表得到 a_i 的值。当 P 值小于指定显著性水平时表示总体不符合正态分布。S-W 检验适用于样本量较小的情形，即 $3 \leqslant n \leqslant 50$ 时。

【例 6-14】（数据：example6_4.csv）沿用例 6-4。用 S-W 方法检验该企业生产的砖的厚度是否服从正态分布（$\alpha=0.05$）。

解：提出假设：

H_0：厚度服从正态分布；H_1：厚度不服从正态分布

S-W 检验的代码和结果如代码框 6-15 所示。

代码框 6-15 S-W 正态性检验

```
import pandas as pd;from scipy.stats import shapiro
example6_4 = pd.read_csv('C:/pydata/chap06/example6_4.csv', encoding='gbk')
W, p_value = shapiro(example6_4['厚度'])
print(f"统计量 W ={W: .5f}, p 值 ={p_value: .4g}")
```

```
统计量 W = 0.91377, p 值 = 0.07522
```

结论：在该项检验中，$W=0.913\,77$，$P=0.075\,22$，由于 $P>0.05$，不拒绝原假设，没有证据显示该企业生产的砖的厚度不服从正态分布。

2. K-S 检验

当样本量较大时，可使用 K-S 检验。该检验既可用于大样本，也可用于小样本。

K-S 检验用来检验总体是否服从某个已知的理论分布①。该检验是将某一变量的累积分布函数与特定的分布函数进行比较，检验其拟合程度。设总体的累积分布函数为 $F(x)$，已知的理论分布函数为 $F_0(x)$，则检验的原假设和备择假设为：

H_0：$F(x)=F_0(x)$ （总体分布与指定的理论分布无显著差异）

H_1：$F(x)\neq F_0(x)$ （总体分布与指定的理论分布差异显著）

设各样本观测值在理论分布中出现的累积概率为 $F_0(x)$，各样本观测值的实际累积概率为

① 该检验的理论分布主要有正态分布（normal）、Poisson 分布、均匀分布（uniform）、指数分布（exponential）等。

$S(x)$，实际累积概率与理论累积概率的差值为 $D(x)$，差值序列中的最大绝对差值为：

$$D = \max[|S(x_i) - F(x_i)|] \tag{6.24}$$

由于实际累积概率为离散值，通常做以下修正：

$$D = \max\{[|S(x_i) - F(x_i)|],\ [|S(x_{i-1}) - F(x_i)|]\} \tag{6.25}$$

式（6.25）就是 K-S 检验的统计量。在小样本情形下，统计量 D 服从 Kolmogorov 分布；在大样本情形下，则用正态分布近似，统计量为：

$$z = \sqrt{n}D \tag{6.26}$$

如果 H_0 成立，每次抽样得到的 D 值应当不会与 0 偏离太远，否则就应拒绝 H_0。对于设定的显著性水平 α，若检验统计量 D（或 z）对应的概率小于 α，则拒绝 H_0，表示总体与指定的理论分布差异显著。

K-S 检验要求样本数据是连续的数值型数据，而且要求理论分布已知。比如，要检验样本数据是否来自 μ=100、σ=10 的正态总体，即 $X \sim N(100,10^2)$。当总体均值和方差未知时，可以用样本均值 $\bar{x}$ 和方差 s^2 来代替[①]。

【例 6-15】（数据：example6_4.csv）沿用例 6-4。用 K-S 检验方法检验该企业生产的砖的厚度是否服从正态分布（α=0.05）。

解：提出假设：

H_0：厚度服从正态分布；H_1：厚度不服从正态分布

由于 K-S 检验要求正态总体是已知的，即参数 μ 和 σ^2 已知。当 μ 和 σ^2 未知时，可以分别用样本均值 $\bar{x}$ 和样本方差 s^2 来代替。

K-S 检验的代码和结果如代码框 6-16 所示。

代码框 6-16 K-S 正态性检验

```
import pandas as pd;from scipy.stats import kstest
example6_4 = pd.read_csv('C:/pydata/chap06/example6_4.csv', encoding='gbk')
d=example6_4['厚度']
D, p_value = kstest(d, 'norm', alternative='two-sided', mode='asymp',
        args=(d.mean(),d.std()))
print(f"统计量D ={D: .5f}, p值 ={p_value: .4g}")
```

```
统计量D = 0.23538, p值 = 0.2178
```

注：参数 mode 控制统计量计算模式，默认 'auto'，可选择 'exact' 表示使用精确理论分布，'asymp' 表示使用近似理论分布，'approx' 表示用两次单尾来近似计算双尾统计量。

结论：在该项检验中，D=0.235 38，P=0.217 8，由于 P>0.05，不拒绝 H_0，没有证据显

① Lilliefor 于 1967 年提出该方法，因此也称为 Lilliefor 正态性检验，它可以检验样本数据是否来自某个未知的理论总体。使用 SPSS 做检验时均用样本均值和样本方差来代替。

示该企业生产的砖的厚度不服从正态分布。

由于 S-W 检验和 K-S 检验对正态性偏离十分敏感，因此，当样本数据轻微偏离正态分布时，这些检验往往也会导致拒绝原假设。当某些分析对正态性的要求相对宽松时，应谨慎使用这些检验。

习题

6.1 一种机床加工的零件尺寸绝对平均误差为 1.35 mm。生产厂家准备采用一种新的机床进行加工以期进一步降低误差。为检验新机床加工的零件平均误差与旧机床相比是否有显著降低，从新机床生产的零件中随机抽取 50 个进行检验。50 个零件尺寸的绝对误差数据（单位：mm）如下。

1.26	1.19	1.31	0.97	1.81
1.13	0.96	1.06	1.00	0.94
0.98	1.10	1.12	1.03	1.16
1.12	1.12	0.95	1.02	1.13
1.23	0.74	1.50	0.50	0.59
0.99	1.45	1.24	1.01	2.03
1.98	1.97	0.91	1.22	1.06
1.11	1.54	1.08	1.10	1.64
1.70	2.37	1.38	1.60	1.26
1.17	1.12	1.23	0.82	0.86

（1）绘制 Q-Q 图，检验零件尺寸的绝对误差是否服从正态分布。

（2）检验新机床加工的零件尺寸的平均误差与旧机床相比是否有显著降低（$\alpha=0.01$）。

6.2 安装于一种联合收割机的金属板的平均重量为 25 千克。对某企业生产的 20 块金属板进行测量，得到的重量数据（单位：kg）如下：

22.6	26.6	23.1	23.5
27.0	25.3	28.6	24.5
26.2	30.4	27.4	24.9
25.8	23.2	26.9	26.1
22.2	28.1	24.2	23.6

（1）采用 S-W 检验和 K-S 检验两种方法，检验该企业生产的金属板重量是否服从正态分布（$\alpha=0.05$）。

（2）假定金属板的重量服从正态分布，检验该企业生产的金属板是否符合要求（$\alpha=0.05$）。

（3）计算效应量分析差异程度。

6.3　某市场研究机构用一组被调查者样本来给某特定商品的潜在购买力打分。样本中每个人都分别在看该产品的新的电视广告之前与之后打分。潜在购买力的分值为 0～10 分，分值越高，表示潜在购买力越强。原假设认为“看后”平均得分小于或等于“看前”平均得分，拒绝该假设就表示广告提高了平均潜在购买力得分。取 $\alpha=0.05$ 的显著性水平，用下列数据检验该假设，计算并分析效应量。

个体	购买力得分	
	看后	看前
1	6	5
2	6	4
3	7	7
4	4	3
5	3	5
6	9	8
7	7	5
8	6	6

6.4　某企业为比较两种方法对员工培训的效果，采用方法 1 对 15 名员工进行培训，采用方法 2 对另外 15 名员工进行培训。培训后的测试分数如下：

方法 1 测试分数			方法 2 测试分数		
56	51	45	59	57	53
47	52	43	52	56	65
42	53	52	53	55	53
50	42	48	54	64	57
47	44	44	58	60	55

在 $\alpha=0.05$ 显著性水平下，检验两种方法的培训效果是否有显著差异。

（1）假定方差相等。

（2）假定方差不相等。

（3）计算效应量，分析差异程度。

6.5　对消费者的一项调查显示，17% 的人早餐饮料是牛奶。某城市的牛奶生产商认为，该城市的人早餐饮用牛奶的比例更高。为验证这一说法，生产商随机抽取 550 人的一个随机样本，其中 115 人早餐饮用牛奶。检验该生产商的说法是否属实（$\alpha=0.05$）。

6.6 为研究小企业经理是否认为他们获得了成功，随机抽取 100 个小企业的女性经理，其中，认为自己成功的人数为 24 人；随机抽取 95 个男性经理，其中，认为自己成功的人数为 39 人。在 $\alpha=0.05$ 的显著性水平下，检验男女经理认为自己成功的人数比例是否有显著差异。

6.7 为比较新、旧两种肥料对产量的影响，以便决定是否采用新肥料，研究者选择了面积相等、土壤等条件相同的 40 块田地，分别施用新、旧两种肥料，得到的产量数据（单位：kg）如下：

旧肥料产量					新肥料产量				
109	101	97	98	100	105	109	110	118	109
98	98	94	99	104	113	111	111	99	112
103	88	108	102	106	106	117	99	107	119
97	105	102	104	101	110	111	103	110	119

取显著性水平 $\alpha=0.05$：

（1）检验新肥料获得的平均产量是否显著地高于旧肥料，假定方差相等。

（2）检验两种肥料产量的方差是否有显著差异。

（3）计算效应量，分析差异程度。

6.8 生产工序中的方差是工序质量的一个重要指针，通常较大的方差意味着要通过寻找减小工序方差的途径来改进工序。某杂志上刊载了两部机器生产的袋茶重量的数据（单位：克）如下，检验这两部机器生产的袋茶重量的方差是否存在显著差异（$\alpha=0.05$）。

机器 1 生产的袋茶重量	2.95	3.45	3.50	3.75	3.48	3.26	3.33	3.20
	3.16	3.20	3.22	3.38	3.90	3.36	3.25	3.28
	3.20	3.22	2.98	3.45	3.70	3.34	3.18	3.12
机器 2 生产的袋茶重量	3.22	3.30	3.34	3.28	3.29	3.25	3.30	3.27
	3.38	3.34	3.35	3.19	3.35	3.05	3.36	3.28
	3.30	3.28	3.30	3.20	3.16	3.33	3.26	3.35

本章图片

第 7 章　类别变量分析

在分析实际问题时，常常遇到类别变量，如性别、产品的品牌、消费者的偏好等。类别变量的观测结果是各个类别，对这些类别观测频数的描述性分析主要是计算比例、比率等统计量，而推断性分析则是根据各类别的频数利用 χ^2 分布进行检验，因此也称为 χ^2 检验，内容包括 χ^2 拟合优度检验和 χ^2 独立性检验等。

7.1　一个类别变量的拟合优度检验

只研究一个类别变量时，可利用 χ^2 检验来判断各类别的观察频数与某一期望频数或理论频数是否一致。比如，各月份的产品销售额是否符合均匀分布，不同地区的离婚率是否有显著差异，等等，这就是 χ^2 **拟合优度检验**（goodness of fit test）。该检验是利用 χ^2 统计量来判断某个类别变量中各类别的观察频数与期望频数或理论频数是否一致，它也可用于判断各类别的观察频数分布是否符合某一理论分布，如 Poisson 分布或正态分布等。

7.1.1　期望频数相等

为更好地理解拟合优度检验，还是先从一个例子开始。

【例 7-1】（数据：example7_1.csv）为研究消费者对不同类型的饮料是否有明显偏好，一家调查公司随机调查了 2 000 个消费者对 4 种类型饮料的偏好情况，得到不同类型饮料的偏好数据，如表 7-1 所示。

表 7-1　2 000 个消费者对不同类型饮料的偏好数据

饮料类型	人数
碳酸饮料	525
矿泉水	550
果汁	470
其他	455
合计	2 000

表 7-1 中的饮料类型是类别变量，共有 4 个类别值，每个类别的偏好人数称为**观察频数**（observed frequency），即各类别的实际频数。如果消费者对各类型饮料没有明显偏好，则各类别的观察频数应该相等或近似相等，也就是不同类型饮料的消费者人数都是 500 人（2 000/4），

这就是类别的**期望频数**（expected frequency）或理论频数。调查者想分析消费者对不同类型饮料的偏好是否有显著差异，实际上也就是检验观察频数与期望频数是否一致，因此，拟合优度检验也称为**一致性检验**（test of homogeneity）。该检验使用的是χ^2统计量，它是由英国统计学家 Karl Pearson 于 1900 年提出的，因此，拟合优度检验所使用的统计量也称为 Pearsonχ^2。其计算公式为：

$$\chi^2=\sum\frac{(f_o-f_e)^2}{f_e} \tag{7.1}$$

式中，f_o为观察频数，f_e为期望频数，该统计量服从自由度为k-1 的χ^2分布，k为类别个数。

如果统计量χ^2等于 0，表示观察频数与期望频数完全一致；如果显著不等于 0，则表示观察频数与期望频数之间存在显著差异，χ^2值越大，差异就越显著。

下面来检验消费者对不同类型饮料的偏好是否有显著差异（$\alpha=0.05$）。

解：具体步骤如下：

第 1 步：提出假设。

H_0：观察频数与期望频数无显著差异（无显著偏好）

H_1：观察频数与期望频数有显著差异（有显著偏好）

第 2 步：计算检验统计量χ^2。如果消费者对不同类型饮料的偏好无显著差异，意味着各期望频数相等，即不同类型饮料的期望频数均为 500。统计量χ^2的计算过程如表 7-2 所示。

表 7-2 计算例 7-1 的χ^2统计量

饮料类型	观察频数 f_o	期望频数 f_e	$(f_o-f_e)^2/f_e$
碳酸饮料	525	500	1.25
矿泉水	550	500	5.00
果汁	470	500	1.80
其他	455	500	4.05
合计	2 000	2 000	12.10

第 3 步：做出决策。χ^2=12.10，自由度为 4-1=3，由 R 函数得P值（右尾概率）为 0.007 048，由于$P<\alpha$，拒绝H_0，表明消费者对不同类型饮料的偏好有显著差异。

期望频数相等时，拟合优度检验的 Python 代码和结果如代码框 7-1 所示。

代码框 7-1 期望频数相等时的拟合优度检验

```
import pandas as pd;from scipy.stats import chisquare
example7_1 = pd.read_csv("C:/pydata/chap07/example7_1.csv", encoding='gbk')
chi2, p_value = chisquare(f_obs=example7_1['人数'])
print(f"卡方统计量 ={chi2: .2f}, p值 ={p_value: .4g}")
```

卡方统计量 = 12.10，p 值 = 0.007048
注：chisquare 函数默认 f_exp=None，即默认期望频数相等。

在该项检验中，χ^2=12.10，df = 3，P=0.007 048，由于 P<0.05，拒绝 H_0，表明消费者对不同类型饮料的偏好有显著差异。

7.1.2 期望频数不等

在例 7-1 中，各类别的期望频数是相等的。当各类别的期望频数不相等时，也可以进行拟合优度检验，这就需要先计算出各类别的期望频数。

【例 7-2】（数据：example7_2.csv）一项社会学研究认为，离婚率的高低与受教育程度有关，而且由于社会经济发展程度及生活方式等因素的影响，不同地区也有一定差异。在对北部地区离婚家庭的样本研究中发现，离婚家庭中，受教育程度为小学及以下的家庭所占的比例为 20%，初中家庭为 35%，高中家庭为 25%，大学家庭为 12%，研究生家庭为 8%。在对南部地区 260 个离婚家庭的调查中，不同受教育程度的离婚家庭分布如表 7-3 所示。检验南部地区不同受教育程度的离婚家庭数与期望频数是否一致（α = 0.05）。

表 7-3 南部地区不同受教育程度的离婚家庭分布　　单位：个

受教育程度	离婚家庭数
小学及以下	30
初中	110
高中	80
大学	25
研究生	15
合计	260

解： 第 1 步：提出假设。这里将北部地区的调查比例作为期望比例。所关心的问题是南部地区不同受教育程度的离婚家庭数与它的期望频数是否一致。因此提出的假设为：

H_0：不同受教育程度的离婚家庭数与期望频数无显著差异

H_1：不同受教育程度的离婚家庭数与期望频数有显著差异

第 2 步：计算期望频数和检验统计量。虽然期望比例是已知的，但期望频数需要计算。如果南部地区不同受教育程度的离婚家庭数与期望的一样，那么，在 260 个离婚家庭中，不同受教育程度的离婚家庭数所占的比例与北部地区的期望比例应该一致。因此，用期望比例乘以总的观察频数（样本量）即得期望频数。计算结果如表 7-4 所示。

表 7-4 南部地区不同受教育程度离婚家庭的期望频数

受教育程度	观察频数	期望比例 %	期望频数 = 期望比例 × 样本量
小学及以下	30	20	0.20 × 260=52.0

续表

受教育程度	观察频数	期望比例 %	期望频数 = 期望比例 × 样本量
初中	110	35	0.35 × 260=91.0
高中	80	25	0.25 × 260=65.0
大学	25	12	0.12 × 260=31.2
研究生	15	8	0.08 × 260=20.8
合计	260	100	260

有了期望频数就可以计算检验的 χ^2 统计量了，结果如表 7-5 所示。

表 7-5 南部地区不同受教育程度离婚家庭的拟合优度检验

受教育程度	观察频数 f_o	期望频数 f_e	$(f_o-f_e)^2/f_e$
小学及以下	30	52.0	9.307 7
初中	110	91.0	3.967 0
高中	80	65.0	3.461 5
大学	25	31.2	1.232 1
研究生	15	20.8	1.617 3
合计	260	260	19.585 6

第 3 步：决策与结论。在该项检验中，χ^2=19.585 6，df=4，P = 0.000 602 8，由于 P<0.05，拒绝 H_0，表明南部地区不同受教育程度的离婚家庭数与期望频数有显著差异。

期望频数不相等时，拟合优度检验的代码和结果如代码框 7-2 所示。

代码框 7-2 期望频数不相等时的拟合优度检验

```
# 加载并显示本例数据
import pandas as pd
example7_2 = pd.read_csv("C:/pydata/chap07/example7_2.csv", encoding='gbk')
example7_2
```

	受教育程度	离婚家庭数	期望比例
0	小学及以下	30	0.20
1	初小	110	0.35
2	高中	80	0.25
3	大学	25	0.12
4	研究生	15	0.08

```
# 期望频数不相等时的拟合优度检验
from scipy.stats import chisquare
chi2, p_value = chisquare(f_obs=example7_2['离婚家庭数'], f_exp=example7_2
['离婚家庭数'].sum()*example7_2['期望比例'])
print(f"卡方统计量 ={chi2: .3f}, p值 ={p_value: .4g}")
```

```
卡方统计量 = 19.586, p值 = 0.0006028
```

代码框 7-2 显示的结果与手工计算结果相同。

7.2　两个类别变量的独立性检验

对于两个类别变量的推断分析，主要是检验两个变量是否独立，这就是χ^2 **独立性检验**（test of independence）。

7.2.1　列联表与χ^2独立性检验

如果研究的是两个类别变量，每个变量有多个类别，通常将两个变量多个类别的频数用交叉表的形式表示出来。其中一个变量放在行（row）的位置，称为行变量，其类别数（行数）用r表示；另一个变量放在列（column）的位置，称为列变量，其类别数（列数）用c表示。这种由两个或两个以上类别变量交叉分类形式的频数分布表就是列联表。一个由r行和c列组成的列联表也称为$r\times c$列联表。

对列联表中的两个类别变量进行分析，通常是判断两个变量是否独立。该检验的原假设是：两个变量独立（无关），如果原假设被拒绝，则表明两个变量不独立，或者说两个变量相关。χ^2独立性检验的统计量为：

$$\chi^2=\sum_{\Sigma}\frac{(f_o-f_e)^2}{f_e} \tag{7.2}$$

式中：f_o为观察频数，f_e为期望频数，期望频数的计算公式见式（7.4）。该统计量服从自由度为$(r-1)(c-1)$的χ^2分布，r为行数，c为列数。

下面通过一个例子展示χ^2独立性检验的具体过程。

【例 7-3】（数据：example7_3.csv）一家购物网站对在本网站购物的客户做了一项调查。调查的客户来自东部、中部、西部三个地区共 500 人，表 7-6 是对本购物网站的整体满意度评价结果。检验客户满意度与地区是否独立（$\alpha=0.05$）。

表 7-6　客户对本网站购物满意度的调查结果

满意度	地区			
	东部	中部	西部	合计
满意	126	158	35	319

续表

满意度	地区			
	东部	中部	西部	合计
不满意	34	82	65	181
合计	160	240	100	500

解：第 1 步：提出假设。

H_0：满意度与地区独立

H_1：满意度与地区不独立

第 2 步：计算期望频数和检验统计量。

要计算出检验统计量，关键是计算出期望频数。如果两个变量独立，两个变量各类别交叉项的概率可根据独立事件的概率乘法公式求得。

设给定单元格所在行的合计频数为 RT，所在列的合计频数为 CT，任意给定单元格（比如第 i 列第 j 行的单元格 r_ic_j）的概率为：

$$P(r_ic_j)=P(r_i)\times P(c_j)=\left(\frac{RT}{n}\right)\times\left(\frac{CT}{n}\right) \tag{7.3}$$

用式（7.3）乘以总观察频数（即样本量 n），可以得到任意单元格的期望频数为：

$$f_{\mathrm{e}}=\left(\frac{RT}{n}\right)\times\left(\frac{CT}{n}\right)\times n \tag{7.4}$$

比如，第 1 个单元格的期望频数为：

$$f_1=\left(\frac{319}{500}\right)\times\left(\frac{160}{500}\right)\times 500=102.08$$

按上述步骤计算的各单元格的期望频数如表 7-7 所示。

表 7-7 满意度与地区的单元格期望频数计算表

满意度	地区			
	东部	中部	西部	合计
满意	126 （102.08）	158 （153.12）	35 （63.80）	319
不满意	34 （57.92）	82 （86.88）	65 （36.20）	181
合计	160	240	100	500

注：表中括号内的数值是期望频数。

将每个单元格的 $(f_{\mathrm{o}}-f_{\mathrm{e}})^2/f_{\mathrm{e}}$ 加起来，即可得到按式（7.2）计算的 χ^2 统计量：

$$\chi^2=\frac{(126-102.08)^2}{102.08}+\cdots+\frac{(65-36.20)^2}{36.20}=51.8266$$

第 3 步：决策与结论。在该项检验中，χ^2=51.826 6，df=2，P=5.572e−12，由于 $P<0.05$，拒绝 H_0，满意度与地区不独立，或者说，满意度与地区有关。

列联表独立性检验的代码和结果如代码框 7-3 所示。

代码框 7-3 两个类别变量的独立性检验

```
# 数据已是列联表情形下的检验
import pandas as pd
from scipy.stats import chi2_contingency

x = [[126, 158, 35], [34, 82, 65]]
df = pd.DataFrame(x, index=['满意','不满意'], columns=['东部','中部','西部'])
chi2, p_value, df, f_exp = chi2_contingency(df)
print(f"卡方统计量 ={chi2: .3f}, 自由度 = {df}, p值 ={p_value: .4g}。\n期望频
数为 : \n{f_exp}")
```

```
卡方统计量 = 51.827, 自由度 = 2, p值 = 5.572e-12。
期望频数为 :
[[102.08 153.12  63.8 ]
 [ 57.92  86.88  36.2 ]]
```

```
# 根据原始数据进行检验
example7_3 = pd.read_csv( “C:/pydata/chap07/example7_3.csv", encod-
ing=’ gbk’ )
count = pd.crosstab(index=example7_3['满意度’ ], columns=example7_3['地区'])
# 生成列联表 count
chi2_contingency(count)   # 检验列联表
print(f"卡方统计量 ={chi2: .3f}, 自由度 = {df}, p值 ={p_value: .4g}。\n期望频
数为: \n{f_exp}")
```

```
卡方统计量 = 51.827, 自由度 = 2, p值 = 5.572e-12。
期望频数为:
[[102.08 153.12  63.8 ]
 [ 57.92  86.88  36.2 ]]
```

代码框 7-3 显示的卡方统计量及 P 值与手工计算结果相同。

7.2.2 应用 χ^2 检验的注意事项

在应用 χ^2 检验时，要求样本量应足够大，特别是每个单元格的期望频数不能太小，否则

应用χ^2检验可能会得出错误结论。从χ^2统计量的计算公式可以看出，期望频数f_e在公式的分母上，如果某个单元格的期望频数过小，χ^2统计量的值就会变大，从而导致拒绝原假设。因此，应用χ^2检验时对单元格的期望频数有以下要求：

如果仅有两个单元格，单元格的最小期望频数不应小于 5。否则不能进行χ^2检验。

单元格有两个以上时，期望频数小于 5 的单元格不能超过总格子数的 20%，否则不能进行χ^2检验。如果期望频数小于 5 的单元格超过 20%，可以采取合并类别的办法来解决这一问题。在上面的各例子中，每个单元格的期望频数均大于 5。因此，可以进行χ^2检验。

7.3 两个类别变量的相关性度量

如果χ^2独立性检验拒绝了原假设，则表明两个变量不独立，这意味着它们之间存在一定的相关。这时，可以进一步度量它们之间的关联程度，使用的统计量主要有 **φ 系数**（φ coefficient）、**Cramer's V 系数**（Cramer's V coefficient）、**列联系数**（contingency coefficient）等，这些系数的计算均以χ^2统计量的值为基础。

7.3.1 φ 系数和 Cramer's V 系数

1. φ 系数

φ 系数主要用于 2×2 列联表的相关性度量。计算公式为：

$$\varphi=\sqrt{\frac{\chi^2}{n}} \tag{7.5}$$

式中：χ^2为按式（7.2）计算出的χ^2值，n为列联表的总频数，即样本量。

对于 2×2 列联表，φ 系数的取值范围在 0～1 之间。φ 越接近 1，表示两个变量之间的关系越强；φ 越接近 0，表示关系越弱。但是，当列联表的行数或列数大于 2 时，φ 系数会随着行数或列数的增加而变大，而且没有上限。这时，φ 系数的含义不易解释。

例如，根据例 7-3 的计算结果，得到满意度与地区之间的 φ 系数为：

$$\varphi=\sqrt{\frac{\chi^2}{n}}=\sqrt{\frac{51.826\,6}{500}}=0.321\,952$$

满意度与地区之间的相关系数为 0.321 952，表示二者之间有一定的关系。

2. Cramer's V 系数

Cramer's V 系数是由 Cramer 提出来的。计算公式为：

$$V=\sqrt{\frac{\chi^2}{n\times\min\left[(r-1),(c-1)\right]}} \tag{7.6}$$

式中：χ^2为按式（7.2）计算出的χ^2值，n为列联表的总频数，即样本量，r为行数，c为列数，$\min[(r-1),(c-1)]$ 表示 $(r-1)$ 和 $(c-1)$ 中较小的一个。

Cramer's V 系数的取值范围总是在 0～1 之间。当两个变量独立时，V=0；当两个变量完全相关时，V=1。如果列联表的行数或列数中有一个为 2，Cramer's V 系数就等于 φ 系数。例如，根据例 7-3 的计算结果，得到满意度与地区之间的 Cramer's V 系数为：

$$V=\sqrt{\frac{\chi^2}{n\times(2-1)}}=\sqrt{\frac{51.8266}{500\times1}}=0.321952$$

结果与 φ 系数一致。

7.3.2　列联系数

列联系数主要用于大于 2×2 列联表的相关性度量，用 C 表示。计算公式为：

$$C=\sqrt{\frac{\chi^2}{\chi^2+n}} \tag{7.7}$$

从式（7.7）可以看出，列联系数不可能大于或等于 1。当两个变量独立时，C=0，即使两个变量完全相关，列联系数也不可能等于 1。因此，解释列联系数的含义不够方便。例如，根据例 7-3 的计算结果，得到满意度与地区之间的列联系数为：

$$C=\sqrt{\frac{51.8266}{51.8266+500}}=0.306461$$

3 个系数均显示满意度与地区之间存在一定的相关性。

计算列联表相关性度量的代码和结果如代码框 7-4 所示。

代码框 7-4　计算两个类别变量的相关性度量

```
import math
n=500
chi2=51.827                          # 使用例 7-3 的计算结果
phi=math.sqrt(chi2/n)
v=math.sqrt(chi2/n*(2-1))
c=math.sqrt(chi2/(chi2+n))
print(f"phi 系数 ={phi: .5f},v 系数 ={v: .5f},c 系数 ={c: .5f}")
```

```
phi 系数 = 0.32195, v 系数 = 0.32195 , c 系数 = 0.30646
```

习题

7.1　一家食品生产企业想了解过去一年中各月份的销售量是否符合均匀分布，以便更好地安排生产，企业的市场销售部门收集了过去一年中每个月的销售量数据（单位：箱）如下：

月份	销售量
1 月	1 660

续表

月份	销售量
2 月	1 600
3 月	1 560
4 月	1 490
5 月	1 380
6 月	1 620
7 月	1 580
8 月	1 680
9 月	1 550
10 月	1 370
11 月	1 410
12 月	1 610

检验各月份的销售量是否符合均匀分布（$\alpha=0.05$）。

7.2 为研究大学生的逃课情况，一个研究小组做了一次调查，得到男女学生逃课情况的汇总表如下：

是否逃课	男	女
逃过课	34	38
未逃过课	28	50

检验是否逃课与学生性别是否独立（$\alpha=0.05$）。

7.3 为研究上市公司对其股价波动的关注程度，一家研究机构对在主板、中小板和创业板上市的 190 家公司进行了调查，得到如下数据：

上市公司的类型	关注的企业数量	不关注的企业数量
主板企业	50	70
中小板企业	30	15
创业板企业	20	5

（1）检验上市公司的类型与对股价波动的关注程度是否独立（$\alpha=0.05$）。

（2）计算上市公司的类型与对股价波动的关注程度两个变量之间的 φ 系数、Cramer's V 系数和列联系数，并分析其相关程度。

7.4 一家汽车企业的销售部门对北部地区、南部地区和中部地区的 400 个消费者做了抽样调查，得到如下数据：

续表

汽车价格	北部地区	南部地区	中部地区
10 万元以下	20	40	40
10~20 万元	50	50	60
20~30 万元	30	20	20
30 万元以上	40	10	20

（1）检验地区与汽车价格是否独立（$\alpha=0.05$）。

（2）计算地区与汽车价格两个变量之间的 φ 系数、Cramer's V 系数和列联系数，并分析其相关程度。

第8章　方 差 分 析

方差分析是20世纪20年代发展起来的一种统计方法，它的基本原理是由英国统计学家Ronald A. Fisher在进行实验设计时为解释实验数据而首先引入的。目前，方差分析方法广泛应用于分析心理学、生物学、工程和医药的实验数据。本章首先介绍方差分析的基本原理，然后介绍只涉及一个因变量的单因子独立样本和双因子独立样本的方差分析方法。

8.1　方差分析的原理

8.1.1　什么是方差分析

方差分析（analysis of variance，ANOVA）是分析类别自变量对数值因变量影响的一种统计方法。自变量对因变量的影响也称为自变量**效应**（effect）。由于影响效应的大小表现为因变量的误差里有多少是由自变量造成的，因此，方差分析是通过对数据误差的分析来检验这种效应是否显著。

为理解方差分析的有关概念，先看一个简单的例子。

【例8-1】（数据：example8_1.csv）为分析小麦品种对产量的影响，一家研究机构挑选了3个小麦品种：品种1、品种2、品种3，然后选择条件和面积相同的30个地块，每个品种在10个地块上试种，实验获得的产量数据如表8-1所示。

表8-1　3个小麦品种的产量数据　　单位：kg

品种1	品种2	品种3
81	71	76
82	72	79
79	72	77
81	66	76
78	72	78
89	77	89
92	81	87
87	77	84
85	73	87
86	79	87

在表 8-1 中，“小麦品种”是类别变量，称为实验的**因子**（factor），品种 1、品种 2、品种 3 是因子的 3 个不同取值，称为**处理**（treatment）或**水平**（level）。这里的“地块”就是接受处理的对象或实体，称为**实验单元**（experiment unit）。产量则是因变量，每个地块上获得的产量是样本观察值。分析小麦品种对产量影响的统计方法就是方差分析。

8.1.2 误差分解

怎样分析小麦品种对产量是否有显著影响呢？由于品种对产量的影响效应体现在产量数值的误差里，因此，分析时首先应从数据误差的分析入手。方差分析的原理就是通过对数据误差的分析来判断类别自变量（小麦品种）对数值因变量（产量）的影响效应是否显著。

怎样分析数据的误差呢？从表 8-1 可以看出，每个品种（每种处理）各有 10 个实验数据，这些数据实际上是从每个品种的产量总体中抽出来的样本量为 10 的随机样本，共获得 3 个样本的 30 个实验数据。可以看出，这 30 个产量数据是不同的，这种反映全部观测数据的误差称为**总误差**（total error）。本例中，总误差反映了全部 30 个观测数据误差的大小。

总误差可能是由于不同处理（小麦的不同品种）造成的，也可能是由于其他随机因素造成的。由不同处理造成的误差称为**处理误差**（treatment error）或**处理效应**（treatment effect）。本例中，处理误差反映了不同品种对产量的影响。由于处理误差来自不同的处理之间，有时也称为**组间误差**（between-group error）。由其他随机因素对观测数据造成的误差称为**随机误差**（random error），也简称为**误差**（error）。本例中，随机误差反映了除品种外其他随机因素对产量的影响。由于随机误差主要存在于每种处理的内部，因此，有时也称为**组内误差**（within-group error）。

在统计中，数据的误差通常用**平方和**（sum of squares）表示，记为 SS。反映全部数据总误差大小的平方和称为**总平方和**（sum of squares for total），记为 SST。例如，全部 30 个地块的产量之间的误差平方和就是总平方和，它反映了全部产量的总离散程度。反映处理误差大小的平方和称为**处理平方和**（treatment sum of squares）或**组间平方和**（between-group sum of squares），记为 SSA（注：这里把因子记为 A）。例如，不同品种之间产量的误差平方和就是处理平方和。反映随机误差大小的平方和称为**误差平方和**（sum of squares of error）或**组内平方和**（within-group sum of squares），记为 SSE。这样，全部数据的总误差平方和被分解成两部分：一部分是处理平方和 SSA，另一部分是误差平方和 SSE。显然，这三个误差平方和的关系为：SST=SSA+SSE。

数据误差的来源及其分解过程可用图 8-1 来表示。

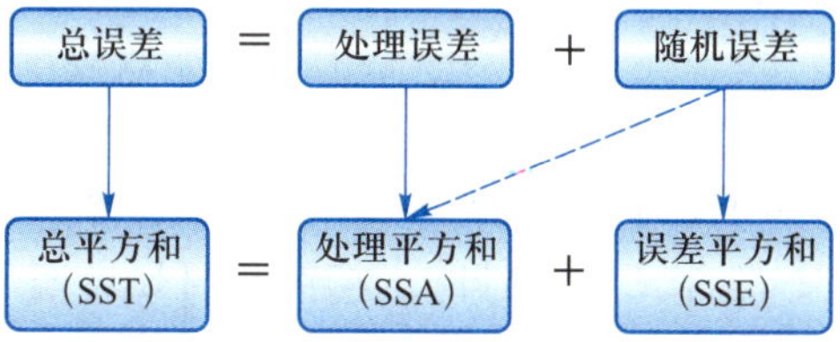

图 8-1 误差的来源及其分解

方差分析就是要分析数据的总误差中处理误差是否显著存在。如果处理（小麦品种）对观测数据（产量）没有显著影响，意味着处理误差不显著。这时，每种处理所对应的总体均值（μ_i）应该相等。如果处理误差显著存在，每种处理所对应的总体均值（μ_i）至少有一对不相等。因此，就例 8-1 而言，设 3 个品种产量的均值分别为 μ_1、μ_2、μ_3，分析品种对产量的影响也就是要检验下面的假设：

H_0：μ_1=μ_2=μ_3（品种对产量的影响不显著）

H_1：μ_1，μ_2，μ_3 不全相等（品种对产量的影响显著）

8.2 单因子方差分析

只考虑一个因子对观测数据影响的方差分析称为**单因子方差分析**（one-way analysis of variance）。比如，在例 8-1 中，只考虑小麦品种对产量的影响就属于单因子方差分析。

8.2.1 数学模型

设因子 A 有 I 个处理（比如小麦品种有“品种 1”“品种 2”“品种 3”3 个处理），单因子方差分析可用下面的线性模型来表示：

$$y_{ij} = \mu_i + \varepsilon_{ij} \tag{8.1}$$

式中，y_{ij} 为第 i（i=1，2，…，I）个处理中的第 j 个观察值；μ_i 为第 i 个处理的平均值；ε_{ij} 为第 i 个处理中的第 j 个观察值的随机误差。例如，在表 8-1 中，品种 1（第 1 个处理）的第 1 个观察值 81（y_{11}）可表示为品种 1 的平均产量（μ_1）加上随机误差（ε_{11}）；品种 2（第 2 个处理）的第 1 个观察值 71 可表示为品种 2 的平均产量（μ_2）加上随机误差（ε_{21}），等等。

对于式（8.1），通常假定 ε_{ij} 是期望值为 0、方差相等的正态随机变量，即 $\varepsilon \sim N(0, \sigma^2)$，这意味着无论 i 的数值是多少，ε_{ij} 均服从期望值为 0、方差为某个假定值的正态分布，ε_{ij} 所对应的是随机误差。同时，为了能够对观察值（产量）进行预测，假定 $E(y_{ij})=\mu_i$，即第 i 个处理的各预测值都等于该处理的均值。比如，品种 1 的各产量的预测值就是品种 1 的产量的均值。

设全部观测数据的总均值为 μ，第 i 个处理效应用第 i 个处理均值 μ_i 与总均值之差（$\mu_i-\mu$）表示，记为 α_i，即 $\alpha_i=\mu_i-\mu$。这样，第 i 个处理均值被分解成 $\mu_i=\mu+\alpha_i$，式（8.1）可以表达成下面的形式：

$$y_{ij} = \mu + \alpha_i + \varepsilon_{ij} \tag{8.2}$$

式中，μ 为不考虑因子（小麦品种）的影响时观察值（产量）的总均值，它是模型的常数项（截距）；α_i 为处理为 i（i=1，2，…，I）时对观察值的附加效应，比如，小麦品种为品种 1 时对平均产量的影响。α_i 所对应的就是处理误差，比如，假定 α_1=10，它表示品种 1 的平均产量比总的平均产量高出 10kg。如果 3 个品种的平均产量无显著差异，则表示品种对产量没有附加效应，应当有 α_1=α_2=α_3=0；如果 3 个品种的平均产量有显著差异，则表示品种对产量有附加效应，此时 α_1，α_2，α_3 中至少有一个不等于 0。因此，要检验小麦品种对产量是否有显著影响，也就是检验如下假设：

H_0：α_1=α_2=α_3=0（品种对产量的影响不显著）

H_1：α_1，α_2，α_3 至少有一个不等于 0（品种对产量的影响显著）

在单因子方差分析中，上述检验也可等价地表示为：

H_0：$\mu_1=\mu_2=\mu_3$；H_1：μ_1，μ_2，μ_3 不全相等

8.2.2 效应检验

设因子 A 有 I 个处理，单因子方差分析要检验的假设为：

H_0：$\alpha_i=0$（$i=1$，2，…，I）（处理效应不显著）

H_1：α_i 至少有一个不等于 0（处理效应显著）

为获得上述检验的统计量，首先需要计算处理平方和 SSA、误差平方和 SSE，然后将各平方和除以相应的自由度 df，以消除观测数据多少对平方和大小的影响，其结果称为**均方**（mean square），也称为方差。最后，将处理均方（MSA）除以误差均方（MSE），即得到用于检验处理效应的统计量 F。这一计算过程可以用方差分析表的形式来表示。表 8-2 显示了单因子方差分析表的一般形式。

表 8-2 单因子方差分析表

误差来源	平方和 SS	自由度 df	均方 MS	检验统计量 F
处理效应	$\mathrm{SSA}=\sum_{i=1}^{I}n_i(\bar{y}_i-\bar{\bar{y}})^2$	$I-1$	$\mathrm{MSA}=\dfrac{\mathrm{SSA}}{I-1}$	$\dfrac{\mathrm{MSA}}{\mathrm{MSE}}$
误差	$\mathrm{SSE}=\sum_{i=1}^{I}\sum_{j=1}^{n_i}(y_{ij}-\bar{y}_i)^2$	$n-I$	$\mathrm{MSE}=\dfrac{\mathrm{SSE}}{n-I}$	
总效应	$\mathrm{SST}=\sum_{i=1}^{I}\sum_{j=1}^{n_i}(y_{ij}-\bar{\bar{y}})^2$	$n-1$		

在表 8-2 中：

n 为因变量观察值的个数，本例 $n=30$。

n_i 为第 i 个处理的样本量，本例 3 个处理的样本量相等，均为 10。

$\bar{y}_i=\dfrac{1}{n_i}\sum_{j=1}^{n_i}y_{ij}$（$i=1$，2，…，$I$；$j=1$，2，…，$n_i$）是对应于第 i 个处理的样本均值。

$\bar{\bar{y}}=\dfrac{1}{n}\sum_{i=1}^{I}\sum_{j=1}^{n_i}y_{ij}$ 是所有样本数据的总均值。

有了统计量，就可以根据 P 值作出决策：若 $P<\alpha$，拒绝 H_0，α_i（$i=1$，2，…，I）不全为 0，表示处理效应显著（因子对观察值有显著影响）。

【例 8-2】（数据：example8_2.csv）沿用例 8-1。检验小麦品种对产量的影响是否显著（$\alpha=0.05$）。

解：设小麦品种对产量的影响效应分别为 α_1（品种 1）、α_2（品种 2）、α_3（品种 3）。提出的假设为：

H_0：$\alpha_1=\alpha_2=\alpha_3=0$（品种对产量的影响不显著）

H_1：α_1，α_2，α_3 至少有一个不等于 0（品种对产量的影响显著）

单因子方差分析的代码和结果如代码框 8-1 所示。

代码框 8-1　单因子方差分析

```
# 将表 8-1 的短格式数据融合成长格式数据，并另存为 example8_2
import pandas as pd
example8_1 = pd.read_csv('C:/pydata/chap08/example8_1.csv', encoding='gbk')
example8_2 = pd.melt(example8_1, value_vars=['品种 1', '品种 2', '品种 3'], var_
name='品种', value_name='产量')                  # 融合数据
example8_2.to_csv('C:/pydata/chap08/example8_2.csv', encoding='gbk', index
=True)                                            # 保存融合后的数据
example8_2.head()                                 # 展示数据前 5 行
```

	品种	产量
0	品种 1	81
1	品种 1	82
2	品种 1	79
3	品种 1	81
4	品种 1	78

```
# 拟合单因子方差分析模型并输出方差分析表
from statsmodels.formula.api import ols
from statsmodels.stats.anova import anova_lm
example8_2 = pd.read_csv('C:/pydata/chap08/example8_2.csv', encoding='gbk')
model = ols(formula='产量~品种',data=example8_2).fit()        # 拟合方差分析模型
anova_lm(model,typ=1)
```

	df	sum_sq	mean_sq	F	PR（>F）
品种	2.0	560.0	280.000000	12.312704	0.000158
Residual	27.0	614.0	22.740741	NaN	NaN

注：拟合方差分析模型时，函数中的参数 typ 用于指定误差平方和的类型，默认 typ=1，可选 typ={"I "," II "," III"} 或 {1,2,3}。

代码框 8-1 列出了品种效应和随机效应的平方和（sum_sq）、自由度（df）、均方（mean_sq）、检验统计量值（F）、检验的 P 值（PR（>F））。由于 P=0.000 158<0.05，拒绝 H_0，表示 α_i（i=1，2，3）至少有一个不等于 0，这意味着品种对产量的影响效应显著。

使用 summary 函数可以得到方差分析的更多结果，如代码框 8-2 所示。

代码框 8-2 输出方差分析的模型摘要

```
# 使用 summary 函数输出模型摘要
print(model.summary())
```

```
                            OLS Regression Results
==============================================================================
Dep. Variable:                     产量   R-squared:                       0.477
Model:                            OLS   Adj. R-squared:                  0.438
Method:                 Least Squares   F-statistic:                     12.31
Date:                Fri, 19 Feb 2021   Prob (F-statistic):           0.000158
Time:                        09:42:39   Log-Likelihood:                -87.850
No. Observations:                  30   AIC:                             181.7
Df Residuals:                      27   BIC:                             185.9
Df Model:                           2
Covariance Type:            nonrobust
==============================================================================
                 coef    std err          t      P>|t|      [0.025      0.975]
------------------------------------------------------------------------------
Intercept     84.0000      1.508     55.703      0.000      80.906      87.094
品种[T.品种2] -10.0000      2.133     -4.689      0.000     -14.376      -5.624
品种[T.品种3]  -2.0000      2.133     -0.938      0.357      -6.376       2.376
==============================================================================
Omnibus:                        6.194   Durbin-Watson:                   1.094
Prob(Omnibus):                  0.045   Jarque-Bera (JB):                1.968
Skew:                           0.110   Prob(JB):                        0.374
Kurtosis:                       1.765   Cond. No.                         3.73
==============================================================================

Notes:
[1] Standard Errors assume that the covariance matrix of the errors is correctly specified.
```

代码框输出的模型摘要有 3 部分：

第 1 部分展示模型基本情况与拟合情况，左侧列出了因变量名称、模型（OSL）和拟合方法（最小二乘法），运行日期与时间，观测值个数，残差自由度，模型自由度，协方差类型；右侧列出了 R^2、调整后的 R^2、F 统计量值、因子效应检验的 P 值、极大似然值、AIC 和 BIC

等（相关内容见第9章和第10章）。

第2部分展示模型系数估计情况，包括截距与模型系数的估计值、标准差、t统计量的值、t统计量的p值、截距和系数的95%置信区间。其中，截距（intercept）是模型$y_{ij}=\mu+\alpha_i+\varepsilon_{ij}$中的常数项$\mu$，它表示不考虑“品种”这一因子影响时产量总的均值为84kg，这实际上就是品种1（参照的基础水平）的平均产量。由于3个品种一共有3个参数，在估计模型的参数时，需要将因子的某一个处理（本例为品种1）作为参照水平，这相当于强迫α_1=0，另外两个参数（品种2和品种3）的估计值实际上是与参照水平相比较的结果。比如，品种2的参数α_2=74−84=−10，表示品种2对产量的附加效应，即平均产量与参照标准为品种1的平均产量相比低10kg；品种3的参数α_3=82−84=−2，表示品种3对产量的附加效应，即平均产量与参照标准为品种1的平均产量相比低2kg。

第3部分展示模型诊断情况，包括Omnibus检验、DW残差独立性检验、JB正态性检验、条件数（用于识别多重共线性）等（相关内容见第10章）。

此外，还可以绘制各样本产量的均值图来观察各样本之间的差异，代码和结果如代码框8-3所示。

代码框 8-3 绘制样本的均值图

```
# 图 8-2 的绘制代码
import pandas as pd
from statsmodels.formula.api import ols
from statsmodels.stats.anova import anova_lm
import matplotlib.pyplot as plt
plt.rcParams['font.sans-serif'] = ['SimHei']
plt.rcParams['axes.unicode_minus']=False

example8_2 = pd.read_csv('C:/pydata/chap08/example8_2.csv', encoding='gbk')
model = ols(formula='产量~品种',data=example8_2).fit()
mean = model.params.values[0]
lci, uci = model.conf_int().iloc[0].values
df_mean = pd.DataFrame([lci, mean, uci], index=['lci', 'mean', 'uci'], col-
umns=['品种 1'])
df_mean['品种 2'] = df_mean['品种 1'] + model.params.values[1]
df_mean['品种 3'] = df_mean['品种 1'] + model.params.values[2]
ax = df_mean.T.plot(ls='', marker='o', legend=False, c='black',
                    figsize=(9, 6), xlabel='品种', ylabel='产量')
ax = df_mean.loc['mean'].plot()
```

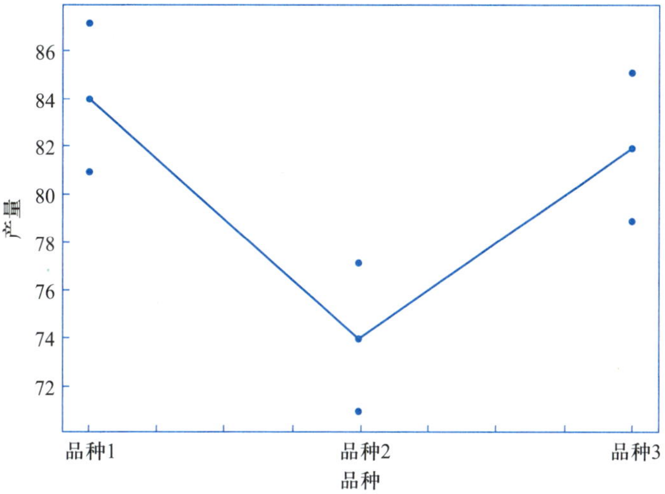

图 8-2 各样本产量的均值图

图 8-2 中中间的点是各样本产量的均值，上下的点分别是 95% 置信区间的上限和下限。

8.2.3 效应量分析

如果方差分析拒绝原假设，则表明自变量（因子）对因变量（观测结果）的影响显著，而影响的大小则用效应量来度量。在单因子方差分析中，效应量是因子平方和与总平方和之比，它反映了在因变量取值的总误差中被因子解释的比例。显然，效应量越大，说明自变量与因变量之间的关系就越强。用 η^2 表示效应量，计算公式为：

$$\eta^2 = \frac{\text{因子平方和}}{\text{总平方和}} = \frac{SSA}{SST} \tag{8.3}$$

例如，根据代码框 8-1 的方差分析结果计算的效应量为：

$$\eta^2 = \frac{560}{560+614} = 0.477$$

结果表明，在产量取值的总误差中被品种解释的比例为 47.7%。

计算效应量的代码和结果如代码框 8-4 所示。

代码框 8-4 计算例 8-2 的效应量

```
# 计算【例 8-2】的效应量
import pandas as pd
from statsmodels.formula.api import ols
example8_2 = pd.read_csv('C:/pydata/chap08/example8_2.csv', encoding='gbk')
model = ols(formula='产量~品种',data=example8_2).fit()
print(f"效应量为{model.rsquared: .4g}")
```

```
效应量为 0.477
```

8.2.4 多重比较

例 8-2 的检验结果显示，品种对产量有显著影响，或者说不同品种之间的产量差异显著，但这一检验并未告诉我们究竟哪些品种之间的产量差异显著。为分析这种差异到底出现在哪些品种之间，设品种 1 产量的均值为 μ_1，品种 2 产量的均值为 μ_2，品种 3 产量的均值为 μ_3，也就是要找出 μ_1 与 μ_2、μ_1 与 μ_3、μ_2 与 μ_3 之间究竟是哪两个均值不相等，这种对均值的配对检验就是方差分析中的**多重比较**（multiple comparison）。

多重比较的方法有许多种，每种方法的适用场合不完全一样，这里只介绍常用的 Tukey-Kramer 的 HSD 方法。

HSD 是**真实显著差异**（honestly significant difference，HSD）的缩写，该方法是由 Jone W.Tukey 于 1953 年提出的，因此也称为 Tukey 的 HSD 方法。由于 Tukey 的 HSD 方法要求各处理的样本量相同，因此当各处理的样本量不相同时，该方法就不再适用。20 世纪 50 年代中期，C.Y.Kramer 对 Tukey 的 HSD 方法做了一些修正，使其适用于样本量不同的情形。修正后的 HSD 检验称为 Tukey-Kramer 方法，简称为 Tukey-Kramer 的 HSD 方法。该方法的适用场合是：研究者事先并未计划进行多重比较，只是在方差分析拒绝原假设后，才需要对任意两个处理的均值进行比较。

HSD 方法依据的不是普通的 t 分布而是**学生化全距分布**（studentized range distribution）。该分布有两个参数，它们分别为 I 和（$N-I$）。HSD 方法用自由度为 I 和（$N-I$）的学生化全距分布的（$1-\alpha$）分位数作为临界值，记为 q_α（I，$N-I$）

HSD 方法考虑三个数值，即处理个数、均方误差 MSE 和样本量。利用这三个值和一个临界值 q 确定出一个临界差异，该临界差异是判断两个处理的均值存在显著差异所必须达到的差异。因此，只要计算出 HSD，就可以将两个处理的均值之差的绝对值与 HSD 进行比较，从而确定两个处理的均值是否存在显著差异。HSD 的计算公式为：

$$\text{HSD}=q_\alpha(I,N-I)\sqrt{\frac{\text{MSE}}{2}\left(\frac{1}{n_i}+\frac{1}{n_j}\right)} \tag{8.4}$$

式中，I 为处理的个数（也就是样本均值的个数）；N 为所有样本观察值的个数；n_i 和 n_j 分别为第 i 个样本和第 j 个样本的样本量；α 为给定的显著性水平；（$N-I$）为 MSE 的自由度；q_α（I，$N-I$）为学生化全距分布的临界值（这里借助 R 软件的 qtukey（$1-\alpha$，I，$N-I$）函数可获得该临界值）。

当各处理的样本量相同时，即 $n_i=n_j=n$，$\sqrt{\frac{\text{MSE}}{2}\left(\frac{1}{n}+\frac{1}{n}\right)}=\sqrt{\frac{\text{MSE}}{n}}$，式（8.4）简化为：

$$\text{HSD}=q_\alpha\left(I,N-I\right)\sqrt{\frac{\text{MSE}}{n}} \tag{8.5}$$

式（8.5）简称为 Tukey 的 HSD 方法。

HSD 方法也可以得到 $\mu_i-\mu_j$ 的置信区间。设定显著性水平 α，$\mu_i-\mu_j$ 在 $1-\alpha$ 置信水平下的置信区间为$(\bar{y}_i-\bar{y}_j)\pm\text{HSD}$，即：

$$(\bar{y}_i-\bar{y}_j)\pm q_\alpha(I,N-I)\sqrt{\frac{\text{MSE}}{2}\left(\frac{1}{n_i}+\frac{1}{n_j}\right)} \tag{8.6}$$

【例 8-3】（数据：example8_2.csv）沿用例 8-2。假定在实验之前并未计划要对任何品种之间的差异进行比较，若方差分析结果拒绝原假设，用 HSD 方法对不同品种的产量均值做多重比较（α=0.05）。

解： 提出假设：$H_0: \mu_i = \mu_j$，$H_0: \mu_i \neq \mu_j$。

多重比较的代码和结果如代码框 8-5 所示。

代码框 8-5 多重比较的 HSD 方法

```
import pandas as pd
from statsmodels.stats.multicomp import MultiComparison
example8_2 = pd.read_csv('C:/pydata/chap08/example8_2.csv', encoding='gbk')
mc = MultiComparison(example8_2['产量'], groups=example8_2['品种'])
print(mc.tukeyhsd(alpha=0.05))
```

```
Multiple Comparison of Means - Tukey HSD, FWER=0.05
==============================================================
  group1    group2 meandiff  p-adj   lower    upper   reject
--------------------------------------------------------------
   品种 1    品种 2     -10.0  0.001 -15.2867 -4.7133    True
   品种 1    品种 3      -2.0 0.6149  -7.2867  3.2867   False
   品种 2    品种 3       8.0 0.0024   2.7133 13.2867    True
--------------------------------------------------------------
```

代码框 8-5 给出了品种间的均值差（meandiff）、差异性检验的 P 值（p-adj）、差值的 95% 的置信区间下限（lower）和上限（upper），最后一列给出的是检验的结论，True 表示差异显著，False 表示差异不显著。结果显示，品种 3 和品种 1 之间的差异不显著，品种 1 和品种 2、品种 3 和品种 2 之间的差异均显著。

8.3 双因子方差分析

考虑两个类别自变量对数值因变量影响的方差分析称为**双因子方差分析**（two-way analysis of variance）。分析时有两种情形：一是只考虑两个因子对因变量的单独影响，即**主效应**（main effect），这时的方差分析称为只考虑主效应的双因子方差分析，或称为**无重复双因子分析**（two-factor without replication）；二是除了两个因子的主效应外，还考虑两个因子的搭配对因变量产生的**交互效应**（interaction effect），这时的方差分析称为考虑交互效应的双因子方差分析，或称为**可重复双因子分析**（two-factor with replication）。

8.3.1 数学模型

设因子 A 有 I 个处理，因子 B 有 J 个处理，两个因子共有 IJ 种不同的处理组合。如果每种处理组合只测得一个观察值，则有 IJ 个观察值，这样的测量属于无重复测量（无重复实验）。如果每种处理组合测得多个观察值，这样的测量就是重复测量（重复实验）。如果每种处理组合重复测量的次数相同，将重复次数记为 K，这时两个因子的 IJ 种不同处理组合共有 IJK 个观察值。

如果只考虑主效应而不考虑交互效应，两个因子的每种组合可以只测得一个观察值，即 K=1。但要考虑交互效应时，每种组合就必须重复测量多个观察值，一般要求每种处理的重复次数 K 不小于 2。

为便于表述，我们引进下列记号：

$\bar{\mu}_{i.}$：因子 A 的第 i 个处理的均值（i=1，2，…，I）。

$\bar{\mu}_{.j}$：因子 B 的第 j 个处理的均值（j=1，2，…，J）。

μ：总均值，它是所有处理均值 μ_{ij} 的平均。

α_i：因子 A 的效应。它衡量的是因子 A 的第 i 个处理均值与总均值的差异程度，即 $\alpha_i = \bar{\mu}_{i.} - \mu$。

β_j：因子 B 的效应。它衡量的是因子 B 的第 j 个处理均值与总均值的差异程度，即 $\beta_j = \bar{\mu}_{.j} - \mu$。

γ_{ij}：因子 A 的第 i 个处理和因子 B 的第 j 个处理搭配产生的交互效应。它衡量的是因子 A 的第 i 个处理和因子 B 的第 j 个处理搭配（共有 IJ 个）对因变量产生的效应。

ε_{ijk}：误差。随机因子对因变量的影响。

这样，对于任何一个观察值 y_{ijk} 都可以表达成下面的线性组合，即

$$y_{ijk} = \mu + \alpha_i + \beta_j + \gamma_{ij} + \varepsilon_{ijk} \quad (k=1, 2, \cdots, K) \tag{8.7}$$

式（8.7）中：

y_{ijk} 为因子 A 的第 i 个处理和因子 B 的第 j 个处理组合的第 k 个观察值。

μ 为不考虑因子 A 和因子 B 及其交互影响时观察值的总均值，它是模型的常数项（截距）。

α_i 为因子 A 的处理为 i 时对观测数据的附加效应，它所对应的就是因子 A 的处理误差。

β_j 为因子 B 的处理为 j 时对观测数据的附加效应，它所对应的就是因子 B 的处理误差。

γ_{ij} 为因子 A 的第 i 个处理和因子 B 的第 j 个处理搭配产生的交互效应。

ε_{ijk} 为因子 A 的第 i 个处理和因子 B 的第 j 个处理组合中的第 k 个观察值的随机误差，同时假定 ε_{ijk} 服从均值为 0、方差为常数的正态分布。

式（8.7）就是考虑交互效应时双因子方差分析的数学模型。

当交互效应 γ_{ij} 为 0 时，式（8.7）变为：

$$y_{ijk} = \mu + \alpha_i + \beta_j + \varepsilon_{ijk} \tag{8.8}$$

式（8.8）就是只考虑主效应时双因子方差分析的数学模型，显然它是考虑交互效应的方差分析模型的一个特例。

8.3.2 主效应分析

1. 效应检验

对于因子 A 的 I 个处理和因子 B 的 J 个处理，要检验因子 A 和因子 B 对因变量的主效应，

也就是检验如下假设：

检验因子 A 的假设：

H_0：α_i=0（i=1，2，…，I）（因子 A 的处理效应不显著）

H_1：α_i 至少有一个不等于 0（因子 A 的处理效应显著）

检验因子 B 的假设：

H_0：β_j=0（j=1，2，…，J）（因子 B 的处理效应不显著）

H_1：β_j 至少有一个不等于 0（因子 B 的处理效应显著）

各因子的效应用误差来表示。检验上述假设时，与式（8.8）对应的误差分解过程如图 8-3 所示。

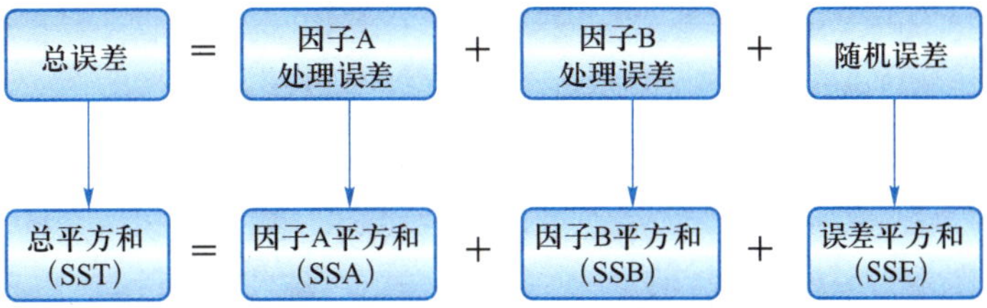

图 8-3　只考虑主效应的误差分解

根据上述误差分解原理，可以构建用于检验因子 A 和因子 B 主效应的统计量 F_A 和 F_B。设

y_{ijk} 为因子 A 的第 i 个处理和因子 B 的第 j 个处理组合的第 k 个观察值；

$\bar{y}_{i.}$为因子 A 的第 i 个处理的样本均值；

$\bar{y}_{.j}$为因子 B 的第 j 个处理的样本均值；

$\bar{y}_{ij}$为对应于因子 A 的第 i 个处理和因子 B 的第 j 个处理组合的样本均值；

$\bar{\bar{y}}$为全部 IJK 个观察值的总均值；

各平方和的计算公式如下：

总平方和：

$$\mathrm{SST}=\sum_{i=1}^{I}\sum_{j=1}^{J}\sum_{k=1}^{K}(y_{ijk}-\bar{\bar{y}})^2 \tag{8.9}$$

因子 A 的平方和：

$$\mathrm{SSA}=JK\sum_{i=1}^{I}(\bar{y}_{i.}-\bar{\bar{y}})^2 \tag{8.10}$$

因子 B 的平方和：

$$\mathrm{SSB}=IK\sum_{j=1}^{J}(\bar{y}_{j}-\bar{\bar{y}})^2 \tag{8.11}$$

交互效应平方和：

$$\mathrm{SSAB}=K\sum_{i=1}^{I}\sum_{j=1}^{J}(\bar{y}_{ij}-\bar{y}_{i.}-\bar{y}_{j}+\bar{\bar{y}})^2 \tag{8.12}$$

误差平方和：

$$SSE = SST - SSA - SSB - SSAB \tag{8.13}$$

将各平方和（SS）除以相应的自由度 df，得到各均方（MS），再将各处理均方（MSA 和 MSB）分别除以误差均方（MSE），即得到用于检验因子 A 和因子 B 主效应的统计量 F_A 和 F_B。

只考虑主效应的双因子方差分析表如表 8-3 所示。

表 8-3 只考虑主效应的双因子方差分析表

误差来源	平方和 SS	自由度 df	均方 MS	检验统计量 F
因子 A 的处理效应	SSA	$I-1$	$MSA=\frac{SSA}{I-1}$	$F_A=\frac{MSA}{MSE}$
因子 B 的处理效应	SSB	$J-1$	$MSB=\frac{SSB}{J-1}$	$F_B=\frac{MSB}{MSE}$
误差	SSE	$IJK-I-J+1$	$MSE=\frac{SSE}{IJK-I-J+1}$	
总效应	SST	$IJK-1$		

注：如果两个因子的每种处理组合只测得一个观察值，即 K=1，则误差平方和 SSE 的自由度为：df=$IJ-I-J+1$=（I-1）（J-1）。总平方和 SST 的自由度为 IJ-1。

【例 8-4】（数据：example8_4.csv）假定在例 8-2 中，除了考虑品种对产量的影响外，还考虑施肥方式对产量的影响。设有甲、乙两种施肥方式，这样三个品种和两种施肥方式的搭配共有 3×2=6 种组合。如果选择 30 个地块进行实验，每一种搭配可以做 5 次实验，也就是每个搭配的样本量为 5，即相当于每个搭配重复做了 5 次实验。实验取得的数据如表 8-4 所示。检验品种和施肥方式对产量的影响是否显著（α=0.05）。

表 8-4 小麦品种和施肥方式的实验数据　　单位：kg

	品种 1	品种 2	品种 3
甲	81	71	76
	82	72	79
	79	72	77
	81	66	76
	78	72	78
乙	89	77	89
	92	81	87
	87	77	84

续表

	品种 1	品种 2	品种 3
乙	85	73	87
	86	79	87

解：设品种（因子 A）对产量的附加效应分别为 α_1（品种 1）、α_2（品种 2）和 α_3（品种 3）；施肥方式（因子 B）对产量的附加效应分别为 β_1（施肥方式甲）、β_2（施肥方式乙）。检验品种效应的假设为：

H_0：$\alpha_1=\alpha_2=\alpha_3=0$（品种对产量的影响不显著）

H_1：α_1，α_2，α_3 至少有一个不等于 0（品种对产量的影响显著）

检验施肥方式效应的假设为：

H_0：$\beta_1=\beta_2=0$（施肥方式对产量的影响不显著）

H_1：β_1，β_2 至少有一个不等于 0（施肥方式对产量的影响显著）

主效应方差分析的代码和结果如代码框 8-6 所示。

代码框 8-6　主效应方差分析

```
# 将表 8-4 的短格式数据 (table8_4) 转为长格式，并另存为 example8_4
import pandas as pd
example8_4 = pd.read_csv('C:/pydata/chap08/table8_4.csv', encoding='gbk')
example8_5 = pd.melt(example8_4, id_vars=['施肥方式'], value_vars=['品种 1',
'品种 2', '品种 3'], var_name='品种', value_name='产量')        # 融合数据为长格式

# 输出主效应方差分析表
import pandas as pd
from statsmodels.formula.api import ols
from statsmodels.stats.anova import anova_lm
example8_4 = pd.read_csv('C:/pydata/chap08/example8_4.csv', encoding='gbk')
model2m = ols(formula='产量~品种 + 施肥方式',data=example8_4).fit()    # 拟合主效
应模型
anova_lm(model2m, typ=1)          # 输出方差分析表
```

	df	sum_sq	mean_sq	F	PR（>F）
品种	2.0	560.0	280.000000	54.328358	5.184290e-10
施肥方式	1.0	480.0	480.000000	93.134328	4.422633e-10
Residual	26.0	134.0	5.153846	NaN	NaN

```
# 输出模型的其他信息
print(model.summary())
```

```
  OLS Regression Results
==============================================================================
Dep. Variable:                    产量   R-squared:                       0.886
Model:                             OLS   Adj. R-squared:                  0.873
Method:                  Least Squares   F-statistic:                     67.26
Date:                 Fri, 19 Feb 2021   Prob (F-statistic):           2.21e-12
Time:                         16:15:55   Log-Likelihood:                -65.018
No. Observations:                   30   AIC:                             138.0
Df Residuals:                       26   BIC:                             143.6
Df Model:                            3
Covariance Type:             nonrobust
==============================================================================
                 coef    std err          t      P>|t|      [0.025      0.975]
------------------------------------------------------------------------------
Intercept      88.0000     0.829    106.157     0.000      86.296      89.704
品种[T.品种2]  -10.0000     1.015     -9.850     0.000     -12.087      -7.913
品种[T.品种3]   -2.0000     1.015     -1.970     0.060      -4.087       0.087
施肥方式[T.甲]  -8.0000     0.829     -9.651     0.000      -9.704      -6.296
==============================================================================
Omnibus:                         0.889   Durbin-Watson:                   2.269
Prob(Omnibus):                   0.641   Jarque-Bera (JB):                0.880
Skew:                           -0.360   Prob(JB):                        0.644
Kurtosis:                        2.570   Cond. No.                         4.22
==============================================================================
Notes:
[1] Standard Errors assume that the covariance matrix of the errors is
correctly specified.
```

由代码框 8-6 给出的方差分析表可知，检验品种和施肥方式两个因子的 P 值（PR（$>F$））均接近于 0，表示两个因子对产量均有显著影响。

代码框 8-6 中的截距（Intercept）是模型 $y_{ijk}=\mu+\alpha_i+\beta_j+\varepsilon_{ijk}$ 中的常数项 μ，它表示不考虑品种和施肥方式影响时产量的均值为 88kg。接下来是对品种的影响效应 α_i 和施肥方式的影响效应 β_j 的估计。由于 3 个品种共有 3 个参数，在估计模型的参数时，将第一个水平（本例为品种 1）作为参照水平，这相当于强迫 $\alpha_1=0$，另外两个参数（品种 2 和品种 3）的估计值实际上就是与参照水平相比较的结果。比如，品种 2 的参数 $\alpha_2=-10$，表示品种 2 对产量的附加效应；施肥方式的参数 β_1=−8，表示施肥方式为“甲”时对产量的附加效应（施肥方式乙作为参照水平），等等。

2. 效应量分析

在两个因子的主效应方差分析中，衡量效应量大小的统计量是**偏效应**（partial effect），即偏 η^2。某个因子的偏效应是排除另一个因子的效应后，该因子对因变量的影响大小。计算公式为：

因子 A 的偏效应量：

$$偏\eta^2=\frac{因子A的平方和}{因子A的平方和+误差平方和}=\frac{SSA}{SSA+SSE} \tag{8.14}$$

因子 B 的偏效应量：

$$偏\eta^2=\frac{因子B的平方和}{因子B的平方和+误差平方和}=\frac{SSB}{SSB+SSE} \tag{8.15}$$

例如，根据代码框 8-6 的方差分析表，得到品种和施肥方式的偏效应量分别为：

品种的偏效应量：

$$偏\eta^2=\frac{560}{560+134}=0.806\,9$$

结果表明：在排除施肥方式的影响后，品种因子解释了产量误差的 80.69%。

施肥方式的偏效应量：

$$偏\eta^2=\frac{480}{480+134}=0.781\,8$$

即在排除品种的影响后，施肥方式解释了产量误差的 78.18%。

此外，还可以计算每个因子的主效应量，以反映每个因子对因变量的单独影响大小。主效应量的计算方法是分别将每个因子的平方和除以总平方和。

例如，根据代码框 8-6 的方差分析表，得到品种的主效应量为：

$$\eta^2=\frac{560}{560+480+134}=0.477\,0$$

施肥方式的主效应量为：

$$\eta^2=\frac{480}{560+480+134}=0.408\,9$$

即品种因子单独解释了产量误差的 47.70%；施肥方式因子单独解释了产量误差的 40.89%。

由于主效应量 η^2 具有可加性（各项效应之和等于 1。注意：偏 η^2 不具有可加性），将两个主效应量相加就是两个因子的**联合效应**（joint effect），它反映了两个因子联合起来对因变量的影响大小。例如，将品种的主效应量和施肥方式的主效应量相加，为 0.477 0+0.408 9=0.885 9，表示品种和施肥方式两个因子联合起来总共解释产量误差的 88.59%。

计算主效应方差分析效应量的代码和结果如代码框 8-7 所示。

代码框 8-7 主效应方差分析的效应量

```
# 计算主效应方差分析的效应量
import pandas as pd
import numpy as np
from statsmodels.formula.api import ols
from statsmodels.stats.anova import anova_lm

example8_4= pd.read_csv('C:/pydata/chap08/example8_4.csv', encoding='gbk')
model = ols(formula='产量~品种+施肥方式',data=example8_4).fit()
df_res = anova_lm(model, typ=1)
df_res['eta_sq'] = df_res['sum_sq'] / df_res['sum_sq'].sum()
                                                # 计算主效应量
df_res['eta_sq_part'] = df_res['sum_sq'] / (df_res['sum_sq'] + df_res.loc['Re-
sidual', 'sum_sq'])                             # 计算偏效应量
df_res.loc['Residual', 'eta_sq_part'] = np.nan
df_res
```

	df	sum_sq	mean_sq	F	PR(>F)	eta_sq	eta_sq_part
品种	2.0	560.0	280.000000	54.328358	5.184290e-10	0.477002	0.806916
施肥方式	1.0	480.0	480.000000	93.134328	4.422633e-10	0.408859	0.781759
Residual	26.0	134.0	5.153846	NaN	NaN	0.114140	NaN

代码框 8-7 中列出了每个因子的主效应量（eta_sq）和偏效应量（eta_sq _part）。

8.3.3 交互效应分析

1. 效应检验

如果除了考虑品种和施肥方式两个因子的主效应外，还考虑两个因子搭配对产量的交互作用，则方差分析的模型为式（8.7）。

对于因子 A 的 I 个处理和因子 B 的 J 个处理，要检验因子 A 的效应、因子 B 的效应、两个因子的交互效应，也就是检验如下假设。

检验因子 A 的假设：

H_0：$\alpha_i=0$（$i=1$，2，…，I）（因子 A 的处理效应不显著）

H_1：α_i 至少有一个不等于 0（因子 A 的处理效应显著）

检验因子 B 的假设：

H_0：$\beta_j=0$（$j=1$，2，…，J）（因子 B 的处理效应不显著）

H_1：β_j 至少有一个不等于 0（因子 B 的处理效应显著）

检验交互效应的假设：

H_0：$\gamma_{ij}=0$（交互效应不显著）

H_1：γ_{ij} 至少有一个不等于 0（交互效应显著）

检验上述假设时，与式（8.7）对应的总误差分解过程可用图 8-4 表示。

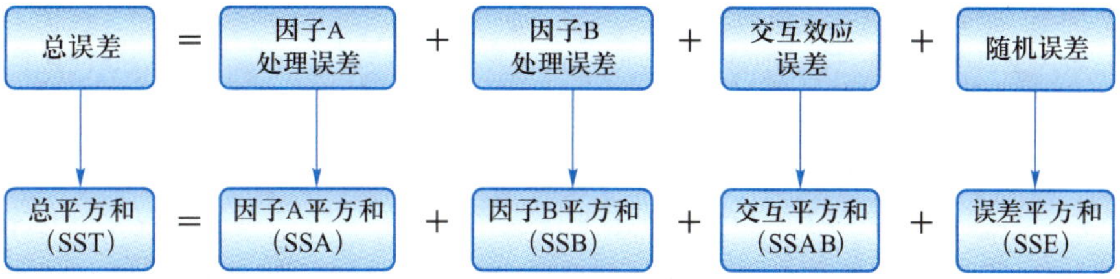

图 8-4 考虑交互效应的误差分解

根据上述误差分解原理，可以构建用于检验的统计量 F_A、F_B、F_{AB}。其原理与只考虑主效应的双因子方差分析类似，其方差分析表如表 8-5 所示。

表 8-5 考虑交互效应的双因子方差分析表

误差来源	平方和 SS	自由度 df	均方 MS	检验统计量 F
因子 A 的处理效应	SSA	I-1	$\text{MSA}=\dfrac{\text{SSA}}{I-1}$	$F_A=\dfrac{\text{MSA}}{\text{MSE}}$
因子 B 的处理效应	SSB	J-1	$\text{MSB}=\dfrac{\text{SSB}}{J-1}$	$F_B=\dfrac{\text{MSB}}{\text{MSE}}$
A、B 的交互效应	SSAB	（I-1）（J-1）	$\text{MSAB}=\dfrac{\text{SSAB}}{(I-1)(J-1)}$	$F_{AB}=\dfrac{\text{MSAB}}{\text{MSE}}$
误差	SSE	IJ（K-1）	$\text{MSE}=\dfrac{\text{SSE}}{IJ(K-1)}$	
总效应	SST	IJK-1		

【例 8-5】（数据：example8_4.csv）沿用例 8-4。检验品种、施肥方式及其交互效应对产量的影响是否显著（α=0.05）。

解：设品种对产量的附加效应分别为 α_1（品种 1）、α_2（品种 2）和 α_3（品种 3）；施肥方式对产量的附加效应分别为 β_1（方式甲）、β_2（方式乙）；交互效应为 γ_{ij}。

检验品种效应的假设为：

H_0：$\alpha_1=\alpha_2=\alpha_3=0$（品种对产量的影响不显著）

H_1：α_1，α_2，α_3 至少有一个不等于 0（品种对产量的影响显著）

检验施肥方式效应的假设为：

H_0：$\beta_1=\beta_2=0$（施肥方式对产量的影响不显著）

H_1：β_1，β_2 至少有一个不等于 0（施肥方式对产量的影响显著）

检验交互效应的假设：

H_0：$\gamma_{ij}=0$（i=1，2，3；j=1，2）（交互效应不显著）

H_1：γ_{ij} 至少有一个不等于 0（交互效应显著）

交互效应方差分析的代码和结果如代码框 8-8 所示。

代码框 8-8　交互效应的方差分析

```
# 交互效应方差分析表
import pandas as pd
from statsmodels.formula.api import ols
from statsmodels.stats.anova import anova_lm

example8_4 = pd.read_csv('C:/pydata/chap08/example8_4.csv', encoding='gbk')
model 2i= ols(formula='产量~品种+施肥方式+品种:施肥方式',data=example8_4).
fit()
anova_lm(model2i, typ=1)
```

	df	sum_sq	mean_sq	F	PR(>F)
品种	2.0	560.0	280.00	54.368932	1.220666e-09
施肥方式	1.0	480.0	480.00	93.203883	9.729467e-10
品种：施肥方式	2.0	10.4	5.20	1.009709	3.792836e-01
Residual	24.0	123.6	5.15	NaN	NaN

```
# 输出模型的其他信息
print(model2i.summary())
```

```
OLS Regression Results
==============================================================================
Dep. Variable:                产量   R-squared:                 0.895
Model:                         OLS   Adj. R-squared:            0.873
Method:              Least Squares   F-statistic:               40.79
Date:             Fri, 19 Feb 2021   Prob (F-statistic):     5.77e-11
Time:                     17:22:25   Log-Likelihood:          -63.806
No. Observations:               30   AIC:                       139.6
Df Residuals:                   24   BIC:                       148.0
Df Model:                        5
Covariance Type:         nonrobust
==============================================================================
                          coef    std err   t    P>|t|   [0.025   0.975]
------------------------------------------------------------------------------
Intercept              87.8000  1.015  86.512  0.000   85.705   89.895
品种[T.品种2]          -10.4000  1.435  -7.246  0.000  -13.362   -7.438
品种[T.品种3]           -1.0000  1.435  -0.697  0.493   -3.962    1.962
施肥方式[T.甲]          -7.6000  1.435  -5.295  0.000  -10.562   -4.638
品种[T.品种2]:施肥方式[T.甲]  0.8000  2.030  0.394  0.697  -3.389    4.989
```

```
品种[T.品种3]:施肥方式[T.甲] -2.0000   2.030  -0.985  0.334   -6.189   2.189
==============================================================================
Omnibus:                       1.127   Durbin-Watson:                   2.334
Prob(Omnibus):                 0.569   Jarque-Bera (JB):                0.644
Skew:                         -0.359   Prob(JB):                        0.725
Kurtosis:                      3.007   Cond. No.                         9.77
==============================================================================
Notes:
[1] Standard Errors assume that the covariance matrix of the errors is correctly specified.
```

代码框 8-8 中的方差分析表显示，检验品种和施肥方式的 P 均小于 0.05，表示两个因子对产量的影响均显著，而检验交互效应的 P=0.379，大于 0.05，表示交互效应对产量的影响不显著。

绘制主效应和交互效应图的代码和结果如代码框 8-9 所示。

代码框 8-9　绘制品种和施肥方式的主效应和交互效应图

```
# 图 8-5 的绘制代码
import pandas as pd
from statsmodels.graphics.api import interaction_plot
import matplotlib.pyplot as plt
plt.rcParams['font.sans-serif'] = ['SimHei']
plt.rcParams['axes.unicode_minus']=False

example8_4 = pd.read_csv('C:/pydata/chap08/example8_4.csv', encoding='gbk')
y_col = '产量'; x1_col = '品种'; x2_col = '施肥方式'

plt.subplots(2, 2, figsize=(12, 10))
ax1 = plt.subplot(221)
interaction_plot(x=example8_4[x2_col],trace=example8_4[x1_col], response=example8_4[y_col],
                 xlabel=y_col, ylabel=x2_col, ax=ax1)
ax1.set_title(f'{y_col}~{x2_col}|{x1_col}')

ax2 = plt.subplot(222)
example8_4.boxplot(column=y_col, by=x1_col,grid=False, ax=ax2)
ax2.set_title(f'{y_col}~{x1_col}|{x1_col}')
```

```
ax3 = plt.subplot(223)
example8_4.boxplot(column=y_col, by=x2_col,grid=False, ax=ax3)
ax3.set_title(f'{y_col}~{x2_col}|{x2_col}')

ax4 = plt.subplot(224)
interaction_plot(x=example8_4[x1_col],trace=example8_4[x2_col], respon-
se=example8_4[y_col],
            xlabel=y_col, ylabel=x1_col, ax=ax4)
ax4.set_title(f'{y_col}~{x1_col}|{x2_col}')

plt.suptitle('产量：主效应和交互效应图', fontsize=20)
plt.show()
```

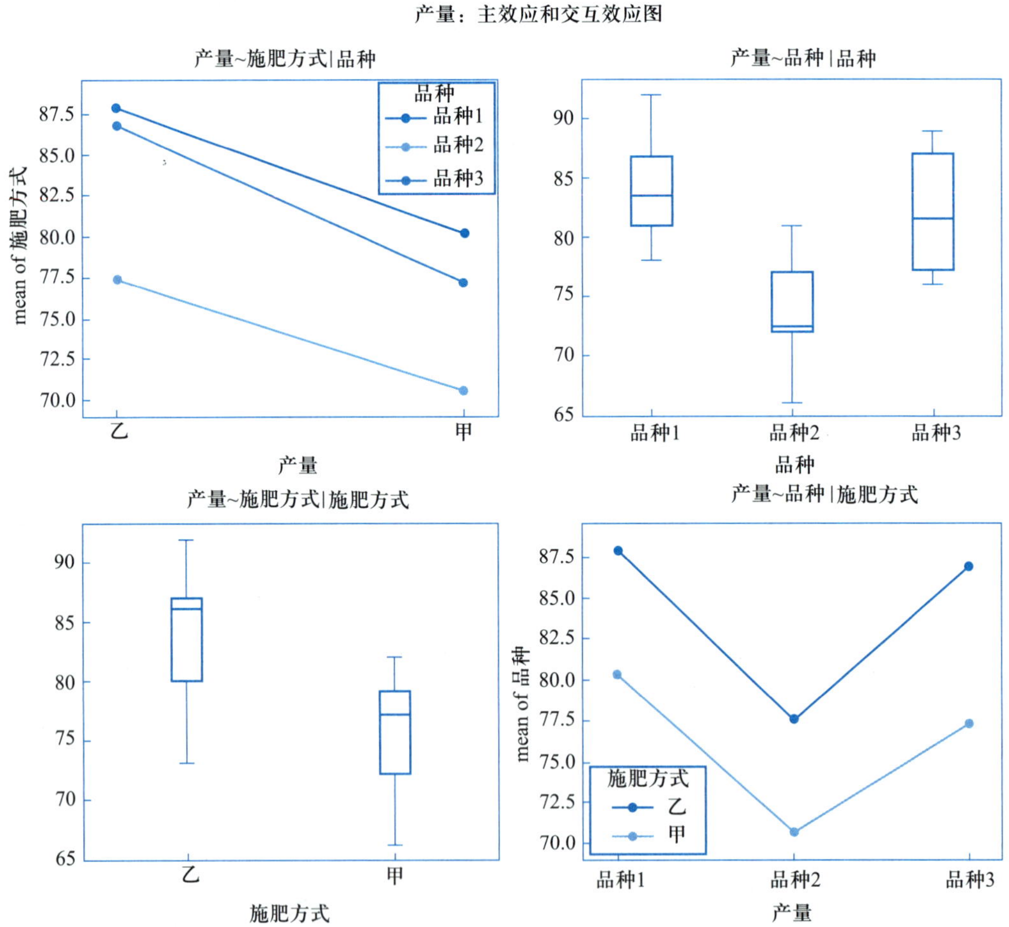

图 8-5 例 8-5 方差分析的主效应和交互效应图

图 8-5 中的箱线图反映了每个因子的主效应，可观察品种和施肥方式对产量是否有影响；折线图反映了两个因子的交互效应。由于图中的各条折线基本上是平行的，表示两个因子间无明显的交互效应（无交互效应时，一个因子各处理间均值的差异不会随另一个因子处理的变化而变化，各条折线是平行的。如果各条线明显不平行或之间有交叉，则意味着两个因子的各处理间存在交互效应）。

2. 效应量分析

在两个因子的交互效应方差分析中，衡量效应量大小的统计量仍然是偏效应量，即偏 η^2。两个因子的偏效应量计算公式如式（8.14）和式（8.15）所示。交互效应的偏效应量计算公式为：

$$\text{偏}\eta^2=\frac{\text{交互效应平方和}}{\text{交互效应平方和}+\text{误差平方和}}=\frac{\text{SSAB}}{\text{SSAB}+\text{SSE}} \tag{8.16}$$

例如，根据例 8-5 的方差分析结果，得到品种、施肥方式及其交互效应的偏效应量分别为：

品种的偏效应量：

$$\text{偏}\eta^2=\frac{560}{560+123.6}=0.819\,2$$

结果表明：在排除施肥方式和交互效应的影响后，品种因子解释了产量误差的 81.92%。

施肥方式的偏效应量：

$$\text{偏}\eta^2=\frac{480}{480+123.6}=0.795\,2$$

即在排除品种和交互效应的影响后，施肥方式解释了产量误差的 79.52%。

交互效应的偏效应量：

$$\text{偏}\eta^2=\frac{10.4}{10.4+123.6}=0.077\,6$$

即在排除品种和施肥方式的影响后，交互效应解释了产量误差的 7.76%。这么小的偏效应量，也佐证了上述检验中交互效应不显著的结论。

同样，可以将各因子的平方和分别除以总平方和计算出因子 A、因子 B 的主效应量以及交互效应 AB 的效应量。显然，各项效应量之和等于 1。

代码框 8-10 给出了计算交互效应方差分析效应量的代码和结果。

代码框 8-10 交互效应方差分析的效应量

```
# 交互效应方差分析的效应量
import pandas as pd
import numpy as np
from statsmodels.formula.api import ols
from statsmodels.stats.anova import anova_lm
```

```
example8_4 = pd.read_csv('C:/pydata/chap08/example8_4.csv', encoding='gbk')
model2i = ols(formula='产量~品种 + 施肥方式 + 品种 : 施肥方式',data=example8_4).
fit()
df_res = anova_lm(model2i, typ=1)
df_res['eta_sq'] = df_res['sum_sq'] / df_res['sum_sq'].sum()
df_res['eta_sq_part'] = df_res['sum_sq'] / (df_res['sum_sq'] + df_res.loc['Re-
sidual', 'sum_sq'])
df_res.loc['Residual', 'eta_sq_part'] = np.nan
df_res
```

	df	sum_sq	mean_sq	F	PR(>F)	eta_sq	eta_sq_part
品种	2.0	560.0	280.00	54.368932	1.220666e-09	0.477002	0.819193
施肥方式	1.0	480.0	480.00	93.203883	9.729467e-10	0.408859	0.795229
品种：施肥方式	2.0	10.4	5.20	1.009709	3.792836e-01	0.008859	0.077612
Residual	24.0	123.6	5.15	NaN	NaN	0.105281	NaN

8.4 方差分析的假定及其检验

在方差分析模型中，假定误差项 ε 是期望值为 0、方差相等的正态独立随机变量，这些假定实际上也就是对因变量 y 的假定。在做方差分析之前，应首先对这些假定进行检验，考察数据是否适合做方差分析。

8.4.1 正态性检验

正态性（normality）假定要求每个处理所对应的总体都服从正态分布（检验正态性的方法见第 6 章），即对于任意一个处理，其观察值是来自正态分布总体的简单随机样本。例如，在例 8-1 中，要求每个品种的产量必须服从正态分布，在例 8-4 中，还要求每种施肥方式的产量也必须服从正态分布。

【例 8-6】（数据：example8_2.csv）沿用例 8-2。分别用 Q-Q 图和其他检验方法检验各品种小麦产量是否服从正态分布。（α=0.05）。

解：首先，绘制 Q-Q 图来检验小麦产量是否服从正态分布。当每个处理的样本量足够大时，可以对每个样本绘制 Q-Q 图来检查每个处理对应的总体是否服从正态分布。当每个处理的样本量比较小时，正态概率图中的点很少，提供的正态性信息有限。这时，可以将每个处理的样本数据合并绘制一幅正态概率图来检验正态性。代码和结果如代码框 8-11 所示。

代码框 8-11 用 Q-Q 图检验正态性

```
# 图 8-6 的绘制代码(每个品种产量的正态 Q-Q 图)
import pandas as pd
import statsmodels.api as sm
from matplotlib import pyplot as plt
plt.rcParams['font.sans-serif'] = ['SimHei']
plt.rcParams['axes.unicode_minus']=False

example8_1 = pd.read_csv('C:/pydata/chap08/example8_1.csv', encoding='gbk')
plt.subplots(1, 3, figsize=(16, 5))

ax1 = plt.subplot(131)
pplot_1 = sm.ProbPlot(example8_1['品种1'], fit=True)
pplot_1.qqplot(line='r', ax=ax1, xlabel='期望正态值', ylabel='标准化的观测值')
ax1.set_title('品种1的Q-Q图', fontsize=15)

ax2 = plt.subplot(132)
pplot_2 = sm.ProbPlot(example8_1['品种2'], fit=True)
pplot_2.qqplot(line='r', ax=ax2, xlabel='期望正态值', ylabel='标准化的观测值')
ax2.set_title('品种2的Q-Q图', fontsize=15)

ax3 = plt.subplot(133)
pplot_3 = sm.ProbPlot(example8_1['品种3'], fit=True)
pplot_3.qqplot(line='r', ax=ax3, xlabel='期望正态值', ylabel='标准化的观测值')
ax3.set_title('品种3的Q-Q图', fontsize=15)

plt.show()
```

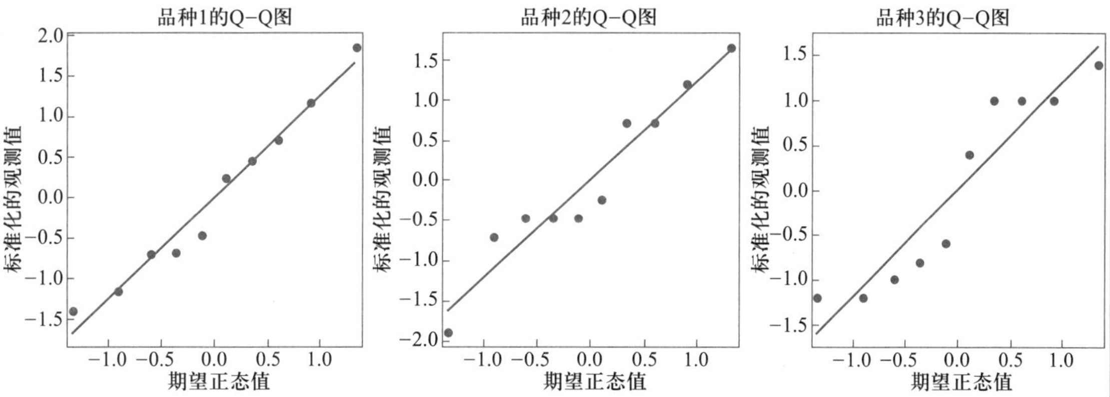

图 8-6 3 个品种产量的正态 Q-Q 图

```
# 图 8-7 的绘制代码（三个品种产量数据合并后的正态 Q-Q 图、直方图及核密度曲线）
import pandas as pd
import statsmodels.api as sm
from matplotlib import pyplot as plt
plt.rcParams['font.sans-serif'] = ['SimHei']
plt.rcParams['axes.unicode_minus']=False

example8_2 = pd.read_csv('C:/pydata/chap08/example8_2.csv', encoding='gbk')
plt.subplots(1, 2, figsize=(12, 5))

ax1 = plt.subplot(121)
pplot = sm.ProbPlot(example8_2['产量'], fit=True)
pplot.qqplot(line='r', ax=ax1, xlabel='期望正态值', ylabel='标准化的观测值')

ax2 = plt.subplot(122)
example8_2['产 量'].plot(bins=5, kind='hist', ax=ax2, density=True, legend=
False)
example8_2['产量'].plot(kind='density', ax=ax2, linewidth=3)
ax2.set_xlim(65, 93)

plt.show()
```

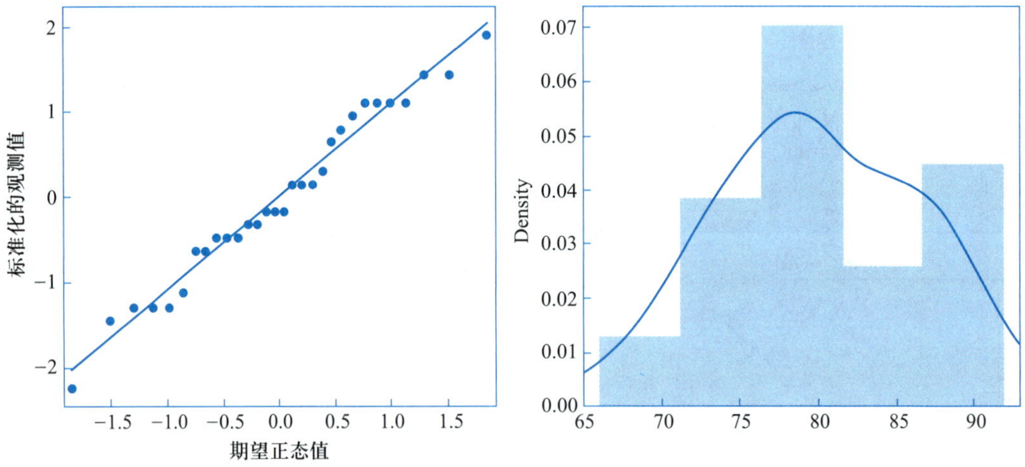

图 8-7　3 个品种产量数据合并后的正态 Q-Q 图、直方图及核密度曲线

由于每个品种只有 10 个数据点，图 8-6 很难提供正态性的证据。但从 3 个品种的产量数据合并后绘制的 Q-Q 图（图 8-7）可以看出，产量基本上服从正态分布。

其次，分别采用 S-W 检验和 K-S 检验来判断产量是否服从正态分布，代码和结果如代码框 8-12 所示。

代码框 8-12　S-W 和 K-S 正态性检验

```
# S-W 正态性检验
import pandas as pd
from scipy.stats import shapiro

example8_2 = pd.read_csv('C:/pydata/chap08/example8_2.csv', encoding='gbk')
W, p_value = shapiro(example8_2['产量'])
print(f"统计量 W={W: .5f},p 值 ={p_value: .4g}")
```

```
统计量 W = 0.97299,p 值 = 0.6237
```

```
# K-S 正态性检验
import pandas as pd;from scipy.stats import kstest

example8_2 = pd.read_csv('C:/pydata/chap08/example8_2.csv', encoding='gbk')
D, p_value = kstest(example8_2['产量'], 'norm', alternative='two-sided', mode=
'asymp',
       args=(example8_2['产量'].mean(),example8_2['产量'].std()))
print(f"统计量 D ={D: .5f},p 值 ={p_value: .4g}")
```

```
统计量 D = 0.09771,p 值 = 0.9369
```

两种检验方法均有 $P>0.05$，不拒绝 H_0，可以认为产量服从正态分布。需要注意的是，由于 Shapiro-Wilk 检验对正态性偏离十分敏感，当样本数据轻微偏离正态分布时，往往也会导致拒绝原假设。而方差分析对正态性的要求相对比较宽松，当正态性略微不满足时，对分析结果的影响不是很大。因此，实际中应谨慎使用这些检验。

8.4.2　方差齐性检验

方差齐性（homogeneity variance）假定要求各处理的总体方差 σ^2 必须相等。比如，在例 8-2 中，要求各个品种产量的方差都相同，在例 8-4 中，要求每个品种的产量和每种施肥方式的产量方差都相同。检验方差齐性可以使用图示的方法，也可以使用标准的统计检验。

1. 图示法

检验方差齐性的图形有箱线图和残差图等。比如，绘制出每个样本数据的箱线图观察其离散程度，如果各样本箱线图的离散程度大致相同，那么方差齐性假定就可能是满足的。检验方差齐性的另一种图示方法是绘制残差图。**残差**（residual）是实际观察值与预测值的差值，残差除以残差的标准差称为**标准化残差**（standardized residual）。以例 8-2 的方差分析为例，绘制残差图的代码和结果如代码框 8-13 所示。

代码框 8-13 用残差图检验方差齐性

```
# 图 8-8 的绘制代码（绘制例 8-2 方差分析的残差图和标准化残差的 Q-Q 图）
import pandas as pd
from statsmodels.formula.api import ols
import statsmodels.api as sm
import matplotlib.pyplot as plt
plt.rcParams['font.sans-serif'] = ['SimHei']
plt.rcParams['axes.unicode_minus']=False

example8_2 = pd.read_csv('C:/pydata/chap08/example8_2.csv', encoding='gbk')
model = ols(formula='产量~品种',data=example8_2).fit()
plt.subplots(1, 2, figsize=(12, 5))
plt.subplot(121)
plt.scatter(model.fittedvalues, model.resid)
plt.xlabel('拟合值')
plt.ylabel('残差')
plt.title('残差值与拟合值图', fontsize=15)
plt.axhline(0, ls='--')

ax2 = plt.subplot(122)
pplot = sm.ProbPlot(model.resid, fit=True)
pplot.qqplot(line='r', ax=ax2, xlabel='期望正态值', ylabel='标准化的观测值')
ax2.set_title('正态 Q-Q 图', fontsize=15)
plt.show()
```

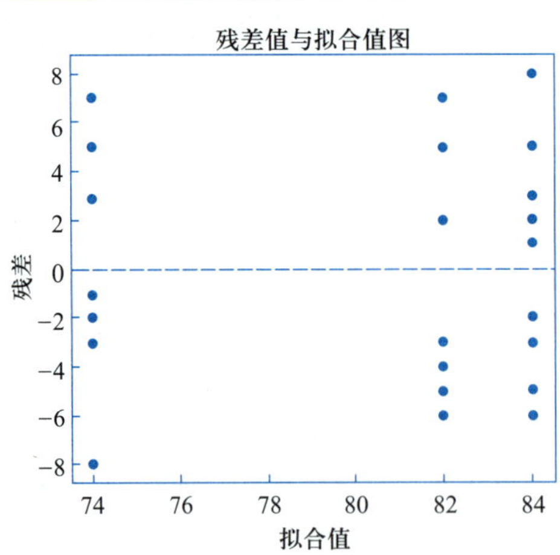

(a) 模型的残差图

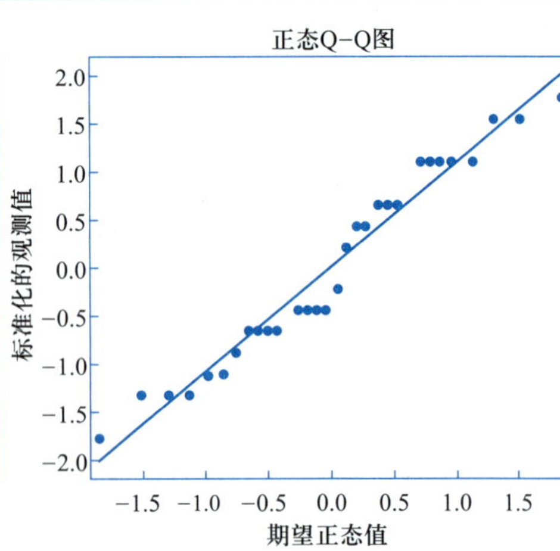

(b) 标准化残差的正态Q-Q图

图 8-8 例 8-2 方差分析模型的残差图和标准化残差的 Q-Q 图

图 8-8（a）是残差图，图中的横坐标是模型的拟合值，纵坐标是预测残差。可以看出，3 个品种的残差都没有离群点，拟合值和残差的散点随机分布在一个水平带之内，而且其离散程度也基本上一样，这表示满足方差齐性的假定。此外，该图也可以用于评价方差分析模型的拟合效果。如果模型拟合得很好，那么拟合值与残差值的观测点就应该在一条水平线附近波动。图 8-8（a）显示，产量与品种之间的线性关系假定成立，表示所选的方差分析模型是合理的。

图 8-8（b）是标准化残差的正态 Q-Q 图，该图的作用与图 8-8（a）类似，可用于检验残差的正态性假定是否成立。从该图可以看出，各个点基本上在直线周围分布，没有固定模式，可以认为残差的正态性假定基本成立。

2. 检验法

当各处理的样本量较小时，利用图示方法很难发现离散程度的差异。这时可以使用检验方法。

对于自变量的 I 个处理，方差齐性检验的假设是：

H_0：$\sigma_1^2=\sigma_2^2=\cdots=\sigma_I^2$

H_1：σ_1^2，σ_2^2，$\cdots$，σ_I^2 至少两个不同

（1）Bartlett 方差齐性检验。如果所有 I 个总体都近似正态分布，可以使用 Bartlett 检验。当各样本、量相等时，该检验的统计量为：

$$B=\frac{(n-1)[I\ln\overline{s}^2-\sum\ln s_i^2]}{1+\dfrac{I+1}{3I(n-1)}} \tag{8.7}$$

式中：$n=n_1=n_2=\cdots=n_I$；s_i^2 为第 i 个样本的方差；$\overline{s}^2=\dfrac{\sum s_i^2}{I}$，即 I 个样本方差的平均；$\ln x$ 为 x 的自然对数。

当各样本量不相等时，该检验的统计量为：

$$B=\frac{\left[\sum(n_i-1)\right]\ln\overline{s}^2-\sum(n_i-1)\ln s_i^2}{1+\dfrac{1}{3(n-1)}\left(\sum\dfrac{1}{(n_i-1)}-\dfrac{1}{\sum(n_i-1)}\right)} \tag{8.8}$$

式中：n_i 为第 i 个样本的样本量；s_i^2 为第 i 个样本的方差；$\overline{s}^2=\dfrac{\sum(n_i-1)s_i^2}{\sum(n_i-1)}$，即 I 个样本方差的加权平均；$\ln x$ 为 x 的自然对数。

当原假设成立时，上述统计量服从自由度为（$I-1$）的 χ^2 分布。若 $B>\chi_\alpha^2$ 或 $P<\alpha$，拒绝 H_0，表示各总体的方差不相等。

【例 8-7】（数据：example8_4. csv）沿用例 8-4。用 Bartlett 方法检验不同品种的产量和不同施肥方式的产量是否满足方差齐性（$\alpha=0.05$）。

解： Bartlett 方差齐性检验的代码和结果如代码框 8-14 所示。

代码框 8-14　Bartlett 方差齐性检验

```
# 不同品种产量的 Bartlett 检验
import pandas as pd
```

```
from scipy.stats import bartlett

example8_4 = pd.read_csv('C:/pydata/chap08/example8_4.csv', encoding='gbk')
sample1 = example8_4.loc[example8_4['品种']=='品种1', '产量'].values
sample2 = example8_4.loc[example8_4['品种']=='品种2', '产量'].values
sample3 = example8_4.loc[example8_4['品种']=='品种3', '产量'].values

B, p_value = bartlett(sample1, sample2, sample3)
print(f"统计量B ={B: .5f},p值 ={p_value: .4g}")
```

```
统计量B = 0.30152,p值 = 0.8601
```

```
# 不同施肥方式产量的Bartlett检验
import pandas as pd
from scipy.stats import bartlett

example8_4 = pd.read_csv('C:/pydata/chap08/example8_4.csv', encoding='gbk')
sample1 = example8_4.loc[example8_4['施肥方式']=='甲', '产量'].values
sample2 = example8_4.loc[example8_4['施肥方式']=='乙', '产量'].values

B, p_value = bartlett(sample1, sample2)
print(f"统计量B ={B: .5f},p值 ={p_value: .4g}")
```

```
统计量B = 0.42431,p值 = 0.5148
```

由于 P 值均大于 0.05，不拒绝 H_0，可以认为不同品种的产量和不同施肥方式的产量均满足方差齐性。

（2）Levene 方差齐性检验。如果所有 I 个总体均不服从正态分布，可以使用 Levene 检验，它是由 H. Levene 于 1960 年提出的。该检验既可用于正态总体，也可用于非正态总体。检验统计量为：

$$F=\frac{\mathrm{MSA}}{\mathrm{MSE}}\sim F(I-1,n-I) \tag{8.9}$$

式中，MSA 和 MSE 是对因变量实施 $y_i'=|y_i-\bar{x}_l|$ 的变换或 $y_i'=|y_i-\mathrm{Me}_i|$ 的变换后进行方差分析得到的处理均方和残差均方，其中的 $\bar{x}_l$ 是第 i 个处理的 y 的平均数；Me_i 是第 i 个处理的 y 的中位数。

如果 $P<\alpha$，拒绝 H_0，表示各总体的方差不相等。

【例 8-8】（数据：example8_4.csv）沿用例 8-6。用 Levene 方法检验不同品种的产量和不同施肥方式的产量是否满足方差齐性（α=0.05）。

解： 以 3 个品种的产量为例说明计算过程。3 个品种产量的中位数分别为：Med_1=83.5，Med_2=72.5，Med_3=81.5。对每个品种的产量分别减去其中位数后取绝对值，再进行方差分析，得到 MSA=5.2，MSE=5.596 296。由式（8.17）得到的统计量为：

$$F=\frac{5.2}{5.596\,296}=0.929\,186$$

相应的 P=0.407 138。不拒绝 H_0，可以认为不同品种的产量满足方差齐性。

Levene 检验的代码和结果如代码框 8-15 所示。

代码框 8-15　Levene 方差齐性检验

```
# 不同品种产量的 Levene 检验
import pandas as pd
from scipy.stats import levene

example8_4 = pd.read_csv('C:/pydata/chap08/example8_4.csv', encoding='gbk')
sample1 = example8_4.loc[example8_4['品种']=='品种 1', '产量'].values
sample2 = example8_4.loc[example8_4['品种']=='品种 2', '产量'].values
sample3 = example8_4.loc[example8_4['品种']=='品种 3', '产量'].values

F, p_value = levene(sample1, sample2, sample3)
print(f"统计量 F ={F: .5f},p 值 ={p_value: .4g}")
```

```
统计量 F = 0.92919,p 值 = 0.4071
```

```
# 不同施肥方式产量的 Levene 检验
import pandas as pd
from scipy.stats import levene

example8_4 = pd.read_csv('C:/pydata/chap08/example8_4.csv', encoding='gbk')
sample1 = example8_4.loc[example8_4['施肥方式']=='甲', '产量'].values
sample2 = example8_4.loc[example8_4['施肥方式']=='乙', '产量'].values

F, p_value = levene(sample1, sample2)
print(f"统计量 F ={F: .5f},p 值 ={p_value: .4g}")
```

```
统计量 F = 0.23228,p 值 = 0.6336
```

注：levene 函数中 center 参数默认为 'median'。

由于 P 值均大于 0.05，不拒绝 H_0，可以认为各个品种的产量和不同施肥方式的产量满足方差齐性。

需要注意的是，在方差分析中，对方差齐性的要求相对比较宽松，当方差略有不齐时，对分析结果的影响不是很大。特别是当各处理的样本量相同时，方差分析对不等方差是稳健的。

除正态性和方差齐性假定外，方差分析中还有一个重要的假定，即**独立性**（independence）。

该假定要求每个样本数据是来自不同处理的独立样本。比如，在例 8-4 中，3 个品种的产量数据是来自三个不同品种产量总体的三个独立样本，两种施肥方式的产量是来自两种施肥方式产量总体的两个独立样本。方差分析对独立性的要求比较严格，若该假设得不到满足时，方差分析的结果往往会受到较大影响。独立性可在实验设计之前予以确定，不需要检验。因为在获取数据之前，实验的安排是否独立，研究者本身就是清楚的。

习题

8.1 一家牛奶公司有 4 台机器装填牛奶，每桶的容量为 4L。下面是从 4 台机器中抽取的装填量样本数据：

机器 1 装填量	机器 2 装填量	机器 3 装填量	机器 4 装填量
4.05	3.99	3.97	4.00
4.01	4.02	3.98	4.02
4.02	4.01	3.97	3.99
4.04	3.99	3.95	4.01
4.00	4.00	4.02	4.00
4.03	4.05	4.00	4.03

（1）检验机器对装填量是否有显著影响（α=0.01）。

（2）分析效应量。

（3）采用 HSD 方法比较哪些机器的装填量之间存在显著差异。

（4）检验装填量是否满足正态性和方差齐性。

8.2 一家管理咨询公司为不同的客户提供人力资源管理讲座。每次讲座的内容基本上一样，但听课者有时是高层管理者，有时是中层管理者，有时是基层管理者。该咨询公司认为，不同层次的管理者对讲座的满意度是不同的。对听完讲座后随机抽取的不同层次的管理者，满意度评分如下（评分标准是从 1～10，10 代表非常满意）：

高层管理者满意度得分	中层管理者满意度得分	基层管理者满意度得分
7	8	5
7	9	6
8	8	5
7	10	7
9	9	4
8	10	8

（1）检验管理者的水平不同是否会导致评分的显著差异（α=0.05），并分析效应量。

（2）采用 HSD 方法比较管理者的评分之间的差异。

（3）检验满意度评分是否满足正态性和方差齐性。

8.3　某家电制造公司准备购进一批 5# 电池，现有 A、B、C 三个电池生产企业愿意供货。为比较它们生产的电池质量，从每个企业各随机抽取 5 节电池，经实验得其使用寿命数据（单位：小时）如下：

实验号	电池生产企业电池使用寿命		
	A	B	C
1	50	32	45
2	50	28	42
3	43	30	38
4	40	34	48
5	39	26	40

（1）分析 3 个企业生产的电池平均寿命之间有无显著差异（α=0.05），并分析效应量。

（2）如果有差异，用 HSD 方法检验哪些企业之间有差异。

8.4　有 5 个不同品种的种子和 4 个不同的施肥方案，在 20 块同样面积的土地上分别采用 5 种种子和 4 个施肥方案搭配进行实验，取得的产量数据（单位：kg）如下：

品种	施肥方案对应的产量			
	1	2	3	4
1	12	9.5	10.4	9.7
2	13.7	11.5	12.4	9.6
3	14.3	12.3	11.4	11.1
4	14.2	14	12.5	12
5	13	14	13.1	11.4

（1）检验不同品种和施肥方案对产量的影响是否显著（α=0.05）。

（2）计算偏效应量并进行分析。

8.5　城市道路交通管理部门为研究不同路段和不同时间段对行车时间的影响，让一名交通警察分别在 3 个路段的高峰期与非高峰期亲自驾车进行实验，通过实验共获得 30 个行车时间数据（单位：分钟）。

时段	路段对应的行车时间		
	路段 1	路段 2	路段 3
高峰期	36.5	28.1	32.4
	34.1	29.9	33.0
	37.2	32.2	36.2
	35.6	31.5	35.5
	38.0	30.1	35.1
非高峰期	30.6	27.6	31.8
	27.9	24.3	28.0
	32.4	22.0	26.7
	31.8	25.4	29.3
	27.3	21.7	25.6

（1）分析路段、时段以及路段和时段的交互作用对行车时间的影响（$\alpha=0.05$）。

（2）计算偏效应量并进行分析。

本章图片

第 9 章　一元线性回归

研究某些实际问题时往往涉及多个变量。在这些变量中，有一个是研究者特别关注的被预测或被解释的变量，称为**因变量**（dependent variable）或**响应变量**（response variable）。用来预测或解释因变量的一个或多个变量称为**自变量**（independent variable）或**解释变量**（explaining variable）。假定因变量与自变量之间有某种关系，并把这种关系用适当的数学模型表达出来，那么就可以利用这一模型根据给定的自变量来预测因变量，这就是回归要解决的问题。在回归分析中，只涉及一个自变量时称为一元回归，涉及多个自变量时则称为多元回归。如果因变量与自变量之间是线性关系，则称为**线性回归**（linear regression）；如果因变量与自变量之间是非线性关系，则称为**非线性回归**（nonlinear regression）。

一元线性回归建模的思路大致如下：

第 1 步：确定因变量与自变量之间的关系。

第 2 步：建立线性关系模型，并对模型进行估计和检验。

第 3 步：利用回归方程进行预测。

第 4 步：对回归模型进行诊断。

9.1　确定变量间的关系

建立回归模型时，首先需要确定变量之间的关系，然后依据变量间的关系建立适当的模型。分析变量之间的关系需要解决下面的问题：（1）变量之间是否有关系；（2）如果有，它们之间是什么样的关系；（3）变量之间的关系强度如何；（4）样本所反映的变量之间的关系能否代表总体变量之间的关系。

9.1.1　变量间的关系

变量间的关系大体上分为两种类型，即函数关系和相关关系。函数关系是人们比较熟悉的。设有两个变量 x 和 y，变量 y 随变量 x 一起变化，并完全依赖于 x，当 x 取某个值时，y 依确定的关系取相应的值，则称 y 是 x 的函数，记为 $y=f(x)$。

在实际问题中，有些变量间的关系并不像函数关系那么简单。例如，家庭收入与家庭支出之间就不是完全确定的关系。收入水平相同的家庭，它们的支出往往不同，而支出相同的家庭，它们的收入水平也可能不同。这意味着家庭支出并不能完全由家庭收入一个因素决定，还受消费水平、银行利率等其他因素的影响。正是由于影响一个变量的因素有多个，才造成了它们间关系的不确定性。变量之间这种不确定的关系称为**相关关系**（correlation）。

相关关系的特点是：一个变量的取值不能由另一个变量唯一确定，当变量 x 取某个值时，变

量 y 的取值可能有多个，或者说，当 x 取某个固定的值时，y 的取值对应着一个分布。例如，身高（x）与体重（y）的关系就属于相关关系。一般来说，身材较高的人，其体重一般也较重。但实际情形并非完全如此，体重并不完全由身高一个因素决定，还受饮食习惯等其他许多因素的影响。因此，身高相同的人，体重的取值可能有多个，即身高取某个值时，体重的取值对应着一个分布。

9.1.2　相关关系的描述

描述相关关系的一种常用工具就是散点图。对于两个变量 x 和 y，可以根据散点图的分布形状等判断它们之间有没有关系、有什么样的关系及关系的大致强度等。图 9-1 是随机模拟的

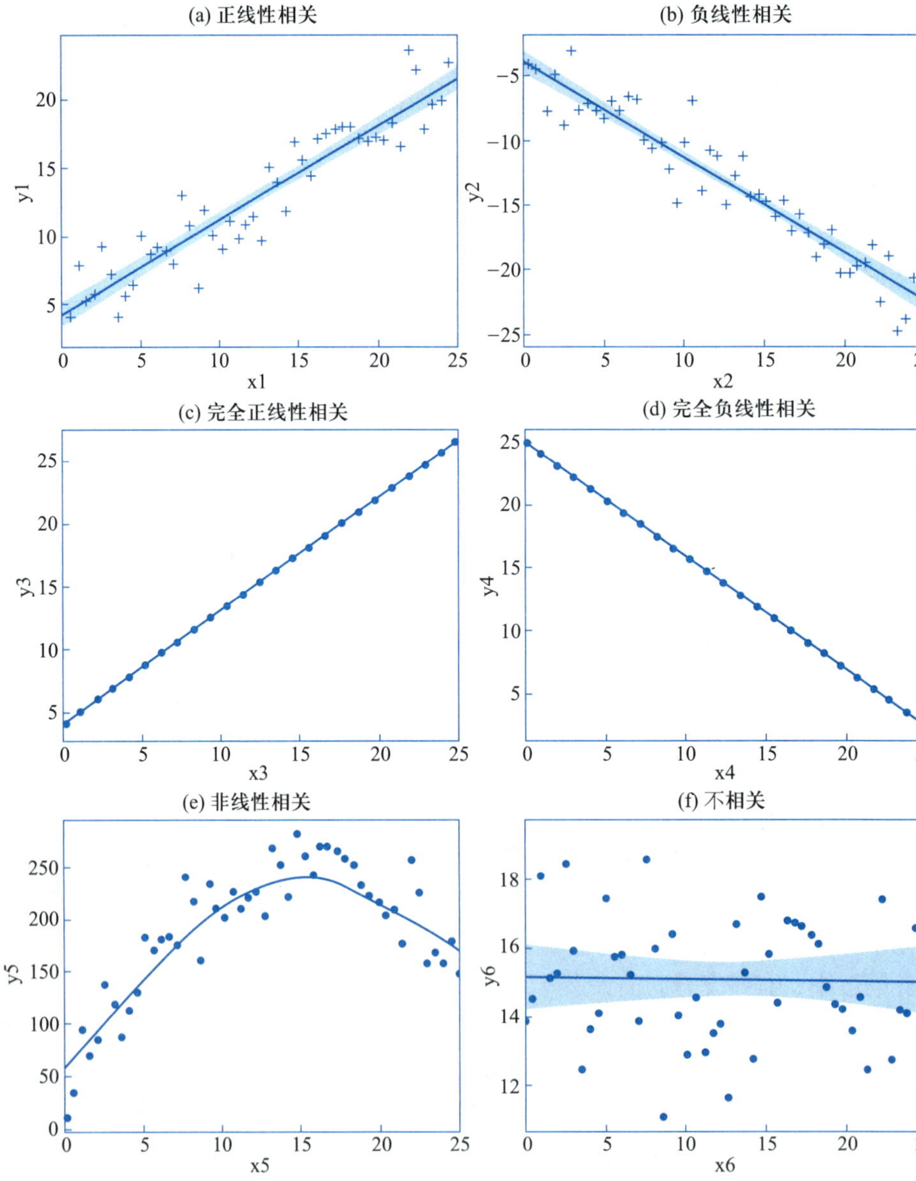

图 9-1　不同形态的散点图

不同形态的散点图。

图 9-1（a）和图 9-1（b）是典型的线性相关关系形态，两个变量的观测点分布在一条直线周围。图 9-1（a）显示一个变量的数值增加，另一个变量的数值也随之增加，因而称为正线性相关。图 9-1（b）显示一个变量的数值增加，另一个变量的数值随之减少，因而称为负线性相关。图 9-1（c）和图 9-1（d）显示两个变量的观测点完全落在直线上，称为完全线性相关（这实际上就是函数关系），其中图 9-1（c）为完全正相关，图 9-1（d）为完全负相关。图 9-1（e）显示两个变量之间是非线性关系。图 9-1（f）的观测点随机分布在一个水平带之内，无任何规律，表示变量之间没有相关关系。

【例 9-1】（数据：example9_1.csv）为研究销售收入与广告支出之间的关系，随机抽取 20 家医药生产企业，得到它们的销售收入和广告支出数据如表 9-1 所示。绘制散点图描述销售收入与广告支出之间的关系。

表 9-1　20 家医药生产企业的销售收入和广告支出　　单位：万元

企业编号	销售收入	广告支出
1	4 597.5	338.6
2	6 611.0	811.0
3	7 349.3	723.5
4	5 525.7	514.0
5	4 675.9	426.4
6	4 418.6	426.3
7	5 845.4	679.0
8	7 313.0	847.3
9	5 035.4	470.9
10	4 322.6	393.8
11	6 389.5	701.0
12	4 152.2	294.0
13	5 544.8	442.6
14	6 095.1	635.0
15	3 626.2	260.5
16	3 745.4	305.0
17	5 121.8	624.7
18	5 674.5	600.0
19	4 256.6	299.6
20	5 803.7	646.0

解：绘制散点图的代码和结果如代码框 9-1 所示。

代码框 9-1 绘制销售收入与广告支出的散点图

```
# 绘制销售收入与广告支出的散点图 (图 9-2)
import pandas as pd
import seaborn as sns
import matplotlib.pyplot as plt
plt.rcParams['font.sans-serif'] = ['SimHei']

example9_1 = pd.read_csv('C:/pydata/chap09/example9_1.csv', encoding='gbk')
fig = sns.jointplot(x="广告支出", y="销售收入", data=example9_1,
                    kind="reg", truncate=False,
                    color="steelblue", height=6,ratio=3,marginal_ticks=True)
```

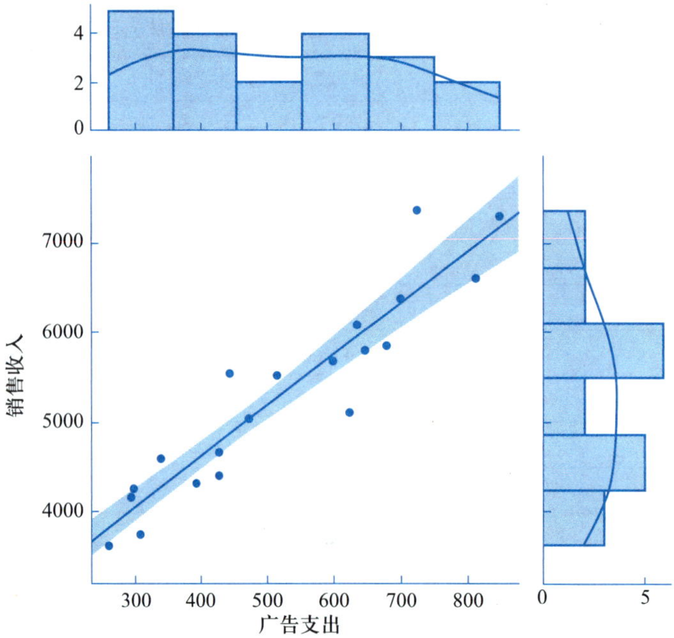

图 9-2 销售收入与广告支出的散点图，带有边际直方图与核密度图、拟合直线及置信带

图 9-2 显示，广告支出增加，销售收入也随之增加，二者的观测点分布在一条直线周围，因而具有正的线性相关关系。两个箱线图显示销售收入和广告支出基本上为对称分布。

9.1.3 关系强度的度量

根据散点图可以判断两个变量之间有无相关关系，并对关系形态做出大致描述，但要准确度量变量间的关系强度，则需要计算相关系数。

1. 相关系数

相关系数（correlation coefficient）是度量两个变量之间线性关系强度的统计量。样本相关

系数记为 r，计算公式为：

$$r=\frac{\sum(x_i-\bar{x})(y_i-\bar{y})}{\sqrt{\sum(x_i-\bar{x})^2\cdot\sum(y_i-\bar{y})^2}} \tag{9.1}$$

按式（9.1）计算的相关系数也称为 **Pearson 相关系数**[①]（Pearson's correlation coefficient）。

计算相关系数时，假定两个变量之间是线性关系，而且两个变量都是随机变量，且服从一个联合的双变量正态分布[②]。此外，样本数据中不应有极端值，否则会对相关系数的值有较大影响。

r 的取值范围在 $-1\sim+1$ 之间，即 $-1\leqslant r\leqslant 1$。$|r|\to 1$ 表示两个变量之间的线性关系强；$|r|\to 0$ 表示两个变量之间的线性关系弱。$r>0$ 表示 x 与 y 之间为正线性相关；$r<0$ 表示 x 与 y 之间为负线性相关；$|r|=1$ 表示 x 与 y 之间为完全相关，其中 $r=+1$ 表示 x 与 y 之间为完全正线性相关，$r=-1$ 表示 x 与 y 之间为完全负线性相关；$r=0$ 表示 x 与 y 之间不存在线性相关。需要注意的是，r 仅仅是 x 与 y 之间线性关系的一种度量，它不能用于描述非线性关系。这意味着 $r=0$ 只表示两个变量之间不存在线性相关，并不表示变量之间没有任何关系，比如它们之间可能存在非线性关系。当变量之间的非线性相关程度较强时，就可能会导致 $r=0$。因此，当 $r=0$ 或很小时，不能轻易得出两个变量之间没有关系的结论，而应结合散点图做出合理解释。

2. 相关系数的检验

总体相关系数 ρ 通常是未知的，需要将样本相关系数 r 作为近似估计。由于 r 是根据样本数据计算的，抽取的样本不同，r 的取值也就不同，因此 r 是一个随机变量。能否用样本相关系数表示总体的相关程度，需要考察样本相关系数的可靠性，也就是进行显著性检验。

相关系数的显著性检验通常采用 R. A. Fisher 提出的 t 检验方法，该检验可用于小样本，也可用于大样本。检验的具体步骤如下。

第 1 步：提出假设：

$H_0: \rho=0$（两个变量的线性关系不显著）

$H_1: \rho\neq 0$（两个变量的线性关系显著）

第 2 步：计算检验统计量：

$$t=\frac{r\sqrt{n-2}}{\sqrt{1-r^2}}\sim t(n-2) \tag{9.2}$$

第 3 步：进行决策。求出统计量的 P 值，如果 $P<\alpha$，拒绝 H_0，表示总体的两个变量之间线性关系显著。

【例 9-2】（数据：example9_1.csv）沿用例 9-1。计算销售收入与广告支出的相关系数，并检验其显著性（$\alpha=0.05$）。

解：相关分析的代码和结果如代码框 9-2 所示。

---

① 相关和回归的概念是 1877—1888 年间由 Francis Galton 提出的，但真正使该理论系统化的是 Karl Pearson，为纪念他的贡献将相关系数也称为 Pearson 相关系数。

② 注意：并不是简单地要求两个变量各自服从正态分布。

代码框 9-2 相关系数的计算和检验

```
# 相关系数及其检验
import pandas as pd
from scipy.stats import pearsonr
example9_1 = pd.read_csv('C:/pydata/chap09/example9_1.csv', encoding='gbk')

corr, p_value = pearsonr(example9_1['销售收入'], example9_1['广告支出'])
        print(f"二者的相关系数为{corr: .4g}，检验的p值为{p_value: .4g}")
```

```
二者的相关系数为 0.9371，检验的p值为 1.161e-09
```

代码框 9-2 显示，检验的 P 值接近于 0，表示销售收入与广告费用之间存在显著的线性相关关系。

9.2 模型估计和检验

确定变量间的关系后，就可以依据关系形态建立适当的回归模型。**回归分析**（regression analysis）是重点考察一个特定的变量（因变量），而把其他变量（自变量）看作影响这一变量的因素，并通过适当的数学模型将变量间的关系表达出来，进而通过一个或几个自变量的取值来预测因变量的取值。

9.2.1 回归模型与回归方程

设因变量为 y，自变量为 x。模型中只涉及一个自变量时称为一元回归，若 y 与 x 之间为线性关系，称为一元线性回归。描述因变量 y 如何依赖于自变量 x 和误差项 ε 的方程称为**回归模型**（regression model）。一元线性回归模型可表示为：

$$y=\beta_0+\beta_1 x+\varepsilon \tag{9.3}$$

式中，β_0 和 β_1 为模型的参数。

式（9.3）表示，在一元线性回归模型中，y 是 x 的线性函数（$\beta_0+\beta_1 x$ 部分）加上误差项 ε。$\beta_0+\beta_1 x$ 反映了由于 x 的变化而引起的 y 的线性变化；ε 是称为误差项的随机变量，它是除 x 以外的其他随机因素对 y 的影响，是不能由 x 和 y 之间的线性关系所解释的 y 的误差。

建立一元线性回归模型时，首先假定因变量 y 与自变量 x 之间为线性关系，而且自变量 x 的取值是事先给定的（假定 x 是非随机变量），而 y 则是随机变量。这意味着对于任何一个给定的 x 值，y 的取值都对应着一个分布，因此，$E(y)=\beta_0+\beta_1 x$ 代表一条直线。但由于单个的数据点是从 y 的分布中抽出来的，可能不在这条直线上，因此，必须包含一个误差项 ε 来描述模型的观测点，并对 ε 做出以下假定：

（1）正态性。ε 是一个服从正态分布的随机变量，且期望值为 0，即 $E(\varepsilon)=0$。这意味着在式（9.3）中，由于 β_0 和 β_1 都是常数，有 $E(\beta_0)=\beta_0$，$E(\beta_1)=\beta_1$。因此对于一个给定的 x 值，y 的期望值为 $E(y)=\beta_0+\beta_1 x$。

（2）方差齐性。对于所有的 x 值，ε 的方差 σ^2 都相同。这意味着对于一个给定的 x 值，y 的方差也都等于 σ^2。

（3）独立性。对于一个给定的 x 值，它所对应的 ε 与其他 x 值所对应的 ε 不相关。因此，对于一个给定的 x 值，它所对应的 y 值与其他 x 值所对应的 y 值也不相关。这表示，在 x 取某个给定值的情形下，y 的变化由误差项 ε 的方差 σ^2 来决定。当 σ^2 较小时，y 的观测值非常靠近直线；当 σ^2 较大时，y 的观测值将偏离直线。对于任何一个给定的 x 值，y 都服从期望值 $E(y)=\beta_0+\beta_1x$、方差为 σ^2 的正态分布，且对于不同的 x 具有相同方差。

回归模型中的参数 β_0 和 β_1 是未知的，需要利用样本数据去估计。当用样本统计量 $\hat{\beta}_0$ 和 $\hat{\beta}_1$ 估计参数 β_0 和 β_1 时，就得到了**估计的回归方程**（estimated regression equation），它是根据样本数据求出的回归模型的估计。一元线性回归模型的估计方程为：

$$\hat{y}=\hat{\beta}_0+\hat{\beta}_1x \tag{9.4}$$

式中，$\hat{\beta}_0$ 为估计的回归直线在 y 轴上的截距；$\hat{\beta}_1$ 为直线的斜率，也称为**回归系数**（regression coefficient），它表示 x 每改变一个单位时，y 的平均改变量。

9.2.2 参数的最小二乘估计

模型参数的估计通常采用**最小二乘估计**（least squares estimation）或称**最小平方法估计**，它是通过使因变量的观测值 y_i 与估计值 $\hat{y}_i$ 之间的离差平方和达到最小来估计 β_0 和 β_1。最小二乘法的含义可用图 9-3 表示。

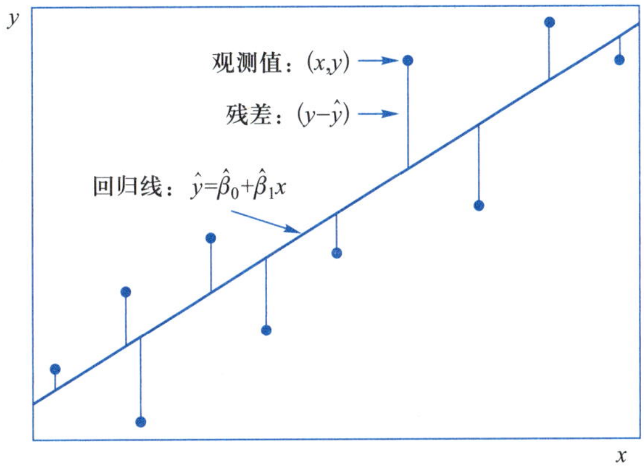

图 9-3 最小二乘法示意图

根据最小二乘法估计参数可知 β_0 和 β_1 的抽样分布，并且在一定条件下，β_0 和 β_1 的最小二乘估计量具有性质 $E(\hat{\beta}_0)=\beta_0$、$E(\hat{\beta}_1)=\beta_1$，与其他估计量相比，其抽样分布具有较小的方差。正是基于上述性质，最小二乘法广泛应用于回归模型参数的估计。

根据最小二乘法，有：

$$\Sigma(y_i-\hat{y}_i)^2=\Sigma(y_i-\hat{\beta}_0-\hat{\beta}_ix_i)^2 \tag{9.5}$$

式（9.5）有最小值。

令$Q=\sum(y_i-\hat{y}_i)^2$，在给定样本数据后，Q是$\hat{\beta}_0$和$\hat{\beta}_1$的函数，且最小值总存在。根据微积分的极值定理，对Q求相应于$\hat{\beta}_0$和$\hat{\beta}_1$的偏导数，并令其等于 0，便可求出$\hat{\beta}_0$和$\hat{\beta}_1$，即：

$$\begin{cases} \left.\dfrac{\partial Q}{\partial \beta_0}\right|_{\beta_0=\hat{\beta}_0} = -2\sum_{i=1}^{n}(y_i-\hat{\beta}_0-\hat{\beta}_1x_i)=0 \\ \left.\dfrac{\partial Q}{\partial \beta_1}\right|_{\beta_1=\hat{\beta}_1} = -2\sum_{i=1}^{n}x_i(y_i-\hat{\beta}_0-\hat{\beta}_1x_i)=0 \end{cases} \tag{9.6}$$

解上述方程组得：

$$\begin{cases} \hat{\beta}_1=\dfrac{\sum(x_i-\bar{x})(y_i-\bar{y})}{\sum(x_i-\bar{x})^2} \\ \hat{\beta}_0=\bar{y}-\hat{\beta}_1\bar{x} \end{cases} \tag{9.7}$$

【例 9-3】（数据：example9_1.csv）沿用例 9-1。估计销售收入（因变量y）与广告支出（自变量x）的回归方程。

解： 回归分析的代码和结果如代码框 9-3 所示。

代码框 9-3 一元线性回归分析

```
# 回归模型的拟合
from statsmodels.formula.api import ols
import pandas as pd

example9_1 = pd.read_csv('C:/pydata/chap09/example9_1.csv', encoding='gbk')
model = ols("销售收入~广告支出",data=example9_1).fit()
print(model.summary())
```

```
OLS Regression Results
==============================================================================
Dep. Variable:                    销售收入   R-squared:                       0.878
Model:                             OLS   Adj. R-squared:                  0.871
Method:                  Least Squares   F-statistic:                     129.8
Date:                 Mon, 22 Feb 2021   Prob (F-statistic):           1.16e-09
Time:                         07:54:42   Log-Likelihood:                -146.85
No. Observations:                   20   AIC:                             297.7
Df Residuals:                       18   BIC:                             299.7
Df Model:                            1
Covariance Type:             nonrobust
==============================================================================
                 coef    std err          t      P>|t|      [0.025      0.975]
```

```
------------------------------------------------------------------------------
Intercept     2343.8916  274.483      8.539     0.000     1767.225     2920.558
广告支出          5.6735    0.498     11.391     0.000        4.627        6.720
==============================================================================
Omnibus:                       2.082   Durbin-Watson:                   1.679
Prob(Omnibus):                 0.353   Jarque-Bera (JB):                0.854
Skew:                          0.473   Prob(JB):                        0.652
Kurtosis:                      3.360   Cond. No.                     1.72e+03
==============================================================================

Notes:
[1] Standard Errors assume that the covariance matrix of the errors is correctly specified.
[2] The condition number is large, 1.72e+03. This might indicate that there are strong multicollinearity or other numerical problems.
```

```
# 输出方差分析表
from statsmodels.stats.anova import anova_lm
anova_lm(model, typ=1)
```

	df	sum_sq	mean_sq	F	PR(>F)
广告支出	1.0	2.013930e+07	2.013930e+07	129.762217	1.161175e-09
Residual	18.0	2.793629e+06	1.552016e+05	NaN	NaN

```
# 绘制拟合图
import statsmodels.api as sm
import matplotlib.pyplot as plt
plt.rcParams['font.sans-serif'] = ['SimHei']
plt.rcParams['axes.unicode_minus']=False

fig, ax = plt.subplots(figsize=(9, 6))
sm.graphics.plot_fit(model, exog_idx="广告支出", ax=ax)
plt.plot(example9_1['广告支出'], model.fittedvalues, 'r')
plt.annotate(s=r'$\hat{y}=2343.89+5.67*$'+'广告支出', xy=(550, 5000), xytext=(600, 4000),
     arrowprops = {'headwidth': 10, 'headlength': 5, 'width': 4, 'facecolor': 'r', 'shrink': 0.1},
    fontsize=14, color='red', ha='left')       # 增加带箭头的文本注释
plt.show()
```

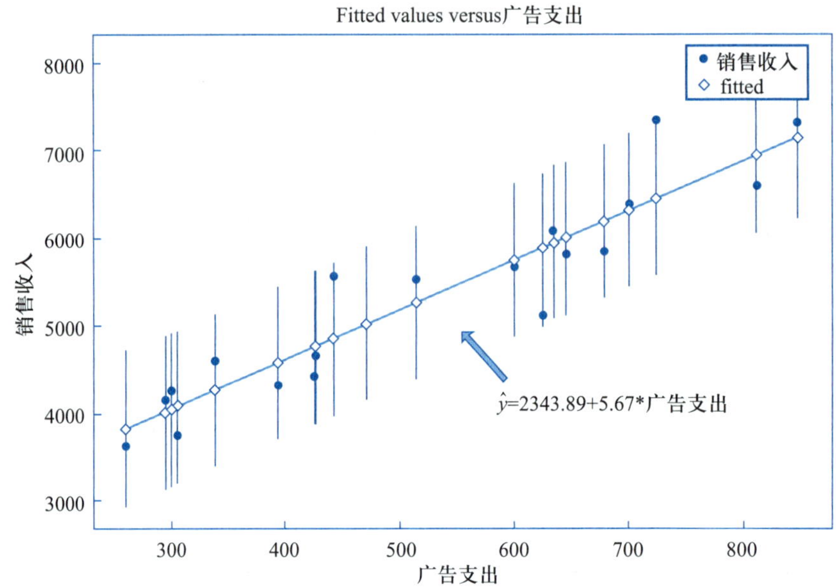

图 9-4 销售收入与广告支出的回归拟合图

代码框 9-3 的结果显示，销售收入与广告支出的估计方程为：

$$\hat{y}=2\,343.891\,6+5.673\,5\times 广告支出$$

将广告支出的各个取值代入上述估计方程，可以得到销售收入的各个估计值$\hat{y}_i$。回归系数$\hat{\beta}_1=5.673\,5$表示，广告支出每变动（增加或减少）1 万元，销售收入平均变动（增加或减少）5.673 5 万元。截距$\hat{\beta}_0=2\,343.891\,6$表示广告支出为 0 时销售收入的均值。不过，在回归分析中，对截距$\hat{\beta}_0$通常不作实际意义上的解释，除非 x 取 0 有实际意义。

代码框 9-3 输出的其他结果将在后面陆续介绍。

9.2.3 模型的拟合优度

根据估计方程$\hat{y}=\hat{\beta}_0+\hat{\beta}_1x_i$，可用自变量 x 的取值来预测因变量 y 的取值。但预测的精度取决于回归模型对观测数据的拟合程度。可以想象，如果各观测点都落在这一直线上，模型就是对数据的完全拟合，此时用 x 来估计 y 是没有误差的。各观测点越是紧密围绕直线，模型对观测数据的拟合程度就越好，反之则越差。回归直线与各观测点的接近程度称为回归模型的**拟合优度**（goodness of fit）。评价拟合优度的一个重要统计量就是**决定系数**（coefficient of determination）。

1. 决定系数

决定系数是对回归模型拟合优度的度量。为理解它的含义，需要考察因变量 y 取值的误差。

因变量 y 的取值是不同的，y 取值的这种波动称为误差。误差的产生来自两个方面：一是由于自变量 x 的取值不同造成的；二是 x 以外的其他随机因素的影响。对一个具体的观测值来说，误差的大小可以用（$y_i-\bar{y}$）来表示，如图 9-5 所示。n 次观测值的总误差可由误差的平方

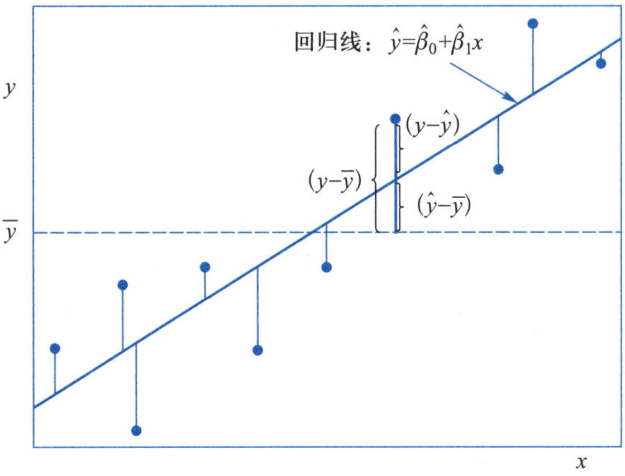

图 9-5 误差分解示意图

和表示，称为**总平方和**（total sum of squares），记为 SST，即$\text{SST}=(y_i-\overline{y})^2$。

图 9-5 显示，每个观测值的误差都可以分解为两部分：$y_i-\overline{y}=(y_i-\hat{y}_i)+(\hat{y}_i-\overline{y})$，两边平方并对所有 n 个点求和，有：

$$\sum(y_i-\overline{y})^2=\sum(y_i-\hat{y}_i)^2+\sum(\hat{y}_i-\overline{y})^2+2\sum(y_i-\hat{y}_i)(\hat{y}_i-\overline{y}) \tag{9.8}$$

可以证明，$\sum(y_i-\hat{y}_i)(\hat{y}_i-\overline{y})=0$，因此有：

$$\sum(y_i-\overline{y})^2=\sum(y_i-\hat{y}_i)^2+\sum(\hat{y}_i-\overline{y})^2 \tag{9.9}$$

式（9.9）的左边为总平方和 SST，它被分解为两部分：其中$\sum(\hat{y}_i-\overline{y})^2$是回归值$\hat{y}_i$与均值$\overline{y}$的误差平方和，它是由 x 的变化引起的 y 的变化，反映了 y 的总误差中由于 x 的变化引起的 y 的变化部分，是可以由回归直线来解释的 y_i 的误差部分，**称为回归平方和**（regression sum of squares），记为 SSR。另一部分$\sum(y_i-\hat{y}_i)^2$是实际观测值与回归值的误差平方和，它是除了 x 对 y 的线性影响之外的其他随机因素对 y 的影响，是不能由回归直线来解释的 y_i 的误差部分，称为**残差平方和**（residual sum of squares），记为 SSE。三个平方和的关系为：

$$\text{总平方和（SST）}=\text{回归平方和（SSR）}+\text{残差平方和（SSE）} \tag{9.10}$$

从图 9-5 可以看出，回归模型拟合得好坏取决于回归平方和 SSR 占总平方和 SST 的比例 SSR/SST 的大小。各观测值越是靠近直线，SSR/SST 越大，模型拟合得越好。回归平方和占总平方和的比例称为决定系数，记为 R^2，其计算公式为：

$$R^2=\frac{\text{SSR}}{\text{SST}}=\frac{\sum(\hat{y}_i-\overline{y})^2}{\sum(y_i-\overline{y})^2} \tag{9.11}$$

R^2 度量了模型的拟合程度。若所有观测点都落在直线上，残差平方和 SSE=0，R^2=1，拟合是完全的；如果 y 的变化与 x 无关，此时$\hat{y}=\overline{y}$，则 R^2=0。可见 R^2 的取值范围是 [0，1]。R^2 越接近于 1，模型的拟合程度就越好；R^2 越接近于 0，模型的拟合程度就越差。

代码框 9-3 显示的决定系数（R-squared）R^2=0.878=87.8%，它表示在销售收入取值的总误差中，有 87.8% 可以由销售收入与广告支出之间的线性关系来解释，可见模型的拟合程度较高。

2. 残差的标准误

残差的标准误（residual standard error）是残差平方和的均方根，用 S_e 表示。计算公式为：

$$S_e=\sqrt{\frac{\sum(y_i-\hat{y}_i)^2}{n-k-1}}=\sqrt{\frac{\text{SSE}}{n-k-1}}=\sqrt{\text{MSE}} \quad (9.12)$$

式中，k 为自变量的个数，在一元线性回归中，$n-k-1=n-2$。

S_e 是度量各观测值在直线周围分散程度的一个统计量，它反映了实际观测值 y_i 与回归估计值 $\hat{y}_i$ 之间的差异程度。S_e 也是对误差项 ε 的标准差 σ 的估计，它可以看作是在排除了 x 对 y 的线性影响后，y 随机波动大小的一个估计量。从实际意义看，S_e 反映了用估计的回归方程预测 y 时产生的预测误差大小。各观测值越靠近直线，S_e 就越小，根据回归方程进行预测也就越准确；若各观测值全部落在直线上，$S_e=0$，此时用 x 预测 y 是没有误差的。

根据代码框 9-3 的方差分析表，计算得到的残差标准误 $S_e=394$，它表示用广告支出来预测销售收入时平均的预测误差为 394 万元。

9.2.4 模型的显著性检验

在建立回归模型之前，已经假定 x 与 y 是线性关系，但这种假定是否成立，需要检验后才能确定。回归分析中的显著性检验主要包括线性关系检验和回归系数检验。

1. 线性关系检验

线性关系检验简称 F 检验，它是检验因变量 y 和自变量 x 之间的线性关系是否显著，或者说，它们之间能否用一个线性模型 $y=\beta_0+\beta_1x+\varepsilon$ 来表示。检验统计量的构造是以回归平方和（SSR）以及残差平方和（SSE）为基础的。将 SSR 除以其相应自由度（SSR 的自由度是自变量的个数 k，一元线性回归中自由度为 1）的结果称为回归**均方**（mean square），记为 MSR；将 SSE 除以其相应自由度（SSE 的自由度为 $n-k-1$，一元线性回归中自由度为 $n-2$）的结果称为残差均方，记为 MSE。如果原假设（$H_0:\beta_1=0$，两个变量之间的线性关系不显著）成立，则比值 MSR/MSE 服从分子自由度为 k、分母自由度为 $n-k-1$ 的 F 分布，即：

$$F=\frac{\text{SSR}/k}{\text{SSE}/(n-k-1)}=\frac{\text{MSR}}{\text{MSE}}\sim F(k,n-k-1) \quad (9.13)$$

如果 H_0 成立，MSR/MSE 的值应接近 1；如果 H_0 不成立，MSR/MSE 的值将变得无穷大。因此，较大的 MSR/MSE 值将导致拒绝 H_0，此时就可以断定 x 与 y 之间的线性关系显著。线性关系检验的具体步骤如下：

第 1 步：提出假设：

$H_0:\beta_1=0$（两个变量之间的线性关系不显著）

$H_1:\beta_1\neq 0$（两个变量之间的线性关系显著）

第 2 步：计算检验统计量 F。

第 3 步：做出决策。求出统计量的 P 值，设定显著性水平 α，若 $P<\alpha$，则拒绝 H_0，表示两个变量之间的线性关系显著。

代码框 9-3 给出的检验统计量（F-statistic）$F=129.8$，$P=1.16\text{e}-09$ 接近于 0，拒绝 H_0，表示销售收入与广告支出之间的线性关系显著。

除了使用 F 检验外，还可以利用残差图来分析线性关系假定，这一问题将在 9.4 节中介绍。

2. 回归系数的检验和推断

回归系数检验简称 t 检验，它用于检验自变量对因变量的影响是否显著。在一元线性回归中，由于只有一个自变量，回归系数检验与线性关系检验是等价的（在多元线性回归中这两种检验不再等价）。其检验假设为：

$H_0:\beta_1=0$（自变量对因变量的影响不显著）

$H_1:\beta_1\neq 0$（自变量对因变量的影响显著）

检验统计量的构造是以回归系数 β_1 的抽样分布为基础的。统计证明，$\hat{\beta}_1$服从正态分布，期望值为$E(\hat{\beta}_1)=\beta_1$，标准误的估计量为：

$$s_{\hat{\beta}_i}=\frac{s_{\mathrm{e}}}{\sqrt{\sum x_i^2-\frac{1}{n}(x_i)^2}} \tag{9.14}$$

将回归系数标准化，即可得到检验 β_1 的统计量 t。在 H_0 成立的条件下，$\hat{\beta}_1-\beta_1=\hat{\beta}_1$，因此检验统计量为：

$$t=\frac{\hat{\beta}_1}{s_{\hat{\beta}_1}}\sim t(n-2) \tag{9.15}$$

确定显著性水平 α，并根据自由度 df=n-2 计算出统计量的 P 值，若 $P<\alpha$，则拒绝 H_0，表示 x 对 y 的影响显著。

代码框 9-3 给出的检验统计量 t=11.391，显著性水平 P=0.000（实际值为 1.16le-09，与 F 检验的 P 值相同），接近于 0，拒绝 H_0，表示广告支出是影响销售收入的一个显著因素。

除对回归系数进行检验外，还可以对其进行区间估计。在 1-α 置信水平下，回归系数 β_1 的置信区间为：

$$\hat{\beta}_1\pm t_{\alpha/2}(n-2)\frac{s_{\mathrm{e}}}{\sqrt{\sum_{i=1}^{n}(x_i-\bar{x})^2}} \tag{9.16}$$

回归模型中常数项 β_0 的置信区间为：

$$\hat{\beta}_0\pm t_{\alpha/2}(n-2)s_{\mathrm{e}}\sqrt{\frac{1}{n}+\frac{\bar{x}}{\sum_{i=1}^{n}(x_i-\bar{x})^2}} \tag{9.17}$$

代码框 9-3 给出的 β_1 的 95% 的置信区间为（4.627，6.720），β_0 的 95% 的置信区间为（1 767.225，2 920.558）。其中 β_1 的置信区间表示广告支出每变动 1 万元，销售收入的平均改变量在 4.627 万～6.720 万元之间。

9.3 利用回归方程进行预测

回归分析的目的之一是根据所建立的回归方程用给定的自变量来预测因变量。如果对于 x 的一个给定值 x_0，求出 y 的一个预测值$\hat{y}_0$，就是点估计。在点估计的基础上，可以求出 y 的一个估计区间。估计区间有两种：均值的置信区间和个别值的预测区间。

9.3.1 均值的置信区间

均值的置信区间是对 x 的一个给定值 x_0 求出的 y 的均值的估计区间。比如，在例 9-3 中，根据销售收入与广告支出的估计回归方程 $\hat{y}=2\,343.891\,6+5.673\,5x$，求出广告支出为 600 万元时销售收入均值的估计区间，这个区间就是因变量的置信区间。

设 $E(y_0)$ 为给定 x_0 时 y 的期望值。当 $x=x_0$ 时，$\hat{y}_0=\hat{\beta}_0+\hat{\beta}_1x_0$ 就是 $E(y_0)$ 的点估计值。根据参数估计原理，y 的均值的置信区间等于点估计值 ± 估计误差，即 $\hat{y}_0 \pm E$。E 是由所要求的置信水平的分位数值和点估计量（$\hat{y}_0$）的标准误构成的。用 $s_{\hat{y}_0}$ 表示 $\hat{y}_0$ 的标准误的估计量，统计证明，求 y 的均值的置信区间时，$s_{\hat{y}_0}$ 的计算公式为：

$$s_{\hat{y}_0}=s_{\mathrm{e}}\sqrt{\frac{1}{n}+\frac{(x_0-\bar{x})^2}{\sum\limits_{i=1}^{n}(x_i-\bar{x})^2}} \tag{9.18}$$

因此，$E(y_0)$ 在 $1-\alpha$ 置信水平下的置信区间为：

$$\hat{y}_0 \pm t_{\alpha/2}s_{\mathrm{e}}\sqrt{\frac{1}{n}+\frac{(x_0-\bar{x})^2}{\sum\limits_{i=1}^{n}(x_i-\bar{x})^2}} \tag{9.19}$$

当 $x_0=\bar{x}$ 时，$\hat{y}_0$ 的标准误的估计量最小，此时有 $s_{\hat{y}_0}=s_{\mathrm{e}}\sqrt{1/n}$。也就是说，当 $x_0=\bar{x}$ 时，估计是最准确的。x_0 偏离 $\bar{x}$ 越远，y 的均值的置信区间就变得越宽，估计的效果也就越不好。

9.3.2 个别值的预测区间

个别值的**预测区间**（prediction interval）是对 x 的一个给定值 x_0 求出 y 的一个个别值的估计区间。比如，在例 9-3 中，如果不是想估计广告支出为 600 万元时销售收入均值的区间，只是想估计广告支出为 600 万元的那家企业（编号为 18）销售收入的区间，这个区间就是个别值的预测区间。

与置信区间类似，y 的个别值的预测区间等于点估计值 ± 估计误差，即 $\hat{y}_0 \pm E$。E 是由所要求的置信水平的分位数值和点估计量（$\hat{y}_0$）的标准误构成的。用 s_{ind} 表示估计 y 的个别值时 $\hat{y}_0$ 的标准差的估计量，统计证明，s_{ind} 的计算公式为：

$$s_{\mathrm{ind}}=s_{\mathrm{e}}\sqrt{1+\frac{1}{n}+\frac{(x_0-\bar{x})^2}{\sum\limits_{i}^{n}(x_i-\bar{x})^2}} \tag{9.20}$$

在 $1-\alpha$ 置信水平下 y 的一个个别值的预测区间为：

$$\hat{y}_0 \pm t_{\alpha/2}s_{\mathrm{e}}\sqrt{1+\frac{1}{n}+\frac{(x_0-\bar{x})^2}{\sum\limits_{i}^{n}(x_i-\bar{x})^2}} \tag{9.21}$$

与式（9.18）相比，式（9.20）的根号内多了数值 1。因此，即使是对同一个 x_0，这两个区间的宽度也不一样，预测区间要比置信区间宽一些。这两个区间的示意图如图 9-6 所示。

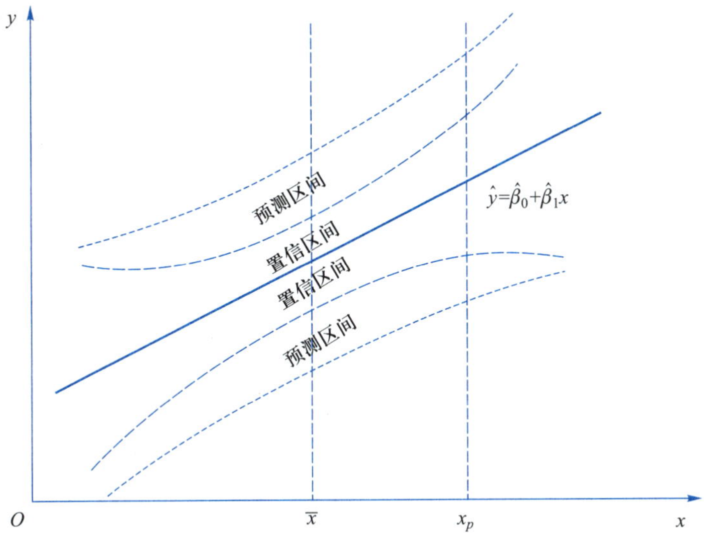

图 9-6 置信区间和预测区间示意图

图 9-6 显示，两个区间的宽度不一样，y 的个别值的预测区间要宽一些。二者的差别显示，估计 y 的均值比预测 y 的一个个别值更准确一些。同样，当$x_0=\bar{x}$时，预测效果是最好的。

【例 9-4】（数据：example9_1.csv）沿用例 9-1。求 20 家企业销售收入 95% 的置信区间和预测区间，以及 x_0=500 时销售收入的点预测值、置信区间和预测区间。

解： 代码和结果如代码框 9-4 所示。

代码框 9-4 计算销售收入的置信区间和预测区间

```
# 计算点预测值、置信区间和预测区间
import pandas as pd
from statsmodels.formula.api import ols
from statsmodels.stats.outliers_influence import summary_table

example9_1 = pd.read_csv('C:/pydata/chap09/example9_1.csv', encoding='gbk')
model = ols("销售收入~广告支出",data=example9_1).fit()

conf_level = 0.95
st, _, _ = summary_table(model, alpha=1-conf_level)
columns = [x +' ' + y for (x, y) in zip(st.data[0], st.data[1])]
df_res = pd.DataFrame()  # 将 SimpleTable 转为 DataFrame
for i in range(len(st.data) - 2):
    df_res= df_res.append(pd.DataFrame(st.data[i+2], index=columns).T)
df_res.reset_index(drop=True, inplace=True)
round(df_res,2)
```

	Obs	Dep Var Population	Predicted Value	Mean ci 95% low	Mean ci 95% upp	Predict ci 95% low	Predict ci 95% upp	Residual
0	1	4597.5	4264.92	3998.35	4531.5	3395.38	5134.47	332.58
1	2	6611	6945.07	6590.49	7299.64	6044.64	7845.49	-334.07
2	3	7349.3	6448.64	6168.06	6729.22	5574.7	7322.58	900.66
3	4	5525.7	5260.05	5074.79	5445.31	4411.9	6108.2	265.65
4	5	4675.9	4763.05	4552.7	4973.41	3909.07	5617.04	-87.15
5	6	4418.6	4762.49	4552.08	4972.89	3908.49	5616.48	-343.89
6	7	5845.4	6196.17	5948.68	6443.66	5332.29	7060.05	-350.77
7	8	7313	7151.01	6763.53	7538.49	6237.13	8064.9	161.99
8	9	5035.4	5015.52	4822.89	5208.15	4165.73	5865.32	19.88
9	10	4322.6	4578.1	4349.55	4806.65	3719.45	5436.75	-255.5
10	11	6389.5	6320.99	6057.64	6584.33	5452.43	7189.54	68.51
11	12	4152.2	4011.89	3709.98	4313.8	3130.87	4892.9	140.31
12	13	5544.8	4854.96	4652.12	5057.81	4002.8	5707.13	689.84
13	14	6095.1	5946.54	5726.9	6166.18	5090.22	6802.86	148.56
14	15	3626.2	3821.83	3491.53	4152.13	2930.68	4712.97	-195.63
15	16	3745.4	4074.3	3781.4	4367.2	3196.33	4952.27	-328.9
16	17	5121.8	5888.1	5674.07	6102.13	5033.2	6743	-766.3
17	18	5674.5	5747.97	5545.68	5950.25	4895.93	6600	-73.47
18	19	4256.6	4043.66	3746.36	4340.96	3164.21	4923.11	212.94
19	20	5803.7	6008.95	5782.9	6234.99	5150.96	6866.93	-205.25

注：输出结果中删除了本章未介绍的一些内容。

```
# 绘制置信区间和预测区间图（图 9-7）
import matplotlib.pyplot as plt
plt.rcParams['font.sans-serif'] = ['SimHei']
plt.rcParams['axes.unicode_minus']=False

df_res['广告支出'] = example9_1['广告支出']
df_plot = df_res.sort_values(by='广告支出')
df_plot.reset_index(drop=True, inplace=True)

plt.figure(figsize=(8, 5))
plt.scatter(df_plot['广告支出'], df_plot['Dep Var Population'])
```

```
p1, = plt.plot(df_plot['广告支出'], df_plot['Predicted Value'])
p2, = plt.plot(df_plot['广告支出'], df_plot['Mean ci 95% low'], 'r:')
p3, = plt.plot(df_plot['广告支出'], df_plot['Mean ci 95% upp'], 'r:')
p4, = plt.plot(df_plot['广告支出'], df_plot['Predict ci 95% low'], 'g--')
p5, = plt.plot(df_plot['广告支出'], df_plot['Predict ci 95% upp'], 'g--')
plt.xlabel('广告支出')
plt.ylabel('销售收入')
plt.legend([p1, p3, p5], ['回归线', '置信区间 ', '预测区间'])
plt.show()
```

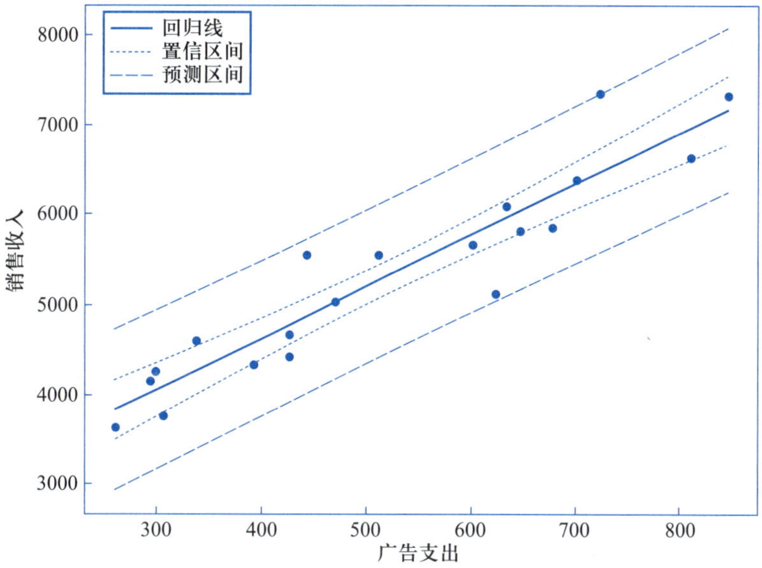

图 9-7　销售收入 95% 的置信区间和预测区间

代码框 9-4 的预测结果中分别给出了样本观测序号（Obs）、销售收入的观测值（Dep Var Population）、点预测值（Predicted Value）、均值 95% 的置信下限（Mean ci95% low）和置信上限（Mean ci95% upp）、个别值的 95% 的预测下限（Predict ci 95% low）和预测上限（Predict ci 95% upp）、预测的残差（Residual）。图 9-7 是销售收入与广告支出的散点图，中间的实线是拟合的回归直线，其两侧的虚线是销售收入均值的 95% 的置信带，最外面的两条虚线是销售收入个别值的 95% 的预测带。

9.4　回归模型的诊断

在回归模型 $y=\beta_0+\beta_1 x+\varepsilon$ 中，首先假定 y 与 x 之间是线性关系，同时假定 ε 是期望值为 0、方差相等且服从正态分布的独立随机变量。判断模型假定是否成立的过程就是回归模型的诊断。模型诊断除了可以使用一些检验方法（如利用 F 检验判断线性关系假定）外，也可以通过**残差分析**（residual analysis）来完成。残差分析的主要手段是绘制**残差图**（residual plot）。

9.4.1 残差与残差图

残差是因变量的观测值 y_i 与根据回归方程求出的估计值$\hat{y}_i$之差，用 e 表示，它反映了用估计的回归方程预测 y_i 而引起的误差。第 i 个观测值的残差可表示为：

$$e_i = y_i - \hat{y}_i \tag{9.22}$$

残差除以它的标准误后的结果称为**标准化残差**（standardized residual），用 z_e 表示。第 i 个观测值的标准化残差可表示为：

$$z_{e_i} = \frac{e_i}{s_e} = \frac{y_i - \hat{y}_i}{s_e} \tag{9.23}$$

式中，s_e 为残差的标准误。

代码框 9-4 中给出了例 9-3 回归残差，下面我们再给出标准化残差，并将销售收入、点预测值、残差一并列出，如代码框 9-5 所示。

代码框 9-5 例 9-3 的残差和标准化残差

```
# 查看例 9-3 的残差和标准化残差
import pandas as pd
import numpy as np
from statsmodels.formula.api import ols

example9_1 = pd.read_csv('C:/pydata/chap09/example9_1.csv', encoding='gbk')
model = ols("销售收入~广告支出",data=example9_1).fit()
df=pd.DataFrame({"企业编号": example9_1['企业编号'],
                 "销售收入": example9_1['销售收入'],
                 "点预测值":model.fittedvalues,
                 "残差": model.resid,
                 "标准化残差": np.array(model.resid_pearson)})
round(df,4)
```

	企业编号	销售收入	点预测值	残差	标准化残差
0	1	4597.5	4264.9246	332.5754	0.8442
1	2	6611	6945.0665	-334.0665	-0.8480
2	3	7349.3	6448.6388	900.6612	2.2862
3	4	5525.7	5260.0493	265.6507	0.6743
4	5	4675.9	4763.0543	-87.1543	-0.2212
5	6	4418.6	4762.4870	-343.8870	-0.8729
6	7	5845.4	6196.1699	-350.7699	-0.8904

续表

	企业编号	销售收入	点预测值	残差	标准化残差
7	8	7313	7151.0130	161.9870	0.4112
8	9	5035.4	5015.5232	19.8768	0.0505
9	10	4322.6	4578.0996	−255.4996	−0.6485
10	11	6389.5	6320.9860	68.5140	0.1739
11	12	4152.2	4011.8884	140.3116	0.3562
12	13	5544.8	4854.9643	689.8357	1.7510
13	14	6095.1	5946.5378	148.5622	0.3771
14	15	3626.2	3821.8275	−195.6275	−0.4966
15	16	3745.4	4074.2964	−328.8964	−0.8349
16	17	5121.8	5888.1011	−766.3011	−1.9451
17	18	5674.5	5747.9667	−73.4667	−0.1865
18	19	4256.6	4043.6598	212.9402	0.5405
19	20	5803.7	6008.9458	−205.2458	−0.5210

检验 ε 的假定是否成立，可以通过残差图分析来完成。残差图的横轴是自变量的值 x_i 或因变量的预测值 $\hat{y}_i$，纵轴是对应的残差 e_i，x_i（或 $\hat{y}_i$）与对应的 e_i 在图中用一个点表示。

为解读残差图，先考察一下残差图的形态及其所反映的信息。图 9-8 显示了几种不同形态的残差图。

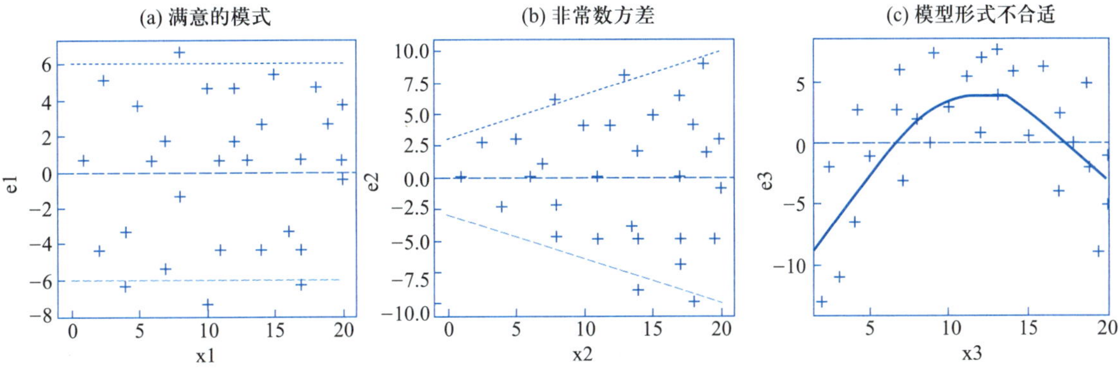

图 9-8 不同形态的残差图

若关于 ε 等方差的假定成立，且描述 y 与 x 之间关系的回归模型是合理的，那么残差图中的所有点都应以均值 0 为中心随机分布在一条水平带中间，如图 9-8（a）所示。但如果对所有的 x 值 ε 的方差是不同的，例如，对于较大的 x 值相应的残差也较大（或对于较大的

x 值相应的残差较小），如图 9-8（b）所示，这就违背了 ε 方差相等的假设，称为**异方差性**（heteroscedasticity）。如果残差图如图 9-8（c）所示，表示所选择的回归模型不合理，这时应考虑非线性回归模型。

9.4.2 检验模型假定

利用残差图可以判断模型的方差齐性假定是否成立。如果满足方差齐性，残差图中的各个点基本上以 0 轴为中心随机分布在一个水平带之内。残差的正态性检验除了使用 S-W 检验和 K-S 检验外，也可以通过绘制残差的正态 Q-Q 图来完成。例 9-3 模型诊断的残差图和残差的正态 Q-Q 图如代码框 9-6 所示。

代码框 9-6 例 9-3 的模型诊断

```
# 图 9-9 的绘制代码
import pandas as pd
import numpy as np
from statsmodels.formula.api import ols
import statsmodels.api as sm
import matplotlib.pyplot as plt
plt.rcParams['font.sans-serif'] = ['SimHei']
plt.rcParams['axes.unicode_minus']=False

example9_1 = pd.read_csv('C:/pydata/chap09/example9_1.csv', encoding='gbk')
model = ols("销售收入~广告支出",data=example9_1).fit()

plt.subplots(1, 2, figsize=(10, 4))
plt.subplot(121)
plt.scatter(model.fittedvalues, model.resid)
plt.xlabel('拟合值')
plt.ylabel('残差')
plt.title('(a) 残差值与拟合值图', fontsize=15)
plt.axhline(0, ls='--')

ax2 = plt.subplot(122)
pplot = sm.ProbPlot(model.resid, fit=True)
pplot.qqplot(line='r', ax=ax2, xlabel='期望正态值', ylabel='标准化的观测值')
ax2.set_title('(b) 正态 Q-Q 图', fontsize=15)

plt.show()
```

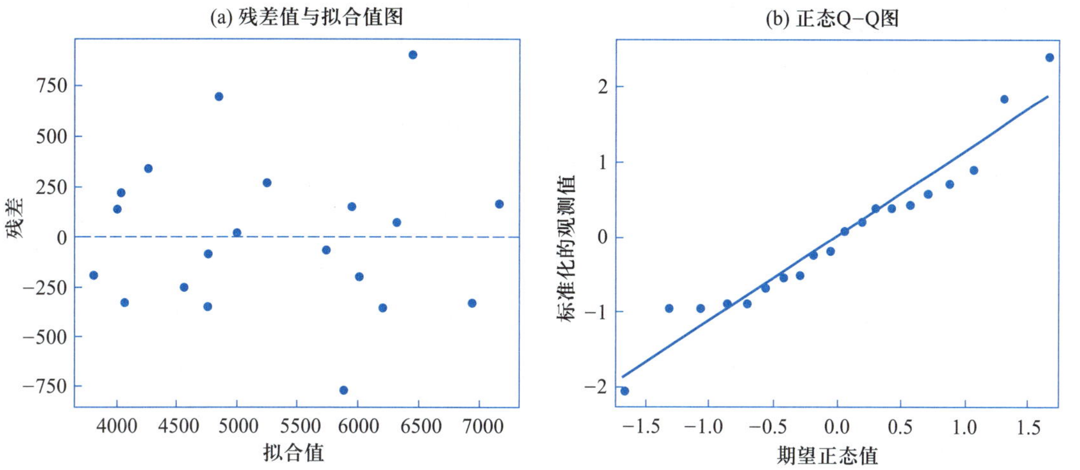

图 9-9　销售收入与广告支出的回归诊断图

图 9-9（a）显示，各个残差点基本上以 0 轴为中心随机分布在一个水平带之内没有任何固定的模式，也没有异方差现象。图 9-9（b）的正态 Q-Q 图显示，各个点基本上在直线周围随机分布，没有固定模式。因此，在销售收入与广告支出的线性模型中，ε 正态性和方差齐性假定基本成立。

判断残差是否独立的有效方法是根据收集自变量和因变量数据时的先验知识。就截面数据的回归来说，利用先验知识就可以判断残差是否独立。但对于时间序列数据，后期的数据往往与前期的数据有一定关系，因而残差会呈现出一定的自相关，此时就需要进行检验。

判断残差之间是否存在自相关的方法之一就是使用 Durbin-Watson 检验，简称 D-W 检验。该检验的原假设为残差无自相关，检验统计量为：

$$d=\frac{\sum_{t=1}^{n}(e_t-e_{t-1})^2}{\sum_{t=1}^{n}e_t^2} \tag{9.24}$$

式中，e_t 为第 t 期残差；e_{t-1} 为第 $t-1$ 期残差；n 为观测值的个数。

代码框 9-3 输出的回归结果中包含 D-W 检验的统计量值（Durbin-Watson: 1.679），使用 statsmodels.stats 中 stattools 子模块的 durbin_watson 函数也可以得到该统计量。检验结果是不拒绝原假设，显示残差无自相关。

习题

9.1　下面是来自 R 软件的非常著名的 anscombe 数据集。

$x1$	$x2$	$x3$	$x4$	$y1$	$y2$	$y3$	$y4$
10	10	10	8	8.04	9.14	7.46	6.58
8	8	8	8	6.95	8.14	6.77	5.76
13	13	13	8	7.58	8.74	12.74	7.71
9	9	9	8	8.81	8.77	7.11	8.84
11	11	11	8	8.33	9.26	7.81	8.47
14	14	14	8	9.96	8.1	8.84	7.04
6	6	6	8	7.24	6.13	6.08	5.25
4	4	4	19	4.26	3.1	5.39	12.5
12	12	12	8	10.84	9.13	8.15	5.56
7	7	7	8	4.82	7.26	6.42	7.91
5	5	5	8	5.68	4.74	5.73	6.89

分别绘制 $x1$ 和 $y1$、$x2$ 和 $y2$、$x3$ 和 $y3$、$x4$ 和 $y4$ 的散点图，并建立一元线性回归模型，从散点图和各回归模型中你会得到哪些启示？

9.2　随机抽取 10 家航空公司，对其最近一年的航班准点率和顾客投诉次数进行调查，所得数据如下：

航空公司编号	航班准点率（%）	投诉次数（次）
1	81.8	21
2	76.6	58
3	76.6	85
4	75.7	68
5	73.8	74
6	72.2	93
7	71.2	72
8	70.8	122
9	91.4	18
10	68.5	125

（1）用航班准点率作自变量，顾客投诉次数作因变量，求出估计的回归方程，并解释回归系数的意义。

（2）检验回归系数的显著性（α=0.05）。

（3）如果航班准点率为 80%，估计顾客的投诉次数。

9.3　随机抽取 7 家超市，得到其广告费支出和销售额数据如下：

超市	广告费支出（万元）	销售额（万元）
A	1	19
B	2	32
C	4	44
D	6	40
E	10	52
F	14	53
G	20	54

用广告费支出作自变量 x，销售额作因变量 y，建立回归模型，并对模型进行诊断和评价。

本章图片

第 10 章　多元线性回归

在许多实际问题中，影响因变量的因素往往有多个，这种一个因变量同多个自变量的回归就是**多元回归**（multiple regression）。当因变量与各自变量之间为线性关系时，称为**多元线性回归**（multiple linear regression）。多元线性回归分析的原理与一元线性回归基本相同，但计算和分析的内容要复杂得多，需要借助统计软件来完成。本章主要介绍多元线性回归，并将重点放在 Python 输出结果的解读及其应用上。

10.1　多元线性回归模型及其参数估计

多元线性回归建模的思路大致如下：

第 1 步：确定所关注的因变量 y 和影响因变量的 k 个自变量。

第 2 步：假定因变量 y 与 k 个自变量之间为线性关系，并建立线性关系模型。

第 3 步：对模型进行估计和检验。

第 4 步：判别模型中是否存在多重共线性，如果存在，进行处理。

第 5 步：利用回归方程进行预测。

第 6 步：对回归模型进行诊断。

10.1.1　回归模型与回归方程

设因变量为 y，k 个自变量分别为 x_1，x_2，$\cdots$，x_k，描述因变量 y 依赖于自变量 x_1，x_2，$\cdots$，x_k 和误差项 ε 的方程称为**多元线性回归模型**（multiple linear regression model）。其一般形式可表示为：

$$y=\beta_0+\beta_1x_1+\beta_2x_2+\cdots+\beta_kx_k+\varepsilon \tag{10.1}$$

式中，β_0，β_1，β_2，$\cdots$，β_k 为模型的参数；ε 为误差项。

式（10.1）表示，y 是 x_1，x_2，$\cdots$，x_k 的线性函数（$\beta_0+\beta_1x_1+\beta_2x_2+\cdots+\beta_kx_k$ 部分）加上误差项 ε。误差项反映了除 x_1，x_2，$\cdots$，x_k 对 y 的线性关系之外的随机因素对 y 的影响，是不能由 x_1，x_2，$\cdots$，x_k 与 y 之间的线性关系所解释的 y 的误差。

在多元线性回归模型中，对误差项 ε 同样有 3 个基本假定：

（1）正态性。ε 是一个服从正态分布的随机变量，且期望值为 0，即 $E(\varepsilon)=0$。这意味着对于给定的 x_1，x_2，$\cdots$，x_k 的值，y 的期望值为 $E(y)=\beta_0+\beta_1x_1+\beta_2x_2+\cdots+\beta_kx_k$。

（2）方差齐性。对于自变量 x_1，x_2，$\cdots$，x_k 的所有值，ε 的方差 σ^2 都相同。

（3）独立性。对于自变量 x_1，x_2，$\cdots$，x_k 的一组给定值，它所对应的 ε 与 x_1，x_2，$\cdots$，x_k 的任意一组其他值所对应的 ε 不相关。同样，对于给定的 x_1，x_2，$\cdots$，x_k 的值，因变量 y 是一

个服从正态分布的随机变量。

依据回归模型的假定，有：

$$E(y)=\beta_0+\beta_1x_1+\beta_2x_2+\cdots+\beta_kx_k \tag{10.2}$$

式（10.2）称为**多元线性回归方程**（multiple linear regression equation），它描述了因变量 y 的期望值与自变量 x_1，x_2，⋯，x_k 之间的关系。

回归模型中的参数 β_0，β_1，β_2，⋯，β_k 是未知的，需要利用样本数据去估计。当用样本估计量 $\hat{\beta}_0,\hat{\beta}_1,\hat{\beta}_2,\cdots,\hat{\beta}_k$ 去估计模型中的参数 β_0，β_1，β_2，⋯，β_k 时，就得到了**估计的多元线性回归方程**（estimated multiple linear regression equation），其一般形式为：

$$\hat{y}=\hat{\beta}_0+\hat{\beta}_1x_1+\hat{\beta}_2x_2+\cdots+\hat{\beta}_kx_k \tag{10.3}$$

式中，$\hat{\beta}_0,\hat{\beta}_1,\hat{\beta}_2,\cdots,\hat{\beta}_k$ 为参数 β_0，β_1，β_2，⋯，β_k 的估计量；$\hat{y}$ 为因变量 y 的估计量。其中的 $\hat{\beta}_1,\hat{\beta}_2,\cdots,\hat{\beta}_k$ 为偏回归系数。$\hat{\beta}_1$ 表示当 x_2，x_3，⋯，x_k 不变时，x_1 每改变一个单位因变量 y 的平均改变量；$\hat{\beta}_2$ 表示当 x_1，x_3，⋯，x_k 不变时，x_2 每改变一个单位因变量 y 的平均改变量，其余偏回归系数的含义类似。

10.1.2　参数的最小二乘估计

多元线性回归模型中的参数 β_0，β_1，β_2，⋯，β_k 仍然用最小二乘法来估计。也就是使残差平方和最小，即：

$$Q=\sum(y_i-\hat{y}_i)^2=\sum(y_i-\hat{\beta}_0-\hat{\beta}_1x_1-\cdots-\hat{\beta}_kx_k)^2 \tag{10.4}$$

式（10.4）有最小值。

由此得到求解 $\hat{\beta}_0,\hat{\beta}_1,\hat{\beta}_2,\cdots,\hat{\beta}_k$ 的标准方程组为：

$$\begin{cases}\left.\dfrac{\partial Q}{\partial \beta_0}\right|_{\beta_0=\hat{\beta}_0}=0\\[2ex]\left.\dfrac{\partial Q}{\partial \beta_i}\right|_{\beta_i=\hat{\beta}_i}=0，\quad i=1,2,\cdots,k\end{cases} \tag{10.5}$$

【例 10-1】（数据：example10_1.csv）餐馆的营业额受多种因素影响，比如客流量、价格、交通便捷程度、服务水平、同业竞争者的数量等。为分析营业额的影响因素，一家市场调查公司在某城市随机抽取 25 家餐馆，调查得到的有关数据如表 10-1 所示。建立多元线性回归模型，并解释各回归系数的含义。

表 10-1　25 家餐馆的调查数据

餐馆编号	y	x_1	x_2	x_3	x_4	x_5
1	53.2	163.0	168.6	6 004	5	6.5
2	18.5	14.5	22.5	2 090	11	16.0
3	11.3	88.2	109.4	1 919	10	18.2
4	84.7	151.6	277.0	7 287	7	10.0

续表

餐馆编号	y	x_1	x_2	x_3	x_4	x_5
5	7.3	79.1	17.4	5 311	15	17.5
6	17.9	60.4	93.0	6 109	8	3.6
7	2.5	53.2	21.5	4 057	17	18.5
8	27.3	108.5	114.5	4 161	3	4.0
9	5.9	48.7	61.3	2 166	10	11.6
10	23.9	142.8	129.8	11 125	9	14.2
11	69.4	214.7	159.4	13 937	2	2.5
12	20.6	65.6	91.0	4 000	18	12.0
13	1.9	13.2	6.1	2 841	14	12.8
14	3.0	60.9	60.3	1 273	26	7.8
15	7.3	21.2	51.1	2 404	34	2.7
16	46.2	114.3	73.6	6 109	12	3.2
17	78.8	299.5	171.7	15 571	4	7.6
18	11.1	78.9	38.8	4 228	11	11.0
19	8.6	90.0	105.3	3 772	15	28.4
20	48.9	160.3	161.5	6 451	5	6.2
21	22.1	84.0	122.6	3 275	9	10.8
22	11.1	78.9	38.8	4 228	10	33.7
23	8.6	90.0	105.3	3 772	14	16.5
24	48.9	160.3	161.5	6 451	6	9.3
25	22.1	84.0	122.6	3 275	10	11.6

在表 10-1 中：y 为日均营业额（万元）；x_1 为周边居民人数（万人）；x_2 为用餐平均支出（元 / 人）；x_3 为周边居民月平均收入（元）；x_4 为周边餐馆数（个）；x_5 为距市中心距离（km）。

解：多元线性回归的代码和结果如代码框 10-1 所示。

代码框 10-1　多元线性回归分析

```
# 回归模型的拟合
from statsmodels.formula.api import ols
import pandas as pd

example10_1 = pd.read_csv('C:/pydata/chap10/example10_1.csv', encod-
ing='gbk')
model = ols("y~x1+x2+x3+x4+x5",data=example10_1).fit()
print(model.summary())
```

```
                            OLS Regression Results
==============================================================================
Dep. Variable:                      y   R-squared:                       0.852
Model:                            OLS   Adj. R-squared:                  0.813
Method:                 Least Squares   F-statistic:                     21.84
Date:                Mon, 22 Feb 2021   Prob (F-statistic):           2.84e-07
Time:                        19:17:51   Log-Likelihood:                -91.170
No. Observations:                  25   AIC:                             194.3
Df Residuals:                      19   BIC:                             201.7
Df Model:                           5
Covariance Type:            nonrobust
==============================================================================
                 coef    std err          t      P>|t|      [0.025      0.975]
------------------------------------------------------------------------------
Intercept      4.2605     10.468      0.407      0.689     -17.649      26.170
x1             0.1273      0.096      1.327      0.200      -0.074       0.328
x2             0.1606      0.056      2.884      0.010       0.044       0.277
x3             0.0008      0.001      0.563      0.580      -0.002       0.004
x4            -0.3332      0.399     -0.836      0.414      -1.168       0.501
x5            -0.5746      0.309     -1.861      0.078      -1.221       0.072
==============================================================================
Omnibus:                        2.669   Durbin-Watson:                   2.321
Prob(Omnibus):                  0.263   Jarque-Bera (JB):                1.731
Skew:                           0.643   Prob(JB):                        0.421
Kurtosis:                       3.071   Cond. No.                     3.10e+04
==============================================================================

Notes:
[1] Standard Errors assume that the covariance matrix of the errors is
correctly specified.
[2] The condition number is large, 3.1e+04. This might indicate that there
are strong multicollinearity or other numerical problems.
```

```
# 输出方差分析表
from statsmodels.stats.anova import anova_lm
anova_lm(model, typ=1)
```

	df	sum_sq	mean_sq	F	PR（>F）
x1	1.0	10508.907564	10508.907564	92.738890	9.624821e-09
x2	1.0	1347.093656	1347.093656	11.887817	2.695895e-03
x3	1.0	85.431729	85.431729	0.753917	3.960742e-01
x4	1.0	40.485178	40.485178	0.357273	5.570824e-01
x5	1.0	392.537457	392.537457	3.464060	7.826181e-02
Residual	19.0	2153.026017	113.317159	NaN	NaN

根据代码框 10-1 的输出结果，得到估计的多元线性回归方程为：

$$\hat{y}=4.2605+0.1273x_1+0.1606x_2+0.0008x_3-0.3332x_4-0.5746x_5$$

各回归系数的实际意义为：

$\hat{\beta}_1=0.1273$，表示在用餐平均支出、周边居民月平均收入、周边餐馆数和距市中心距离不变的条件下，周边居民人数每变动 1 万人，日均营业额平均变动 0.127 3 万元。

$\hat{\beta}_2=0.1606$，表示在周边居民人数、周边居民月平均收入、周边餐馆数和距市中心距离不变的条件下，用餐平均支出每变动 1 元，日均营业额平均变动 0.160 6 万元。

$\hat{\beta}_3=0.0008$，表示在周边居民人数、用餐平均支出、周边餐馆数和距市中心距离不变的条件下，周边居民月平均收入每变动 1 元，日均营业额平均变动 0.000 8 万元。

$\hat{\beta}_4=-0.3332$，表示在周边居民人数、用餐平均支出、周边居民月平均收入和距市中心距离不变的条件下，周边餐馆数每变动 1 个，日均营业额平均变动 -0.333 2 万元。

$\hat{\beta}_5=-0.5746$，表示在周边居民人数、用餐平均支出、周边居民月平均收入和周边餐馆数不变的条件下，距市中心距离每变动 1 km，日均营业额平均变动 -0.574 6 万元。

代码框 10-1 还列出了各回归系数的置信区间[①]。比如，β_1 的 95% 的置信区间为（-0.074，0.328），其含义是：在用餐平均支出、周边居民月平均收入、周边餐馆数和距市中心距离不变的条件下，周边居民人数每变动 1 万人，日均营业额的平均变动在 -0.074 万元到 0.328 万元之间。其他几个回归系数置信区间的含义类似。

10.2 拟合优度和显著性检验

10.2.1 模型的拟合优度

多元线性回归模型的拟合优度可以用多重决定系数来评估。

1. 多重决定系数

在多元线性回归中，因变量的总误差平方和$SST=\sum(y_i-\bar{y})^2$同样被分解成两部分：回归平方和$SSR=\sum(\hat{y}_i-\bar{y})^2$与残差平方和$SSE=\sum(y_i-\hat{y}_i)^2$，显然有：SST=SSR+SSE。**多重决定系数**（multiple coefficient of determination）是多元线性回归中回归平方和占总平方和的比例，计算

① 回归系数 β_i 在（1-α）置信水平下的置信区间为：$\hat{\beta}_i \pm t_{\alpha/2}(n-k-1)s_{\hat{\beta}_i}$。

公式为：

$$R^2=\frac{\text{SSR}}{\text{SST}} \tag{10.6}$$

R^2 度量了多元线性回归模型的拟合优度，它表示在因变量 y 的总误差中被多个自变量共同解释的比例。

在多元线性回归中，自变量个数的增加将影响因变量中被估计回归方程解释的误差数量。当增加自变量时，会使预测误差变小，从而减少残差平方和 SSE。当 SSE 变小时，SSR 就会变大，从而使 R^2 变大。如果模型中增加一个自变量，即使这个自变量在统计上并不显著，R^2 也会变大。因此，为避免增加自变量而高估 R^2，统计学家使用样本量 n 和自变量的个数 k 去调整 R^2，计算出**调整的多重决定系数**（adjusted multiple coefficient of determination），记为 R_a^2，其计算公式为：

$$R_a^2=1-(1-R^2)\times\frac{n-1}{n-k-1} \tag{10.7}$$

R_a^2 的解释与 R^2 类似，不同的是 R_a^2 同时考虑了样本量（n）和模型中自变量的个数（k）的影响，这就使得 R_a^2 的值始终小于 R^2，而且 R_a^2 的值不会随模型中自变量个数的增加而越来越接近 1。因此，在多元线性回归分析中，通常用调整的多重决定系数来评估回归模型的拟合优度。

R^2 的平方根称为多重相关系数，也称为复相关系数，它度量了因变量同 k 个自变量的整体相关程度。

根据代码框 10-1 的输出结果，多重决定系数（R-squared）R^2=0.852=85.2%，调整的多重决定系数（Adj. R-squared）R_a^2=0.813=81.3%，其意义与 R^2 相同，它表示在用样本量对模型中自变量的个数进行调整后，在日均营业额取值的总误差中，被周边居民人数、用餐平均支出、周边居民月平均收入、周边餐馆数和距市中心距离这 5 个自变量解释的比例为 81.3%，显示模型的拟合程度较高。

2. 估计标准误

多元线性回归中的估计标准误是其残差平方和的平方根，即残差的标准差，它是多元回归模型中误差项 ε 方差 σ^2 的一个估计量。计算公式为：

$$s_{\mathrm{e}}=\sqrt{\frac{\sum(y_i-\hat{y}_i)^2}{n-k-1}}=\sqrt{\frac{\text{SSE}}{n-k-1}} \tag{10.8}$$

式中，k 为自变量的个数。

s_{e} 是预测误差的标准差的估计量，其含义可解释为：根据自变量 x_1，x_2，…，x_k 来预测因变量 y 时的平均预测误差。

代码框 10-1 的输出结果中未包含估计标准误差的值，根据方差分析表可得估计标准误 s_{e}=10.65。其含义是：根据所建立的多元线性回归方程，用周边居民人数、用餐平均支出、周边居民月平均收入、周边餐馆数和距市中心距离这 5 个自变量预测日均营业额时，平均的预测误差为 10.65 万元。

10.2.2 模型的显著性检验

在一元线性回归中，由于只有一个自变量，F 检验（线性关系检验）与 t 检验（回归系数检验）是等价的。在多元回归中，这两种检验不再等价。F 检验主要是检验因变量同多个自变量的整体线性关系是否显著。在 k 个自变量中，只要有一个自变量同因变量的线性关系显著，F 检验就显著，但这不一定意味着每个自变量同因变量的关系都显著。t 检验则是对每个回归系数分别进行检验，以判断每个自变量对因变量的影响是否显著。

1. 线性关系检验

线性关系检验是检验因变量 y 与 k 个自变量之间的关系是否显著，也称为整体显著性检验。检验的具体步骤为：

第 1 步：提出假设：

$H_0:\beta_1=\beta_2=\cdots=\beta_k=0$

$H_1:\beta_1$，β_2，$\cdots$，β_k 至少有一个不等于 0

第 2 步：计算检验统计量 F：

$$F=\frac{\mathrm{SSR}/k}{\mathrm{SSE}/(n-k-1)}\sim F(k,n-k-1) \tag{10.9}$$

第 3 步：做出决策。给定显著性水平 α，根据分子自由度 k，分母自由度（n-k-1）计算出统计量的 P 值。若 $P<\alpha$，拒绝 H_0，表示 y 与 k 个自变量之间的线性关系显著。

2. 回归系数检验

要判断每个自变量对因变量的影响是否都显著，需要对各回归系数 β_i（i=1，2，⋯，k）分别进行 t 检验，具体步骤如下：

第 1 步：提出假设。对于任意参数 β_i（i=1，2，⋯，k），有：

$$H_0:\beta_i=0;\ H_1:\beta_i\neq 0$$

第 2 步：计算检验统计量 t：

$$t_i=\frac{\hat{\beta}_i}{s_{\hat{\beta}_i}}\sim t(n-k-1) \tag{10.10}$$

式中，$s_{\hat{\beta}_i}$ 为回归系数 $\hat{\beta}_i$ 的抽样分布的标准差。

第 3 步：做出决策。给定显著性水平 α，根据自由度（n-k-1）计算出统计量的 P 值。若 $P<\alpha$，则拒绝 H_0，表示回归系数 β_i 显著。

【例 10-2】（数据：example10_1.csv）沿用例 10-1。对回归模型的线性关系和回归系数分别进行显著性检验（α=0.05）。

解： 检验线性关系提出的假设如下：

$H_0:\beta_1=\beta_2=\beta_3=\beta_4=\beta_5=0$

$H_1:\beta_1$，β_2，β_3，β_4，β_5 至少有一个不等于 0

根据代码框 10-1 输出的结果，F=21.84，显著性水平 P=2.84e-07 接近于 0，拒绝 H_0，表示日均营业额与周边居民人数、用餐平均支出、周边居民月平均收入、周边餐馆数和距市中心距离之间的线性关系显著。

检验回归系数提出的假设如下。对于任意参数 β_i（i=1，2，3，4，5）：

$$H_0: \beta_i=0;\ H_1: \beta_i \neq 0$$

根据代码框 10-1 输出的结果，t_1=1.327，t_2=2.884，t_3=0.563，t_4=-0.836，t_5=-1.861，相应的显著性水平 P 分别为 0.200、0.010、0.580、0.414、0.078。只有 β_2 所对应的显著性水平小于 0.05，其余 4 个系数所对应的显著性水平均大于 0.05。这表示在影响日均营业额的 5 个自变量中，只有用餐平均支出的影响是显著的，其余 4 个自变量均不显著。

当然，得出上述结论还需要有其他证据，因为这 4 个变量没有通过检验，也可能是由于其他原因造成的。比如，当 5 个自变量之间高度相关时，就有可能导致某一个或几个回归系数通不过检验，但这并不一定意味着没通过检验的那些自变量对因变量的影响就不显著。实际上，单独做每个自变量与日均营业额的一元线性回归，各回归系数检验的显著性水平（P 值）均接近 0，结果都是显著的（请读者自己去验证）。自变量之间相关造成的这种问题，在统计上称为多重共线性。这一问题将在 10.3 节讨论。

10.2.3 模型诊断

与一元回归类似，仍然可以用残差图来诊断模型的各项假定。绘制残差图的代码和结果如代码框 10-2 所示。

代码框 10-2 绘制残差图诊断模型

```
# 绘制残差图诊断模型（图 10-1)
import pandas as pd
import numpy as np
from statsmodels.formula.api import ols
import statsmodels.api as sm
import matplotlib.pyplot as plt
plt.rcParams['font.sans-serif'] = ['SimHei']
plt.rcParams['axes.unicode_minus']=False

example10_1 = pd.read_csv('C:/pydata/chap10/example10_1.csv', encoding='gbk')
model = ols("y~x1+x2+x3+x4+x5",data=example10_1).fit()
x = model.fittedvalues; y = model.resid

plt.subplots(1, 2, figsize=(10, 4))
plt.subplot(121)
plt.scatter(model.fittedvalues, model.resid)
plt.xlabel('拟合值')
plt.ylabel('残差')
plt.title('(a) 残差值与拟合值图', fontsize=15)
plt.axhline(0, ls='--')
```

```
ax2 = plt.subplot(122)
pplot = sm.ProbPlot(model.resid, fit=True)
pplot.qqplot(line='r', ax=ax2, xlabel='期望正态值', ylabel='标准化的观测值')
ax2.set_title('(b) 正态 Q-Q 图', fontsize=15)
plt.show()
```

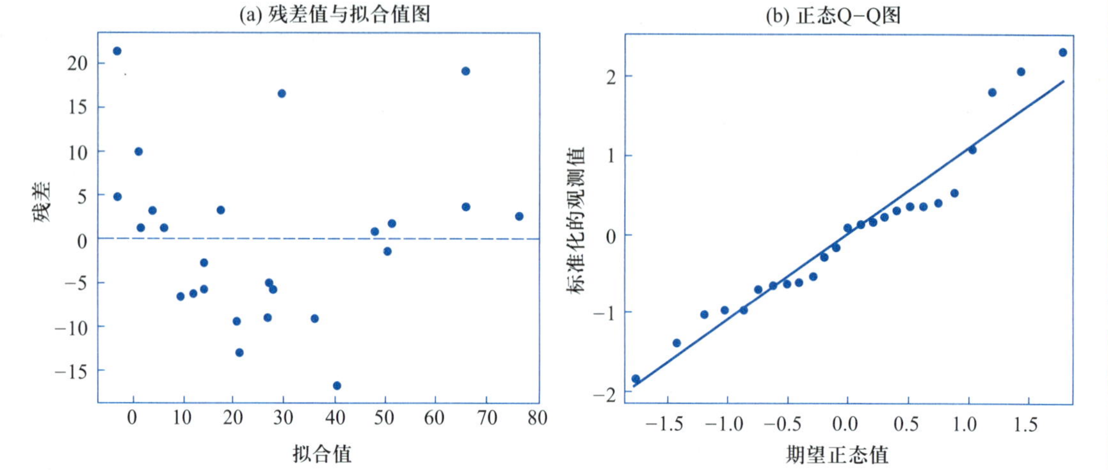

图 10-1 回归模型的诊断图

图 10-1（a）显示，残差的分布似乎不是很随机，但是否需要尝试建立非线性模型还需要做进一步的分析。图 10-1（b）显示残差基本上满足正态性假定，读者可以对残差进行正态性检验以获得更多的证据。

10.3 多重共线性及其处理

当回归模型中使用两个或两个以上自变量时，这些自变量往往会提供多余的信息。也就是说，这些自变量之间彼此相关。比如，在例 10-1 所建立的回归模型中使用了 5 个自变量，虽然它们对预测日均营业额都有作用，但由于这 5 个自变量之间可能存在相关关系，在预测中所提供的信息就是重复的。当回归模型中两个或两个以上的自变量彼此相关时，称回归模型中存在**多重共线性**（multicollinearity）。

10.3.1 多重共线性及其识别

在有些问题中，所使用的自变量之间存在相关关系是很平常的事，但是在回归分析中存在多重共线性将会产生一些问题。

1. 多重共线性所产生的问题

多重共线性会给回归分析带来以下问题。

首先，变量之间高度相关时，可能会造成回归结果的混乱，甚至会把分析引入歧途。比如，在例 10-1 的回归中，F 检验显示日均营业额与 5 个自变量之间的线性关系显著，而 t 检

验显示只有 β_2 显著，其他 4 个回归系数均不显著。这种检验结果看起来矛盾，但实际上并不然。因为 F 检验显示线性关系显著，只是说日均营业额至少同 5 个自变量中的一个线性关系显著，并非意味着同每个自变量的线性关系都显著。事实上，5 个自变量在预测日均营业额时可能都有贡献（读者可就 5 个自变量分别进行一元线性回归进行验证），只不过一些自变量的贡献与另一些自变量的贡献相互重叠了。代码框 10-1 的输出结果下方也给出了注释："条件数大（为 3.1e+04），这可能表明有强多重共线性或其他数值问题。"

其次，多重共线性可能对参数估计值的正负号产生影响，特别是 β_i 的正负号有可能同预期的正负号相反，甚至会导致对回归系数的错误估计。因此，当存在多重共线性时，对回归系数的解释要慎重。

2. 多重共线性的识别和处理

识别多重共线性的方法有多种，有些已超出本书的范围，这里只介绍几种简单的识别方法。

（1）对模型中各对自变量之间的相关系数进行检验。如果有一个或多个相关系数是显著的，就表示模型中所使用的自变量之间显著相关，因而可能存在多重共线性。例如，根据例 10-1 的数据，计算各自变量之间的相关系数并做检验，代码和结果如代码框 10-3 所示。

代码框 10-3 自变量之间的相关系数及其检验

```
# 计算相关系数矩阵
import pandas as pd

example10_1 = pd.read_csv('C:/pydata/chap10/example10_1.csv', encod-
ing='gbk')
corr = example10_1.iloc[:,2:].corr()
corr
```

	x1	x2	x3	x4	x5
x1	1.000000	0.738110	0.883217	−0.623146	−0.277501
x2	0.738110	1.000000	0.553441	−0.538228	−0.323101
x3	0.883217	0.553441	1.000000	−0.522543	−0.290963
x4	−0.623146	−0.538228	−0.522543	1.000000	0.095279
x5	−0.277501	−0.323101	−0.290963	0.095279	1.000000

```
# 相关系数的显著性检验
from scipy.stats import pearsonr

col = ['x1', 'x2', 'x3', 'x4', 'x5']
```

```
df_pvalue = pd.DataFrame(index=col, columns=col)
for i in range(2, 7):
   for j in range(2, 7):
     cor, p_value = pearsonr(example10_1.iloc[:,i], example10_1.iloc[:,j])
     df_pvalue.iloc[i-2, j-2] = p_value
df_pvalue
```

	x1	x2	x3	x4	x5
x1	0	2.53486e-05	5.03191e-09	0.000876306	0.179264
x2	2.53486e-05	0	0.00410658	0.00551311	0.115166
x3	5.03191e-09	0.00410658	0	0.00736697	0.15822
x4	0.000876306	0.00551311	0.00736697	0	0.65052
x5	0.179264	0.115166	0.15822	0.65052	0

代码框 10-3 中的 P 值显示，这 5 个自变量中，只有 x_5（距市中心距离）与其他 4 个自变量之间的关系不显著，其他 4 个自变量两两之间均显著相关。因此，例 10-1 所建立的多元线性回归模型中可能存在多重共线性。

（2）考察各回归系数的显著性。当模型的 F 检验显著时，多个回归系数的 t 检验却不显著，表示模型中可能存在多重共线性。本例的回归结果就出现了这种情形。

（3）分析回归系数的正负号。如果回归系数的正负号与预期的相反，表示模型中可能存在多重共线性。本例中未出现这种情形。

（4）用**容忍度**（tolerance）和**方差扩大因子**（variance inflation factor，VIF）来识别共线性。

某个自变量的容忍度等于 1 减去该自变量为因变量而其余 $k-1$ 个自变量为预测变量时所得到的线性回归模型的判定系数，即 $1-R_i^2$。容忍度越小，多重共线性越严重。通常认为容忍度小于 0.1 时，存在严重的多重共线性。

方差扩大因子等于容忍度的倒数，即

$$\mathrm{VIF}=\frac{1}{1-R_i^2} \tag{10.11}$$

显然，VIF 的最小值是 1，值越大表示多重共线性就越严重。一般来说，VIF≥10 则认为存在严重的多重共线性；5≤VIF<10 则认为共线性属于可容忍水平，此时，可根据实际需要决定是否对共线性进行处理；VIF<5 则认为共线性属于理想水平，表示共线性很轻微，可以忽略。例如，从代码框 10-4 的回归结果看，容忍度均大于 0.1，VIF 均小于 10，这说明本例建立的回归模型共线性并不严重。虽然周边居民月平均收入的 VIF 大于 5，但共线性也处于可容忍水平。计算容忍度和 VIF 的代码和结果如代码框 10-4 所示。

代码框 10-4 计算容忍度和 VIF

```
import pandas as pd
from statsmodels.formula.api import ols

def vif(df_exog, exog_name):
    exog_use = list(df_exog.columns)
    exog_use.remove(exog_name)
     model = ols(f"{exog_name}~{'+'.join(list(exog_use))}", data=df_exog).
fit()
    rsq = model.rsquared
    return 1. / (1. - rsq)


example10_1 = pd.read_csv('C:/pydata/chap10/example10_1.csv', encod-
ing='gbk')
df_vif = pd.DataFrame()
for x in ['x1', 'x2', 'x3', 'x4', 'x5']:
    vif_i = vif(example10_1.iloc[:, 2:], x)
    df_vif.loc['VIF', x] = vif_i

df_vif.loc["tolerance"] = 1 / df_vif.loc['VIF']
df_vif
```

	x1	x2	x3	x4	x5
VIF	8.233159	2.629940	5.184365	1.702361	1.174053
tolerance	0.121460	0.380237	0.192888	0.587420	0.851750

如果模型中存在严重多重共线性，就应采取某种解决措施[①]。比如，可以将一个或多个相关的自变量从模型中剔除，使保留的自变量尽可能不相关。如果共线性不严重，从预测的效果来看，可以在模型中保留所有的自变量，但应避免对单个参数 β_i 进行 t 检验，并将对因变量 y 的推断限定在自变量样本值的范围内。

10.3.2 变量选择与逐步回归

建立多元线性回归模型时，不要试图引入更多的自变量，除非确实有必要。如果在建立模型之前就有选择地确定进入模型的自变量，也可以避免多重共线性问题。变量选择的方法主要有**向前选择**（forward selection）、**向后剔除**（backward elimination）、**逐步回归**（stepwise

① 处理多重共线性问题有很多办法，感兴趣的读者可参考回归方面的书籍。

regression）等。

1. 向前选择

向前选择是从模型中没有自变量开始，按下列步骤选择自变量来拟合模型。

首先，分别拟合因变量 y 对 k 个自变量（x_1，x_2，…，x_k）的一元线性回归模型，共有 k 个，然后找出 F 统计量的值最大的（或 P 值最小的）模型及其自变量 x_i，并将该自变量首先引入模型（如果所有模型均无统计上的显著性，则运算过程终止，没有模型被拟合）。

其次，在模型已经引入 x_i 的基础上，再分别拟合引入模型外的 k-1 个自变量（x_1，…，x_{i-1}，x_{i+1}，…，x_k）的回归模型，即自变量组合为 x_i+x_1，…，x_i+x_{i-1}，x_i+x_{i+1}，…，x_i+x_k 的 k-1 个回归模型。然后分别考察这 k-1 个模型，挑选出 F 统计量的值最大的（或 P 值最小的）含有两个自变量的模型，并将使 F 值最大的（或 P 值最小的）那个自变量 x_j 引入模型。如果除 x_i 之外的 k-1 个自变量中没有一个是统计上显著的，则运算过程终止。如此反复进行，直至模型外的自变量均无统计显著性为止。

向前选择法的特点是：只要某个自变量被增加到模型中，这个变量就一定会保留在模型中。

2. 向后剔除

与向前选择法相反，向后剔除的基本过程如下：

首先，拟合因变量对所有 k 个自变量的回归模型。然后考察 p（$p<k$）个去掉一个自变量的模型（这些模型中的每一个都有 k-1 个自变量），使模型的 SSE 值减小最少的自变量（F 统计量的值最小或其 P 值最大）被挑选出来并从模型中剔除。

其次，考察 p-1 个去掉一个自变量的模型（这些模型中的每一个都有 k-2 个自变量），使模型的 SSE 值减小最少的自变量被挑选出来并从模型中剔除。如此反复进行，直至剔除一个自变量不会使 SSE 显著减小为止。这时，模型中所剩的自变量都是显著的。

向后剔除法的特点是：只要某个自变量被从模型中剔除，这个变量就不会再进入模型中。

3. 逐步回归

逐步回归是避免多重共线性的另一种有效方法[①]，它将上述两种方法结合起来筛选自变量。前两步与向前选择法相同。不过在新增加一个自变量后，它会对模型中所有的变量重新进行考察，看看有没有可能剔除某个自变量。如果在新增加一个自变量后，前面增加的某个自变量对模型的贡献变得不显著，这个变量就会被剔除。按此方法不停地增加变量并考虑剔除之前增加的变量的可能性，直至增加变量已经不能导致 SSE 显著减少（这个过程可通过 F 检验来完成）。

逐步回归法的特点是：在前面步骤中增加的自变量在后面的步骤中有可能被剔除，而在前面步骤中剔除的自变量在后面的步骤中也可能重新进入到模型中。

利用逐步回归选择自变量的标准不同，得到的最终模型也就不同。R 中的逐步回归以**赤池信息准则**（Akaike's Information Criterion，AIC）为选择标准，选择使 AIC 最小的变量建立模

① 除了逐步回归外，岭回归（ridge regression）是一种专门用于多重共线性数据分析的回归方法。它实际上是一种改良的最小二乘法，通过放弃最小二乘法的无偏性，以损失部分信息、降低精度为代价来寻求效果稍差但回归系数更符合实际的回归方程。当然，由于多重共线性，有些重要的解释变量也可能无法进入到分析中。

型。赤池信息准则也称为 AIC 准则，它由日本学者赤池于 1973 年提出，除应用于线性模型的变量筛选外，还应用于时间序列自回归模型阶数的确定。

AIC 由两部分组成：一部分反映模型的拟合精度，另一部分反映模型中参数的个数，即模型的繁简程度。AIC 的值越小，表示拟合的模型精度越高而且越简洁。当用最小二乘法拟合模型时，计算公式为：

$$\text{AIC}=n\ln\left(\frac{\text{SSE}}{n}\right)+2p \tag{10.12}$$

式中，n 为样本量；p 为模型中参数的个数（包括常数项）。

【例 10-3】（数据：example10_1.csv）沿用例 10-1。用逐步回归方法建立日均营业额（y）与周边居民人数（x_1）、用餐平均支出（x_2）、周边居民月平均收入（x_3）、周边餐馆数（x_4）和距市中心距离（x_5）的回归模型。

解： 用 Python 做逐步回归需要编写很长的代码，比较麻烦，这里采用 R 软件根据 AIC 准则对例 10-1 的数据进行逐步回归，最后保留的 3 个自变量是 x_1（周边居民人数）、x_2（用餐平均支出）和 x_5（距市中心距离），根据这 3 个自变量进行回归得到的结果如代码框 10-5 所示。

代码框 10-5　y 与自变量 x1、x2、x5 回归模型

```
# 拟合 y 与自变量 x1、x2、x5 回归模型
import pandas as pd
from statsmodels.formula.api import ols

example10_1 = pd.read_csv('C:/pydata/chap10/example10_1.csv', encod-
ing='gbk')
model2= ols("y~x1+x2+x5",data=example10_1).fit()
print(model2.summary())
```

```
OLS Regression Results
==========================================================================
Dep. Variable:                  y     R-squared:                    0.844
Model:                        OLS     Adj. R-squared:               0.822
Method:             Least Squares     F-statistic:                  37.85
Date:            Mon, 22 Feb 2021     Prob (F-statistic):        1.19e-08
Time:                    22:06:52     Log-Likelihood:             -91.816
No. Observations:              25     AIC:                          191.6
Df Residuals:                  21     BIC:                          196.5
Df Model:                       3
Covariance Type:        nonrobust
==========================================================================
```

```
                coef    std err          t      P>|t|      [0.025      0.975]
------------------------------------------------------------------------------
Intercept    -1.6893      6.252     -0.270      0.790     -14.692      11.313
x1            0.1902      0.048      3.923      0.001       0.089       0.291
x2            0.1576      0.051      3.120      0.005       0.053       0.263
x5           -0.5698      0.294     -1.935      0.067      -1.182       0.043
==============================================================================
Omnibus:                        3.491   Durbin-Watson:                   2.555
Prob(Omnibus):                  0.175   Jarque-Bera (JB):                2.409
Skew:                           0.759   Prob(JB):                        0.300
Kurtosis:                       3.092   Cond. No.                         495.
==============================================================================
```

```
# 方差分析表
from statsmodels.stats.anova import anova_lm
anova_lm(model2, typ=1)
```

	df	sum_sq	mean_sq	F	PR(>F)
x1	1.0	10508.907564	10508.907564	97.339177	2.452138e-09
x2	1.0	1347.093656	1347.093656	12.477509	1.975601e-03
x5	1.0	404.283704	404.283704	3.744694	6.655774e-02
Residual	21.0	2267.196677	107.961747	NaN	NaN

根据代码框 10-5 的回归结果得到最终的估计方程为：

$$\hat{y}=-1.6893+0.1902x_1+0.1576x_2-0.5698x_5$$

最后，再对上述模型进行诊断，看看这一模型是否满足各种假定。绘制模型诊断图的 Python 代码和结果如代码框 10-6 所示。

代码框 10-6 含有 3 个自变量回归模型的诊断

```
# 绘制残差图诊断模型（图 10-2）
import pandas as pd
import numpy as np
from statsmodels.formula.api import ols
import statsmodels.api as sm
import matplotlib.pyplot as plt
plt.rcParams['font.sans-serif'] = ['SimHei']
plt.rcParams['axes.unicode_minus']=False
```

```
example10_1 = pd.read_csv('C:/pydata/chap10/example10_1.csv', encoding='gbk')
model2 = ols("y~x1+x2+x5",data=example10_1).fit()
x = model2.fittedvalues; y = model2.resid

plt.subplots(1, 2, figsize=(10, 4))
plt.subplot(121)
plt.scatter(model2.fittedvalues, model2.resid)
plt.xlabel('拟合值')
plt.ylabel('残差')
plt.title('(a) 残差值与拟合值图', fontsize=15)
plt.axhline(0, ls='--')

ax2 = plt.subplot(122)
pplot = sm.ProbPlot(model2.resid, fit=True)
pplot.qqplot(line='r', ax=ax2, xlabel='期望正态值', ylabel='标准化的观测值')
ax2.set_title('(b) 正态 Q-Q 图', fontsize=15)
plt.show()
```

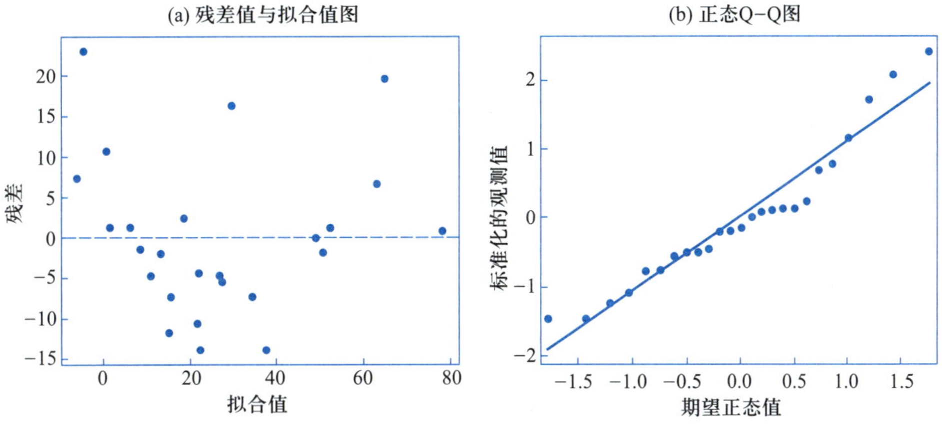

图 10-2 含有 3 个自变量的回归模型的诊断图

图 10-2 的残差图和残差的正态 Q-Q 显示的信息与图 10-1 类似。因此，从回归诊断结果看，经逐步回归建立的多元线性回归模型仍有进一步改进的余地。这说明虽然逐步回归解决了模型中的共线性问题，但并不意味着这个模型就是一个好的模型。如果在模型中加入一些新项，比如考虑加入二次项，也许会对模型的改善有帮助。有兴趣的读者可以自己去尝试。

10.4 相对重要性和模型比较

在实际建模时，通常会关心两个问题：一是哪些自变量对预测更重要；二是所建立的模型是否包含了建模所必需的自变量。

10.4.1　自变量的相对重要性

哪些自变量对因变量的预测相对来说更重要，哪些相对来说不重要，了解这一问题对建模会有一定的参考价值。如果各自变量之间独立，那么根据自变量与因变量之间的相关系数大小就可以对重要性做出排序，相关系数大的显然更重要。但实际问题中，各自变量之间往往有一定的相关性，这就会使评估变得复杂很多。评估自变量相对重要性的方法之一就是比较**标准化回归系数**（standardized regression coefficient）。

标准化回归系数是将因变量和所有自变量都标准化后进行回归得到的回归系数。计算标准化回归系数时，首先将因变量和各个自变量进行标准化[①]处理，然后根据标准化后的值进行回归，得到的方程称为**标准化回归方程**（standardized regression equation），该方程中的回归系数就是标准化回归系数，用$\bar{\beta}$表示。$\bar{\beta}_i$的含义是：在其他自变量取值不变的条件下，自变量 x_i（这里是指原始数据）每变动一个标准差，因变量平均变动$\bar{\beta}_i$个标准差。显然，$\bar{\beta}_i$的绝对值越大，说明该自变量 x_i 对因变量的影响就越大，相对于其他自变量而言，它对因变量的预测也就越重要。

【例 10-4】（数据：example10_1.csv）沿用例 10-1。计算标准化回归系数，分析各自变量对预测日均营业额的相对重要性。

解：这里已经对 example10_1 的数据做了标准化，并另存为 zexample10_1，相应的变量名修改为 zy，zx1，zx2，zx3，zx4，zx5。根据标准化数据进行回归得到的结果如代码框 10-7 所示。

代码框 10-7　计算例 10-1 的标准化回归系数

```
import pandas as pd
from statsmodels.formula.api import ols
from scipy import stats                              # scipy是基于numpy的科学计算包

example10_1= pd.read_csv('C:/pydata/chap10/example10_1.csv', encoding='gbk')
example10_1.drop(['餐馆编号'],axis=1,inplace=True)            # 删除餐馆编号一列
z = stats.zscore(example10_1,ddof=1)                           # 数据框标准化
df=pd.DataFrame(z,columns=['zy','zx1','zx2','zx3','zx4','zx5'])  # 将数组转换成数据框
                                                                 并重新命名

modelz = ols("zy~zx1+zx2+zx3+zx4+zx5",df).fit()
print(modelz.summary())
```

① 标准化的计算公式为 $z_i=(x_i-\bar{x})/s$，见第 3 章。

```
=================================================================================
                coef      std err          t         P>|t|      [0.025       0.975]
---------------------------------------------------------------------------------
Intercept   -9.714e-17    0.087      -1.12e-15    1.000      -0.181        0.181
x1           0.3362       0.253       1.327       0.200      -0.194        0.867
x2           0.4130       0.143       2.884       0.010       0.113        0.713
x3           0.1133       0.201       0.563       0.580      -0.308        0.534
x4          -0.0963       0.115      -0.836       0.414      -0.338        0.145
x5          -0.1781       0.096      -1.861       0.078      -0.378        0.022
=================================================================================
```

代码框 10-7 中的 coef 列即为标准化回归系数，$\bar{\beta}_1 = 0.3362$，$\bar{\beta}_2 = 0.4130$，$\bar{\beta}_3 = 0.1133$，$\bar{\beta}_4 = -0.0963$，$\bar{\beta}_5 = -0.1781$。x_1 的标准化回归系数 $\bar{\beta}_1 = 0.3362$ 表示在其他自变量不变的条件下，周边居民人数每改变一个标准差，日均营业额平均改变 0.336 2 个标准差。其他系数的含义类似。

按标准化回归系数的绝对值大小排序为 $|\bar{\beta}_2| > |\bar{\beta}_1| > |\bar{\beta}_5| > |\bar{\beta}_3| > |\bar{\beta}_4|$。可见在 5 个自变量中，用餐平均支出（$x_2$）是预测日均营业额最重要的变量，而周边餐馆数（$x_4$）则是最不重要的变量。

10.4.2 模型比较

在多元线性回归建模中，总是希望所建立的模型能最好地拟合数据，同时又不希望模型包含一些不必要的自变量。如果一个模型包含建模所需的必要自变量就足以很好地拟合数据，就将多余的自变量剔除，避免给建模或模型的解释带来不必要的麻烦，这样的模型就是我们要寻找的简约模型。

逐步回归可以将不必要（有共线性）的自变量剔除，但逐步回归得到的模型是否很好地拟合了数据（虽然共线性问题不存在了），或者说，它是否就比使用所有自变量的模型好，这需要将二者进行比较才能得出结论。

在回归模型中，如果一个模型包含另一个模型的所有项，并且至少有一个额外项，称这两个模型是**嵌套模型**（nested model）。这里的所有项是指包含全部自变量 x_1，x_2，…，x_k，或者还包含自变量的二次项如 x_ix_j 以及 x_i^2 等。假定只有两个自变量 x_1 和 x_2，模型如下：

模型 1：$E(y) = \beta_0 + \beta_1 x_1 + \beta_2 x_2$

模型 2：$E(y) = \beta_0 + \beta_1 x_1 + \beta_2 x_2 + \beta_3 x_1 x_2 + \beta_4 x_1^2$

模型 2 包含模型 1 的所有项，并且多了两个附加项。模型 1 被嵌套在模型 2 里，这两个模型就是嵌套模型。

在嵌套模型中，包含所有项的模型称为**完全模型**（full model），或简称全模型。相对完全模型较简单的模型称为**简化模型**（reduced model）。比如模型 2 就是完全模型，模型 1 就是简化模型。

完全模型是否就比简化模型提供了更多的预测信息？这一问题等价于完全模型中的 β_3 和 β_4 是否至少有一个不等于 0。也就是需要检验下面的假设：

H_0：$\beta_3=\beta_4=0$（模型中的二次项不会对 y 的预测提供信息）

H_1：β_3 和 β_4 至少有一个不等于 0（模型中至少有一个二次项对 y 的预测提供信息）

进行上述检验的步骤是：首先，用最小二乘法拟合简化模型，并计算相应的残差平方和（SSE_R）；其次，拟合完全模型，并计算出它的残差平方和（SSE_F）；然后计算出二者的差值（SSE_R-SSE_F）进行比较。如果二次项对模型有贡献，那么 SSE_F 应该比 SSE_R 小很多。二者相差越大，说明完全模型比简化模型提供了越多的信息。上述检验一般性的表达如下。

设简化模型：

$$E(y)=\beta_0+\beta_1x_1+\beta_2x_2+\cdots+\beta_gx_g \tag{10.13}$$

完全模型：

$$E(y)=\beta_0+\beta_1x_1+\beta_2x_2+\cdots+\beta_gx_g+\beta_{g+1}x_{g+1}+\cdots+\beta_kx_k \tag{10.14}$$

检验假设：

$H_0:\beta_{g+1}=\beta_{g+2}=\cdots=\beta_k=0$

$H_1:\beta_{g+1},\beta_{g+2},\cdots,\beta_k$ 至少一个不为 0

检验统计量：

$$F=\frac{(\mathrm{SSE}_R-\mathrm{SSE}_F)/(k-g)}{\mathrm{SSE}_F/(n-k-1)}\sim F(k-g,n-k-1) \tag{10.15}$$

完全模型中的参数个数（包含常数项）为（k+1），简化模型中的参数个数为（g+1）。如果检验的 P 值很小，就拒绝 H_0，表示完全模型比简化模型的拟合效果要好；如果 P 值较大，不拒绝 H_0，表示简化模型和完全模型的拟合效果一样好。由于建模时将更多的自变量引入模型，不仅增加了建模的复杂性，可能造成解释上的困难。因此，当不能拒绝 H_0 时，就考虑采用简化模型。

【例 10-5】（数据：example10_1.csv）利用例 10-1 和例 10-3 的回归结果，对两个模型进行比较（α=0.05）。

解： 例 10-1 是使用全部 5 个自变量建立的模型，可以把它看作完全模型。例 10-3 是经逐步回归剔除了两个自变量，使用 x_1、x_2 和 x_5（相应的回归系数为 β_1、β_2 和 β_5）3 个自变量建立的模型，这里把它看作简化模型。现在利用模型比较方法来说明逐步回归模型的效果是否与使用全部自变量的模型有差异。如果没有差异，说明逐步回归模型预测效果并不差，依据建模的简约原则，自然会选择逐步回归模型。如果二者差异显著，可以考虑使用含有 5 个自变量的回归模型（或者尝试建立其他模型，比如，增加二次项等）。使用式（10.14）进行比较的步骤如下：

提出假设：

H_0：$\beta_3=\beta_4=0$（x_3 和 x_4 不会对 y 的预测提供信息）

H_1：β_3，β_4 至少一个不为 0（x_3 和 x_4 至少有一个对 y 的预测提供信息）

根据上面的回归结果可知，SSE_R=2 267.2，SSE_F=2 153.0。由此计算的统计量为：

$$F=\frac{(2\,267.196\,677-2\,153.026\,017)/(5-3)}{2\,153.026\,017/(25-5-1)}=0.503\,766$$

由 Python 函数得 P=0.612 098＞0.05，不拒绝 H_0，逐步回归模型与含有 5 个自变量的回归模型无显著差异。

式（10.14）是用残差平方和做比较（简称 anova 方法），该方法要求模型必须是嵌套的，否则不能比较。用 AIC 准则也可以比较模型，它不要求模型必须是嵌套的。AIC 值小，说明模型用较少的参数（或自变量）就获得了足够的拟合度，因而模型将被优先选择。

代码框 10-8 给出了模型比较的代码和结果。

代码框 10-8　比较逐步回归模型与含所有 5 个自变量的回归模型

```
# 用 anova 比较
import pandas as pd
import numpy as np
from statsmodels.formula.api import ols
from statsmodels.stats.anova import anova_lm

example10_1 = pd.read_csv('C:/pydata/chap10/example10_1.csv', encod-
ing='gbk')
model1 = ols("y~x1+x2+x3+x4+x5",data=example10_1).fit()
model2 = ols("y~x1+x2+x5",data=example10_1).fit()
anova_lm(model2, model1, typ=1)
```

	df_resid	ssr	df_diff	ss_diff	F	Pr（>F）
0	21.0	2267.196677	0.0	NaN	NaN	NaN
1	19.0	2153.026017	2.0	114.17066	0.503766	0.612098

```
# 用 AIC 比较比
pd.DataFrame([model2.aic, model1.aic], ['model2', 'model1'], columns=['AIC'])
```

	AIC
model2	191.632516
model1	194.340771

代码框 10-8 给出了两个模型的自由度（df_resid）、残差平方和（ssr）、自由度的差值（df_diff）、平方和的差值（ss_diff）、检验统计量（F）及其相应的 P 值（Pr（>F））。由于 P=0.612 098，不拒绝 H_0，没有证据显示两个模型有显著差异。AIC 的比较结果显示，逐步回归模型的 AIC 更小，意味着它比包含全部 5 个自变量的模型更好。

上述检验结果表明，用所有 5 个自变量建立回归模型与用逐步回归选择的 3 个自变量建立模型，预测效果其实差异不大。从回归建模的简约原则看，应该选择逐步回归保留的 3 个自变量建立模型比较合适，以避免增加自变量给回归带来的复杂性和解释上的困难。如果检验结果拒绝 H_0，则需要考虑用 5 个自变量建立回归模型或建立其他模型。

10.5 利用回归方程进行预测

建立回归模型后，可根据给定的 k 个自变量，求出因变量 y 的平均数的置信区间和个别值的预测区间。由于置信区间和预测区间的计算公式复杂，这里不再列出，利用 Python 很容易得到预测结果。

【例 10-6】（数据：example10_1.csv）沿用例 10-1。利用逐步回归得到的回归方程 $\hat{y}=-1.6893+0.1902x_1+0.1576x_2-0.5698x_5$，求日均营业额 95% 的置信区间和预测区间，以及 x_1=50、x_2=100、x_5=10 时日均营业额的点预测值。

解：代码框 10-9 显示了代码和结果，其中包括点预测值（pre）、残差（res）、标准化残差（zre）、置信区间、预测区间。

代码框 10-9 用回归方程进行预测

```
# 计算点预测值、置信区间和预测区间
import pandas as pd
from statsmodels.formula.api import ols
from statsmodels.stats.outliers_influence import summary_table

example10_1 = pd.read_csv('C:/pydata/chap10/example10_1.csv', encoding='gbk')
model = ols("y~x1+x2+x5",data=example10_1).fit()

conf_level = 0.95
st,_,_ = summary_table(model, alpha=1-conf_level)
columns = [x +' ' + y for (x, y) in zip(st.data[0], st.data[1])]
df_res = pd.DataFrame()                        # 将 SimpleTable 转为 DataFrame
for i in range(len(st.data) - 2):
    df_res = df_res.append(pd.DataFrame(st.data[i+2], index=columns).T)
df_res.reset_index(drop=True, inplace=True)

df_res.drop(columns=['Std Error Mean Predict','Student Residual','Std Error
Residual'],inplace=True)                       # 删除列
round(df_res,2)
```

	Obs	Dep Var Population	Predicted Value	Mean ci 95% low	Mean ci 95% upp	Predict ci 95% low	Predict ci 95% upp	Residual
0	1	53.2	52.19	45.46	58.92	29.56	74.82	1.01
1	2	18.5	-4.50	-11.97	2.97	-27.36	18.36	23.00
2	3	11.3	21.96	15.69	28.24	-0.54	44.46	-10.66
3	4	84.7	65.11	49.30	80.93	38.34	91.89	19.59
4	5	7.3	6.13	-2.28	14.54	-17.06	29.32	1.17
5	6	17.9	22.41	14.58	30.24	-0.57	45.39	-4.51
6	7	2.5	1.28	-6.11	8.67	-21.56	24.12	1.22
7	8	27.3	34.72	28.40	41.04	12.21	57.23	-7.42
8	9	5.9	10.63	4.90	16.35	-11.73	32.98	-4.73
9	10	23.9	37.84	32.19	43.49	15.51	60.18	-13.94
10	11	69.4	62.85	52.94	72.77	39.08	86.63	6.55
11	12	20.6	18.30	13.04	23.56	-3.94	40.54	2.30
12	13	1.9	-5.51	-13.69	2.67	-28.62	17.60	7.41
13	14	3.0	14.96	8.69	21.22	-7.54	37.45	-11.96
14	15	7.3	8.86	-1.05	18.77	-14.91	32.63	-1.56
15	16	46.2	29.83	21.74	37.92	6.76	52.90	16.37
16	17	78.8	78.02	62.11	93.93	51.18	104.85	0.78
17	18	11.1	13.17	6.42	19.92	-9.47	35.80	-2.07
18	19	8.6	15.85	4.67	27.02	-8.48	40.17	-7.25
19	20	48.9	50.73	44.20	57.25	28.16	73.30	-1.83
20	21	22.1	27.46	21.67	33.25	5.09	49.83	-5.36
21	22	11.1	0.23	-13.49	13.95	-25.36	25.83	10.87
22	23	8.6	22.63	17.18	28.07	0.34	44.91	-14.03
23	24	48.9	48.96	42.72	55.20	26.47	71.45	-0.06
24	25	22.1	27.01	21.22	32.79	4.64	49.37	-4.91

```
# 求 x1=50, x2=100, x5=10 时 y 的点预测值
model.predict(exog=dict(x1=50, x2=100, x5=10))
```

```
0     17.886847
dtype: float64
```

10.6 哑变量回归

前面介绍的回归自变量都是数值的，但实际问题中，有时需要利用类别自变量来处理问题，比如，性别（男、女）、贷款企业的类型（房地产、医药、其他）。由于这些类别变量的取值本身是用文字来描述的，要把它们放进回归模型中，必须先将文字用代码来表示，这种代码化的类别自变量称为**哑变量**（dummy variable）或**虚拟变量**。在回归模型中使用哑变量时称为哑变量回归或虚拟变量回归。

10.6.1 在模型中引入哑变量

如何将哑变量引入回归模型中呢？当类别自变量只有两个水平（取值）时，比如性别（男，女），可在回归中引入一个哑变量；当类别自变量有两个以上水平时，比如服务企业的类型（零售业、旅游业、航空业等），需要在回归模型中引入一个以上的哑变量。一般而言，如果类别自变量有 k 个水平，需要在回归模型中引入 k-1 个哑变量。对于有 k 个水平的类别自变量，引入的哑变量表示为：

$$x_1=\begin{cases}1,\ 水平1\\0,\ 其他水平\end{cases},\quad x_2=\begin{cases}1,\ 水平2\\0,\ 其他水平\end{cases},\cdots,\quad x_{k-1}=\begin{cases}1,\ 水平k-1\\0,\ 其他水平\end{cases}$$

对于只有两个水平的类别自变量，将哪个水平指定为 1，哪个水平指定为 0，完全是任意的。

10.6.2 含有一个哑变量的回归

下面通过一个例子说明将一个哑变量引入回归模型后如何来解释回归结果。

【例 10-7】（数据：example10_7.csv）沿用例 10-1。假定在分析影响日均营业额的因素中，再考虑“交通方便程度”变量，并设其取值为“方便”和“不方便”。为便于理解，原来的 5 个自变量这里只保留用餐平均支出一个数值自变量。假定调查得到的数据如表 10-2 所示。

表 10-2 25 家餐馆的日均营业额、用餐平均支出和交通方便程度

餐馆编号	日均营业额 y（万元）	用餐平均支出 $x1$（元 / 人）	交通方便程度 $x2$
1	53.2	168.6	方便
2	18.5	22.5	方便
3	11.3	109.4	不方便
4	84.7	277.0	方便
5	7.3	17.4	不方便
6	17.9	93.0	方便
7	2.5	21.5	不方便
8	27.3	114.5	方便
9	5.9	61.3	不方便

续表

餐馆编号	日均营业额 y（万元）	用餐平均支出 $x1$（元/人）	交通方便程度 $x2$
10	23.9	129.8	方便
11	69.4	159.4	方便
12	20.6	91.0	方便
13	1.9	6.1	不方便
14	3.0	60.3	不方便
15	7.3	51.1	不方便
16	46.2	73.6	方便
17	78.8	171.7	方便
18	11.1	38.8	不方便
19	8.6	105.3	不方便
20	48.9	161.5	不方便
21	22.1	122.6	不方便
22	11.1	38.8	方便
23	8.6	105.3	不方便
24	48.9	161.5	不方便
25	22.1	122.6	不方便

建立以下两个模型，并比较引入哑变量和不引入哑变量对回归结果的影响。

（1）日均营业额与用餐平均支出的一元回归模型。

（2）日均营业额与用餐平均支出和交通方便程度的二元回归模型。

解：建立日均营业额与用餐平均支出的一元回归模型，代码和结果如代码框 10-10 所示。

代码框 10-10　日均营业额与用餐平均支出的一元回归

```
# 日均营业额与用餐平均支出的一元回归模型
from statsmodels.formula.api import ols
import pandas as pd

example10_7 = pd.read_csv('C:/pydata/chap10/example10_7.csv', encod-
ing='gbk')
models = ols("日均营业额~用餐平均支出",data=example10_7).fit()
print(models.summary())
```

```
                              OLS Regression Results
==============================================================================
Dep. Variable:                  日均营业额   R-squared:                       0.694
Model:                            OLS   Adj. R-squared:                  0.681
Method:                 Least Squares   F-statistic:                     52.23
Date:                Tue, 23 Feb 2021   Prob (F-statistic):           2.34e-07
Time:                        10:06:23   Log-Likelihood:                -100.22
No. Observations:                  25   AIC:                             204.4
Df Residuals:                      23   BIC:                             206.9
Df Model:                           1
Covariance Type:            nonrobust
==============================================================================
                 coef    std err          t      P>|t|      [0.025      0.975]
------------------------------------------------------------------------------
Intercept     -5.7502      5.251     -1.095      0.285     -16.612       5.112
用餐平均支出     0.3239      0.045      7.227      0.000       0.231       0.417
==============================================================================
Omnibus:                        2.129   Durbin-Watson:                   2.013
Prob(Omnibus):                  0.345   Jarque-Bera (JB):                1.580
Skew:                           0.609   Prob(JB):                        0.454
Kurtosis:                       2.815   Cond. No.                         221.
==============================================================================
Notes:
[1] Standard Errors assume that the covariance matrix of the errors is
correctly specified.
```

```
# 方差分析表
from statsmodels.stats.anova import anova_lm
anova_lm(models, typ=1)
```

	df	sum_sq	mean_sq	F	PR(>F)
用餐平均支出	1.0	10085.879366	10085.879366	52.227825	2.342873e-07
Residual	23.0	4441.602234	193.113141	NaN	NaN

代码框 10-10 列出的 R^2=0.694，表示用餐平均支出解释了日均营业额误差的 69.4%；F 检验的 P=2.34e-07，表示模型显著；回归系数 $\hat{\beta}_1=0.3239$，表示用餐平均支出每变动 1 元，日均营业额平均变动 0.323 9 万元。

现在建立引入“交通方便程度”这一类别变量的二元回归模型，看看对回归结果有什么影响。设用餐平均支出为 x_1，交通方便程度为 x_2，引入下面的哑变量：

$$x_2=\begin{cases}1,\text{方便}\\0,\text{不方便}\end{cases}$$

建立包含哑变量回归模型，代码和结果如代码框 10-11 所示。

代码框 10-11 包含哑变量的二元回归

```
# 日均营业额与用餐平均支出和交通方便程度的二元回归
from statsmodels.formula.api import ols
import pandas as pd
example10_7 = pd.read_csv('C:/pydata/chap10/example10_7.csv', encod-
ing='gbk')
modeld = ols("日均营业额~用餐平均支出+交通方便程度",data=example10_7).fit()
print(modeld.summary())
```

```
                            OLS Regression Results
==============================================================================
Dep. Variable:                  日均营业额   R-squared:                       0.776
Model:                            OLS   Adj. R-squared:                  0.755
Method:                 Least Squares   F-statistic:                     38.02
Date:                Thu, 18 Feb 2021   Prob (F-statistic):           7.27e-08
Time:                        22:52:53   Log-Likelihood:                -96.356
No. Observations:                  25   AIC:                             198.7
Df Residuals:                      22   BIC:                             202.4
Df Model:                           2
Covariance Type:            nonrobust
==============================================================================
                  coef    std err          t      P>|t|      [0.025      0.975]
------------------------------------------------------------------------------
Intercept      -8.4541      4.698     -1.799      0.086     -18.198       1.289
交通方便程度[T.方便] 14.6209  5.178      2.824      0.010       3.882      25.359
用餐平均支出      0.2864      0.041      6.909      0.000       0.200       0.372
==============================================================================
Omnibus:                        1.594   Durbin-Watson:                   2.420
Prob(Omnibus):                  0.451   Jarque-Bera (JB):                1.153
Skew:                           0.273   Prob(JB):                        0.562
Kurtosis:                       2.100   Cond. No.                         263.
==============================================================================
Notes:
[1] Standard Errors assume that the covariance matrix of the errors is
correctly specified.
```

注：模型中交通方便程度为 " 方便 " 时 x2=1，" 不方便 " 时 x2=0。

```
# 方差分析表
from statsmodels.stats.anova import anova_lm
anova_lm(modeld, typ=1)
```

	df	sum_sq	mean_sq	F	PR (>F)
交通方便程度	1.0	4193.122184	4193.122184	28.296158	2.439564e-05
用餐平均支出	1.0	7074.245908	7074.245908	47.738648	6.145195e-07
Residual	22.0	3260.113508	148.186978	NaN	NaN

由代码框 10-11 输出的结果得到二元回归方程为：

$$\hat{y}=-8.4541+0.2864\times 用餐平均支出+14.6209\times 交通方便程度$$

模型检验的 P=7.27e−08，表示日均营业额与用餐平均支出和交通方便程度的二元回归模型显著。检验“交通方便程度”变量的 P=0.010，表示它对日均营业额的影响显著。检验用餐平均支出的 P=0.000（实际值为 3.529e-08），表示用餐平均支出对日均营业额的影响显著。调整的决定系数 R_a^2=0.755=75.5%，表示用餐平均支出和交通方便程度共同解释了日均营业额误差的 75.5%，比不加入交通方便程度变量时的 R^2（69.4%）高出了 6.1 个百分点（75.5%−69.4%）。

为解释回归方程中各系数的含义，先考察含有一个数值自变量（用餐平均支出 x_1）和一个哑变量（交通方便程度 x_2）的回归方程 $E(y)=\beta_0+\beta_1x_1+\beta_2x_2$。

当方程中含有一个哑变量时，为合理地解释 β_1 和 β_2，先考虑 x_2=1（交通为方便）的情形，用 $E(y|方便)$ 表示已知交通为方便时的日均营业额，则有

$$E(y|方便)=\beta_0+\beta_1x_1+\beta_2\times 1=(\beta_0+\beta_2)+\beta_1x_1$$

同样，交通为“不方便”（x_2=0）时，则有

$$E(y|不方便)=\beta_0+\beta_1x_1+\beta_2\times 0=\beta_0+\beta_1x_1$$

通过比较可以看到，这两个方程的斜率都是 β_1，但截距不同。交通方便时，方程的截距是（$\beta_0+\beta_2$）；交通不方便时，方程的截距是 β_0。

β_0 表示交通不方便时的期望日均营业额。

$\beta_0+\beta_2$ 表示交通方便时的期望日均营业额。

β_1 表示用餐平均支出每变动 1 元，交通方便或交通不方便时日均营业额的平均增加值。

β_2 表示交通方便时的期望营业额与交通不方便时的期望营业额之间的差值，即 $(\beta_0+\beta_2)-\beta_0=\beta_2$。

如果 β_2 是正的，表示交通方便时的日均营业额高于交通不方便时的日均营业额；如果 β_2 是负的，表示交通方便时的日均营业额低于交通不方便时的日均营业额；如果 β_2=0，表示交通“方便”时的日均营业额与交通“不方便”时的日均营业额之间没有差别。

根据本例得到的二元回归方程可知：

$\hat{\beta}_0=-8.4541$，表示交通不方便时日均营业额的期望值为 −8.454 1 万元。

$\hat{\beta}_0+\hat{\beta}_2=-8.4541+14.6209=6.1668$，表示交通方便时，日均营业额的期望值为 6.166 8 万元。

$\hat{\beta}_1=0.2864$，表示用餐平均支出每变动 1 元 / 人，交通方便或交通不方便时，日均营业额的平均增加值为 0.286 4 万元。

$\hat{\beta}_2=14.6209$，表示交通方便时日均营业额的期望值比交通不方便时日均营业额的期望值高 14.620 9 万元。

因此，当 x_2=0（交通不方便）时，有：

$$\hat{y}=-8.4541+0.28641x_1$$

当 x_2=1（交通方便）时，有：

$$\hat{y}=(-8.4541+14.6209)+0.2864x_1=6.1668+0.2864x_1$$

实际上，将交通方便程度作为哑变量引入模型，为预测日均营业额提供了两个方程：一个对应于交通方便时的日均营业额，一个对应于交通不方便时的日均营业额。这两个方程的唯一区别是截距不同，而它们的截距差值正是交通方便时和交通不方便时的日均营业额期望值的差值（14.620 9 万元）。

图 10-3 展示了两个回归方程的图像。代码和结果如代码框 10-12 所示。

代码框 10-12　交通“方便”和“不方便”时的两个回归方程的图像

```
# 交通 " 方便 " 和 " 不方便 " 时的两个回归方程图像（图 10-3）
import pandas as pd
import numpy as np
from statsmodels.formula.api import ols
import matplotlib.pyplot as plt
plt.rcParams['font.sans-serif'] = ['SimHei']

example10_7 = pd.read_csv('C:/pydata/chap10/example10_7.csv', encoding='gbk')
example10_7['交通方便程度'] = example10_7['交通方便程度'].replace({'方便': 1, '不方便': 0})
modeld = ols("日均营业额~用餐平均支出 + 交通方便程度",data=example10_7).fit()


plt.figure(figsize=(9, 6))
plt.scatter(example10_7['用餐平均支出'], example10_7['日均营业额'], c=example10_7['交通方便程度'])
slope = modeld.params['用餐平均支出']
intercept1 = modeld.params['Intercept']
intercept2 = modeld.params['Intercept'] + modeld.params['交通方便程度']
x = np.array([0, 300])
plt.plot(x, (intercept2 + slope * x))
```

```
plt.plot(x, (intercept1 + slope * x), 'r--')
plt.legend(['交通 = 方便', '交通 = 不方便'])
plt.xlabel('用餐平均支出')
plt.ylabel('日均营业额')
plt.title('模型：日均营业额~用餐平均支出 + 交通方便程度')
plt.show()
```

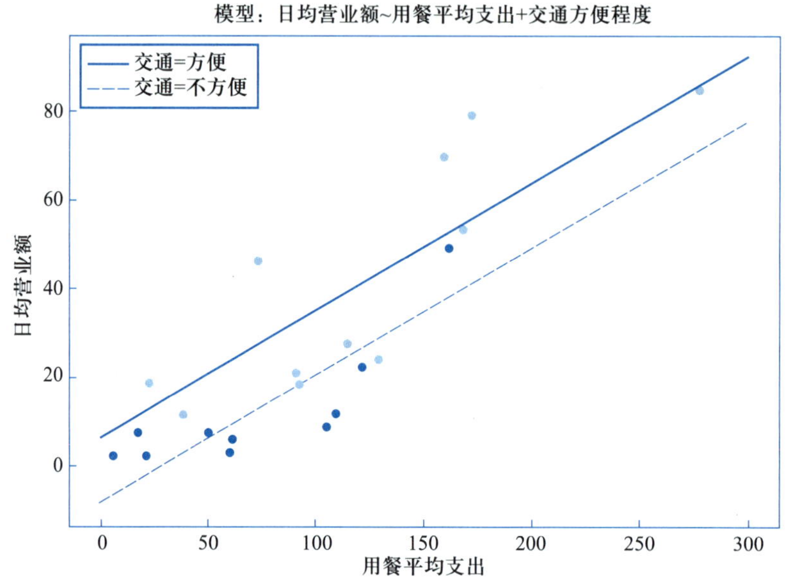

图 10-3 交通“方便”和“不方便”时的两个回归方程

最后，根据日均营业额与用餐平均支出和交通方便程度的二元回归方程来预测日均营业额。代码和结果如代码框 10-13 所示。

代码框 10-13 哑变量回归预测

```
from statsmodels.formula.api import ols
import pandas as pd

example10_7 = pd.read_csv('C:/pydata/chap10/example10_7.csv', encod-
ing='gbk')
modeld = ols("日均营业额~用餐平均支出 + 交通方便程度",data=example10_7).fit()
df_res = example10_7.copy()
df_res['点预测值'] = modeld.fittedvalues
df_res['残差'] = modeld.resid
round(df_res,4)
```

	餐馆编号	日均营业额	用餐平均支出	交通方便程度	点预测值	残差
0	1	53.2	168.6	方便	54.4561	-1.2561
1	2	18.5	22.5	方便	12.6111	5.8889
2	3	11.3	109.4	不方便	22.8795	-11.5795
3	4	84.7	277.0	方便	85.5033	-0.8033
4	5	7.3	17.4	不方便	-3.4705	10.7705
5	6	17.9	93.0	方便	32.8032	-14.9032
6	7	2.5	21.5	不方便	-2.2962	4.7962
7	8	27.3	114.5	方便	38.9611	-11.6611
8	9	5.9	61.3	不方便	9.1030	-3.2030
9	10	23.9	129.8	方便	43.3433	-19.4433
10	11	69.4	159.4	方便	51.8211	17.5789
11	12	20.6	91.0	方便	32.2304	-11.6304
12	13	1.9	6.1	不方便	-6.7070	8.6070
13	14	3.0	60.3	不方便	8.8166	-5.8166
14	15	7.3	51.1	不方便	6.1816	1.1184
15	16	46.2	73.6	方便	27.2468	18.9532
16	17	78.8	171.7	方便	55.3440	23.4560
17	18	11.1	38.8	不方便	2.6587	8.4413
18	19	8.6	105.3	不方便	21.7052	-13.1052
19	20	48.9	161.5	不方便	37.8017	11.0983
20	21	22.1	122.6	不方便	26.6602	-4.5602
21	22	11.1	38.8	方便	17.2796	-6.1796
22	23	8.6	105.3	不方便	21.7052	-13.1052
23	24	48.9	161.5	不方便	37.8017	11.0983
24	25	22.1	122.6	不方便	26.6602	-4.5602

下面对增加了“交通方便程度”这一哑变量的回归模型与只包含“用餐平均支出”这一自变量的回归模型进行比较，看看增加这一变量对预测效果是否有显著影响。进行模型比较的代码和结果如代码框 10-14 所示。

代码框 10-14 只含有用餐平均支出一个变量和增加交通方便程度哑变量的回归模型的比较

```
# 用 anova 比较
import pandas as pd
import numpy as np
from statsmodels.formula.api import ols
from statsmodels.stats.anova import anova_lm
example10_7 = pd.read_csv('C:/pydata/chap10/example10_7.csv', encod-
ing='gbk')

models = ols("日均营业额~用餐平均支出",data=example10_7).fit()
modeld = ols("日均营业额~用餐平均支出+交通方便程度",data=example10_7).fit()
anova_lm(models, modeld, typ=1)
```

	df_resid	ssr	df_diff	ss_diff	F	PR（>F）
0	23.0	4441.602234	0.0	NaN	NaN	NaN
1	22.0	3260.113508	1.0	1181.488726	7.972959	0.009889

```
# 用 AIC 准则比较
pd.DataFrame([models.aic, modeld.aic], ['models', 'model'], columns=['AIC'])
```

	AIC
models	204.444292
modeld	198.712963

由于 P=0.009 889，拒绝 H_0，表示两个模型有显著差异。哑变量回归模型的 AIC 也较小，这意味着模型加入“交通方便程度”这一哑变量对预测效果有显著影响。因此，可选用含哑变量的回归模型作为最终的预测模型。

习题

10.1 为分析影响不良贷款的因素，一家商业银行在所属的多家分行中随机抽取 25 家，得到不良贷款、贷款余额、应收贷款、贷款项目个数、固定资产投资等有关数据如下：

不良贷款（亿元）	贷款余额（亿元）	应收贷款（亿元）	贷款项目个数（个）	固定资产投资（亿元）
0.9	67.3	6.8	5	51.9
1.1	111.3	19.8	16	90.9
4.8	173.0	7.7	17	73.7

续表

不良贷款（亿元）	贷款余额（亿元）	应收贷款（亿元）	贷款项目个数（个）	固定资产投资（亿元）
3.2	80.8	7.2	10	14.5
7.8	199.7	16.5	19	63.2
2.7	16.2	2.2	1	2.2
1.6	107.4	10.7	17	20.2
12.5	185.4	27.1	18	43.8
1.0	96.1	1.7	10	55.9
2.6	72.8	9.1	14	64.3
0.3	64.2	2.1	11	42.7
4.0	132.2	11.2	23	76.7
0.8	58.6	6.0	14	22.8
3.5	174.6	12.7	26	117.1
10.2	263.5	15.6	34	146.7
3.0	79.3	8.9	15	29.9
0.2	14.8	0.6	2	42.1
0.4	73.5	5.9	11	25.3
1.0	24.7	5.0	4	13.4
6.8	139.4	7.2	28	64.3
11.6	368.2	16.8	32	163.9
1.6	95.7	3.8	10	44.5
1.2	109.6	10.3	14	67.9
7.2	196.2	15.8	16	39.7
3.2	102.2	12.0	10	97.1

（1）用不良贷款作因变量，建立多元线性回归模型。

（2）分析模型中是否存在共线性。

（3）比较 4 个自变量在不良贷款中的相对重要性。

（4）用 anova 和 AIC 两种方法对模型进行比较和分析。

10.2 本题数据是来自 R 软件的 mtcars 数据集，该数据集摘自 1974 年《美国汽车趋势》杂志，包括 32 款汽车（1973～1974 款）的油耗、汽车设计和性能等共 11 个指标。根据该数据集，以行驶距离（disp）为因变量，每加仑油行驶的英里数（mpg）、气缸数（cyl）、后轴比（drat）、总马力（hp）和汽车自重（wt）为自变量，建立多元线性回归模型，并对模型进行综合评估。

10.3 为分析某行业中的薪水有无性别歧视，从该行业中随机抽取 15 名员工，有关数据如下：

月薪 y（元）	工龄 x_1（年）	性别 x_2
6 548	3.2	男
6 629	3.8	男
6 011	2.7	女
6 229	3.4	女
6 746	3.6	男
6 528	4.1	男
6 018	3.8	女
6 190	3.4	女
6 551	3.3	男
5 985	3.2	女
6 610	3.5	男
6 432	2.9	男
6 215	3.3	女
5 990	2.8	女
6 585	3.5	男

（1）建立月薪与工龄的一元回归模型。

（2）建立月薪与工龄和性别的二元回归模型。

（3）对两个模型进行比较，观察引入性别这一哑变量对预测月薪是否有用。

本章图片

参 考 书 目

［1］吴喜之. Python：统计人的视角. 北京：中国人民大学出版社，2018.

［2］吴喜之，张敏. Python——数据科学的手段. 北京：中国人民大学出版社，2021.

［3］韦斯 · 麦金尼（wes McKinney）. 利用 Pyhton 进行数据分析. 徐敬一，译. 北京：机械工业出版社，2021.

［4］明日科技，高春艳，刘志铭. Python 数据分析：从入门到精通。吉林：吉林大学出版社，2020.

［5］姜雪松，邹静. Python 数据分析. 北京：清华大学出版社，2020.

［6］马里奥 · 多布勒，蒂姆 · 高博曼. Python 数据可视化. 李瀛宇，译. 北京：清华大学出版社，2020.

［7］丹尼尔 · 陈（Daniel Y.chen）. Python 数据分析——活用 Pandas 库. 武传海，译. 北京：人民邮电出版社，2020.

［8］贾俊平. 数据可视化分析——基于 R 语言. 2 版. 北京：中国人民大学出版社，2021.

［9］贾俊平. 统计学——基于 R. 4 版. 北京：中国人民大学出版社，2021.

教学支持说明

建设立体化精品教材，向高校师生提供整体教学解决方案和教学资源，是高等教育出版社“服务教育”的重要方式。为支持相应课程教学，我们专门为本书研发了配套教学课件及相关教学资源，并向采用本书作为教材的教师免费提供。

为保证该课件及相关教学资源仅为教师获得，烦请授课教师清晰填写如下开课证明并拍照后，发送至邮箱 wushl@hep.com.cn，也可通过 QQ 405603079 进行索取。

咨询电话：010-58581020　编辑电话：010-58581016

证　明

兹证明________________大学________________学院 / 系第_________学年开设的_______________课程，采用高等教育出版社出版的《_______________》（主编_______）作为本课程教材，授课教师为___________，学生_____个班，共_____人。授课教师需要与本书配套的课件及相关资源用于教学使用。

授课教师联系电话：___________________E-mail：___________________

学院 / 系主任：_________（签字）

（学院 / 系办公室盖章）

20____年____月____日